罗英桓◎著

中华文化大智慧

|善行篇|

SPM
南方出版传媒
广东人民出版社
·广州·

中華文化大智慧

浩明

· 著名文史大家、《曾国藩》作者唐浩明先生题

前　言

文化是一个民族的根，是一个民族的魂。实现中华民族的伟大复兴，首要的是中华文化的复兴，特别是中华优秀传统文化的复兴。

五千年来，在华夏大地上孕育的中华民族形成了中华文化，其中以**“大道之行，天下为公”、“四海之内皆兄弟”、“天下一家，世界大同”、“己所不欲，勿施于人”、“己欲立而立人，己欲达而达人”、“修身齐家治国平天下”、“老吾老以及人之老，幼吾幼以及人之幼”、“自强不息，厚德载物”、“孝悌忠信，礼义廉耻”、“天人合一，义利合一，知行合一”、“先天下之忧而忧，后天下之乐而乐”、“为天地立心，为生民立命，为往圣继绝学，为万世开太平”、“利而不害，为而不争”、“损有余而补不足”、“诸恶莫作，众善奉行”、“慈悲喜舍”、“自我克制，自我反省，自我觉悟”等为主要内容的中华优秀传统文化**（主要是儒道佛文化），直接影响了中国人，成为人们内化于心的价值理念（如儒家的孝悌、道家的不争、佛家的慈悲）和外化于行的生活方式（如尊老爱幼、守望相助、谦退礼让、扶危济困），并极大地影响了世界。世界著名历史学家、英国史学泰斗汤因比在20世纪70年代初说：“像今天高度评价中国的重要性，与其说是由于中国在现代史上比较短时期中所取得的成就，**毋宁说是由于认识到在这以前两千年期间所建立的功绩和中华民族一直保持下来的美德的缘故。**”他盛赞“**中华民族培育起来的世界精神和中国儒道佛文化**（注：佛教起源于印度，东汉明帝时传入中国后发扬光大）”。（《展望二十一世纪——汤因比与池田大作对话录》第二编“政治与世界”第四章，国际文化出版公司，1985年11月北京第1版，英国汤因比、日本池田大作著，荀春生、朱继征、陈国梁译）

从世界范围来看，文明的发展，也常常以文化的复兴为先导。在近现代产生的西方文明中，欧洲“文艺复兴”和“启蒙运动”就起了巨大作用。“文艺复兴”推动欧洲从中世纪的黑暗走出来；“启蒙运动”积极改造了自“文艺复兴”以来的先进思想，使“自由”、“平等”、“民主”、

“公正”等观念深入人心。“文艺复兴”还被恩格斯称为“**一次人类从没有经历过的最伟大的、进步的变革**”，那个时代的天才之思想也正是从古希腊、古罗马文化的传统中启发的，其中的源头又在于古希腊、古罗马典籍的发现和整理。20世纪40年代末德国哲学家卡尔·雅斯贝斯的《历史的起源与目标》提出，人类有个“**轴心时代**”，就是释迦牟尼佛、老子、孔子所处的时代。他说：“人类一直靠轴心时代所产生的思考和创造的一切而生存，每一次新的飞跃都回顾这一时期，并被它重燃火焰，自那以后，情况就是这样，轴心时期潜力的苏醒和对轴心期潜力的回归，或者说复兴，总是提供了精神的动力。”那么，我们中华民族伟大复兴也要从“轴心时代”的圣人那里、从历代圣贤的经典之作中受到启发，找到真正的切入点和精神的动力。

事实上，中华优秀传统文化的根基也正在于圣贤。自上古开始，在中华大地上产生了诸多圣贤。他们的思想、他们的道德、他们的智慧，影响和塑造了我们中华民族的精神，成为中华优秀传统文化的瑰宝。它与那些标新立异、争奇求怪、哗众取宠的实用学、关系学、成功学、阴谋学、厚黑学（李宗吾本意是用来利公，却没有做到隐恶扬善，导致很多人却学会了用来营私，变成了表面仁义道德、实则穿窬之盗）有极大的不同，与“复制文化”、“享乐文化”、“快餐文化”、“低俗文化”、“功利文化”（明代思想家王阳明在《传习录》“答顾东桥书”中指出“**圣人的学问，越来越昏暗不明；功利的习气，越来越严重。到现在，追求功名利禄的流毒侵蚀人们的灵魂，积习成性，已达数千年**。人们在知识上彼此夸耀，在权势上彼此倾轧，在利益上彼此争夺，在技能上彼此攀比，在名声上彼此竞争”）也有天壤之别。它最本质的特征，在于将人性中善的一面激发出来，而抑制恶的一面。几千年来，人类的文明虽然经历了农耕文明、工业文明和信息文明的变化，生活方式经历了由步行、坐船、坐马车到坐汽车、坐火车、坐飞机，由书信、当面晤谈到电话、手机、微博、微信等交谈，资讯获取由读万卷书、行千里路、会百个友到点击互联网，购物或交易由实体商务到电子商务等诸多变化，制度演进经历了由帝制到君主立宪制、民主共和制等多种变化，但惟一没有变的乃是人性、人欲。而圣贤之学不仅是对治人性、人欲的良药，而且包含了很多修身养性、治国理政的智慧，我们应永远铭记中华圣贤的教诲！

那么，我们的中华圣贤有哪些呢？在《汉书·古今人表》中，东汉史学家班固将中国汉代以前的人物分为“上上圣人、上中仁人、上下智人、中上、中中、中下、下上、下中、下下愚人”九等。其中大家所熟知的，上上的圣人有伏羲、炎帝、黄帝、尧、舜、禹、商汤、周文王、周武王、周公、孔子。上中的仁人有女娲、赤松子、伯益、伊尹、盘庚、武丁、傅说、泰伯、仲雍、微子、箕子、比干、伯夷、叔齐、吕尚、周成王、召公、管仲、宁武子、季札、子产、晏婴、左丘明、颜回、子思、孟子、屈原、鲁仲连、蔺相如、荀子等。班固列举的这些先秦的圣人、仁人也可以说是我们所讲的圣贤。当然，中华圣贤远不止这些。

大家都知道，圣贤尤其是圣人，对一个人、对一个民族、对一个国家乃至对整个世界的影响是长期久远的，是超时空的。孟子说：“**圣人，百世之师也。**”（《孟子·尽心下》）民国伦理学教授杨昌济先生曾提出“**天子一代帝王，圣人百代帝王**”（《达化斋日记》）的观点，就是说天子无论怎么强大，也只能建功业于当代，死后则如过眼云烟。而圣人的思想和精神却永垂不朽，可历百代而不忘。功业留给人们的是回忆，并在岁月中渐渐被淡化，直至完全消失，而思想和精神一旦被人们认可便能不朽，并在某种程度上支配着人们的行为。所以说，帝王统治人们不过一朝一代而已，而圣人却能穿越时空延至几千年或更远，并起着影响世界、改变世界和塑造世界的作用，而且常常是“百姓日用而不知”（《易经·系辞上》）。

正如圣贤不是标榜出来的一样，圣贤之学不是空泛的，而是通过具体的言行展现出来的，他们“**动而世为天下道，行而世为天下法，言而世为天下则**”（《中庸》）。可以说，圣贤的言行体现了中华文化大智慧，本书之所以取名《中华文化大智慧》也正在于此。圣贤之学是世界光芒、指路明灯、人类荣耀；是我们渴时的甘露、饥时的食粮、冷时的暖衣；是我们疲惫心灵的接引，是我们日常生活的导引，是我们修身养性的指引，我们应当好好学习。《礼记·学记》中说：“**建国君民，教学为先**”。那么从哪里教育起，从哪里学习起？就从历代圣贤的言行教起、学起。只有这样，才能真正让中华优秀传统文化内化于心、外化于行，成为人们的日常生活准则和生活方式。我们坚信，只要我们人人能够添砖加瓦、薪尽火传，**中**

华优秀传统文化必将大行于天下！中华民族伟大复兴必将实现！

弘扬中华优秀传统文化，传播中华文化大智慧，特别是具有代表意义的圣贤之学，是我们每个中华儿女的重大使命。鉴于几千年来的中华圣贤不少，传世的言行也很多，加之记载中华圣贤言行的历代典籍浩繁，因此集其精要并进行解读阐释而成书。《汉书·艺文志》中说：“**左史记言，右史记事，事为《春秋》，言为《尚书》**。”唐代名臣魏徵在《群书治要序》中讲到：“**左史右史记事记言，皆所以昭德塞违，劝善惩恶**。”本书也分两篇，一是嘉言篇（三十二讲），一是善行篇（三十三讲），均以时间为顺序、以经史为内容，贯穿人物和事件，每一讲皆单独成篇。虽不敢望《尚书》、《春秋》之项背，但最主要目的也正在于“劝善惩恶”，以挽世道人心，并为志在圣贤者提供镜鉴。

限于学识，不足之处在所难免，欢迎读者批评指正！

作者谨识

二〇一四年六月

目　录

天、今天和明天。昨天已经过去，永不复返；今天已经和你在一起，但很快也会过去；明天就要到来，但也会消逝。抓紧时间吧，一生只有三天。”另外，我们要特别重视业余时间，爱因斯坦曾经说：“人的差别就在于业余时间。”

·《佛说四十二章经》中讲，人的生命只在一呼一吸之间。当我们感受到这种生命之无常时，一定要像大禹那样珍惜时间，将身心投入到对整个人类有意义的事情上。实际上，人生的全部学问就在于和时间打交道。明朝王道焜《书屏语》说得很好：“人于一日间，或闻一善言，见一善行，行一善事，此日方不虚过。”清朝金缨《格言联璧·持躬类》中讲：“此生不学一可惜，此日闲过二可惜，此身一败三可惜”。

第七讲　禹汤罪己 / 54

·禹汤罪己，说的是大禹和商汤主动承担过错、反省修正行为之事。出自《左传·庄公十一年》：“禹汤罪己，其兴也悖（通‘勃’）焉；桀纣罪人，其亡也忽焉。”大禹出巡遇见一个犯罪的人归过于己而哭泣，体现了罪己的精神。商汤罪己有一句很有名的话，即“万方有罪，在予一人”。从古今中外历史来看，人类最为宝贵的经验、不断走向文明的宝训，就是这五个字：“人会犯错误。”禹汤罪己的行为，正是我们人类非常可贵的风范。

·人不是神，有着诸多不足，但是人之所以为万物之灵，就在于人还有罪己悔过之心。明朝学者洪应明《菜根谭》中说：“盖世奇功，当不得一个矜字；弥天大错，抵不过一个悔字。”一个犯了过错的人只要肯悔过，就还有得救。

·主动承认过错、深刻反省自我的“罪己”精神意义非凡：第一，罪己是避免危亡的重要举措。像汉武帝晚年颁布“轮台罪己诏”，挽救了当时的危局，避免重蹈秦亡之覆辙。第二，罪己是迈向救赎的重要起步。像德国总理维利·勃兰特因二战中德国纳粹犯下的罪行，在犹太人死难者纪念碑前双膝下跪并为苦难的灵魂祈祷，这种迈向救赎的罪己之心，赢得了世界人民的尊重。第三，罪己是忏悔行为的重要内容。在佛教中有著名的《礼佛大忏悔文》，如果没有罪己的忏，就难以有效果。

·西方有三大《忏悔录》，第一个是古罗马哲学家圣·奥古斯丁的《忏悔录》，第二个是法国思想家卢梭的《忏悔录》，第三个是俄国作家列夫·托尔斯泰的《忏悔录》。世人对这三大《忏悔录》之所以评价甚高，也正在于其罪己和忏悔之真诚。

第八讲　汤武革命 / 63

·汤武革命，是指商汤以武力推翻夏桀，周武王以武力推翻商纣，以救民于水火的正义行为。《易经·革卦》中讲：“天地革而四时成，汤武革命，顺乎天而应乎人。”孙中山先生特别盛赞革命，他在《革命运动概要》中说：“革命名字，创于孔子。中国历史，汤武之后，革命之事实，已数见不鲜矣！”他曾于1910年2月28日在旧金山丽蝉戏院的演说中说：“革命者乃神圣之事业、天赋之人权，而最美之名辞也！”

“境界决定世界，格局决定结局，态度决定高度”。心量大的人，无论是人，还是物，甚至是敌人，他都能慈悲以对，这样的人就会得到大家的拥护。一个人的包容性有多强，他的力量就有多强。能包容天下的人，天下的人、天下的物都是他的兄弟姐妹，因此他能化敌人为亲人，化无情为有情，这都是源于慈悲的心量。

·伯夷、叔齐在中国历史上是有名的高洁之士，其行为代表了中华民族的一种性格特质——隐逸。司马迁说：“末世争利，维彼奔义；让国饿死，天下称之。作伯夷列传一。”（《史记·太史公自序》）就是说，在末世的时候，大家都在争利，只有他们奔向义，让国王之位并且义不食周粟而饿死，天下都称赞。孔子多次称扬伯夷、叔齐，孟子更称赞伯夷是圣人，是“百世之师”，并且说“闻伯夷之风者，顽夫廉，懦夫有立志”。唐朝文学家韩愈《伯夷颂》也称赞伯夷的“特立独行”。

·孔子曾说过“天下有道则见，无道则隐”，就是讲，天下政治清明的时候，就出来施展自己的抱负，发挥自己的作用；天下政治黑暗的时候，不能实现自己的理想，就辞职隐退。像孔子的“道隐”、庄子的“心隐”、西汉东方朔的“朝隐”及唐朝白居易的“中隐”等，都是因为条件不允许“兼善天下”，只能“独善其身”。

·人总是要有点品行的。每个人来世一遭，要想不留下污点，就必须追求高洁的品行。没有高洁品行做保证，我们做事就会立不住。古代伯夷、叔齐两兄弟谦让并放弃国君之位、反对以暴易暴、不食周朝之粟之高洁品行，非常值得我们尊重。就整个社会来说，这是有着非常重要意义的。试想，如果整个社会的人都不顾一切追求权力、财富、物欲，目的只为了一己一家，那么这个社会该是多么可怕啊！所以，这两位圣贤的行为对汲汲于名利、丧失廉耻者有极大之教化作用。

·一提起酒，很多人都知道中国有很悠久的酒文化。虽然，我们中国制造酒的历史非常悠久，但是我们中华传统文化实际上并不鼓励饮酒，反而提倡限制饮酒，甚至禁酒，只在祭祀或行敬老之礼时才能适度地饮酒。在中国历史上，周公是第一个颁布禁酒令的人。周公颁布禁酒令，对于树立良好的政风、民风，提高官员和百姓的德行修养起到了很大作用。实际上，我们中国的酒文化就是两个字——敬酒，而敬酒就是敬献天地和祖宗，就是对酒敬而远之，同时也是“禁酒”。

·酒之所以成为中国人津津乐道的饮料，与文人雅士有关。像西晋“竹林七贤”之一的刘伶还专门写过《酒德颂》。不过刘伶是借颂酒之德来歌颂道家的无思无虑和毫无利欲之心。又如汉代“高阳酒徒”郦食其及晋朝的阮籍、陶渊明都是十分好酒之人，曹操的《短歌行》一诗中还说：“何以解忧，惟有杜康。”唐代“诗仙”李白更是与酒分不开，最有名的是他的《将进酒》。在西方还有个有名的“酒神哲学”，是德国哲学

如果成为所有阶级最普遍的感情，那么它很快便会使整个民族萎靡堕落。所以，我们要牢记周公诫无逸的训则，只有这样，才能不断从胜利走向胜利。

第十三讲　召公以贤为宝／105

·《尚书·旅獒》载，西周初年的太保召公告诫武王“玩人丧德，玩物丧志”，并特别提到“所宝惟贤，则迩人安”。凡是历史上以贤为宝、重用贤人的时期，国家往往迅速昌盛；凡是历史上以宝玉为宝、以尤物为宝的时期，国家往往迅速衰败。孟子曾特别告诫“宝珠玉者，殃必及身”。

·贤人在国家治理中有非常大的作用：第一，重用贤人可垂拱而治。尧舜垂拱无为而天下治就是因为他们能求得贤人辅佐。第二，重用贤人可成就大业。《史记·孔子世家》载，孔子说：“秦穆公亲自把百里奚从拘囚中选拔出来，和他交谈三天就把国政交给了他。用这样的办法治理天下，即使成就王业也是可以的，成就霸业算是小的。”第三，重用贤人可使民心服。《论语·为政》载，孔子说：“举直错诸枉，则民服；举枉错诸直，则民不服。”

·无论在什么时代，无论在什么制度下，都只有重用贤德的人，国家才能得到大治。《中庸》载，孔子说：“其人存，则其政举；其人亡，则其政息，故为政在于得人。”他特别提出了“为政在于得人”。如果没有贤人，制度再好也可能是一纸空文。1938 年 10 月，毛泽东在《中国共产党在民族战争中的地位》中指出，“政治路线确定之后，干部就是决定的因素”，“在这个使用干部的问题上，我们民族历史中从来就有两个对立的路线：一个是‘任人唯贤’的路线，一个是‘任人唯亲’的路线。前者是正派的路线，后者是不正派的路线”。

第十四讲　楚庄王崇尚武德不筑京观／111

·《左传·宣公十二年》载，在楚晋邲之战中，楚国获得胜利，大臣潘党建议楚庄王修筑京观，作为纪念物使子孙知道，以不忘武功。楚庄王不同意，他说“止戈为武”（即停止干戈是武），并说武是用来禁止暴力、消除战争、保持强大、建立功业、安定百姓、和睦大众、丰厚财富的。这体现了他对武德独到而高远的见解。孔子曾称赞他不贪求土地而恢复陈国之举，说：“贤哉楚庄王!”（《史记·陈杞世家》）

·用武的首要目的是为了“禁暴救乱”，这也是判断战争正义与否的标准。像商汤、周武王的“仁义之师”就是。用武也是为了停止战争、消除战争，最终是为了和平。《司马法·仁本第一》中讲：“以战止战，虽战可也。”1938 年 5 月，毛泽东在《论持久战》一文更明确提出“为永久和平而战”的观点。像以“止戈为武”、“以战止战”、“为永久和平而战”这些观点在人类历史上都具有超时空的意义。

·用武是为了禁暴除害，为了停止战争，同时也要爱护百姓。战争时，要对百姓秋毫无犯。如《资治通鉴·汉纪五十三》载，东汉末年，孙策渡过长江向南发展，他

以孔子称："延陵季子，其天民乎？"将他比作是天上的人。

·东汉许慎《说文解字》中说："史，记事者也。从又，持中。中，正也。"所以，史是中正之道。孔子作《春秋》是中国历史上一件极其重要的事，开创了以历史来评判行为的先河，其所作的《春秋》被宋朝史学家胡安国誉为"传心要典"。司马迁在《史记·太史公自序》中说："有国者不可以不知《春秋》。"

·孔子作《春秋》，大约有以下三种原因：一是为了给后世留下好名声。孔子说："君子病没世而名不称焉。"于是根据史书记载而作《春秋》。二是为了彰显王道大法。孔子之所以被称为"素王"，正在于他作《春秋》为后世王者立法。三是为了使乱臣贼子有所畏惧。孟子说："孔子成《春秋》而乱臣贼子惧。"而孔子作《春秋》是以"微言大义"的形式来体现的。《史记·孔子世家》还说，孔子作《春秋》，就连子夏这些长于文字的弟子，都一句话也不能给他增删。这就是著名的"春秋笔法"。

·由于孔子作《春秋》立下了褒善贬恶标准，所以，我们中华民族是正邪分辨、忠奸分明、善恶分开的。谁正、谁邪，谁好、谁坏，谁忠、谁奸，都在百姓心中。这也是我们中华民族一大优秀传统。孔子所作的《春秋》还是万世权衡之典，在中国历史上有个著名的"春秋决狱"，就是用《春秋》经义作为司法中断案的标准。

·人活在世上，必须有所敬畏，才不敢肆意妄为。像《春秋》等史书让人敬畏，起了"准宗教"的作用，它让所有的人都有一个礼义善恶的标准，明白什么事可为、什么事不可为，是在道德、法律之外的第三种制约力量。毛泽东在《中国共产党在民族战争中的地位》一文中指出："从孔夫子到孙中山，我们应当给以总结，承继这一份珍贵的遗产。"因此，我们要学好中华民族的历史，成为知道敬畏、为善去恶、深具智慧之人。

·治理是世界上所有政府面临的一个共同课题。能否让国家长治久安、让社会和谐稳定、让百姓善良幸福，是考量治理智慧的根本所在。中华民族早在几千年前就形成了一套治理体系，早在春秋时期就有"民不忍欺（德治）、民不能欺（察治）、民不敢欺（威治）"三种层次的治理。其中，孔子的弟子宓子贱治理单父（今山东单县）以德化民而民不忍欺，为我们立足中华民族特性、提升治理水平指出了一个很好的方向。

·民不忍欺实质上体现的是德治。这种治理，注重的是教化、风俗和尊贤。这是从人的内心去改变一个人，让人受到感化，变成善良之人。这样治理下的百姓做任何事，都会从内心的良知出发。所以，这也是孔子所说的"仁者安仁"（《论语·里仁》）。英国小说家菲尔丁曾说："纵使在一个法纪最松弛的国家里，一个品德高尚的人也不会胡作非为的，他们会为自己订立出立法者所忘记的法律。”

民不能欺实质上体现的是察治。这种治理，注重的是明察秋毫，精明能干（有点类似法家的申不害）。这要求执政者能够洞悉人性，有非常强的洞察力和观察力，并且能分析他人的利害关系，让他人自觉地按照执政者所说的去做。这样的结果，是让百姓知道行仁是有利的，是有好处的。

民不敢欺实质上体现的是威治。这种治理，注重的是威权，不是靠说服教育，而是依靠法律和刑罚。在这种治理下，百姓是因为害怕法律和刑罚的惩处，而不敢欺骗，只好勉强行仁，不得已才这样做。

·《论语·学而》载，曾子说：“我每天在三方面反省自身：替别人办事是否尽心尽力？与朋友交往是否守信？老师传授的学问是否精熟？”在忠、信、传习三个方面，忠信是传习的根本。将道德置于学问之上，这也是我们中华民族的一个重大特征。

·在中国历史上，唐太宗是善于反省的典范，他有一个著名的“三镜论”，即“以铜为镜，可以正衣冠；以古为镜，可以知兴替；以人为镜，可以明得失”。在西方的犹太民族，商人洛德尔还专门有一个“蠢事备忘录”，提醒自己不断反省错误。

·东西方宗教告诉我们，人类在行为上最基本的底线都大致相同，都是禁止杀、盗、淫。东西方的圣人都是如此教导众生的（如佛教讲的“五戒十善”，基督教讲的“摩西十诫”）。

·我们每个人，每天的念头实在太多了，有善的，有恶的，也有不善不恶的。当意念初起时，发现不正，就应该及时纠正克服。被誉为近现代“人生哲学之父”的英国作家詹姆士·艾伦讲：“一念之间往往决定一生的命运。如果人心包藏歪念，痛苦就会接踵而至……如果心诚意正，快乐便如影相随，永远陪伴左右。”这句“一念之间往往决定一生的命运”极富哲理。

·我们反省自己就是要将“三欺”转化为“三不欺”，即不欺天、不欺人、不欺己。我们应当把修身反省作为每天的必修课。只有这样，才能在做人做事上更加完善，向圣贤靠近。

·说起中华文化的大繁荣，大家一定会对春秋战国时的“百家争鸣”赞不绝口，而齐国的稷下学宫对“百家争鸣”局面的形成，起了有力的促进作用。当时的齐威王、齐宣王在稷下学宫延揽天下贤士和学者，造就了一个伟大的“思想自由，兼容并包”的时代，使中华文化升华到一个难以逾越的高度，成为世界上极优秀的文化。

·在当时的稷下学宫，道家、儒家、法家、名家、阴阳家、墨家、农家、杂家等均得到了自由的发展。这也体现了《中庸》里面所说的“万物并育而不相害，道并行而不悖”。各家还对天、地、人之间的大问题进行辩论，如著名的天人之辩、义利之辩、王霸之辩、人性之辩、名实之辩等，真正体现了“百家争鸣”。在同时代的西方，特别是被誉为“欧洲文明的摇篮”的希腊，也出现过柏拉图建立的阿卡德米学园（即科学园之意），柏拉图著作《理想国》也是在此完成的。

·在中国历史上，除了齐威王、齐宣王聚贤稷下学宫外，我们还要关注推动中华文化繁荣的几件大事：第一是魏文侯扶持子夏西河讲学。子夏的弟子李克所著的《法经》直接影响了商鞅变法，另一弟子公羊高所著的《春秋公羊传》直接影响其传人董仲舒。第二是唐太宗设立弘文馆。像一代政书《群书治要》就是在弘文馆编撰的，这部书是一本集大成的书，堪称治世宝典。第三是宋太祖誓不杀士大夫。整个宋朝也确实没有杀过一个“士大夫及上书言事者”。所以，在宋代也出现类似稷下学宫这样的文化高潮。

·德国哲学家费希特在其著作《论学者的使命》中说：“学者的进步决定着人类发展的一切其他领域的进步。他应该永远走在其他领域的前头，以便为他们开辟道路。”因此，领导者当学习借鉴齐威王、齐宣王聚贤稷下学宫的做法，使执政的一方乃至一国成为学者云集之地、学风大盛之地、人才荟萃之地，这样才能创造璀璨的文化、培育优秀的人才、建设强大的国家。

第二十一讲　廉颇蔺相如将相和 / 181

·在中国古代，将和相的地位十分重要，他们关系国家的治乱安危。西汉陆贾提出，天下太平时，要特别关注宰相；天下危乱时，要特别关注将军。如果将军和丞相和睦，那么士人就会归附；士人归附，那么天下即使有意外的事情发生，国家的大权也不会分散。战国时，赵国的廉颇与蔺相如将相和，使强秦不敢加兵于赵。

·对于宰相，有三句话值得注意：第一句是陈平说的“宰相者，上佐天子理阴阳，顺四时，下育万物之宜，外镇抚四夷诸侯，内亲附百姓，使卿大夫各得任其职焉”；第二句是韩非子说的“宰相必起于州部”，历史上不少有名的宰相都是从基层选拔起来的，如姚崇、宋璟、吕端、王旦、韩琦、范仲淹；第三句是赵匡胤说的“宰相须用读书人”，因为读书人博古通今，能知治乱之大体，更适合治国平天下。

·对于将军，也有三句话值得注意：第一句是黄石公所说的“将者，国之命也”，即把将军视作国家命运的掌握者；第二句是韩非子所说的“猛将必发于卒伍”，如汉朝“飞将军”李广，唐朝名将薛仁贵，北宋名将狄青，等等。第三句是孙武所说的“将者，智、信、仁、勇、严”。另外，诸葛亮的《将苑》和民国时蔡锷将军所编的《曾胡治兵语录》（即曾国藩、胡林翼的治兵语录，黄埔军校教材）也对为将者进行了论述。

·在中国历史上，将相和而推动国家兴盛的，如汉代的陈平、周勃联手平定诸吕之乱，并迎立汉文帝，开创了“文景之治”；唐代的裴度、李愬联手平定淮西叛乱，为

用具，没有增加过什么；在修筑自己的陵园上节俭，修建霸陵全部采用瓦器，不许使用金、银、铜、锡作装饰，想要节省一些，不去烦扰百姓；在遗诏中明确葬礼节俭，后世的一些帝王遗诏多效仿他，如汉光武帝、曹操等。在中国历史上，汉光武帝刘秀、唐太宗李世民、宋太祖赵匡胤等在恭行节俭、为天下守财方面皆是典范，所以能为后世积福。

·节俭是起家兴国之道，奢侈是败家亡国之因。法国启蒙思想家孟德斯鸠《罗马帝国盛衰原因论》指出，罗马帝国的扩张带来了巨大的财富，正是因为这些财富引起了空前的奢华和浪费，不仅上层社会穷奢极欲、挥霍无度，而且整个社会都沾染了这一习气，纵情于享受安逸，变得堕落，最后罗马帝国很快衰亡。所以，唐朝诗人李商隐《咏史》中说："历览前贤国与家，成由勤俭败由奢。"

·在爱护百姓方面，中国有两句古话，是值得为政者学习的，这两句话也是中国最有代表性的"民本"、"人本"思想。一句是大禹训诫的"民惟邦本，本固邦宁"。另一句是刘备所说的"济大事必以人为本"。

·追求大道、追求真理、追求智慧是人类共同的高尚品性。孔子曾说："朝闻道，夕死可矣。"这句话的意思是说，早上听闻大道即使晚上死了也无遗憾。四百多年后的汉朝，有一位叫黄霸的人在监狱中待死时就引用了孔子的这句话，并孜孜求道，体现了我们中华民族即使面临生命之危仍然不忘追求大道、追求真理、追求智慧的品格。

·在中国历史上，像黄霸这样在狱中仍然孜孜求道的，还有几例：第一个是西伯侯狱中推演《周易》。在被囚禁的七年里，西伯侯（即周文王姬昌）将伏羲的八卦推演为六十四卦并作卦辞。第二个是文天祥狱中作《正气歌》。他在幽暗的小土牢里被囚两年，写下了千古传诵的《正气歌》。第三个是薛瑄狱中学习《易经》。薛瑄被定为死罪，下狱等待处决，但是他泰然自若，专心致志地研读《易经》。在世界其他国家也有这样的人。比如当代政治家、南非前总统纳尔逊·曼德拉，在长达二十七年的铁窗岁月里，仍孜孜以求民族解放之道，认真研读《毛泽东选集》(英文版)。

·《易经》是圣人之学（也可称为君子之学，因为大多数卦的象传都提到"君子"),《尚书》是帝王之学,《中庸》是领导之学,《大学》是修身之学,《春秋》是史官之学,《孟子》是士人之学。

·教师承担着传道受业解惑（韩愈《师说》)、培养天下人才（孟子说"得天下英才而教育之")、长善而救失(《礼记·学记》中讲"教也者，长善而救其失者也"）的重要职责。教师的职业最功德无量，最造福于人，因而也被称为"太阳底下最光辉的职业"。现代文明国家无不提倡尊师重道或尊师重教。而在一千九百多年前的东汉明

德人格丰碑。清代才子毛宗岗《读三国志法》中讲，“吾以为三国有三奇，可称三绝：诸葛孔明一绝也，关云长一绝也，曹操亦一绝也”，并称诸葛亮“比管（仲）、乐（毅）则过之，比伊（尹）、吕（尚）则兼之，是古今来贤相第一奇人”。康熙皇帝曾说，“为人臣者，仅诸葛亮一人耳。”

・一个人最大的成就不在于官位多高、钱财多富、房子多大，而在于永远活在百姓心中。诸葛亮在蜀国非常得民心，过了很长时间梁州、益州百姓还在追思。不仅如此，他还受到了敌国将士的尊敬如魏国钟会伐蜀时还专门拜祭。

・历史上，勉强可以与诸葛亮“鞠躬尽瘁”相比的，是唐朝的名相房玄龄。近代以来，有“鞠躬尽瘁”精神的，是孙中山先生。孙中山的一生为追求民族独立、民主自由和民生幸福即“三民主义”贡献了毕生精力。毛泽东在《纪念孙中山》一文中评价他“全心全意地为了改造中国而耗费了毕生的精力，真是鞠躬尽瘁，死而后已”。

・《格言联璧・惠吉类》载：“天下第一种可敬人，忠臣孝子；天下第一种可怜人，寡妇孤儿。”诸葛亮可敬之处正在于他的“鞠躬尽瘁”所体现的忠臣孝子之心。时至今日，我们仍要倡导“鞠躬尽瘁”的精神，只有具备“鞠躬尽瘁”精神的人，才会在工作中勤勉敬业、尽职尽责、无私奉献。

・在三国之中，厉害的武将很多，如吕布虽然很勇武，可是缺乏忠义的精神，完全为利益左右，所以被称为“三姓家奴”；典韦、许褚等只是一介武夫；张辽、徐晃、张郃、马超、黄忠、吕蒙、甘宁等也皆为一时名将。独有关羽以忠义彪炳史册，成为中国历史上第一名将。而且关公是儒、道、佛三家均认可的人物，无论是帝王将相，还是平民百姓，无论是正道，还是黑道，都非常景仰关公。无论是在喧闹的都市，还是在清静的山野，无论是在中国本土，还是在海外，要么建有关帝庙，要么家庭供祀关公。

・忠义，是中华传统道德的重要内容。忠是什么？南宋理学家朱熹解释，“尽己之谓忠”，也就是说，忠是尽自己的心力、尽自己的责任。“忠”往往与“诚”字在一起，“诚”是真诚，不欺骗。所以，“忠诚”是尽心尽力，不自欺欺人。义是合乎正道、合乎法则。孔子作《春秋》就是为了申明大义，让乱臣贼子有所畏惧；《左传》开篇就讲“多行不义必自毙”；孟子也说“舍生取义”。义有仁义，如战国时的冯谖为孟尝君买义；义有忠义，如西汉时的苏武、南宋时的洪皓；义有信义，如东汉时的范式。

・清代才子毛宗岗《三国志演义回评》第二十六回讲，人情都是爱财色、重爵禄，重人推心置腹礼敬的，曹操就是靠这些来笼络人才的，独有关公不吃这一套，不受曹操的笼络。所以，连曹操如此奸雄都为之倾倒！这正是关羽忠义绝伦之处。

年，在社会慈善事业中历时最久，成为中国慈善史上极为璀璨的篇章。

·救人济世是中华民族的优秀传统，也是古今人类共通的理念。像儒家讲“博施济众”，基督教讲“平等博爱”，佛教讲“普度众生”，马克思讲“解放全人类”，以慈悲之心积极行善救世，在人类社会中最有生命力、影响力和持久力。自古以来，中华民族就是一个乐善好施的民族，以范仲淹创办义庄为代表的救人济世之慈善事业永远值得我们每个人学习。也只有如此，人类才会不断增长善心的正能量，人与人才能在一个温暖的社会中和谐相处、互相关爱。

第三十二讲　耶律楚材以佛治心以儒治国 / 299

·在中国历史上，儒、道、佛文化深深地影响了中华民族，它们有一个共同点就是劝善止恶。但它们各自也有独到的地方，如宋孝宗提出：“以佛修心，以道养生，以儒治世。”元仁宗说：“明心见性，佛教为深；修身治国，儒道为切。”当代国学大师南怀瑾先生曾有一个比喻说：“儒家好比是粮店，道家好比是药店，佛家好比是百货店。”“以佛治心，以儒治国”，是万松老人（行秀禅师）的一句警语，而实践者是他的弟子耶律楚材。

·为什么说“以佛治心”呢？这是因为佛家在治心上有非常独到的见解。比如佛家讲众生有十六心垢、二十一心结、二十一心秽（也可大致概括为贪悭心、作恶心、嗔恚心、放逸心、散乱心、愚痴心），所以有很多烦恼、痛苦乃至空虚。佛被称为人天之师、大医王，自然有很多方法可以除心之垢、解心之结、洗心之秽，比如“六度”（即“六波罗蜜”），布施对治的是贪悭心，持戒对治的是作恶心，安忍对治的是嗔恚心，精进对治的是放逸心，禅定对治的是散乱心，智慧对治的是愚痴心。

·为什么说“以儒治国”呢？这是因为儒家在治国上有非常独到的方法。在儒家经典中比较系统地阐释治国大法的是《中庸》中的“九经”和《尚书》中的“洪范九畴”，《论语·学而》中孔子说的“敬事而信，节用而爱人，使民以时”及《论语·尧曰》中所讲的“五美四恶”值得关注。儒家治国的核心就是实行“王道仁政”，它的内容可归纳为“一本六治”。所谓“一本”，就是以民为本。所谓“六治”，就是“德治”、“礼治”、“贤治”、“教治”、“和治”、“中治”这六种治国之道。另外，儒家治国并不完全排斥“刑治”，如《尚书·舜典》、《尚书·吕刑》均有记载。

·《尚书·洪范》是中国历史上治国之策的第一名篇，是历代有为的执政者必看的篇目。这个名篇涉及阴阳五行、政事、天文历法、修身行为、治理法则、民之祸福等内容，直接来源于中国人的生活实践。九畴中，居于核心地位的是第五项“建用皇极”，首次提出了“公平正义”的政治哲学，阐述了“王道公平正直”的中华传统文化。

·《朱子家训》充分体现了朱柏庐治家的思想，自清朝初年问世以来，为中华民族各阶层津津乐道，几百年间都是儿童启蒙教育必读科目之一，被后世誉为“治家之经”，堪称中华民族治家的典范。朱柏庐在另外一篇《劝言》中也提到“孝悌”、“勤俭”、“读书”、“积德”四件事，最值得治家者留意。

·中华民族有一个很大的特色，就是家庭文化。家庭在中华民族的历史长河中所起的生养、教育、传承之功能，确实世所罕有。因为受传统宗法社会的影响，加上儒家《大学》中所讲的“修身齐家治国平天下”的影响，所以非常重视治家。由此而形成的家训成为独特而亮丽的风景线。

·中国古代家训丰富多彩，帝王家训中有名的如大禹家训、李世民家训（即《帝范》）、康熙家训（即《庭训格言》）等；名臣家训中有名的如周公家训、诸葛亮家训、包拯家训等；平民家训中有名的如《传家宝》、《礼仪问答写卷》（被称为藏族的“论语”）等。在中国历史上，最有名的几部通用家训，除《朱子家训》外，还有《颜氏家训》、《钱氏家训》、《袁氏世范》、《了凡四训》（被后世誉为“中华第一励志之书”）、《曾国藩家书》等几部。

·家是小社会，是民族的细胞，也是国家的根本。家庭的好坏关系民族和国家的兴衰。非洲箴言讲：“任何民族的毁灭都从民众家庭开始。”《大学》中讲：“一家仁，一国兴仁；一家让，一国兴让。”我们每个家庭其实都可学习朱柏庐那样的治家之法和古人优良的传家之风，使我们家庭兴旺、民族兴旺、国家兴旺。

第一讲　尧舜禅让

孔子曾说“大道之行也，天下为公”（《礼记·礼运》），这在上古时代是实现过的。而这个天下为公的一个重要标志就是当时的尧舜禅让。尧舜禅让说的是上古时代尧帝传位于舜帝、舜帝传位于禹帝之事，他们选贤与能、传贤不传子的行为体现了真正公天下的美好德行。

尧帝名叫放勋，是黄帝的五世孙，是中国历史上著名的圣王。《史记·五帝本纪》说他如天一般仁爱，像神一般聪慧；靠近他，如太阳一样温暖；远望他，如白云一样高洁；富裕而不骄横，高贵而不放纵。他品德高尚，使九族和睦，百官也恪尽职守，各方诸侯都和睦相处。他在位时，任用羲氏、和氏制定历法，谨慎地教民不误农时。《论语·泰伯》载，孔子称赞尧帝：“大哉尧之为君也！巍巍乎，唯天为大，唯尧则之。荡荡乎，民无能名焉！巍巍乎其有成功也！焕乎，其有文章！”意思是：伟大啊！尧作为一个国君！崇高啊！唯有天最伟大，只有尧能够效法它。他的恩德如此广博无边，民众不知道怎样去称赞他。崇高啊！他成就了伟大的功业。光辉啊！他制定了礼仪制度。尧帝在政治上实行无为而治，据晋朝皇甫谧《帝王世纪·第二·五帝》载，尧帝时，“天下大和，百姓无事，有八十老人击壤于道，观者叹曰：‘大哉！帝之德也。’老人曰：‘吾日出而作，日入而息，凿井而饮，耕田而食，帝何力于我哉！’”这就是著名的“击壤之歌”。百姓对他的仁爱深怀感情，《史记·五帝本纪》说尧帝去世后，“百姓悲哀，如丧父母”，三年之中，四方无奏乐，以此悼念他。

舜是与尧齐名的圣王。他二十岁时以孝闻名天下，三十岁时四岳推荐舜做尧帝的接班人。五十岁时代天子行政，至五十八岁时尧去世，服丧三年。六十一岁正式接替尧帝任天子之位。舜帝以孝闻名天下，品德高尚，《史记·五帝本纪》称“天下明德皆自虞帝始”，虞帝即舜帝。在《中庸》里面，孔子称他是“大知（通‘智’）”和“大孝”，并说他“德为圣人，尊为天子”。舜帝在位共三十九年，到南方巡视时在苍梧去世。舜帝德才兼备，而且很会用人，早在尧帝时，他代行摄政，任用“八恺”（即高阳氏八个有才干的子孙），掌管水土治理，各项事务井井有条；任用“八元”（即高辛氏八个能干的子孙），掌管教化，四方太平，各族向往。他在位时又任命大禹为司空负责平治水土，任命后稷负责教人们种植百谷，任命契担任司徒负责教化五伦，任命皋陶为大法官负责主持刑法的实施，任命伯益负责管理山林川泽之内的鸟兽草木，等等，一共任用了二十二人。这二十二人，政绩都很突出，特别是大禹治水功劳最大。

尧最重要的历史贡献在于他首先实行了“公天下”的禅让制。在他之前，也是“家天下”，他的父亲是五帝之一的帝喾。尧在挑选接班人时，不将天子之位传给自己的儿子丹朱，却传给了来自民间的普通百姓舜。**他曾说：“若将天子之位授予舜，则天下人得利而只对丹朱一个人不利；若授予丹朱，则天下人遭殃而丹朱一人得利。”基于这个逻辑，他说“终不以天下之病而利一人”，最终将天子之位传给了舜**。此举极具公心，因此他也被后世尊为圣明之君。舜帝也像尧一样，在选接班人时，禅让给了大禹。

尧舜是如何禅让的？根据《史记·五帝本纪》和《尚书·尧典》、《尚书·舜典》记载，尧禅让于舜，大致经历了五个步骤：

一是选于民。即从民众中选。为确定下一任天子的人选，尧召开议事会议，进行民主推荐和讨论。在征求意见时，大臣放齐首先推荐尧的儿子丹朱，尧却说自己的儿子愚顽凶恶而不用（据《尚书·益稷》记载，舜帝对丹朱的评价是：丹朱傲慢，喜好放纵淫佚，行为嬉戏无聊，爱争斗吵闹，无事生非，且还在家族内伙同别人纵情淫乱）。又有人推荐共工，尧帝说：“共工好讲漂亮话，用心不正，外表貌似恭敬，内心却连上天都敢怠慢，不可用。”尧帝又问：“唉，四岳长老，洪水滔滔，汹涌浩荡，包围了山岭，淹过了高地，众人都忧心忡忡，哪个有能力治水？”大家都说鲧行。尧说：“鲧违背天命，毁败同族，不可用。”在四岳的再三建议下，尧试用了鲧，而鲧治水九年，也没有取得成效。这时尧帝年事已高，他再次说：“唉，四岳长老，我在位已经七十年了，你们都能执行命令，请接替帝位吧！”四岳回答说：“我们德行浅薄，不太适合。”尧说：“那就请你们举荐隐居民间而有贤能之人。”大家共同推荐了舜。尧说：“我听说过此人。他到底怎么样？”四岳说：“他是个盲人之子。父亲不讲道德，继母常常使坏，弟弟骄横凶暴，但是他以孝道与他们和睦共处，使他们有所进取而不干坏事。”尧说：“好，让我考察一下吧！”

二是察于行。即考察德行。尧如何考察呢？他先把自己的两个女儿嫁给舜，来考验舜的德行。舜让她们降低尊贵之位去妫水北岸居住，要她们遵守妇道。尧对此举很是赞赏，之后便让舜试任司徒，掌管教化。舜能谨慎地推行父义、母慈、兄友、弟恭、子孝这五种伦理之德，人们都自觉遵从。这大概是尧帝在考察他的道德和教化水平。尧又让他总领百官职守，百官之事皆有条不紊。这个大概是考察他的内政才能。尧又让他主持四门接待四方宾客，四门来客都很和睦，从远方来的宾客都非常恭敬。这个大概是考察他的外交才能。尧又考验他在艰苦环境中生存和应变的能力，让他进入大山丛林中，虽然遇上暴风骤雨，舜也没有迷路误事。这个大概是考察他的应变才能。这品德、教化、内政、外交、应变等五关都过了，表明舜的品行的确很高，领导才能和处理应急的能力兼备。

三是摄于事。即代行摄政。尧考察舜之后，认为舜德行杰出，于是召见他说："你虑事周密，办事很有成效，已经三年了，你登上帝位吧。"其实，这也是在考察舜，就是看舜有没有谦让之德，如果舜毫不推辞地即位，那就大打折扣了。舜是怎么做的呢？舜以自己道德尚未令民众心悦诚服而谦让，于是通过了尧对他的考察。尧让舜代行天子政事，也就是确定了舜的继承人身份，让舜当准天子。准天子可不是好当的。天子若有错误，全要准天子承担，准天子做得好，功劳则归于天子。**《易经》中有一个卦，就是"震卦"，震是代表长子，代表储君，震卦讲的是恐惧修省。所以，当太子、当储君历来都是如此，战战兢兢、如履薄冰**。尧之所以这么做，就是《史记》中所讲的"以观天命"，也就是说，舜能不能当天子，还要看天意。这一摄政的时间是多长呢？根据《史记》记载，舜在尧那里共干了二十八年，其中摄政八年。这八年，舜干了很多事，比如祭祀上天、神灵，遥祭名山大川，普祭群神；每年二月到东方去巡视，五月到南方巡视，八月到西方巡视，十一月到北方巡视；还有"合时月正日，同律度量衡"，就是校正季节、月份、一天的时刻，统一了音律和度量衡，这在当时是很伟大的工作，因为只有把时令节气弄准，人们种植粮食才有所遵循，只有统一了度量衡，人们进行贸易，才有共同的准则；另外还有公开考察诸侯政绩，政绩优秀者赏赐车、服，他还在全国设置十二州，疏通河道。最值得注意的是，他还请求尧帝流放了共工和驩兜，驱逐了三苗族首领，贬逐治水未成的鲧，惩处这四个人，天下心悦诚服。

四是荐于天。即向上天举荐。这个步骤是在让舜代行天子职权的同时做的。《史记》记载，正月初一，舜在尧帝的先祖（文祖）庙中，接受了尧的禅让。**荐于天是上古时期禅让中的关键性步骤。只有上天同意了，才**

可以当天子。这是极具宗教意义的，和中国古代祭祀一样，绝不可武断地说是迷信。只有通过这种仪式，才能是合法的。**它最重要的是，说明了天下权力授予的神圣性，约束天子选择接班人必须选择品德优良、才能卓越的人。**中国古代，仪式是极其重要的。男女结婚不仅要有“媒妁之言、父母之命”，还要问祖宗神灵，还要拜天地、拜高堂，然后才是夫妻对拜，否则就是私通，不被社会承认，不具合法性。如果没有这样的仪式，男女婚姻就是太随意了，太随意了就容易出问题。西方人结婚则要进教堂，也是通过仪式表明婚姻的神圣性。还有，在司法方面，《周礼·秋官·司寇》中载，“有狱讼者，则使盟诅”，盟诅就是对神明立誓赌咒，这是中国古代一项极其重要的司法制度。在西方，也有类似的制度，就是证人在法庭作证时必须手按宗教经典宣誓，不这样做，则证人的证词将不被采信。所以，**交接权力也必须要有这种神圣性，像现代西方有些国家如美国就是这样，新总统当选就职时，必须举行隆重仪式，而且必须手按《圣经》宣誓。**但是中国与西方不同的是，中国的天，一方面代表上天，另一方面还代表百姓，即《尚书·泰誓》上所说的“天视自我民视，天听自我民听”。人心即天心，不光有形而上，还有形而下。所以，**“荐于天”是必不可少的环节。也只有这样做，才能使继位者有敬畏之心，才能使继位者牢记天赋的使命和对百姓的责任。**

五是决于民。即最终还要看民意的决定。尧去世后，舜服了三年丧，并没有马上即天子位，而是让位给尧的儿子丹朱，自己则退到南河的南岸。但诸侯朝拜，不去丹朱那里，而是朝拜舜。打官司的人，不找丹朱，而是找舜。歌颂功德，不歌颂丹朱，而是歌颂舜。舜于是说：“天意啊！”他这才去都城居住，即天子位。天意、民心都在他这里，他才接受了天子之位。

这是以尧禅让舜为例子，舜禅让禹也是如此。《史记·夏本纪》中讲，禹是罪人鲧之子，是舜在代尧治理天下政务时推荐他去完成鲧未竟的治水事业。尧去世后，舜帝问四岳：“谁可以发扬光大尧的事业？就升任他来做官。”百官说：“由禹来担任司空一职，能光大尧的事业。”舜于是任命大禹为司空，主持治理水土。这也可算是“选于民”。大禹为人机敏聪慧，非常能吃苦耐劳，严格遵守道德规范，为人仁慈亲和，行事勤勉端庄，堪称百官楷模。大禹治水一共花了十三年，终于取得了成功。这是“察于行”。后来舜帝向天推荐禹作继承人，过了十七年舜帝去世。这是“摄于事”、“荐于天”。舜帝去世后，禹服满三年丧，也让位给舜的儿子商均，如舜当年让位给尧的儿子丹朱一样，自己退避到阳城。但是诸侯都归服于大禹。禹才登上天子之位。这是“决于民”。

这五个步骤，实际上并不逊于我们现代的民主政治。从“选于民”开始到最后“决于民”，充分体现了民主。而且中间还有严格的考察和试用期，更有宗教意义上的仪式。后世的政权更替中，也有“禅让”，比如公元8年，西汉的孺子婴禅让给新朝的王莽；公元220年，东汉献帝刘协禅让给曹魏文帝曹丕；公元265年，曹魏元帝曹奂禅让给西晋武帝司马炎；公元420年，东晋恭帝司马德文禅让给南朝宋武帝刘裕；公元581年，北周静帝宇文衍禅让给隋朝文帝杨坚；公元618年，隋恭帝杨侑禅让给唐高祖李渊；公元960年，后周恭帝柴宗训禅让给宋太祖赵匡胤。这些“禅让”就变了味，成了一种口号或名义，不是真正的“禅让”。真正的“禅让”是需要经过上述“五个步骤”的。这“五个步骤”是真假“禅让”的试金石。

尧舜禅让是中国政治史上的大事，世人皆认为这是真正的“天下为公”，所以对后世影响非常大。孟子曾与门人万章专门讨论这件事，孟子认为舜拥有天下是天给的，而非尧给的。据《孟子·万章上》载，孟子的门人万章问孟子：“尧把天下让给舜，有这回事吗？”孟子说：“没有，天子不能把天下让给人。”万章问：“那么，舜拥有的天下是谁给的？”孟子说：“天给的。”为什么这样说呢？天下，乃是天下人的天下，作为天子，不能以一己之专私授，否则即不是出于公天下之心。所以，帝王之兴自有天命，非人力所能得也。舜有天下，也是受命于天。尧虽禅位于舜，是顺天命，所以尧有公天下之心。

万章又问：“既然是天给的，难道是天告诉他的吗？”孟子说：“不是的，天不说话，是凭舜的行动表明是天给的。”万章说：“这怎么讲？”孟子说：“天子能把人推荐给天，但不能让天把天下给这个人；诸侯能把人推荐给天子，但不能让天子把诸侯的职位给这个人；大夫能把人推荐给诸侯，但不能让诸侯把大夫的职位给这个人。从前，尧把舜推荐给天，天接受了；把舜让百姓考察，百姓接受了。所以，天不说话，是凭舜的行动表明上天把天下给了他。”因而，在孟子看来，舜之所以有天下，可以说是尧推荐的，但不能说是尧给的。

万章不解，于是又问孟子“天接受他，民接受他”怎么讲，孟子说：

“让舜主持祭祀，百神都来享用祭品，这表明天接受了他；让舜主持政事，而政事得到治理，百姓很安心，这表明百姓接受了他。”孟子还说：“舜帮助尧治理天下二十八年，不是人的意愿所能决定的，而是天的旨意。尧去世了，三年服丧期满，舜避开尧的儿子，到了南河的南面，可是天下诸侯来朝见天子的，却不到尧的儿子那里去，而到舜那里去；打官司的，不到尧的儿子那里去，而到舜那里去；讴歌的人，不讴歌尧的儿子而讴歌舜，所以说，这是天的旨意。舜这才回到国都，登上天子的位置。如果他当初搬进尧的宫室，逼迫尧的儿子让位，这就是篡位了，不是天授给他的了。”

孟子还分析：“匹夫而有天下者，德必若舜、禹，而又有天子荐之者，故仲尼不有天下。”意思是说，一个普通百姓能得到天下，他的德行必然像舜和禹一样，而且还要天子推荐他，孔子虽然是圣人，但没有天子的推荐，所以不能够得到天下。这句话告诉我们，**普通百姓想成为天子，必须要有两个前提条件，第一个是有圣人之德行，第二个是要有现任的天子推荐**（除此之外，还需要“天接受他，民接受他”）。事实上，舜、禹虽有圣人之德行，但若无当时的天子尧、舜推荐，舜则还是微贱，禹则终身种田，不可能拥有天下。所以大圣如孔子者，其德行虽不比舜、禹差，然而无天子推荐，所以不能有天下。

在孟子的著作中，孟子可谓“言必称尧舜”，还说“尧舜之道，孝悌而已。”（《孟子·告子下》）后世也都以尧舜为有道明君，非常尊崇这两人。像北宋哲学家邵雍，他的字就叫尧夫，他的代表作《伊川击壤集》“击壤”的来源就是尧帝时的“击壤之歌”。他的《伊川击壤集·首尾吟》第一百一十五诗中说：“尧夫非是爱吟诗，诗是尧夫可叹时。只被人间多用诈，遂令天下尽生疑。唐虞揖让三杯酒，汤武征诛一局棋。小大不同而已矣，尧夫非是爱吟诗。”**“唐虞揖让三杯酒，汤武征诛一局棋”**乃是名句，这里面，唐是指尧帝，虞是指舜帝，汤是商汤，武是周武王。他讲尧舜的禅让是毫无机诈之心，是在其乐融融的三杯酒中，高兴而揖让的。到了商汤、周武王时，政权更替就只能用武力手段，就像棋盘之间的对弈一样。所以，就权力交接而言，汤武革命要比尧舜禅让逊色一些，当然汤武革命有不得已之处。孙中山先生曾于 1922 年 1 月 22 日“在桂林学界欢迎会的演说”中也非常称颂尧舜的禅让，他说：“**从前政府做事，是很宽大的，譬如‘公天下’的时候，尧把天下让到舜，舜把天下让到禹；政府把天下的政权都可以让到别人，其余对于人民的事情，应该是何等宽宏**

大量。”

尧舜禅让之所以受到后人的称颂，至少有三方面的原因：

第一，尧舜禅让体现了“公天下”的理念。所谓“公天下”，就是姜太公所讲的“天下非一人之天下，乃天下之天下也。”据《六韬·文韬·文师第一》载，周文王问姜太公：“制定什么样的收揽人心的方法，才能使天下归心呢？”姜太公说：“天下不是一个人的天下，而是天下人的天下。能和天下人同享天下利益的，就可以取得天下；独占天下利益的，就会失掉天下。”所以，是为了天下而立天子，不是为了天子而立天下。天下是天下人的天下，不是某个人的私有财产。尧舜“传贤不传子”正是如此，特别是尧所说，“总不能拿全天下人的痛苦，去造福一个人”，实为至理，这比许多帝王“化国为家”，推行“家天下”要高尚得多，这也正是因为他们有“公天下”的理念。

第二，尧舜禅让体现了“主权在民”的原则。所谓主权在民，就是权力属于全体百姓，非一家一姓所垄断，也非哪个利益集团可以垄断，而且权力向每个百姓都平等地开放。尧舜禅让的第一个程序就是“选于民”，最后一道程序是“决于民”，这充分体现了“主权在民”原则，而且尧舜都使普通百姓成为天子，这个事实表明，在这种制度下，人人都有机会成为最高执政者。这是中华政治民主了不起的行动。不少人以为，民主起源于希腊，特别是梭伦改革开了民主政治的先河，为普通公民参与国家政治活动提供了制度保证。实际上民主应当溯源于中国上古时代。尧舜禅让就是中国民主的重要体现，这要比希腊民主早了1500多年。

第三，尧舜禅让体现了“天人合一”的实质。“天人合一”是中华传统哲学中一个很重要的概念。在尧舜禅让中有“荐于天”的神圣性，又有“选于民”、“决于民”的民主性，体现了中华传统哲学中的“天人合一”。在古今的政治中，选择最高执政者有两种倾向，一种是“君权神授”，偏重于宗教意义，如西方中世纪，君主权力来源于教皇代表上帝授予；另一种是“君权民授”，偏重于民主意义，如近现代的民主选举。前一种倾向，虽有宗教意义，但没有民意反映，这就偏了，如中国的商朝，是尊敬鬼神的，但对民心不够重视，导致了政权的垮台，而周朝能最后灭商，依靠的力量源泉就是百姓，所以周朝建立后，周公就确定了“敬天保民”的执政原则。后一种倾向，虽然反映民意，但是神圣性不够，也会导致不敬畏，同时还会出现“多数人暴政”或“暴民政治”。**而尧舜禅让体现了“天人**

合一”，既有宗教的意义，又有民主的意义。一方面既有“无形的力量”（即上天）在监督，另一方面也有“有形的力量”（即民众）在监督，这无疑是很好的机制。

权力是公器，当具神圣意义，当由民众选举，当属德才兼备者。尧舜为后人所称道，不仅在于他们的仁德爱民，而且在于他们首创了权力运行中的禅让制，并且将神圣性和民主性有效地结合起来，甚至比现代民主政治更具有先进性，实现了权力的和平交接，保证了接任者的贤能，堪称古代帝王之典范。所以，班固《汉书·古今人表》将自上古至汉代以来的人物分为九品，尧舜都列为上圣第一品。

第二讲　尧帝虚心纳谏广开言路

在中国历史上，有文献记载的最早虚心纳谏、广开言路的当属尧帝。

据西汉刘安《淮南子·主术训》载："尧置敢谏之鼓，舜立诽谤之木。"晋朝皇甫谧《帝王世纪》载，尧帝"置敢谏之鼓"，舜帝"立诽谤之木"。两者所记相同。南朝宋时范晔的《后汉书·杨震传》载，杨震上疏说"臣闻尧舜之世，谏鼓谤木，立之于朝"，没有载明是尧还是舜。清朝吴乘权、周之炯、周之灿编纂的《纲鉴易知录·五帝纪》则说舜帝"广视听，求贤才以自辅。欲纳谏，以闻其失。立诽谤之木，使天下得攻其过。置敢谏之鼓，使天下得尽其言"。

但比上述更早的文献，如秦相吕不韦主编的《吕氏春秋·自知》载："**尧置敢谏之鼓，使天下得尽其言；立诽谤之木，使天下得攻其过**。"明朝大学士张居正等编撰的《帝鉴图说》也用此说。今采用《吕氏春秋·自知》、《帝鉴图说》之说。

首先解释一下"尧置敢谏之鼓，使天下得尽其言；立诽谤之木，使天下得攻其过"的意思。这里的"诽谤"不同于今天"诽谤"的意思，在古代，"诽谤"是指议论评价别人的过失，而今天的意思完全是贬义，是指恶意地攻击、诋毁别人。这句话是说，尧帝在朝廷设置一面鼓，凡想提建议的人就击鼓进谏，使天下的人得以说出自己的话；在交通要道上竖立木牌，凡是提意见的人就把意见书写在木板上，使天下人得以评议自己的过失。

尧帝广开言路就是通过置谏鼓、立谤木实现的。此中原由在于，他常常担心自己处理政事有错误，又因为自己位高权重，担心朝廷之中的人不敢当面直言，所以让天下的百姓来直言，因为知政之得失者在于百姓。这等心胸是何等开阔，这也是他之所以成为圣王的一个重要原因。《尚书·说命上》也载殷高宗武丁得良相傅说时就要求其经常提意见和建议，殷高宗武丁对傅说讲："你要早晚进言教诲，辅助我行德政！就像是铜，用你作磨石；就像渡大河，用你作船和桨；就像大旱之年，用你作甘霖。敞开你的心扉，灌溉我的心田！"傅说回答武丁说："**惟木从绳则正，后从谏则圣**（后，在古代指君王，如夏后氏）。"即是讲，木料用墨线拉过才能正直，君王采纳谏言才能圣明。

中华传统文化是极其重视谏诤的，将其提升到很高的地位。《孝经·谏诤章第十五》载，孔子说：“**天子有争臣七人，虽无道，不失其天下；诸侯有争臣五人，虽无道，不失其国；大夫有争臣三人，虽无道，不失其家；士有争友，则身不离于令名；父有争子，则身不陷于不义。故当不义则争之。从父之命，又焉得为孝乎？**”这里的“争”通“诤”，谏诤之意。全段的意思是：天子有七位直言谏诤之臣，即便天子无道，尚不至于失掉其天下；诸侯有五位直言谏诤之臣，即便诸侯无道，尚不至于失去其国；大夫有三位直言谏诤之家臣，即便大夫无道，尚不至于失去其家；士人若有直言规劝的朋友，则自己不会背离美好的名声；父母有直言规劝的儿女，则自己不会陷于不义。所以，面对不合礼义的事情时，就要直言相劝，一味地听从父母之命，又怎能算作孝子呢？有这种谏诤之人，大到天下，小到家庭，都不会太离谱。

在古代像尧帝这样重视求谏纳言的，历史上也还有不少。比较有名的，也举几则：

一则是大禹“揭器求言”。《鬻子》载，大禹悬挂钟、鼓、磬、铎、鞀五种乐器，用以等待四面八方的人士。大禹下令宣布：“有要告诉我治理天下的道理的，请击鼓；有要告诉我怎样做适宜的，请击钟；有要告诉我国家具体事务的，请振动铎；有要告诉我他所忧虑的事的，请击磬；有要打官司上诉的，请摇响鞀。”《帝鉴图说》也记载了大禹“揭器求言”之事。

二则是汉文帝“止辇受言”。据《汉书·文帝纪》载，文帝十五年（公元前165年）九月，下诏诸侯王公卿郡守举荐贤良能直言极谏者，文帝亲自诏策，来吸取有益之谏言。《帝鉴图说》和《纲鉴易知录·五帝纪》均载汉文帝“止辇受言”之事，说的是，汉文帝每次临朝听政，遇有郎官、从官（此类官无权在宫廷中进谏）在途中上奏书的，都停下玉辇听取他们的进言。如果觉得不可用的，先放在一边留待参考；如果觉得可用的，就采纳实行。不管可用或不可用，汉文帝都对他们的上奏给予鼓励称许。这里特别值得一提的是，汉文帝还废除了诽谤罪（即议论评价朝政之罪）。

三则是唐宣宗“焚香读疏”。《资治通鉴·唐纪六十五》载，唐宣宗喜欢听到规谏。凡是谏官议论政事，及门下省（唐朝中央权力机构分为中书、门下、尚书三省，共同行使宰相之权，但相互有制衡，中书负责起草诏令，门下负责封驳审核，尚书负责执行）封驳之论，如果讲得合理，唐宣宗也往往委屈自己而接受他们的意见。收到大臣们所上的奏疏，必定要焚香洗手才阅读。这可谓非常尊重大臣，非常尊重进谏。这个宣宗很不简单，在当皇帝之前曾经出过家，跟黄檗禅师学过佛，后来当了皇帝励精图治，爱读唐太宗所撰的《金镜书》和史学家吴兢的《贞观政要》，使唐朝出现了短时间的中兴，因此他还被史家誉为“小太宗”。

当然，也有一些帝王没有尧帝那样的心胸，对谏言不愿意接受，也不想听，甚至杀害进谏者。比如**夏桀杀关龙逄**，《纲鉴易知录·夏纪》载，关龙逄进谏夏桀说：“作为君主的应当谦虚恭敬、讲究诚信、节约用度、爱惜百姓，这样天下才会安定而社稷宗庙也会稳固。现在大王您奢侈又爱杀人，百姓唯恐您会亡国呢！如果人心已丧失，天命也不保佑，何不稍稍改正呢?”夏桀不听，而关龙逄站着不离开，于是夏桀大怒，杀关龙逄。又如**商纣杀梅伯、比干**，《纲鉴易知录·商纪》载，商纣时，有贤臣梅伯，性格忠直，数次谏诤，商纣大怒杀之。微子数次进谏，商纣也不听，于是微子就离开了。箕子进谏，商纣也不听，有人说：“您可以离开了！”箕子说：“作为人臣，进谏不被听取而离开，是彰显君主之恶，而自己取悦于民，我不忍心这样做!”于是披着头发，假装发狂而为奴隶。比干也进谏，向商纣陈述先王的艰难，以及国家将亡的征兆，请商纣洗心革面，改正行为。商纣大怒说：“比干自以为圣人，我听说圣人之心有七窍。”于是剖比干之心。

因此，进谏是一件很难的事，难就难在进谏方有所顾忌，不愿或不敢进谏。《贞观政要·求谏》就记载了进谏之难的原因。贞观十五年（公元641年)，唐太宗问魏徵：“近来朝臣都不议论政事，这是为什么?”魏徵回答说：“陛下如此虚心采纳臣下的意见，确实应当会有人议政。然而古人说过：‘**如果尚未得到信任就进谏，将被认为是毁谤；如果得到了信任而不进谏，那就是没有尽职**。’但是人的才能、气质，各不相同。**生性懦弱的人，可能怀有忠直之心而没有勇气说；关系比较疏远的人，可能害怕不信任而不能说；贪恋禄位的人，会顾虑对自己不利而不敢说。所以他们都保持沉默，只求应付混日子**。”唐太宗说：“确实像你所说的那样。我常常在考虑，臣子要进谏，每每害怕有杀身之祸。因此忠贞的臣子，并不是不想竭尽忠诚，而是要做到竭尽忠诚实在太难。所以，当舜要禹尽情直言时，禹婉转地推辞了，岂不就是这个缘故！我现在决心广开言路，虚心纳谏，你们不要因为顾忌和惧怕而不能畅所欲言。”

为了避免进谏难，古代还在制度设计上进行了考虑，形成了谏官制度。谏官的职责是非常重要的。清朝吴乘权等编写的《古文观止》选录了**北宋名臣司马光的《谏院题名记》**，里面讲：“古时候没有专门设置谏诤的官，从公卿大夫到一般百姓，没有不能进谏的。汉朝建立以来，开始设置谏官。将天下的政事、五湖四海的民众、治理国家的得失利弊，都集中于谏官身上，让他一一提出意见，那么他的责任也算够重的了。**任此官者，应当牢牢记住那些大事情，舍弃那些小事；要先进谏那些急迫的问题，而后进谏那些不很急迫的问题；要专为国家谋利，而不为自己打算**。天禧初年，真宗下诏设置谏官六员，并明确谏官的职责。庆历年间，钱君开始将谏官们的名字写在木板上。我怕因时间长了要磨灭，在嘉祐八年，将谏官名字刻在石上。后代人会逐个指着他们的名字而议论他们说‘某某人忠诚，某某人奸诈，某某人正直，某某人邪恶’。啊，这能不叫人惧怕吗?”可见，谏官担负着对天下政事也即如何治国安民提出意见的重任，他考虑的是全盘，和皇帝、宰相考虑的一样。同时，谏官有两大特点，一是言者无罪，皇帝不能随意诛杀谏臣；二是官阶卑微，谏议大夫作为谏官之长一般不超过四品，其他诸如拾遗、补阙、司谏、正言，均没有超过七品的，有的甚至仅为八品，这在九品官位制度中是排在倒数第二、三的。这样的设计，使得谏官敢于直谏，给了谏官讲真话的空间。进谏不成功，也没有罪，不被惩罚；官阶卑微，就不会因珍惜官位而不敢直言。所以，**在古代，官小权大、官大权小，也是制度设计的内容。比如“三公”的官最大，但他们往往只是坐而论道，并没有太多的实际权力，而“谏官”，如明朝六部的“给事中”官虽小，但权力很大，这也体现了古人的智慧**。

除了制度设计外，要想听到真实的声音和有益的意见建议，还应当使求谏、进谏、纳谏相契合。这三个方面是一个相互递进、相互影响的过程，先有求谏、后有进谏、再有纳谏。求谏影响进谏，进谏又影响纳谏，纳谏也影响求谏和进谏。

从求谏角度来看，关键在于对谏言的认识。这方面值得注意的是孔子讲的“良药苦口利于病，忠言逆耳利于行”。《孔子家语·六本》载，孔子说：“**良药苦于口而利于病，忠言逆于耳而利于行。汤武以谔谔而昌，桀纣以唯唯而亡**。”意思是，好的药常常苦口，但利于治病；真正尽责的话常常不中听，但利于修行。商汤和周武王因为能听得进直言而使国家昌盛，夏桀和商纣因为只听附和的话而使国家灭亡。《资治通鉴·汉纪一》就记载了张良用这句话劝刘邦不要享受安乐的事。当时，刘邦攻至咸阳，进入秦宫看见宫中帷帐、狗马、珍宝、妇女数以千计，便想留在宫中。樊哙劝道："您是想享有天下，还是要做富家翁呢？凡是这些奢侈艳丽的东西，都是促使秦朝灭亡的啊，希望您赶快返回霸上，不要留居在宫中。"但刘邦没有听进去。张良于是说："秦王朝暴虐无道，所以您讨伐它，才到了这里。为天下百姓消灭暴虐的残贼，应该以洁白朴素为本。现在刚刚进入秦宫，就享受逸乐，这就是助桀为虐。况且'良药苦口利于病，忠言逆耳利于行'，愿您听樊哙所言。"于是刘邦才还军霸上。另外，像唐朝的玄宗皇帝对谏言的认识也非常深刻。《资治通鉴·唐纪二十九》载，开元二十一年（公元733年），玄宗任命韩休代替萧嵩为宰相。韩休为人正直，以敢于直言相谏而著名。只要玄宗施政有所不当，他即刻进言，丝毫不敢懈怠。由于韩休敢于谏诤，玄宗也是敬而畏之。有一天，玄宗在宫中照着镜子，闷闷不乐。左右说："自从韩休拜相以来，陛下忧愁时多，高兴时少，最近消瘦了不少，难道堂堂天子，反为宰相所制，这又何苦呢？"玄宗说："萧嵩来奏事，总是一味地顺着我，但事后我心里总觉得不踏实。而韩休来奏事，虽都是直言直语，还常常和我有争执，但事后我心里很踏实。"接着他说了一句名言：**"吾貌虽瘦，天下必肥。"**并说自己用韩休是为了国家，不是为了个人。所以，唐玄宗执政前期出现"开元盛世"就不难理解了。

从进谏角度来看，关键在于谏言的方法。进谏很不容易，一句话没说好，小则影响前途，大则引来杀身之祸。孔子曾就进谏提出自己认可的方法。据《孔子家语·辨政》载，孔子说："忠臣之谏君，有五义焉：**一曰谲谏，二曰戆谏，三曰降谏，四曰直谏，五曰讽谏。**唯度主而行之，吾从其讽谏乎！"孔子这句话告诉我们，进谏有五种方法：第一种是谲谏，就是直接指出问题而委婉地规劝。第二种是戆谏，就是不加修饰刚直地规劝。第三种是降谏，就是低声下气地规劝。第四种是直谏，就是直截了当地规劝。第五种是以比喻或隐语来婉言规劝。这些都需要权衡君主的不同心理而施行，孔子赞同的是第五种，用比喻或隐语来婉言规劝。讽谏的故事中最有名的是战国时的"邹忌讽齐王纳谏"。《战国策·齐策一》载，齐国有个叫邹忌的人，他身长八尺有余，长得非常漂亮。有一天早晨，他分别问妻子、小妾、客人，自己和城北的徐公相比谁更漂亮，三人都说邹忌漂亮。后来徐公来找他，他发现自己还是不如徐公漂亮。于是他反复琢磨，才恍然大悟说：“妻子说我美，是喜欢我啊！小妾说我美，是害怕我啊！客人说我美，是有求于我啊！”后来他把此事讲给齐威王听，并说：“齐国方圆一千多里，有一百二十座大城，宫中的妃子和大王左右的人，哪一个不喜欢大王；朝廷上的众臣，哪一个不害怕大王；天下的百姓，又哪一个不有求于大王。他们当然一个个都要巴结您，吹捧您。照此看来，大王的危险恐怕要到极端了啊！”于是，齐威王下令，敢于当面指斥、上书切谏或在下面议论齐威王过失的人，可得到上中下不同等次的奖励。由于进谏使齐威王不断地改正过失，齐国的政治也日益开明，燕、赵、韩、魏等国都来朝见，与齐国交好。在唐朝，也有一个讽谏的故事。《新唐书·柳公权列传》载，柳公权书法很好，唐穆宗很喜爱他的字，有次穆宗问他：“你的字怎么写得这么好啊？”柳公权回答说：“**用笔在心，心正则笔正**。”当时穆宗皇帝沉默不语变了脸色，知道他是借笔来进谏的。可见穆宗皇帝也是个聪明人，可惜却昏庸失德，奢侈放纵。这里面，柳公权用的也是讽谏。

这五者之中，最危险的就是戆谏和直谏。但是正因为戆谏和直谏最危险，所以也是最宝贵的。像西汉的朱云便是其中的典型。《汉书·朱云列传》载，汉成帝时，丞相安昌侯张禹以帝师之位特受尊重。曾任槐里县令的朱云上书求见成帝，当时公卿大臣都在跟前，朱云说：“当今朝廷大臣上不能匡主，下不能益民，都是尸位素餐。臣愿陛下赐我尚方宝剑，斩杀一名佞臣以惩戒其余的人。”成帝问：“这个人是谁？”朱云回答说：“这个人是安昌侯张禹。”成帝大怒：“小臣敢在朝廷上侮辱帝师，罪死不赦。”御史把朱云拉下，朱云攀住殿中的栏杆不放，致使栏杆折损，并大声说：“臣得与关龙逄、比干游于地下，值得啊！不知道朝廷今后怎样呢？”这时候，左将军辛弃忌叩头说：“此人向来以狂直著称，如果他说得对，不可杀；他说得不对，也当宽容。臣敢以死争。”辛弃忌还叩头流血，成帝怒气才缓解，这件事得以平息。后来修理栏杆时，成帝说：“不要换新的，修理一下即可，用它作个纪念，以表彰那些直言敢谏的臣子。”

从纳谏角度看，关键在于对谏言的态度。《孟子·公孙丑上》载，孟子曰：“子路，人告之以有过则喜，禹闻善言则拜。大舜有大焉：善与人同，舍己从人，乐取于人以为善。自耕稼、陶、渔以至为帝，无非取于人者。取诸人以为善，是与人为善者也。故君子莫大乎与人为善。”意思是，孟子说：“子路，别人告诉他有过错就高兴，禹听到善德的话就下拜；大舜则更大：他同他人一起修养善德，舍弃自己顺从别人，乐于发现和吸取别人的优点来修养自己的善德。他从种庄稼、制陶、打鱼一直到成为天子，没有一件善行不是吸取他人的优点得来的。吸取他人的优点来修养善德，并和他人一起修养和实践善德，就是与人为善。因此，君子的善德没有比与人为善更大的。”“与人为善”这个成语就来源于此，本意是与他人一起做好事，现在则演变成善意帮助人的意思。从这里面我们可以看出，听取谏言有三个层次：

第一层次，闻过则喜。如孔子的弟子子路，是勇于自修的人，其心唯恐自己不善，怕自己不知道自己的过错，所以别人一告诉他他的过错，便高兴地接受。这是助己为善。

第二层次，闻善言则拜。如大禹，是一个很谦虚的人，其心唯恐别人有善言自己没发现，因此一听到善言，就拜而受之。这是取人之善。

第三层次，闻善则共为善。如舜帝，听到善言，见到善行，将它作为天下公共的道理，既不将它当作别人的，也不将它当作自己的，而与他人同其善。这是既取人之善，又助己为善，更助人为善，形成大家一起为善的局面。

这三个层次，子路之喜，怕自己不善，没能忘掉自己；禹之拜，见善在于别人，没能忘掉别人；舜帝则是人己两忘，善与人同，心胸更加开阔。论境界，舜高于禹，禹高于子路。所以，圣人的心至公至虚，公则无论大小不遗漏，所以取善的途径就非常广；虚则人己两忘，所以取善的心境就更圆融。孟子最赞赏的是舜帝的与人为善的境界。

就求谏、进谏、纳谏三方比较来看，起主导作用的还是求谏方，纳谏方实则与求谏方是同一方。如果求谏方不愿意听，不能够虚心，那么进谏方知道进谏没有用，也就不会进言。因此，作为领导者，尤其是最高执政者，为了让自己了解民意、少犯错误、集思广益，防止被一些表面现象所迷惑，一定要广开言路，主动采取措施听取各种意见和建议，同时虚心纳谏，从善如流，才能共同治理好天下，即使在今天也需要如此。无疑，尧帝虚心纳谏广开言路，值得后世借鉴。

第三讲　虞舜孝闻天下

虞舜名叫重华，号有虞氏，后来登帝位，称为舜帝。**虞舜是因孝闻名天下，并因此被推荐为帝位继承人的。这是中国历史上第一个因为孝而从平民百姓当上帝王的**。当然我们不能忘记伟大的尧帝，正是因为他仁德如天，虞舜才有机会。

据《史记·五帝本纪》载，虞舜是帝颛顼的后代，他祖辈这一脉，从帝颛顼的儿子穷蝉直到虞舜，都是不知名的普通百姓。虞舜的父亲名叫瞽叟，是个盲人（据汉代孔安国的解释，瞽也指有目而善恶不分，也就是说瞽叟不一定是盲人，但善恶不分）。虞舜的母亲死后，他的父亲又娶了一个妻子，后妻生了个儿子名叫象，象为人非常傲慢。但瞽叟宠爱后妻所生的象，常想杀舜，舜则总是躲着，如果惩罚不重，也就忍受委屈。他顺从地侍奉父亲、后母和弟弟，每天谦恭谨慎，不敢怠慢。

舜曾经在历山耕田，在雷泽捕鱼，在黄河边上制作陶器，在寿丘制造各种生产生活用品，还在负夏从事过商业活动。他的父亲瞽叟不讲道理，后母不讲忠信，弟弟傲慢无礼，都想杀死舜。而舜则顺应父母心意，不失为子之道，对于那个狠毒狂傲的弟弟也很友善。当瞽叟和象要加害于他的时候，及时逃避；稍有好转，马上回到他们身边，尽可能给予帮助。

舜二十岁以孝出名，三十岁尧问谁可以继承天子之位，四岳全都推荐了舜。于是尧帝将自己的两个女儿嫁给了舜，以观察舜的治家能力。舜家住在妫汭，舜在家庭内部的表现非常严谨，尧的两个女儿都不敢因出身高贵而在舜的家庭中稍有怠慢，侍奉舜的父母很守妇道。尧帝赐给舜上等布衣一套、琴一把，并且为他修建了粮仓，送给他一些牛羊。可是瞽叟到这时还想置舜于死地，他让舜到仓顶上抹泥，而他却在底下放火。舜靠着两个斗笠跳下逃脱，没有被烧死。后来瞽叟又让舜去挖井，舜知道危险，便预先在井中挖了个暗道。等到井挖深了，瞽叟和象便一齐往井里填土，但舜从暗道中死里逃生。瞽叟与象都以为舜死在井中。象对父母说："这个主意是我出的，舜的两个妻子和那把琴归我，粮仓、牛羊归你们。"象于是住进了舜的房子，坐在里面弹琴取乐。没有想到这时舜又回来了，场面很尴尬，象说："我正想你想得很伤心呢。"舜说："是啊，我们兄弟情谊很不错啊！”事后，舜侍奉父亲瞽叟依然恭敬，对待兄弟象依然友爱。

舜即天子位后，乘着插有天子旗帜的车子，去拜见他的父亲瞽叟，态度恭敬，礼节仍然和一个普通儿子对待父亲一样。舜还封他的弟弟象为诸侯。

《二十四孝》把舜之孝排为第一，称其“孝感动天”，说他的孝行感动了上天，在历山耕种时，大象替他耕地，鸟替他锄草。从时间上来说他是第一，从难度和真心来说他也是排第一。因为**就一般人来说，父母兄弟对自己很好，还是容易做到孝悌的。在父母兄弟对自己不好，百般刁难时，还能做到孝悌，就不容易了。甚至危及生命时，也不记恨父母兄弟而怨恨报复，还能做到孝悌，那就是真正的孝悌**。老子《道德经》第十八章讲：“六亲不和，有孝慈。”这句话告诉我们，六亲和睦时，做到孝慈比较容易，不会有太大差异，而六亲不和时，真正的孝慈就会显现出来。《孟子·万章上》也说：“父母恶之，劳而不怨。”像老子、孟子所说的世人难以做到的情形，舜就做到了。

孔子对舜的孝行高度称赞，他说：“**舜其大孝也与！德为圣人，尊为天子，富有四海之内。宗庙飨之，子孙保之。故大德必得其位，必得其禄，必得其名，必得其寿**。故天之生物，必因其材而笃焉。故栽者培之，倾者覆之。《诗》曰：‘嘉乐君子，宪宪令德。宜民宜人，受禄于天。保佑命之，自天申之。’故大德者必受命。”（《中庸》）意思是，舜可以称得上大孝了吧！德行方面是圣人，地位上是尊贵的天子，富有整个天下，宗庙里祭祀他，子子孙孙都护持他。所以，有大德的人必能获得相应的地位，必能获得相应的俸禄，必能获得相应的名声，必能获得长寿。所以，上天生养万物，必定根据它们的资质而厚待它们。能成材的得到培育，不能成材的就遭到淘汰。《诗经》说：“高尚优雅的君子，有光明美好的德行，让人民安居乐业，享受上天赐予的福禄。上天保佑他，任用他，给他以重大的使命。”所以，有大德的人必定会承受天命。

在中华传统文化中，孝是核心内容之一。除了专门以孝命名的《孝经》、《文昌孝经》外，还有《百孝经》。在《百孝经》中，大家要留意这三句话：**一是“孝是人道第一步”**。这是为人的首要条件，《史记·屈原贾生列传》中说：“夫天者，人之始也；父母者，人之本也。人穷则反本，故劳苦倦极，未尝不呼天也；疾痛惨怛，未尝不呼父母也。”意思是说，天是创造人的原始，父母是人出生的根本。人在遇到困窘危急时，就会追本溯源。因此当人们劳苦困倦不堪时，总是喊“天”；在有疾病惨痛不能忍受时，就总呼叫“父母”。这反映了我们中国人的习俗，这也证明了父母是我们的生命之源。所以，如果一个人连对自己的父母都不孝敬，那他就不算是个人，甚至连畜生都不如，因为连乌鸦都知道反哺，动物也知孝啊。**二是“自古忠臣多孝子”**。《论语·学而》记载，孔子的弟子有子说：“其为人也孝悌，而好犯上者，鲜矣。”为人孝悌的人，喜欢犯上的很少。像《后汉书·韦彪传》中引述孔子的话：“事亲孝故忠可移于君，是以求忠臣必于孝子之门。”所以，皇帝要找忠臣，就从孝子中物色，像汉代就盛行过举孝廉制度，从孝子中选拔官员。**三是“诸事不顺因不孝”**。大凡不孝之人，事业上不会顺到哪里去，其他方面也不会好到哪里去。我们如果感觉自己在身体上、工作上、学习上等方面不顺，那就应当反省自己是不是因为孝做得不够。

关于孝，这里重点讲述三个分清。

第一，分清孝与不孝的边界。我们要行孝，首要的是分清哪些是孝，哪些是不孝。我们来看古圣先贤是如何说的。《论语·学而》载，孔子说：“父在，观其志；父没，观其行。三年无改于父之道，可谓孝矣。”意思是说，父亲活着，就观察儿子的志向；父亲去世了，就观察儿子的作为。三年不改变父亲的合理做法，就可以说是孝了。《孝经·纪孝行章第十》载，孔子说：“孝子之事亲也，居则致其敬，养则致其乐，病则致其忧，丧则致其哀，祭则致其严。五者备矣，然后能事亲。事亲者，居上不骄，为下不乱，在丑不争。居上而骄则亡，为下而乱则刑，在丑而争则兵。三者不除，虽日用三牲之养，犹为不孝也。”也就是说，孝子在侍奉双亲时要做到“**五要三戒**”。这“五要”是：第一，在日常照料起居上要充分表达对父母的恭敬；第二，在饮食生活奉养上要保持愉快的心态；第三，在父母生病需要照料时要怀着忧虑的心情；第四，在父母去世料理后事时要极尽悲痛之情；第五，在祭祀亡父亡母时要保持庄重肃穆的神情。这五方面做得完备周到了，方可称为对父母尽到了孝的责任。另外还有“三戒”：一是处于上位时不可骄傲自满，二是处于下位时不可作乱，三是处于贱位时不可忿争，否则处于上位会招致灭亡，处于下位会被处刑罚，处于贱位会被兵器杀戮。这三戒不除，即使每天供给父母以猪、牛、羊俱全的美味，仍然是不孝。

儒家的“亚圣”孟子说：“**世俗所谓不孝者五**：惰其四支，不顾父母之养，一不孝也；博弈好饮酒，不顾父母之养，二不孝也；好货财，私妻子，不顾父母之养，三不孝也；从耳目之欲，以为父母戮，四不孝也；好勇斗狠，以危父母，五不孝也。”（《孟子·离娄下》）意思是，世俗所说的不孝，有五种情况：四肢懒惰，不顾父母的生活，这是一不孝；喜欢赌博喝酒，不顾父母的生活，是二不孝；贪图钱财，偏爱老婆孩子，不顾父母的生活，是三不孝；放纵于寻欢作乐，使父母蒙受羞辱，是四不孝；逞勇好斗，危及父母，是五不孝。

道教的《文昌孝经》第三章“辨孝章”讲，父母在世时，不对其赡养，父母去世后，不将其安葬，父母的福泽就不会延长。无故溺死女婴，无故杀死儿子，父母客死他乡，不去收埋骸骨，这些都是最大的不孝。只是奉养父母的衣食，还不算是孝敬；只有能够体恤父母的心思，促成父母的志愿，才算是最大的孝敬。父母在世时，不能尽到赡养的责任，待去世后虽然尽孝，但不足以算是孝敬。既能在父母在世时，尽到赡养责任，又能在父母去世后尽孝，这才算是“至孝”。我的生母，我固然应当尽孝；后母庶母，我也应该尽孝道。我的母亲或许因过失而被父亲休掉，或者改嫁，但母亲生育我的劳苦，也是不可以背弃的。幼年就失去父母而孤苦伶仃，恩爱养育我的养父母，都不可忘记，何况是亲生父母。同母兄弟，我固然应当友爱；前母所生兄弟，我也应当友爱。亲生姐妹，我固然应当和敬；对于妯娌，我也应当和敬。我的亲生子女，我固然保爱；前妻所生的子女，我也应当保爱。一切善行，家人一起身体力行，无不是由此孝心推及而来。按照这个样子来尽孝，才能够真正算作孝。这一章还讲了**九种“于孝有亏”的情形**：一是虽孝敬父母，但不敬爱叔伯、不敬爱祖先，于孝有亏。二是虽孝敬父母，但不爱子孙、不敦睦宗族，于孝有亏。三是虽孝敬父母，但不和爱姻亲、不与乡邻和睦，于孝有亏。四是虽孝敬父母，但不忠君上，对老师朋友不讲信用，于孝有亏。五是虽孝敬父母，但不爱百姓、不怜恤万物生命，于孝有亏。六是虽孝敬父母，但不礼敬天地、不礼敬日月星辰三光、不礼敬神明，于孝有亏。七是虽孝敬父母，但不敬奉圣贤、不远离恶人，于孝有亏。八是虽孝敬父母，但非分地贪求财色，不顾性命，知道过错而不悔改，见有善行可做而不去做，于孝有亏。九是奸淫毒害妇女，破坏人家的名节，于孝有亏。同时，这一章还强调，虽然能奉行各种善行，但不孝敬父母，终究是小善；奉行各种善行，而又能够孝敬父母，这才称得上是“至善”。

第二，分清孝对不同的人有不同的要求。在《孝经》中，对天子、诸侯、卿大夫、士、庶人五个阶层的孝有不同的要求：

一是天子之孝。在《孝经》第二章“天子章”中，孔子讲：“爱亲者，不敢恶于人；敬亲者，不敢慢于人。爱敬尽于事亲，而德教加于百姓，刑于四海。盖天子之孝也。”这里面，“刑”通“型”，是正的意思，也表典范、榜样。这段话是说，天子之孝，不仅在于竭尽爱敬自己的父母，而且道德教化施行于百姓之中，并作为四方的典范榜样。这样，天下的百姓就都有了依靠。像舜帝不仅自己做到孝，而且即位后将孝行推及天下百姓，就是典范的天子之孝。

二是诸侯之孝。在《孝经》第三章“诸侯章”中，孔子说：“在上不骄，高而不危；制节谨度，满而不溢。高而不危，所以长守贵也；满而不溢，所以长守富也。富贵不离其身，然后能保其社稷，而和其民人。盖诸侯之孝也。”这段话告诉我们，诸侯之孝就是要不自高自大，不奢侈腐化，保持戒惧之心，并且使百姓和睦。

三是卿大夫之孝。在《孝经》第四章“卿大夫章”中，孔子说：“非先王之法服不敢服，非先王之法言不敢道，非先王之德行不敢行。是故非法不言，非道不行；口无择言，身无择行；言满天下无口过，行满天下无怨恶。三者备矣，然后能守其宗庙。盖卿大夫之孝也。”这段话告诉我们，卿大夫之孝主要体现在服饰、言论、行动必须遵守先王所定的规矩，不敢松懈，为百姓作出表率。

四是士之孝。士是周代次于卿大夫的末等爵位，分上士、中士、下士三级，也是低级官吏的名称。在《孝经》第五章“士章”中，孔子说：“资于事父以事母，而爱同；资于事父以事君，而敬同。故母取其爱，而君取其敬，兼之者，父也。故以孝事君则忠，以敬事长则顺。忠顺不失，以事其上，然后能保其禄位，而守其祭祀。盖士之孝也。”这段话告诉我们，士之孝主要体现在要以侍奉父亲的爱戴之心去侍奉母亲，要以对父亲的崇敬之心去侍奉君主，做到忠、顺，这样才能保住自己的俸禄，守住家族中的祭祀，不愧于生自己的父母。

五是庶人之孝。在古代，庶人是除奴隶以外身份最低者，是拥有自由身份的平民。在《孝经》第六章“庶人章”中，孔子说：“用天之道，分地之利，谨身节用，以养父母，此庶人之孝也。”这段话告诉我们，平民百姓之孝体现在，根据春生、夏长、秋收、冬藏或春温、夏热、秋凉、冬寒等季节变化的天道运行规律，充分辨别土地的好坏和适应情况获取收益，立身谨慎，节省用费，以此孝养父母。《德育故事》（民国蔡振绅著）讲了一个庶人“谨身节用”以行孝的故事，说的是明朝夏诚明的妻子王氏，是无锡种田人家的女子。她家里很穷苦，又遇着荒年，偏偏丈夫出门去了。王氏很努力地纺纱、织布，竭力办好了饭菜给公公婆婆吃，自己则只吃米糠和野菜充饥。有一天，她的婆婆偶然走到厨房里来，看见儿媳王氏正在吃着野菜米糠，不禁眼泪流了出来。后来王氏享寿八十多岁，无疾而终。同村有个贡生，每逢走过王氏门口，必定在她的门外作三个揖表示恭敬。所以，“忠臣孝子乃第一等人”，人所敬重，鬼神钦服。

上述五种孝对应不同的角色，而对于真正的修行人，不只孝敬自己的父母，还要能孝敬天下人的父母。这是一种更高的要求。

第三，分清孝的不同层次。《礼记·祭义》讲了孝有三个等次，曾子说：“孝有三：大孝尊亲，其次弗辱，其下能养。”意思是，孝有三等：大孝使双亲受人尊敬，其次不使双亲的名声受辱，最下等的是仅能赡养双亲。

《庄子·天运》中讲了孝的五层境界：“以敬孝易，以爱孝难；以爱孝易，以忘亲难；忘亲易，使亲忘我难；使亲忘我易，兼忘天下难；兼忘天下易，使天下兼忘我难。”**第一层，以恭敬来行孝容易，以爱心来行孝就难。第二层，以爱心行孝容易，以忘我的精神侍奉亲人就难。第三层，以忘我的精神侍奉亲人容易，使亲人不牵挂我难。第四层，使亲人不牵挂我容易，使得兼以忘记天下就难。第五层，使得兼以忘记天下容易，使天下兼以忘我难。至孝就是这样的层次**。其实行孝不仅可以忘我，还可以把“我执”破掉，成为“无我”。大家都知道，**佛家修行中一个很重要的方面就是破除“我执”，而且“三法印”（诸行无常、诸法无我、涅槃寂静）之一就是“诸法无我”，《金刚经》上也讲“无人相、无我相、无众生相、无寿者相”，没有了“我执”，修行的道路上就进了一大步**。而行孝是要通过敬重父母，而淡化自己、忘掉自己，当这个“我”越来越淡化甚至没有“我”在里面时，你才能真正体察父母，才能真正尽到孝心。

《安士全书》“劝养亲者”中还讲了**小孝**、**中孝**、**大孝**、**大孝之大孝**四个层次。这里面说，儿子赡养父母，所用的方法各不相同。只满足父母吃喝的下养为最基本的孝；不但能供给父母吃喝，而且能够体谅亲人的心愿的次养是高一点层次的孝；而能够常常想念父母的恩情，并且常常想着用各种方式报答，这样的上养才被认为是真正的大孝；能使父母脱离生死，消除父母的所有罪障，广利于父母的今生来世，这样的上养，才是大孝之中的最大的孝。为什么会这么说呢？下养只懂得满足父母的吃喝，使父母吃的喝的都不会有所缺少，所以把对父母的这种孝叫做小孝。次养就是要能领会父母的心意，只要是父母所喜欢的我也跟着喜欢，凡是父母所敬重的我也跟着敬重，使父母心里感到慰藉和安乐，这种孝就被称为中孝。**上养就是能劝诫自己的父母明了世间的一切大道之理，他们有善行就极力赞成，他们有过失也要苦心规劝，以使父母保持高尚的道德，身心淡泊纯净，这才是真正的大孝**。至于被人称道的最上养就比上养还要高出一筹，时常思念着父母对自己巨大的养育恩情，想着这种恩情可与天地齐同，而随着时光的流逝，父母的年龄越来越大，他们的寿命也在日渐减少，想到这些就会无比忧愁。**想着能用什么样的办法，才可以报答父母对自己天大的亲恩，用什么方法可以使父母的寿命得以延长，用什么方法可以使父母脱离生死的困扰，用什么方法可以消除父母所做的罪障，用什么方法可以使父母成为圣人，与圣人为伍，最终修成正果。这样做就是最上养，也被称为“无上养”，又可以叫作超越一切的“世间养”。这种最上养，就是大孝中最大的孝**。

我们说，**孝贵在行而不在言**。行孝是不容易的，道理大家都懂，关键在于实行。在行孝的过程中，就一般人来说还是有不少难处的，不说上述舜所遇到的父母对自己不好这种难，一般来说有三难：

一是敬重父母难。赡养父母是为人子女的第一责任。**从法律上讲，无论父母有没有抚养子女，子女都有义务赡养父母。但是做到这一点还不够，还要做到敬重父母和让父母高兴**。《论语·为政》载，子游问孝，孔子说：“今之孝者，是谓能养。至于犬马，皆能有养；不敬，何以别乎？”意思说，如今的孝就是能够养父母罢了。至于犬马，皆能够有养。不敬父母的话，还有什么区别呢？这说明，尽孝要敬重父母。同一篇中，子夏也问孝，孔子说：“色难。有事，弟子服其劳；有酒食，先生馔，曾是以为孝乎？”这里，孔子强调有好看的脸色很难。有事情，弟子去服务劳动；有酒食，让年长的先生饮用，做到这些就可以认为是孝吗？所以，尽孝还要做到和颜悦色。《孟子·万章上》中也说：“孝子之至，莫大乎尊亲”。《吕氏春秋·卷十四·孝行览第二》则提到孝之“三难”，这里面讲：“民之本教曰孝，其行孝曰养。养可能也，敬为难；敬可能也，安为难；安可能也，卒为难。父母既没，敬行其身，无遗父母恶名，可谓能终矣。”意思是，民众的根本教育就叫做孝。奉行孝道就是赡养父母。养活父母可能办到，对父母尊敬就难；尊敬父母可能办到，使父母安心就难；使父母安心可能办到，直至终了就难。父母死了以后，慎重地待人处世，不给父母留下恶名，可说是能始终孝敬父母了。

但是敬重父母并不表示一味顺从父母。《论语·为政》载，孟懿子问什么是孝。孔子说：“无违。”樊迟为孔子赶车，孔子就对他说：“孟懿子问我什么是孝，我回答是无违。”樊迟又问：“那是什么意思呢？”孔子回答说：“那就是父母在世时要以礼相待。父母去世后要以礼安葬，以礼祭祀。”**孔子讲的这个“无违”，是不违背礼的意思，可是后世却演变成了“不违背父母”、“顺从父母”之意，而孝后面就跟着顺字，成了孝顺，实际上这与孔子的本意大相径庭**。在《论语·里仁》中，孔子认为“事父母几谏”，也就是父母若有错，子女可以用委婉的话进行劝谏，以免陷父母于不义。在《孝经·谏诤章第十五》中，曾子还就这个问题请教孔子：“儿子绝对听从父亲的命令，是不是孝呢？”孔子回答：“这是什么话？这是什么话？做父亲的，如果有敢于直谏的儿子，自身就不会陷入不义的行为之中。因此，在遇见父亲有不义的想法和行为时，儿子不能不向父亲进行直谏。只要是不义，都要进行直谏。做儿子的如果一味绝对服从父亲的命令，怎能算是孝呢？”《礼记·内则》中也说，父母有过错，要气息低下而面带和悦的神色，用柔和的声调进行劝谏。劝谏而不听，要更加恭敬，等父母心情好的时候再行劝谏；如果父母不高兴，与其让父母因过错而得罪地方上的人，不如犯颜直谏。即使父母发怒，不高兴，鞭打自己，以至流血，也不敢怨恨父母。所以，**敬重父母，不仅包括赡养父母、尊敬父母，还包括不能一味地顺从父母，要敢于直谏父母之不义**。这是不容易的。

二是孝养老人难。《孔子家语·正论解第四十一》载，孔子说：“**不祥有五：损人而自益，身之不祥；弃老而取幼，家之不祥；释贤而任不肖，国之不祥；老者不教，幼者不学，俗之不祥；圣人伏匿，愚者擅权，天下不祥**。”这里面“弃老而取幼”就是家庭的不祥。实际上，你对父母怎样，孩子也会对你怎样。你遗弃父母，你老了孩子也会遗弃你。这也是因果法则。大家知道，当父母年轻时，我们行孝比较容易，因为父母都自己能动，能自己照顾自己，而且能帮助子女。父母老了之后，体衰多病，有的生活难以自理，这个时候能做到孝敬就不容易了。俗话说的“久病无孝子”，也正反映了这个难处。实际上，**老人是一宝，因为老人阅历的世事多，经验丰富，智慧也很高。虽说孝养老人难，但是确实做到了孝养，那也会受益匪浅**。佛家《杂宝藏经》讲了一个故事，说的是很久以前，有一个国王，制定国法时规定，凡是年纪大的老人，都要被抛弃。有个大臣，非常孝敬父亲，偷偷设了一个地下室，把父亲藏在里面，尽心供养。有一天，来了一个天神，手里拿着两条蛇，问国王说：“能够分出这两条蛇哪是雌，哪是雄，就保护你的国家平安，否则就灭掉你的国家。”国王非常忧虑，访遍朝廷，没有人能够识别。那个很孝敬父亲的大臣就偷偷去问自己的父亲，父亲说：“把它放在细软的东西上面，那个性情躁的就是雄，性情柔的就是雌。”大臣就这样正确回答了天神的问题。天神指着国王的大象问有多重，大臣又不能回答。大臣回去问父亲，父亲说：“把大象放到船上，记住船的水位，然后把石头搬到船上去，落到原来的水位上，石头有多重，大象就有多重。”天神又拿来一根旃檀木，四面方正，问道：“哪头是根，哪头是尾？”大臣父亲说：“放到水里，根那一头就会向下，尾那一头就会向上。”天神又牵来两匹白母马，体形颜色没有一点差别，问道：“谁是母？谁是子？”大臣父亲说：“拿草去喂，母马一定会让草给子马吃。”很多的难题都被大臣解决了，天神非常高兴，就答应保护国土。这个时候，国王大喜，问大臣说：“回答这些问题，是你自己知道的，还是别人教你的？”大臣就把实情告诉了国王，国王就请出他的父亲来供养，尊他为国师。大臣说：“陛下应当向全天下宣布，不准再抛弃老人，一旦发现不孝敬的，就要判重罪。”从此以后，这个恶法便消除了，人人都知道孝敬老人。

三是及时行孝难。《韩诗外传·卷九》记载了一个没有及时行孝而导致遗憾的故事。说的是，孔子乘车外出，听到痛哭的声音十分悲哀，就说：“赶马快跑，前面有贤人。”赶到一看，原来是皋鱼，他穿着短布粗衣，拿着镰刀，在路边啼哭。孔子从车上下来对皋鱼说：“你不是有丧事吧，为什么哭得这样悲伤呢？”皋鱼说：“我有三个过错。年纪轻的时候喜好求学，游遍各诸侯国，回来的时候，父母亲已经去世，这是第一个过错。把自己的理想树立得太高，把实现自己理想的事业看得太重要，不愿意侍奉平庸的君主，到年纪大了，什么事业都没有成就，这是第二个过错。与朋友的友谊很深厚，但在半路中间断绝了关系，这是第三个过错。

树木想静止下来然而风刮个不停，儿子想孝养父母而父母亲不能等待。过去以后没有办法再追上的是人的岁月，去世以后不可能再见到的是父母亲，我请求就在这里与世长辞。”说完就站在那里去世了。孔子说：“学生们记住这件事，它很值得我们警戒。”当即就有十三个学生辞别孔子回家去孝养父母。**“树欲静而风不止，子欲养而亲不待”**，这句名言便出自这个故事。如今，老人没人照顾成了一个社会问题，很多老人并不是没有子女，但由于种种原因，老人常常是寂寞孤独，甚至生病或去世无人知道的事也时有发生，无论子女有多少正当理由，这终究是遗憾。很多人都在外忙事业、忙交际、忙工作，总想等到自己成功了才来孝敬父母。但是事业成功又何时有个止境呢？当然有的底层百姓是没有办法，为生计奔波。但是不管怎样，常回家看看父母是必要的，如果不能经常回去，那就得经常打电话问候父母，听听父母的声音，了解父母的身体状况。有一首歌叫作《常回家看看》，正反映了父母对子女的期待。2012 年 8 月，全国妇联老龄工作协调办、全国老龄办等单位，根据现代人的生活，以平易语言发布了新版“二十四孝”行动标准：1. 经常带着爱人、子女回家。2. 节假日尽量与父母共度。3. 为父母举办生日宴会。4. 亲自给父母做饭。5. 每周给父母打个电话。6. 父母的零花钱不能少。7. 为父母建立“关爱卡”。8. 仔细聆听父母的往事。9. 教父母学会上网。10. 经常为父母拍照。11. 对父母的爱要说出口。12. 打开父母的心结。13. 支持父母的业余爱好。14. 支持单身父母再婚。15. 定期带父母做体检。16. 为父母购买合适的保险。17. 常跟父母做交心的沟通。18. 带父母一起出席重要的活动。19. 带父母参观你工作的地方。20. 带父母去旅行或故地重游。21. 和父母一起锻炼身体。22. 适当参与父母的活动。23. 陪父母拜访他们的老朋友。24. 陪父母看一场老电影。这个新“二十四孝”指明了及时行孝的措施。

正因为行孝有这些难处。所以，能行孝的人成道最快，也最吉祥。佛家《睒子经》载，佛言：**“使我疾成无上真正道者，皆由孝德也。”**就是说，使佛迅速成就无上之正道的，都是孝德的缘故。《吉祥经》中说：**“奉养父母亲，爱护妻与子，从业要无害，是为最吉祥。”**这告诉我们，孝养父母，爱护妻子与子女，从事的工作无害，这是最吉祥的事。在中国古代还有这么一个故事。《吕氏春秋·卷二十四·不苟论第四·贵当》载，楚国有一个会给人看相的人，所说的从来没有失误过，在国内很出名。楚庄王召见他，还向他请教。他说："我不是会给人看相，我只不过是观察他所交的朋友。如果这个人是平民百姓，他所交的朋友都能够孝敬父母、友爱兄长，做人纯朴、做事严谨，遵守国家的法令，像这样的人，他家一定会慢慢富起来，自身也会一天天荣耀，这就是所说的'吉人'。"楚庄王认为他说得很对。所以，**我们观察一个人能否走好运，就观察他对父母是否孝敬。一个人对父母孝敬，只要其他品德才能不差，那么他的事业、工作大多会顺顺利利**。

孝道是通行天下的，是跨越时空的，是不分贵贱的，是人类社会的根本准则，居一切善行的首位。所以虞舜之孝行，也是永远被后世所效仿的。孟子简明扼要地归纳为一句："**尧舜之道，孝悌而已矣**。"（《孟子·告子下》）如果我们通过孝来修身，那么一身的品行就可立得住；通过孝来治家，那么一家的和顺就可保证；通过孝来治国，那么一国就会长治久安。

第四讲　舜帝治国以教化为上

中华道德文化从舜帝开始，《史记·五帝本纪》说："天下明德皆自虞帝始。"之所以这样高度评价舜帝，除了舜帝自身的德行高尚外，还因为舜帝治国有一个很明显的特征：以德教为先。

关于舜帝治国以教化为上，一个最明显的例子是他对不服的有苗氏，不是用武力，而是用教化使之归服。《韩非子·五蠹》载："当舜之时，有苗不服，禹将伐之。舜曰：'不可。上德不厚而行武，非道也。'乃修教三年，执干戚舞，有苗乃服。"晋朝皇甫谧《帝王世纪·第二·五帝》所载与之类似："有苗氏负固不服，禹请征之，舜曰：'我德不厚而行武，非道。吾前教由未也。'乃修教三年，执干戚而舞之，有苗请服。"也就是说，在舜帝之时，边远的有苗部族（我国古代长江流域的少数民族，也称三苗）不肯归服，大禹准备攻打他们，舜帝说："不行，崇尚德教的风气不厚而动用武力，不符合上天的法则。"于是修教化三年，执干戚而歌舞，有苗于是归服。西汉经学家、文学家刘向的《说苑·君道》也载，舜帝的时候，有苗氏不服。他们认为太山在它的北边，衡山在它的南边，左边是洞庭湖，右边是鄱阳湖，凭借这样的险要地势，不用顺服舜帝。大禹要讨伐有苗氏，舜帝没有允许，舜帝说："教化还没有尽到力量。"于是长久地施行教化，有苗氏终于请求归服。西汉韩婴《韩诗外传》所载与《说苑》类同。《吕氏春秋·卷十九·离俗览第七·上德》还记载了孔子对这件事的评价。这里面讲，三苗部族不肯归服，大禹请求攻打他们，舜帝说："凭借德就可以了。"舜帝推行道德教化三年，三苗部族就归服了。孔子听到这件事说："通晓德教之实情，那么孟门山（今山西吉县境内）、太行山也不算是险峻了。所以说德教推行之快，比邮驿传达命令还要快。"

我们从这里可以看出，舜帝治国是以教化为上，而不是崇尚武力征服。另外，《史记·五帝本纪》载，舜帝曾任用高辛氏"八元"布五教于四方，这五教也即"父义、母慈、兄友、弟恭、子孝"；任用契教五伦，即"父子有亲、君臣有义、夫妇有别、长幼有序、朋友有信"。《尚书·舜典》也载，（舜）帝曰："契，百姓不亲，五品不逊，汝作司徒，敬敷五教，在宽。"这个五品就是指父子、君臣、夫妇、长幼、朋友五种伦理关系。五教就是父子有亲、君臣有义、夫妇有别、长幼有序、朋友有信。这段话的意思就是，舜帝告诉契："现在百姓不亲，父子、君臣、夫妇、长幼、朋友之间的关系不和顺，你作司徒之官，恭敬地教导父子有亲、君臣有义、夫妇有别、长幼有序、朋友有信这五种伦理道德，要以宽厚为本。"《尚书·舜典》还载，舜帝说："夔！我任命你掌管乐官，教导年轻人，使他们正直温和，宽厚恭谨，刚强而不暴虐，简约而不傲慢。诗是表达思想情感的，用歌吟唱表达思想情感的语言，音调要合乎吟唱的音律，音律要谐和五声。八种乐器的音调能够调和，不失去相互间的次序，让神和人听了都感到和谐。"这是讲舜帝用诗歌和音乐来进行教化。以上说明，舜帝治国极其重视教化。大家要知道，**教化不等于教育，因为它是对社会的，而且它是和政治联系在一起的，所以也叫"政教"。另外，教化中很关键的是"化"，就是要把人心化转。在中华传统文化中，治国理政一个很突出的特征，就是推行教化。**《论语·尧曰》载，孔子说："不教而杀谓之虐。"意思是，不经教化就加以杀戮叫做虐。《孟子·告子下》载，孟子说："不教民而用之，谓之殃民。殃民者，不容于尧、舜之世。"即是说，如果不教化百姓就役使他们，就是加害百姓；这种加害百姓的行为，在尧舜的时代是不能容许的。

在中国古代，有一个官职是专门负责教化的，这就是司徒。据《周礼·地官司徒》，司徒的主要职责是掌管教化、土地和人口，极为重要。《周礼·地官司徒》载，大司徒教化的内容有十二个方面：**一是用祭祀之礼来教民尊敬，民众就不会马虎随便。二是用乡射礼、乡饮酒礼之类的阳礼教民谦让，民众就不会相争。三是用男女婚礼这样的阴礼来教民相亲，民众就不会相互怨恨。四是用乐礼教民和睦，民众就不会乖戾。五是用礼仪来辨别上下，民众就不会僭越。六是用习俗教民安居，民众就不会苟且。七是用刑法教民遵守礼法，民众就不会暴乱。八是用誓戒教民敬慎，民众就不会懈怠。九是用制度教民节制，民众就会知足。十是用世间技艺之事教民技能，民众就不会失业。十一是根据贤行颁授爵位，民众就会谨慎修养德行。十二是根据功绩制定俸禄，民众就会致力于建立功业。**除了大司徒外，主管教化的官职在基层中还有乡师、乡老、乡大夫、遂人、遂师、遂大夫，在中央还有师氏（负责将美善的道理告诉王，并以"三德"教化贵族子弟）、保氏（负责劝谏王的过失，并以"六艺"教化贵族子弟）等。

在中国古代，还有一个著名的争论，就是**治国理政什么官职最重要**。《说苑·卷七·政理》载，春秋时期，卫灵公问大夫史鰌："治政哪一项官职最重要?"史鰌说："**掌管司法的官职最重要**。如果断案不公正，出现差错，那么死者不可复生，断的肢体不能再接上，所以说掌管司法的官职最重要。"过了一会儿，孔子的弟子子路参见卫灵公，卫灵公把刚才史鰌的话告诉子路。子路说："**掌管军事的官职最重要**。两国有仇怨，两军相对，掌管军事的击鼓指挥军队进攻，一次指挥不当，死人数以万计。如果认为杀人是不对的，那么战争杀人更多，所以说掌管军事的官职最重要。"又过了一会儿，孔子的另一弟子子贡进来拜见，卫灵公把刚才两人的话告诉子贡。子贡说："他们没有见识啊！从前大禹和有扈氏作战，打了三仗有扈氏都不能臣服，于是大禹回军施行教化，过了一年有扈氏就请求臣服。消除了百姓争斗的因素，掌管司法的官还有什么案子可断呢？兵器都没有了，掌管军事的官还有什么战鼓可击呢？所以说**掌管教化的官职最重要**。"子贡说掌管教化的官职最重要，他的理由也很有说服力，就是**教化是源头，是治病于未病，治乱于未乱，是防患于未然**。

从这个角度上看，教化可以说是治国理政的首要之务。儒家的圣人孔子任鲁国大司寇时，也像舜帝一样以教化为先。《孔子家语·始诛第二》载，有父子二人来打官司，孔子就将这两人关进同一牢房，过了三个月也没有判决。后来，做父亲的就请求撤回诉讼，孔子就把这对父子放了。季孙氏听到这件事很不高兴，说："司寇欺骗我，从前曾告诉我说'治理国家的人，必须以孝道为先'，现在要斩杀一个不孝的人来教导百姓遵守孝道，不也很正确吗？可是却赦免了这个不孝之人，这是为什么呢?"孔子的弟子冉有把季孙氏的话告诉孔子，孔子感叹说："**身居上位而不懂得教化和引导百姓，却要滥杀百姓，这是违背常理的。不用孝道去教化百姓，却要用孝道的规范来判决官司，这是滥杀无辜**。三军打了败仗，不可斩杀士卒；刑事案件不断发生，是不能用严酷的刑罚来制止的。为什么呢？因为在上面的教化没有起到作用，罪责不在百姓身上。法令松弛而刑杀严酷，这是残害百姓；随意征收赋税，这是暴政；不加以教化而苛求百姓遵守礼法，这是暴虐。施政若没有这三种弊害，才可以施用刑罚。《尚书》上说：'刑杀要符合正义，不能要求都符合自己的心意，断案不是那么顺当的事。'说的是先施行教化后用刑罚，先陈说道理使百姓明白敬服，如果还不行，就以贤良的人为表率引导鼓励。若还是不行，才放弃种种说教；还不行才可以用威势震慑他们。这样做三年，而后百姓就会走上正道。其中有些不服从教化的顽劣之徒，对他们就可以用刑罚，这样百姓就知道什么是犯罪了。当今之世却不是这样，教化混乱，刑罚繁多，使民众迷惑而随时会陷入犯罪，而官吏又用繁多的刑律来控制约束，所以刑罚越来越多而盗贼却屡除不尽。当前的社会风气已经败坏很久了，即使有严刑苛法，百姓能不违犯吗？”孔子这番话说得非常深刻，揭示了教化的重要性和百姓违法的根本原因所在。

对历代王朝兴衰规律研究极深的北宋史学家司马光也极其重视教化。《资治通鉴·汉纪六十》载，孙权派遣校尉梁寓进贡，并上书向曹操称臣，劝说曹操顺应天命称帝。曹操把孙权的奏书展示给大家看，并说：“这小子想把我放在炉火上烤。”侍中陈群等都说：“汉朝江山已到尽头，并不是从今天开始。您功德巍峨伟大，大家都瞩目仰望，所以孙权在远方称臣。这是天意在人间的应验，您应当登上大位，还有什么迟疑的？”曹操说：“如果天命在我这里，我就是周文王吧。”曹操始终不敢称帝。司马光对此有一段很长的评论，他强调：“**教化，国家之急务也，而俗吏慢之；风俗，天下之大事也，而庸君忽之。夫惟明智君子，深识长虑，然后知其为益之大而收功之远也**。”意思是，教化，是国家最为紧要的事，但平庸的官吏却轻视它；风俗，是天下的大事，但昏庸的君主却忽略它。只有明智的君子深谋远虑，知道它的益处广大，功效深远。司马光称赞说：“光武帝适逢汉朝中途衰落，群雄纷起，他以平民的身份兴起，继承弘扬前人的事业，征伐四方，日夜忙碌，仍能崇尚经术，以宾客的礼节招揽博学的儒士，大兴学校，修明礼乐，武功既成，文德也取得成绩。继其后的明帝、章帝，遵循先志，亲临太学拜望老师，请教经学大道。自公卿、大夫直到郡县的官吏，都是选用熟悉经学、行为修好的人，虎贲卫士都熟读《孝经》，匈奴的子弟也游太学，这就是教立于上、俗成于下。那些忠厚清明有修养的人，不仅受到公卿大夫们的敬重，也为庶民所仰慕；愚顽卑鄙污浊的人，不仅不被朝廷容忍，也被乡里所唾弃。从三代以来，教化风俗的美好，没有像东汉这样兴盛的。”他还分析，自汉和帝以来，外戚独揽大权，宦官当政用事，赏罚没有章法，贿赂公开风行，贤良愚劣混淆，是非黑白颠倒，可以说乱透了。可是汉朝还绵延不至于消亡，则是因为上有公卿大夫袁安、杨震、李固、杜乔、陈蕃、李膺之辈，在朝廷上抗争，用公正大义来扶持国家的倾危，下有平民士人符融、郭泰、范滂、许劭之众，以社会舆论来挽救朝廷之失。所以政治虽然浑浊但风俗不致衰落，甚至有人冒着杀头之诛，前赴后继，视死如归。这难道只是几个人的贤德吗？这也是光武帝、明帝、章帝传留下的教化。……以魏武帝曹操的暴戾强横，加上有大功于天下，其蓄谋取消君主的野心已经很久了，但一直到死不敢废除汉朝而自立，难道他不想当皇帝吗？他是仍然害怕名义不顺，所以自我克制。司马光由此得出结论说："以此看来，教化怎么可以轻视，风俗怎么可以忽略呢？"

我们分析中国历代王朝兴衰，可以看出一个规律：**社会大治，往往教化得以大行。如西汉的"文景之治"、汉武帝时的兴盛与文帝、景帝、武帝推行孝的教化是分不开的；东汉的"光武中兴"与光武帝刘秀推行经学教化是分不开的；唐朝的"贞观之治"与唐太宗推行儒、道、佛三教教化是分不开的**。唐太宗召集孔颖达等人为儒家五经作正义、召集魏徵编纂《群书治要》，推崇道家的"无为而治"发展经济，本人则极其尊奉佛家，亲自为高僧玄奘译经撰写《圣教序》，唐太宗之所以成为中国历史上极负盛名的明君，与他重视文教是分不开的，所以他也被称为"唐文皇"。

那么，为政者该如何实施教化呢？这方面要注意三点：

第一，以上率下。教化尤其有这个问题，俗话说"上梁不正下梁歪，中梁不正倒下来"，这表明以上率下、以政风引导民风非常重要。《资治通鉴·汉纪二十》也记载了以上率下的教化问题。说的是，汉元帝向匡衡询问为什么会出现地震、日食，匡衡上书说："陛下亲自身体力行，为国家开辟太平盛世的大道，怜悯那些触犯法网的人，连年下令赦免，使民众得到改过自新的机会。可是我所看见的是每次大赦之后，为非作歹的人并没有减少，为非作歹的行为也没有停止，今天刚刚释放出狱，明天却又犯法，一个个重新坐牢，这大概是教化不力的原因。现在的社会风气，贪财贪利，轻视道义，喜好声色，崇尚奢侈，亲戚的关系日益淡漠，而不顾道义，阿谀迎合，以图获得不正当的利益，不惜以身试法，为利亡身，一点也没有改变邪恶的本性，虽然每年都在赦免，仍不能避免使用刑罚。所以，我认为改正之道，在于改变社会风气。朝廷是国家的桢干。朝廷上的大臣们有不团结的言论，那么下面的官吏和人们便会有相互争斗的忧患；上面的人专横跋扈，下面便会有人不谦让；上面有了争强好胜的人，下面便会有人产生伤害之心；上面有贪图财富的大臣，下面便必然有偷窃以谋财的民众。这就是根本的原因所在。所以，治理天下的国君，只要仔细观察当时百姓的习尚就可以了。礼教的推行，用不着逐家拜访，也用不着见人就去说，只要使贤能的人在位，有能力有才干的人尽忠职守，朝廷尊重礼义，文武百官互相谦让，然后人们就知道以谁作为榜样，努力效法，在不知不觉中善行就会日益增加。当今长安是天子之都，天子亲自推行圣王的教化，可是社会风气跟远方并没有差异，从郡国来到首都的人，不知道有什么值得学习，最后有的人却学会了奢侈荒淫。可见**首都的习尚是一切教化的根源，是培养社会风气的关键，应该首先端正**。”这里面，匡衡说明了以上率下进行教化的重要性，还说明了首都的风气影响全国。这些观点非常有道理，值得关注。

第二，善施赏罚。赏罚能使人们改变不好的行为，人们改变不好的行为，教化就成功了。《吕氏春秋·卷十四·孝行览第二·义赏》中讲，赏罚合乎道义，就能使忠信亲爱之道发扬光大。长期发扬光大，忠信亲爱之道就更加增长，人们安于此道以至形同本性，这就叫做教化成功。赏罚不当，奸诈、虚伪、残害、作乱、贪婪、暴戾的行为就兴盛起来，长期兴盛不息，人们行之习以为常以至成性，这就是教化失败。该篇还举了善于奖赏的例子。比如晋文公将与楚人在城濮交战，问咎犯（即狐偃，晋文公之舅）说：“楚国人多，我国人少，怎么办才行呢？”咎犯回答说：“我听说礼节繁冗的国君对文采从不满足，频繁发动战争的国君对欺骗从不满足，您也去欺骗楚国吧。”文公将咎犯的话告诉雍季（晋文公之子），雍季说：“排干湖水捕鱼，怎么不能抓到鱼呢？但第二年就没有鱼了。焚烧水浅草茂的泽地来打猎，怎么不能捕到猎物呢？但第二年就没有野兽了。欺骗的方法，即使现在苟且可行，但往后将不能再用，不是长久之计。”晋文公采用了咎犯之计，便在城濮打败了楚国人。他回国后论功行赏，把雍季摆在最前面。左右的人劝谏说：“城濮之战有功，是由于咎犯的计谋。您采用他的计谋，但行赏时却把他摆在后面，或许不行吧！”晋文公说：“雍季之计，百代都能受益。咎犯之计，只是一时的权宜之计，哪有把一时之计摆在百代受益之计前面的呢？”赏罚实际上是风向标，起了一个很重要的导向作用，晋文公可以说是善于行赏了。

但是赏罚最重要的作用还是**劝善惩恶**。《左传·宣公四年》载，当初，楚国司马子良（子文之弟）的儿子子越椒出生后，楚国令尹（即宰相）子文说这个侄子“形状如熊虎，声音似豺狼，有狼子野心，如果不杀他，将来会使我们若敖氏灭亡”，但子良没有同意。子文快去世时对族人说：

“如果有一天子越椒掌握政权，你们就赶快离开，不要一起遭难。”后来，子越椒任令尹，果然发动叛乱，被楚庄王消灭。子文的孙子箴尹（负责进谏的官）克黄出使齐国回来，途中听说了此事，他手下人叫他不要进入楚国国境，但克黄还是回到楚国汇报了出使情况并请求拘禁，楚庄王念及克黄的爷爷子文治理楚国的功绩（子文当楚成王令尹时，使楚国得到大治），说：“子文没有后代，用什么来劝人为善呢?”让克黄仍旧担任原来的官职，并改名为“生”。所以，楚庄王之所以成为“春秋五霸”之一，的确有他的过人之处，确实是做到了惩恶劝善。

第三，重视身教。《论语·子路》中，孔子讲：“其身正，不令而行；其身不正，虽令不从。”所以，“只许州官放火，不许百姓点灯”是不行的。《论语·颜渊》载，鲁国执政季康子向孔子请教如何治政，孔子回答：“政就是端正的意思，您带头端正自己的行为，谁敢不端正呢?”隋朝的辛公义就是一个以身作则、重视身教的典型。《资治通鉴·隋纪一》载，隋文帝时，辛公义被任命为岷州刺史，这个地区的民风不好，人们特别害怕疫病，一人患病，全家都躲得远远的，因此病人大多得不到救治护理而死亡。为改变这个民风，辛公义下令将病人都抬到自己衙署的大堂内，当时正值夏天，送来的病人有几百人，厅堂里和走廊上都满了。辛公义就在厅堂内铺设床榻，昼夜守候，用自己的俸禄请医买药，亲自抚慰，每当有病人痊愈，就叫来他的家人亲戚，教导他们说：“生死有命，哪里能相互传染！要是真的传染，我早就死了。”病人的家属很是惭愧，拜谢而去。从此以后，凡是有人患病，都争着来到辛公义身边，他们的亲属也都留下来看护他们，于是人们的关系开始变得和睦慈爱起来，一时风俗大变。这都是因为辛公义以身作则，重视身教的缘故。

在实施教化中还要注意的是，一定得通达人情，否则教化就推行不下去，或者实施时走样变形。《资治通鉴·汉纪五十八》载，东汉末年，丞相属官和洽向曹操进言说：“天下的人，才能和品德各异，不能只用一个标准来衡量。俭朴过度，自己用来约束自己是可以的，但用来要求别人，也许就会出现失误。如今朝廷上的舆论是，官吏中凡是穿新衣、乘好马的人就被认为不清廉；而外表不修边幅、穿着破旧衣服的，则被誉为清廉高洁之士。结果士大夫们故意弄脏自己的衣裳，收藏起车子，去掉装饰，朝廷高官中有的自己携带饮食到官署。”因此，和洽提出：**“要立教化观察民俗，最好遵循中庸之道，这样才能被仿效继承。如果推崇统一的令人难以**

忍受的行为，用它来衡量不同的人，虽然可以勉强实行于一时，但最后必定使人厌倦，不能长久地坚持下去。因此，古代的最好教化，务求通达人情；凡是偏激诡异的行为，就会包藏着虚伪。”

教化是治国理政中极其重要的内容。自古及今，一个政权想永久长存是很难的。有时越想控制越控制不住，特别是用暴力来控制，往往适得其反。所以，最首要的是教化。**只有教化的成功才是最大的成功**。舜帝之所以是圣人，就在于他不拘一时的得失，而是用其教化得人心，这样才是真正的长久之计，也只有这样才能国泰民安、天下皆服。因此，身为执政者、领导者、管理者，一定要先推行教化。这正是《礼记·学记》中讲的“建国君民，教学为先”。

第五讲　大禹治水

一提到尧帝、舜帝，我们首先想到的是他们的高尚品德。一提到大禹，我们首先想到的就是他的伟大事功——治水。大禹治水，历尽艰辛，可谓“筚路蓝缕，以启山林”，所以功盖华夏。《汉书·沟洫志》在结尾时引古人的话称赞说：“微禹之功，吾其鱼乎！”（根据《左传·昭公元年》载，是刘子所言。）意思是，没有大禹的功业，我们都成了鱼。

我国春秋时鲁国大夫叔孙豹说过“立德、立功、立言，三不朽”，按照这个标准，尧帝、舜帝是立德，大禹是立功，皆名垂青史，得以不朽。当然，大禹德行方面也是非常好的。《史记·夏本纪》载，“禹为人敏给克勤；其德不违，其仁可亲，其言可信”，他的行为，是可“为纲为纪”的，也就是说他为人敏捷勤劳，从不违背道德规范，仁爱可亲，言语诚实。他勤勉恭敬，成为天下人的楷模。《论语·泰伯》载，孔子称赞说：“禹，吾无间然矣，菲饮食，而致孝乎鬼神；恶衣服，而致美乎黻冕；卑宫室，而尽力乎沟洫。禹，吾无间然矣。”意思是，对于大禹，我没有可责备他的地方。他自己饮食微薄，却尽力孝敬鬼神，祭祀丰厚；他自己穿戴很差，却尽力将祭祀做得华美；他自己的住房很低矮，却尽力修好田间水道。因此，对于大禹，我没有可责备他的地方。事实上，大禹还是有被后人诟病的地方，比如《史记·燕召公世家》载，当时的燕王哙禅让王位于丞相子之时，就有人说：“禹荐益，已而以启人为吏。”也就是禹并非真心想禅让给伯益，而是为儿子夏启培植势力，所以“天下谓禹名传天下于益，已而实令启自取之”。可以说，大禹在这一点上比尧舜差了不少，有自己的私心，最后导致“公天下”转入了“家天下”。

我们现在来讲大禹治水。《尚书·益稷》载，舜帝说：“禹！你谈谈高见吧。”禹拜谢说：“是，君王，我说些什么呢？我整天考虑的是孜孜不倦地工作。”皋陶说：“哦，是什么工作？”禹说：“洪水漫天，浩浩荡荡，包围了大山，淹没了丘陵，民众被大水吞没。我乘坐着四种交通工具，沿着山林勘察道路砍削树木作路标，和伯益一起把刚猎获的鸟兽送给民众。我疏通了九州的河流，使河水流入大海，还疏通了田间沟渠，使田里的水都流进大河。我和后稷一起播种百谷，为民众提供粮食，还发展贸易，互通有无，使民众安定下来，各个诸侯国开始得到治理。”皋陶说：“是啊！你做得确实如你说的这样好。”这里面大致地讲了大禹治水的过程及成效。

《史记·夏本纪》也有记载。这里面讲，尧帝统治时期，洪水滔天，浩浩荡荡，包围了山冈，淹没了丘陵，民众为此忧愁。尧帝寻找能够治水的大臣，群臣、四岳都说鲧可以胜任。尧帝说：“鲧为人不好，违背命令，败坏同族，不可以。”四岳说：“在与鲧同辈的人当中没有比他更有能力的了。天子不妨试一试他。”于是尧帝听从四岳的意见，起用鲧去治理洪水。鲧治理了九年，洪水不退，未获成功。这时尧帝便去寻求继承帝位的人，得到了舜。舜被起用，代理天子的职责，巡视各地诸侯，在巡视过程中发现鲧治理洪水没有功绩，就在羽山将鲧处死。天下人都认为舜惩罚鲧是正确的。于是舜推举鲧的儿子禹，任命他继续鲧的事业。

尧去世后，舜帝问四岳道：“有谁能够很好完成尧的事业？可让他当官。”他们都说：“伯禹为司空，他可以圆满完成尧的事业。”舜帝说：“啊，对！”于是命令禹说：“你去平治水土，要努力完成好这件事情。”禹跪拜叩头，推让给契、后稷、皋陶。舜帝说：“你还是去办理你所负责的事情吧。”禹于是和益、后稷等人按照舜帝之命，带领诸侯百官发动人员治理水土，他们首先在山中立木桩作为标记，来测量高山大川的位置。禹因为自己的父亲鲧治水无功而被处死，所以劳碌奔波、操心焦虑，在外面治水的十三年间，连路过家门都不敢进去。

据《史记·夏本纪》、《尚书·禹贡》载，大禹治水不光是治水，而且做了三件大事。

第一件大事是划分九州。禹将高山大河作为划分九州的分界，确定了冀州、兖州、青州、徐州、扬州、荆州、豫州、梁州、雍州。其中，冀州是尧、舜、禹的宅都之地，是当时的政治中心，所以大禹治水和划分九州是从冀州开始的，大致范围在今天的山西全省，河北的西部、北部，河南的北部，辽宁的部分。兖州在济水与黄河之间，大致范围在今天的山东省西部，河北省东南部，河南省的东北部。青州在渤海和泰山一带，大致范围在今天的山东省中部和东部，东北远达辽宁省的东部、朝鲜西部，南至泰山与徐州分界。徐州北以泰山为界与青州相邻，南至淮水与扬州分界，西北与兖州相邻，西接豫州，大致范围在今天的山东省南部、江苏省及安省徽北部。扬州在东南方，大致范围在今天的浙江、江西、福建全省，以及江苏、安徽、河南省的南部，湖北省的东部、广东省的北部。荆州，古代时为荆蛮之地，大致范围在今天的湖北省中南部、湖南省中北部、四川和贵州的一部分。豫州，在九州的中央，与除青州之外的七个州相邻，因此又称作“中州”，大致范围在今天的河南省黄河以南，湖北省北部，山东省西南部及安徽省西北部。梁州，大致范围在今天的四川东部和陕西、甘肃南部。雍州，是炎黄部落和周朝的发源地，大致范围在今天的陕西中部、北部和甘肃大部。

第二件大事是治理山川。治理山川是大禹的主要工作。在疏通山路方面，据《史记·夏本纪》、《尚书·禹贡》载，疏通了岍山和岐山的道路，到达荆山，越过黄河，又开通了壶口山到雷首山的道路，直达太岳山。从三门山、析城山一直通达王屋山，自太行山、恒山一直到达碣石山的道路都开通了，从这里可以进入渤海。从西倾山、朱圉山、鸟鼠山一直通达华山，又把从熊耳山、外方山、桐柏山一直到过陪尾山的道路都开通了。从嶓冢山开通道路到达荆山，又从内方山通达大别山。从岷山的南面，通达长江北岸的衡山，越过长江北岸的河流，到达长江北岸的敷浅原，这些道路都已开通。在治水方面，疏导了九条大川。一是疏导弱水，通达合黎山，下游注入沙漠之中。二是疏导黑水，通达三危山，流入南海。三是疏导黄河，从积石山开始，通达龙门山；向南流至华山的北面，向东通达砥柱山（又称三门山）；又向东通达孟津，向东经过洛水入河口，通达大伾山；向北越过漳河，直达大陆泽；又向北流分成众多支流，这些支流河道共同承受着黄河水，顺利流入渤海。四是疏导漾水，从嶓冢山开始，向东流成为汉水，又向东流称为沧浪之水；经过三澨水，通达大别山；向南流入长江。向东回流汇聚成为彭蠡泽，彭蠡泽以东的长江称为北江，一直流入东海。五是疏导长江，从岷山开始，向东分出的支流统称为沱江；向东通达涢水的支流澧水，向东经过长江北岸的众多长江支流，到达东陵，再由东偏北斜行汇聚于长江北岸的彭蠡泽；再向东流长江称为中江，一直通达大海。六是疏导沇水，向东流称为济水，流入黄河，济水在黄河南岸漫溢出来形成荥泽，向东流过陶丘的北面，又向东汇于菏泽；又向东北流与汶水会合，又向北流，然后折向东流通达大海。七是疏导淮河，从桐柏开始，向东流与泗水、沂水汇合，向东流入大海。八是疏导渭水，从鸟鼠山开始，向东与沣水汇合，又向东流与泾水汇合；又向东流经过漆水、沮水，注入黄河。九是疏导洛水，从熊耳山开始，向东北流与涧水、瀍水汇合；又向东流与伊水汇合，又向东北流入黄河。

第三件大事是核定税贡。就是根据土壤的性质和物产的分布，确定了各州的赋税和贡物。其中，冀州的土质属于柔软的白壤，这里的赋税是第一等的，也夹杂着第二等的赋税，这里的耕地是第五等；兖州的土质是肥沃的黑土，这里青草茂盛，树木修长，这里的耕地是第六等，赋税是第九等，待耕作了十三年后才能和其他州的赋税相同，该州的贡物是漆和丝以及染成各种花纹的丝织品；青州的土质呈灰白色，沿海广大地区是盐碱地，这里的耕地是第三等，赋税是第四等，该州的贡物是盐、细葛布、种类繁多的海产品，泰山山谷地区有丝、大麻、锡、松和奇特的石头；徐州的土质是棕色的黏土，草木逐渐生长茂盛，这里的耕地是第二等，赋税是第五等，该州的贡物有五色土、长尾野鸡、桐木、制磬石料、蚌珠和鱼、细绸、白色绢；扬州的土质属潮湿泥地，这里的耕地是第九等，赋税是第七等，该州的贡物有黄铜、青铜、红铜、美玉、美石、大小竹子、象牙、兽皮、鸟羽以及木材、衣帽鞋子、锦丝织品、橘子、柚子；荆州的土质是潮湿的泥地，这里的耕地是第八等，赋税是第三等，该州的贡物有鸟羽、旄牛尾、象牙、犀牛皮以及黄铜、青铜、红铜、椿树、柘木、桧树、柏树、粗细磨石、朱砂、竹笋、美竹等；豫州的土质是石灰性冲积黄土，土的下层是黑色硬土，这里的耕地是第四等，赋税是第二等，该州的贡物有漆、大麻、细葛布、纻麻、细绵，还有石磬和治玉石；梁州的土质是黑色的沃土，这里的耕地是第七等，赋税是第八等，还夹杂着第七等和第九等，该州的贡物有金、铁、银、石箭镞、磬，以及熊、马熊、狐狸等的兽皮；雍州的土质是黄色泥土，这里的耕地是第一等，赋税是第六等，该州的贡物有美玉、美石和珠宝。

《史记·夏本纪》上说，经过大禹治水，水患全部得到治理，四方都已经成为可以居住的地方，九州的大山道路得到开通，大河都疏通了水源、河道，湖泽都修筑了堤防，海内的交通贡道都畅通无阻，九州的土地都勘定了质量等级，慎重地规定了财货贡赋的多少，九州之内的赋税都是根据土壤上中下三种标准确定的。舜帝将九州的土地赐给诸侯，特别强调必须把尊敬德行放在首位。因此，东面到大海，西面到沙漠，从北方到南方，四海之内都播洒遍了天子的德教。于是舜帝赐给禹黑色的祥瑞美玉，宣告天下治水取得成功，天下大治。我们可以看到，**大禹治水成功的好处体现在这几个方面：第一，使百姓有生存之地，可以安居乐业。第二，使朝廷有贡物赋税，可以维持运转。第三，使教化更方便传播，可以推行德治。**

另外，《史记·河渠书》也简要叙述了大禹治水的过程和功业。《史记·河渠书》载，《夏书》上说，夏禹治水十三年，过家门而不入。他陆路乘车，水路乘船，泥路踏橇，山路坐轿，为的是区分九州疆界，顺山势疏浚河道，按土地肥瘦制定贡赋多少。修通了九州的道路，筑成了九州湖泊的堤防，测量了九州的山势。但是，黄河仍然水灾泛滥，危害中原尤甚，因此治水患成了当务之急。夏禹治河从积石山导引黄河水，经过龙门，南达华阴，折东而下到达砥柱山，直至盟津、洛汭，又东北行，至大邳山。当时，夏禹以为黄河从地势高的地方流下，水流湍急悍猛，难在平原地带缓行，所以多次造成水灾，于是在大邳山一带开两条渠，分黄河为两支，以导引河水。接着又向北引黄河水经高地，过降水，至大陆泽，分黄河为九条河流，最后又汇合为一，名为逆流，流入渤海。九州的河流已经疏通，九州的湖泊也筑好堤防，中原百姓得以安居乐业，夏禹的功绩延续夏、商、周三代。

我们都知道，水是生命之源，是地球上一切生物赖以生存的最基本的条件。水也是农业生产的基本要素，特别是我们的粮食生产离不开水。水还是影响环境气候的重要因素。水更是人类文明发展不可缺少的重要资源。从人类文明发展史上看，世界古代文明基本上是以大江大河为摇篮，事实上是江河孕育了人类古代文明。四大文明古国就是如此，古代埃及文明发源于尼罗河，古代巴比伦文明发源于幼发拉底河与底格里斯河，古代印度文明发源于印度河，古代中国文明发源于黄河。之所以有四大文明古国，一个首要的条件在于当时治水很成功，人类能够有生存之地，能够从事农耕，从而在生产之余创造文明的辉煌。否则，虽有河流也难以产生文明，即使产生文明也会很快消失。

中国江河湖泊众多，其中长江和黄河更为世界大河，鄱阳湖、洞庭湖、太湖、巢湖等也都是天然大湖，特别是由于降水量季节分配不均、地区分布不均，导致水资源分布不平衡，有的地方泛滥成灾，有的地方又长期干旱。中国自古以来水灾频发，给百姓造成了很多灾难。从大禹治水开始一直到今天，都几乎没有间断过兴水利、除水害。自《史记·河渠书》起，“二十四史”中不少史书都有河渠水利篇章，讲述了我国几千年来水利的基本情况。另外，还有北魏郦道元的《水经注》，是记述河流湖泊的专著。其他一些农书，如明代徐光启《农政全书》也有水利方面的内容；还有专门研究治理某条河流的专著，如研究治理黄河的《河防通议》，治理京杭大运河的《漕河图志》、《通惠河志》等。

《史记·河渠书》记载，在夏禹治水之后，百姓又在荥阳引黄河水，向东南修成鸿沟，以沟通宋、郑、陈、蔡、曹、卫等国，与济水、汝水、淮河、泗水汇合。在楚地，西面汉水与云梦泽之间修通了水渠，东面江、淮之间修通了邗沟。在吴地，三江、五湖地带修通了水渠。在齐地，有水渠沟通淄水、济水。在蜀地，蜀郡太守李冰在成都一带开通两条江，修建了都江堰（这个水利工程实行分流分沙、泄洪排沙、引水疏沙，使其枯水不缺、洪水不淹，且没有破坏自然资源，使人、地、水高度和谐，造福了成都平原，使四川成为“天府之国”，也是世界上伟大的“生态工程”，被誉为“世界水利文化的鼻祖”）。这些沟渠都可以行船，而且利于灌溉，百姓皆享其利。这些水渠流经之处，人们常常引这些水渠之水到增修的小水渠来灌溉农田，小渠以亿万计算，无法数得清了。

《史记·河渠书》还记载，秦王嬴政时，韩国派水工郑国游说秦国修建三百里长的水渠来灌溉田地，企图以此耗费秦国人力物力，阻止秦国东伐韩国。修建的过程中图谋被发觉，秦王想杀郑国，郑国说：“我为韩国延长数年之国祚，却为秦国建万世之功。”秦王因此让他继续修建，建成之后灌溉四万顷田地，于是关中沃野无凶年，秦因此而富强，最终吞并诸侯统一六国，因此水渠也命名叫“郑国渠”。此外，《史记·河渠书》还载“西门豹引漳水溉邺，以富魏之河内”，这在《汉书·沟洫志》中则记载是魏襄王时的史起所为，“史起为邺令，遂引漳水溉邺，以富魏之河内”。百姓歌颂史起为贤令，使邺地生稻粱。

《汉书·沟洫志》除了延续《史记·河渠书》的记载，还讲到，汉朝时兒宽奏请修建了六辅渠，白公又奏请修建了白渠。特别是白渠，灌溉四千五百多顷田地，得到百姓的歌颂。最需要注意的是，**《汉书·沟洫志》中所载的贾让“治河三策”非常值得我们借鉴和深究。**

《汉书·沟洫志》载，汉哀帝即位之初，平当被委派主管治理河堤事务。他上奏说：“古代的九条河流，现在都被填塞难寻。按照经义治水，有决开堵塞的河道、深挖河床等方法，而没有筑堤防堵塞之事。黄河从魏郡以东多次发生河水泛滥决口，水迹难以分明。天下的百姓是不可欺骗的，应当广泛征求能挖深水道、疏通河水的人才。”汉哀帝采纳他的建议，由丞相孔光、大司空何武奏请各州部刺史、三辅、三河、弘农太守推荐官吏和百姓中有能力者，但没有应答的。这时待诏贾让上奏说：“治河有上中下三策。古代建立国家，安置百姓，划分土地进行垦殖时，要选择在水势所不能到达之地。大河不修堤防，而小河水可以流入居住的地方。在低洼之处，就利用山坡修筑围坝，形成湖泊池泽，秋季可以用它储藏水量，这样水面就宽阔，容水量大，水流缓慢而不急迫。地上有河，就像人有口一样，用土石去阻塞河流泛滥，就像为了不让小孩子啼哭，而去塞住他的嘴巴，啼哭声停止了，而小孩的死期也就立刻到了。所以说：**‘善于治水的人，开决堤防，疏导水势；善于治民的人，开导百姓，使他们畅所欲言。’**

“现在若实行上策，则迁移冀州洪泛区百姓，决开黎阳遮害亭的堤坝，使河水向北流入渤海。有人会责难说：‘如果这样，必定会毁坏数以万计的城郭、田地、房屋和坟墓，百姓会怨恨的。’从前大禹治水，山陵挡路，则毁掉山陵，因此凿通龙门山，打开伊阙山，中分底柱山，破开碣石山，毁坏了大地固有的面貌，而那些城郭、田地、房屋和坟墓，不过是人力所造，还有什么好考虑的。现在靠近黄河的十个郡，每年整治堤防的费用，达万万之巨，一旦发生大的决口，堤防毁坏无数。应当拿出数年治河的费用，来安置迁移的百姓，遵照古代圣贤的做法，确定山川的位置，使神与人各得其所，互不相扰。况且大汉朝国土广阔万里，何须与河水去争那一点土地呢？这方案一旦实现，黄河稳定，百姓安居乐业，千年不会发生水灾，因此称为上策。

“假如在冀州地区开凿运河渠道，既能供百姓用来灌溉田地，又能分流水势。这虽然不是圣人的做法，但也不失为挽救损失的办法。可从淇口开始往东修筑石堤，多设水门。恐怕有人怀疑，黄河这样大河，用渠道、水门难以控制。荥阳的粮道运河，就足以预测和说明问题。冀州灌溉水渠从头到尾，都仰赖于这种水门。各个水渠往往都要从这里取水分流：天旱则打开东方水流向下的水门，灌溉冀州附近的田地；一旦洪水到来，则开西方高处的水门，分散水流，使农田受到保护，得到适当管理，河堤也不会毁坏而得到保留。这实在是富国安民、兴利除害、能控制水灾数百年的办法。因此称为中策。

“假如只是修补完善原有的堤防，把低的地方增高，单薄的地方加厚实，徒费人力物力永无止境，而百姓却每隔几年就会遭到洪水泛滥之灾。这个方案最差，因此是下策。”

贾让这篇名奏也收录在《资治通鉴·汉纪二十五》中。贾让所说的治河三策，简言之就是“疏、浚、塞”三字。**第一就是“疏”，也即导引**。大禹治水就是用此方法，顺水之性（即润下之性），因水之流，使高处积水流往低处，使小河的水流往大江大河，使大江大河之水最终流向大海，而千载无患，一劳永逸。这是最上之策。**第二是“浚”，也即挖深河道，穿漕引渠，分水流通**。如挖渠就可分水引流，而且还有三利，一利灌溉，二利淤肥，三利行船。这种方法也可兴利除害，可延续百年。这是中策。**第三是“塞”，也即堵塞**。如大禹的父亲鲧就是用这个方法，也就是水来土掩、堵截洪水，结果“九年而水不息，功用不成”。历代治水有时也用这个方法，主要是造堤筑坝，但这个花费最多，还可能年年都要守护修缮，而且一旦水大也很难固堤。所以这是最下之策。这三策中，常用的应当是前面两策，而最下之策并非一无用处，修筑堤坝用来蓄水、建湖泊是有用的，但不能治大河。

两汉期间，除贾让之外，比较著名的水利专家还有东汉的王景。《后汉书·王景传》载，当时，黄河、汴渠决坏，水患持续几十年，到东汉永平十二年（公元69年），朝廷征调几十万军队，派王景和王吴修筑渠道和河堤。王景于是测量地形，打通山陵，清除水中沙石，直接切断大沟深涧，在要害之处筑起堤坝，又疏通引导阻塞积聚的水流，每十里修造一座水闸，使得水流能够来回灌注，不再有溃决之害。一方面修筑了从濮阳城南到渤海千乘的千余里黄河大堤，另一方面又整治了汴渠渠道，新建了汴渠水门。王景由此知名。筑堤后的黄河历经八百多年没有发生大改道，被赞为“王景治河，千载无患”。到了明代，则有水利学家潘季驯提出了“筑堤束水，以水攻沙”的治理黄河之策。总的来说，中国历史上治水的主要方法还是跳不出上述所说的“疏、浚、塞”三字。

水利不仅关系到防洪安全、供水安全、粮食安全，而且关系到经济安全、生态安全、国家安全。因此，治水是治国利民的重要事业。《易经·系辞上》中说：“**举而措之天下之民，谓之事业**。”也就是说，所做的事情能惠及天下百姓的，就叫做事业。2005年9月28日，国学大师南怀瑾先生在对来自全国各地的工商界成功人士发表的演讲中指出“**一个人一生里做一件事情，对世界人类永远有功劳，永远有利益给大家，这个才叫事业。像大禹治水，这叫事业，因此他为万世所崇仰，其功永不可没。上面最高到皇帝，下面最倒霉到讨饭的，都不是事业，那是职业。在座的工商界老板生意做得很好，赚钱很多，要讲事业那还差得很远**。”今天，我们学习大禹治水，不一定都有机会治水，但一定要学习他这种利于全民、利于千秋的事业精神，只有这样才能永远活在百姓心中。

另外，大家要知道，大禹治水还有一个非常重要的意义。我们中华文化讲“天地人”三才。这三才之道是在大禹时才完备的。尧帝在位时，命令羲和氏“钦若昊天，历象日月星辰，敬授人时”（《尚书·尧典》），也就是说谨慎地顺应上天，观察日月星辰运行规律，制定历法，让百姓使用，这是讲“**天道**”；舜帝早在作为继承人接受尧帝考察时，就“慎徽五典”（《尚书·舜典》），这个“五典”就是“五教”，即“父义、母慈、兄友、弟恭，子孝”，他即位后命契作司徒，“敬敷五教”（《尚书·舜典》），这个“五教”一说是前面的“五典”的内容，一说是“五伦”，即“父子有亲、君臣有义、夫妇有别、长幼有序、朋友有信”，两者都是讲“**人道**”；而大禹治水，开山导河，使水就下流入大海，土地得到平治，让百姓有安居之所，四海之内都可传播德教，这是讲“**地道**”。所以，到了大禹治水，“天地人”三才之道就齐备了。

第六讲　大禹惜寸阴

“光阴似箭，日月如梭。”这是形容时间过得很快；“一寸光阴一寸金，寸金难买寸光阴”，这是说明时间是最宝贵的。在古代珍惜时间的典范就是大禹。

据《尚书·益稷》载，大禹说：“我辛壬日娶涂山氏的女儿为妻，过了壬癸之日到甲日便离家治水去了。到儿子启生下来呱呱大哭时，我都没有照顾抚爱过，只是全力投入治水工程。”大家知道，中国古代有用来记年月日时的天干、地支，所谓天干，是指甲、乙、丙、丁、戊、己、庚、辛、壬、癸；所谓地支，是指子、丑、寅、卯、辰、巳、午、未、申、酉、戌、亥。我们讲的一个甲子从甲子到癸亥，就是由天干和地支搭配组成的，六十组干支字轮一个循环。我们看，大禹从辛日娶妻，到甲日离开，这中间只经历了壬、癸两天，所以他是结婚不过三天就离家治水了。《史记·夏本纪》说大禹“劳身焦思”，治水十三年，过家门而不入，这都是珍惜时间的体现。晋朝皇甫谧《帝王世纪·第三·夏》也载，大禹“继鲧治水，乃劳身涉勤，**不重径尺之璧而爱日之寸阴**”。

之所以以“寸”作时间的单位，是因为古时用“日晷”来计量时间。日晷即是在圆形板上刻上表明时间的度数，圆中心立一小棍，由日出到日落，小棍的阴影由长而短，又由短而长地映在度数上，即表示着时间。“寸阴”，即阴影移动一寸的距离。西汉刘安《淮南子·原道训》中讲：“时之反侧，间不容息；先之则太过，后之则不逮。夫日回而月周，时不与人游，故**圣人不贵尺之璧而重寸之阴，时难得而易失也**。禹之趋时也，履遗而弗取，冠挂而弗顾，非争其先也，而争其得时也。”意思是，时间流逝得太快了，连呼吸的间隙都容不下，抢先便超越它太远，居后又难以赶上。日月不停地运转，时间不停地流逝而不迁就人。所以圣人不看重一尺长的玉璧而珍重一寸光阴，因为时机难得而易失。大禹为赶时间，鞋子掉了也顾不上取，头巾挂落了也顾不上回头，他并不是和谁在争先后，只是争取时间而已。《晋书·陶侃传》载，陶侃常对人说：“**大禹圣者，乃惜寸阴；至于众人，乃惜分阴，岂可逸游荒醉？生无益于时，死无闻于后，是自弃也**。”即是说，大禹是圣人，还十分珍惜时间；至于普通人则更应该珍惜分分秒秒的时间，怎么能够纵游醉酒？活着的时候对时人没有益处，死了也不被后人记起，这是自己放弃自己啊！大禹惜寸阴在《淮南子·原道训》、《晋书·陶侃传》这两篇中都说得很清楚。

我们先来讲一讲时间的常识。**宇宙是由时、空、物所构成，也即宇宙三要素为时间、空间、质量。空间和时间是物质运动的舞台**。在中国古代，宇和宙各代表不同之意，《文子·自然》载："往古来今谓之宙，四方上下谓之宇。"这是中国历史上最早解释宇宙之义的。《尸子》中也说："上下四方曰宇，往古来今曰宙。"也就是说，**"宇"代表上下四方，即无限的空间；"宙"代表古往今来，即无限的时间。时间和空间一起构成我们的宇宙**。现代意义上的宇宙概念是"时间无尽永前、空间无界永在、质量无限永有"的存在，多了一个质量。龙树菩萨的《中论》也说得很明白："因物而有时，无物何有时？"**时间是因为物的变化而产生的，空间也是如此。"时间"表示事物的生灭顺序，"空间"表示事物的生灭范围**。时间的无尽永前，是指时间没有起始和终结，且时间的增量总是正数。空间的无界永在，是指空间中的任何一点都是任意方位的出发点，且空间永远出现在时间前锋处。质量的无限永有，是指物质的总体质量无限大，且质量永远充满空间，但不等于说具体物质不灭。在物理学中，对空间和时间的认识可以分为经典力学阶段、狭义相对论阶段、广义相对论阶段、量子力学阶段。在西方，还有一部有关宇宙学的经典著作《**时间简史**》，是由英国物理学家、黑洞理论和"大爆炸"理论的创立人史蒂芬·霍金撰写的。这本书对遥远星系、黑洞、夸克、粒子及空间、时间、相对论等问题做了阐述。

时间从宏观层面来说，最长的单位是大劫。比如佛教中讲劫，分为小劫、中劫、大劫三种。二十个小劫为一个中劫，四个中劫为一个大劫。根据佛经记载，从人寿10岁算起，每过100年增加1岁，加到84000岁；然后再从84000岁，每隔100年减1岁，减到10岁，叫做一小劫。这样一增一减，就是1680万年。一个中劫就是1680万年乘以20，就是3.36亿年。四个中劫分别是：成劫（指山河、大地、草木的器世间，以及一切有情众生的众生世间成立时期）、住劫（指器世间和众生世间安稳存住的时期，在此劫中会有刀兵、疾疫、饥馑等三种灾害产生，称为三小灾）、坏劫（水、火、风三灾毁坏世界的时期，火灾劫、水灾劫、风灾劫合称大三灾，坏劫之期，欲界悉皆坏尽，色界中，唯第四禅不为大三灾所坏）、空劫

（世界已坏灭，欲、色二界除四禅天外，其他则全入于长期的虚空之中，形成世界未成、万物未生时期的状态，在空劫之后又开始新的成、住、坏、空）。如此成、住、坏、空四个中劫相续循环一次为一大劫，宇宙就在成、住、坏、空的过程中，反复生灭，每一大劫就是 3.36 亿年乘以 4，就是 13.44 亿年。

时间从微观层面来讲，最短的单位是刹那。根据佛教《僧祇律》载："刹那者为一念，二十念为一瞬，二十瞬为一弹指，二十弹指为一罗预，二十罗预为一须臾，一日一夜为三十须臾。"我们今天很多词语来自于佛教经典，像"刹那"、"瞬间"、"弹指"、"须臾"等等。按现代时间概念来理解，须臾是48 分钟，罗预是2.4 分钟即144 秒，弹指是7.2 秒，瞬间是0.36 秒，刹那是0.018 秒。故而"弹指"、"瞬间"、"刹那"都指很短的时间。

《庄子·逍遥游第一》中也讲到物的寿命时间长短。庄子说："朝生暮死的菌虫不明白什么是一天的时光；春生夏死、夏生秋死的寒蝉不明白什么是一年的时光。这些属于小寿命。楚国南方有一棵冥灵树，以五百年为春季，五百年为秋季；上古时代有一棵大椿树，以八千年为春季，八千年为秋季。这些属于大寿命。"就人来说，相对于菌虫和寒蝉是长寿的，而相对于冥灵树、大椿树则是非常短寿的。

时间是非常伟大的。**首先，时间是最伟大的终结者**，意大利的谚语就说过，"时间能使隐藏的事物显露，也能使灿烂夺目的东西黯然无光"，世间的人或事最后都会随着时间的流逝而终结；**其次，时间是最伟大的评价者**，经典之作和人之品德只有经过时间的淘洗才会呈现出来，唐朝大诗人白居易《放言五首》之一讲"试玉要烧三日满，辨材须待七年期"，俄国文学评论家别林斯基说"在所有的批评家中，最伟大、最正确、最天才的是时间"，我们通常讲的"善有善报，恶有恶报"也要靠时间来验证；**再次，时间是最伟大的治疗者**，一切悲伤痛苦随着时间的流逝都会逐渐淡化甚至被遗忘，很多爱恨情仇、很多当年觉得在意的事随着时间推移都变得不重要了。

时间还有一个非常伟大的地方，就是能让人心灵永远保持平静。因为，无论顺境也好，逆境也好，一切都会随着时间的流逝而过去。有一个故事，说的是从前有位国王有一块价值昂贵的钻石，想把它做成一枚戒指，在里面放一张小纸条，以使危急之时可作为锦囊妙计，于是征求大臣们的意见，希望得到一句最精妙的话。大臣们没有想出来。这时一位老仆人说："我知道有一句话，先王曾邀请一位作家来王宫，他临走时送了我这句话。"说完在小纸条上写了下来，折好交给国王，并请国王遇到危难时看。后来王国遭到外族侵略，国王被穷追不舍，性命攸关，于是他打开了纸条，只见上面写道："**一切都会过去**。"国王顿时平静下来，躲进森林，而追兵也没找到他。国王于是重新集结部队，经过苦战，终于取得胜利。凯旋那天，人们载歌载舞，国王也非常自豪。这时，老仆人说道："您应该再打开纸条看看。"于是，国王重读了一遍，心情又归于平静。所以，这就是时间伟大的地方，能让人"胜不骄，败不馁"，每临大事有静气。

就我们日常生活而言，时间是一种基本的计量，但与长度、质量、温度等相比，时间有独特的性质。比如不可替性，即时间没有任何替代品，不像其他的可以此代彼；不可逆性，即时光不会倒流，过去的时间永远不会回来；不可贮性，即时间没法贮存，这也决定了它是不能买卖的，它是真正的无价之宝。时间对人类来说，最重要的特性有以下几个方面：

第一，时间最公平。我们说，天下有两样东西是最公平的，无论是对帝王将相，还是对平民百姓，不分种族，不分性别，皆是如此。一个是死亡，无论是谁都逃脱不了。另一个就是时间。它不会给大富大贵者多一些，也不会给平民百姓少一些；不会给老人多一些，也不会给小孩少一些；不会给哪个地域的人多一些，也不会给哪个地域的人少一些。

第二，时间最宝贵。阿根廷《生活》月刊有篇《时间不等人》的文章说："要想知道一年的价值，就问留级生；要想知道一个月的价值，就问刚生下早产儿的母亲；要想知道一周的价值，就问周刊的出版商；要想知道一小时的价值，就问等待会面的情人；要想知道一分钟的价值，就问误了火车、飞机的旅客；要想知道一秒钟的价值，就问差一点出事故的人；要想知道千分之一秒的价值，就问获得奥运会银牌的运动员。"可以说，时间就是效益，时间就是金钱，时间就是生命。

第三，时间最易逝。人生易老，时光易逝。孔子说："逝者如斯夫！不舍昼夜。"（《论语・子罕》）意即时间的流逝就像水流淌一样，昼夜不停。庄子说："人生天地之间，若白驹过隙，忽然而已。"（《庄子・知北游》）"白驹过隙"这个成语就是从这儿来的，形容时间过得飞快。

正是因为时间的上述特点，所以我们必须珍惜时间。魏源说"壮士惜年，贤人惜日，圣人惜时”，鲁迅说，“使一个人的有限的生命更加有效，也即等于延长了人的生命”。西方也有很多珍惜时间的名言，如意大利文学家但丁说“一个人越知道时间的价值，越倍觉失时的痛苦呀”，美国总统富兰克林说“你热爱生命吗？那么别浪费时间，因为时间是组成生命的材料”，古罗马政治思想家西塞罗说“懂得生命真谛的人，可以使短促的生命延长”，伊朗的谚语说“谁把一生的光阴虚度，便是抛下黄金未买一物”。实际上，**人生的一大学问就在于和时间打交道。所以，有智慧的人用时间来衡量价值，视时间为无价之宝；愚蠢的人则用金钱来衡量价值，视时间为可弃之物**。那么，我们当珍惜哪些时间呢？

一是珍惜学习的时间。清朝金缨《格言联璧·持躬类》中讲：“**此生不学一可惜，此日闲过二可惜，此身一败三可惜**”。意思是，人一生不学习，一天闲过，名声败坏，这是人生三件可惜的事。西汉经学家、文学家刘向《说苑·卷三·建本》载，晋平公问师旷说：“我年纪七十了，想要学习，恐怕已经太晚了。”师旷说：“为什么不点燃蜡烛呢？”晋平公说：“这是怎么说，你怎么敢戏弄我呢？”师旷说：“我哪里敢戏弄君主您呢。我听说，年少时候学习，犹如旭日初升；壮年时候学习，犹如中午太阳；年老时候学习，犹如点燃蜡烛照明。点燃蜡烛照明与在昏暗中行走相比哪一个更光明呢？”晋平公说：“说得好啊！”所以，无论人处在哪个阶段，都要珍惜学习的时间，只有这样才能照亮心路。南宋理学家朱熹也有个《劝学文》，说“勿谓今日不学而有来日，勿谓今年不学而有来年。日月逝矣，岁不我延！呜呼老矣，是谁之愆？**家若贫，不可因贫而废学。家若富，不可恃富而怠学**。贫而勤学，可以立身；富而勤学，可以光荣。惟见学者显达，不见学者无成。是以学者乃为君子，不学则为小人。后之学者，各宜勉之。”讲的是，不要说今天不学有来日，也不要说今年不学有来年，时间飞逝，岁月不会迟延，如果老了，是谁之过错？家庭若贫困，不能因为贫困而荒废了学习；家庭若富裕，不能倚仗富裕而懈怠了学习。贫困而勤奋学习，可以立身；富裕而勤奋学习，可以光耀门楣。只见过学习的人显达，没有见过学习的人无成就。因此，学习的人成为君子，不学习的人成为小人。后世学习的人，各自应当勉励。这里也讲一个故事，说的是有一个年轻的犹太人住在以色列的一个小镇上，他只是一个普通的看门人，因为工作清闲，他经常一有时间就看一些历史方面的书籍，就这样他看了六十多年的门，也就看了六十多年的历史书籍，经过多年的学习积累，他在历史方面有非常独到的见解，后来他还被授予院士头衔。这就是珍惜学习时间取得成就的榜样。

二是珍惜行善的时间。英国作家赫胥黎曾说：“时间最不偏私，给任何人都是24小时；时间也最偏私，给任何人都不是24小时。”这主要是说，时间对人是平等的，而时间在每个人手里的价值却不同。历史学家钱穆《民族与文化》一书中说：“**中国人把一切人道中心建立在一‘善’字上。故依中国观念言，一切宗教均脱离不了一‘善’字。即科学、艺术，亦脱离不了一‘善’字。脱离了此一‘善’字，即一切对人无意义，无价值**。”所以，流淌在中国人血液里的这个“善”字，提醒我们要珍惜行善的时间。政治家要及时推行善政；社会学家要及时推行善治；文学家、艺术家、科学家要及时弘扬真善美；普通百姓则要及时与人为善；等等。因为，在中华传统文化中，“**为善最乐**”，只有为善才是人生最重要的事、最有意义的事。大家都知道，苏联作家奥斯特洛夫斯基所著的《钢铁是怎样炼成的》中的主人公保尔·柯察金有一段名言，即“人最宝贵的东西是生命，生命属于人只有一次，一个人的一生应该是这样度过的：当他回首往事的时候，他不会因为虚度年华而悔恨，也不会因为碌碌无为而羞耻；这样，在临死的时候，他就能够说：我的整个生命和全部精力，都已经献给世界上最壮丽的事业——为人类的解放而奋斗。”这个为人类的解放而奋斗就是行大善。就人们的日常生活而言，也要注意珍惜行善的时间。明朝王道焜《书屏语》说得很好：“**人于一日间，或闻一善言，见一善行，行一善事，此日方不虚过**。”也就是说，人如果在一天中，听到一句善言，见到一个善行，做一件善事，那么这一天就没有虚度。道教的《太上感应篇》也讲，“**吉人语善、视善、行善，一日有三善，三年天必降之福。凶人语恶、视恶、行恶，一日有三恶，三年天必降之祸**”。意思是善良的人，所说的是善、所见的是善、所行的是善，一天有这么三种善，积累到三年，上天一定会降福于他。相反，凶恶的人所说、所见、所行的都是恶，积累三年后就会遭到恶报。现代社会，每个人的生活丰富，多数人都很忙，面临的诱惑也很多，如果每天能做到“闻一善言，见一善行，行一善事”或“语善、视善、行善”，这样日积月累，定有不凡之成就。

三是珍惜做事的时间。做任何事情，都需要时间。但是做事一定要珍惜时间，否则时间被拖延或无端耗费，事情却没能完成。在明朝时，有著名的《昨日歌》、《今日歌》、《明日歌》，都是讲要珍惜做事的时间。《昨日歌》全文如下："昨日复昨日，昨日何其好。昨日已过去，今日徒懊恼。世人但知悔昨日，不觉今日又过了。水流日日去，花落日日少。成事立业在今日，莫悔昨日弃今朝。"《今日歌》全文如下："今日复今日，今日何其少。今日又不为，此事何时了？人生百年几今日？今日不为真可惜。若言姑待明朝至，明朝又有明朝事。为君聊赋今日诗，努力请从今日始。"最为人所知的是《明日歌》，全文如下："**明日复明日，明日何其多。日日待明日，万事成蹉跎。世人皆被明日累，明日无穷老将至。晨昏滚滚水东流，今古悠悠日西坠。百年明日能几何？请君听我明日歌。**"西方也有类似的劝诫，如美国夏威夷岛上学生上课前有个著名的祈祷词："**一个人的一生只有三天——昨天、今天和明天。**昨天已经过去，永不复返；今天已经和你在一起，但很快也会过去；明天就要到来，但也会消逝。抓紧时间吧，一生只有三天。"在管理学中，有个"**日落法则**"（有的也称"落日法则"），其核心内容就是不让问题过夜。也就是说，当天的工作计划必须在当天日落之前完成，不能完成的加班也要完成，决不推迟到第二天。因为，计划常常没有变化快，谁也不知道第二天会发生什么事，如果将重要事情拖到第二天，就有可能错失重要的机会。

上面，我们讲了时间的特性和珍惜学习、行善、做事的时间。接下来，我们讲述如何珍惜时间。这里也要注意三个方面：

第一，少年时勤努力。众所周知，时间可以成就学业和事业，而少年是人生的重要节点。人处少年时，记忆力最好，是学习的黄金时间。人的少年时间也是打基础的阶段，尤其重要。如果珍惜有限的少年时间，勤奋不懈，则日后进德修业就有了良好的开端；如果浪费可贵的少年时间，虚度光阴，则日后可能一事无成。唐代杜秋娘的《金缕衣》讲"**劝君莫惜金缕衣，劝君惜取少年时。花开堪折直须折，莫待无花空折枝**"；唐代名臣、书法家颜真卿诗云"**黑发不知勤学早，白首方悔读书迟**"；南宋理学家朱熹也说"**少年易学老难成，一寸光阴不可轻**"，都是强调要珍惜青少年时的光阴。元朝许名奎的《劝忍百箴》专门有"年少之忍"一篇，说的是："人的少年，就像阳春。但春光易逝，好景不长，不过三个月就到了炎热的夏季，接着便是万物凋零的秋季、冬季。人的一生能活多少年，怎能轻视自己的生命呢？整天沉溺酒色和赌博下棋，在嬉戏游玩中消磨时光……不读圣人之书，别人的教导也听不进。一旦黑发变白发，容颜衰老，过去的好时光一去不复返，而自己既无知识又无技能，这时后悔哪里来得及!”

汉代乐府民歌中有一首诗叫《长歌行》，是鼓励少年珍惜时光、努力奋起的名篇。其中的“**百川东到海，何时复西归？少壮不努力，老大徒伤悲**”乃是千古名句。这首诗以园中的葵菜作比喻，说菜园里的葵菜绿绿的，早晨的露水等待着阳光的照耀。灿烂的春天向万物散布着恩惠，万物都呈现出一派生机勃勃的样子。常常担心秋天的到来，花和叶就要枯黄和衰败。大自然的规律就是如此，人生又何尝不是这样？所以少年时不努力，老了只能空自伤悲！另外，关于惜取少年时的还有一个名篇，就是岳飞的《满江红》：“怒发冲冠，凭栏处，潇潇雨歇。抬望眼，仰天长啸，壮怀激烈。三十功名尘与土，八千里路云和月。**莫等闲，白了少年头，空悲切**。　　靖康耻，犹未雪。臣子恨，何时灭？驾长车踏破，贺兰山缺。壮志饥餐胡虏肉，笑谈渴饮匈奴血。待从头收拾旧山河，朝天阙。”这首词中的“莫等闲，白了少年头，空悲切”，尤为后人所传诵。

第二，珍惜清晨和业余时间。中国有一句谚语叫“**一年之计在于春，一日之计在于晨**”，东晋陶渊明《杂诗》中有“**盛年不重来，一日难再晨。及时当勉励，岁月不待人**”，都是讲要珍惜清晨的时光。清晨是一天中最重要的时光，这段时间，人经过一夜的休息，一切都是清新的，大脑最清醒，读书学习或思考问题的效率最高，也最容易激发自己内在的潜力。（当然也有人是晚上效率较高的。）总体上讲清晨是一天中的黄金时间。同时，我们还要珍惜业余时间。爱因斯坦曾经说：“**人的差别就在于业余时间**。”只要每天在业余时间多学习思考两至三小时，想不成功都难。要知道，今天的一小步，一定会造就明日望尘莫及的一大步。能“一鸣惊人”的，必定在他“不鸣则已”的业余时间不断地积累。假如人能活 80 岁，一生的时间也不到 3 万天。所以人生其实算起来也是很短暂的。这 3 万天中（包括幼儿时的懵懂和老年时的身体不便），人每天用于睡觉的时间是 8 小时左右，吃饭穿衣洗漱等要用 4 个小时左右，这样就占用了一生中一半的时间。另外，人的一生中，还有学校的教育和工作也占用了大部分时间，不少人 20 多岁之前的大部分时间是在学校中度过的，毕业后工作一般每天也是 8 小时，再加上看病、打电话、路途、旅游、聚会应酬、娱乐活动等占用的时间，我们发现人生所剩的时间几乎不多，而人生的时间也就是这样消耗完的。所以我们绝大多数人之所以庸庸碌碌度过了一生，实在是因为没有把握好时间。我们应当把不必要的交际应酬、看电视、上网、玩游戏等时间节省下来，在自己的业余时间里勤奋努力，这样才能取得成就。

第三，集中时间干好最重要的事。英国哲学家斯宾塞说：“必须记住我们学习的时间是有限的。时间有限，不只是由于人生短促，更由于人事纷繁。我们应该力求把我们所有的时间用去做最有益的事情。”所罗门《箴言》中说：“**一个人在短暂的一生里能干好一件事就算没有虚度**。”也就是说，一个人一生只要干好一件事就可以了。但这一件事不是指具体的某一件事，而是指某一项职业。比如瑞士人就是“一生干好一件事”的典范，他们在精密机械、光学仪器中倾注了心血，誉满全球的瑞士名牌手表便是他们的杰作。由于人的精力、时间和脑力是有限的，因此必须要专注，集中一段时间乃至一生的时间干好自己认为最重要的事。其实，一个人一生做好一件事并不是太难，关键是看能不能把大多数时间花在这件事上并持续到底。在太多的事情上都付出努力，比如从政的又想经商，学文科的又想精通理科，搞管理的又想学文学，这样时间就难免会分散，可能导致每一个领域都不精通。像孙中山专注于政治，成为政治家；鲁迅专注于文学，成为文学家；牛顿、爱因斯坦专注于科学，成为科学家；等等，很少有兼得的。当然，也要学会一定的时间管理方法，以便有效地运用时间。比如“**二八定律**”，如果用最高效的时间，只要20%的投入就能产生80%的效率；如果用最低效的时间，80%的时间投入只能产生20%的效率，所以一天中头脑最清醒的时间，应该用在自己认为最重要的事情上。只有集中人生有限的时间去专注于一两件最重要的事情上，取得成就的概率才会高，千万不要三心二意，打一枪换一个地方，这样的结果是一事无成。

这一生，每个人只有一次，无法从头再来。所以，人必须珍惜自己宝贵的一生，珍惜组成这一生的时间。如果说**石油是工业发展的第一资源，人才是社会发展的第一资源，那么时间则是所有人都必须珍惜的第一资源**。《佛说四十二章经》第三十八章“生即有灭”载，佛陀问沙门说：“人的生命有多长时间？”沙门回答说：“只在数日的时间。”佛陀说：“你没有弄清道，还没有懂得。”又问一个沙门：“人的生命有多长时间？”沙门回答说：“只在一顿饭的时间。”佛陀说：“你也没有弄清道。”于是再问一个沙门：“人的生命有多长时间？”沙门回答说：“只在一呼一吸之间。”佛陀说：“很好，你已经明白道了。”这也说明生命之无常，人若一口气没上来，便离开人世了，所以**人的生命只在一呼一吸之间。当我们感受到这种生命之无常时，一定要注意不要把时间耗费在无意义的事情上，而要像大禹那样珍惜时间，将身心投入到对整个人类、对千秋万代有意义的事情上。**

第七讲　禹汤罪己

禹汤罪己，说的是大禹和商汤主动承担过错、反省修正行为之事。出自《左传·庄公十一年》，原文是“禹汤罪己，其兴也悖（通‘勃’）焉；桀纣罪人，其亡也忽焉。”

大禹我们在前面已经讲过。这里先介绍一下商汤。商汤，也称成汤，姓子，名履，又叫天乙，是商朝的开国君主，是著名的“三王”（即夏朝的大禹、商朝的成汤、周朝的文王，有的将周朝的武王作为三王之一）之一。《史记·殷本纪》载，殷的始祖是契，他的母亲叫简狄，是帝喾的次妃，因吞食燕子的蛋而怀孕，生下了契，即“天命玄鸟，降而生商”。契长大后，辅助禹治水有功，舜帝曾任命契担任司徒，推行父子、君臣、夫妇、长幼、朋友之间五伦教化。他在尧、舜、禹时代为百姓做了很多好事，被封在商地，“功业著于百姓，百姓以平”。契之第十四世孙就是天乙（成汤）。商汤在夏朝时是可以讨伐其他诸侯的方伯（即诸侯之长）。当时葛伯不祭祀鬼神，成汤首先征讨他，并说：“**人看一看水，就能照出自己的形貌；看一看民众，就可知国家治理好坏**。”他还对葛伯说：“你不能敬天命，我就重重地惩罚，绝不宽赦。”于是作《汤征》。后来，商汤在贤臣伊尹、仲虺的辅佐下，与夏桀大战于鸣条，灭了夏朝，被诸侯推为天子。

商汤之所以被称为圣王，主要有以下几个原因：第一，他首开革命之道，除无道之昏君，救民于水火之中，这在后面一讲我们将会讲到。第二，他非常仁德，《史记·殷本纪》载，一天，商汤外出游猎，看见郊野四面张着罗网，张网的人祝祷说：“愿从天上来的，从地下来的，从四方来的，都进入我的罗网！”商汤听了说：“哎，这样就把禽兽全部打光了！”于是把罗网撤去三面，祝祷说：“想往左边走的就往左边走，想向右边逃的就向右边逃。不听从命令的，就进我的罗网吧。”诸侯听到这件事，都说：“汤真是仁德至极，就连禽兽都受到了他的恩惠。”他治政也非常宽仁，所以百姓也得到很多实惠。第三，他不近声色，不聚敛财货；对德盛的人用官职来勉励，对功高的人用赏赐来勉励；采用别人的意见，就像自己的意见一样，特别是能够罪己，而且改正自己的过错毫不吝惜（《尚书·仲虺之诰》）。

我们现在来讲“禹汤罪己”。《左传·庄公十一年》载，这一年的秋天，宋国发大水，鲁庄公派人去慰问，说：“上天降大雨不停，危害了庄稼，怎么如此不顾念下民呢?”宋国国君回答说：“这实在是孤对上天不敬重，上天降下灾害，还因此让贵国国君忧虑，敬承厚意，实不敢当。”鲁国大夫臧文仲（此人博学广知，很有外交才能，但孔子对他评价不高，在《论语·卫灵公》中，孔子认为他是一个窃居官位的人，明知道柳下惠是个贤人却不举荐）说：“宋国大概将要兴盛了。夏朝禹王、商朝汤王，每每归罪于自己，所以他们很快就兴盛起来。亡国的君主，像夏朝的桀、商朝的纣，事事都归罪别人，所以他们很容易就亡国了。并且诸侯列国里，有了凶灾的事情，就自称为孤，这是合于礼的。言语既戒惧谨慎，称呼又很合礼仪。这样看来宋国的兴盛大概是没问题了。”后来听说这是公子御说的话。臧孙达说：“这个人可以做国君，因为他有爱护百姓的仁心。”公子御因为天灾而自责，有体恤百姓的仁心，所以能做国君，后来他果然成了一代贤君，即宋桓公。

这就是我们讲的“禹汤罪己”的最早出处。1945 年，著名的民主人士黄炎培先生和毛泽东有一个著名的“**窑洞对**”。当时，黄炎培先生参观延安后，对毛泽东说：“**我生六十多年，耳闻的不说，所亲眼看到的，真所谓‘其兴也勃焉’，‘其亡也忽焉’，一人，一家，一团体，一地方，乃至一国，不少单位都没有能跳出这周期律的支配力。……一部历史，‘政怠宦成’的也有，‘人亡政息’的也有，‘求荣取辱’的也有，总之没有能跳出这周期律。**”毛泽东回答：“**我们已经找到新路，我们能跳出这周期律。这条新路，就是民主。只有让人民来监督政府，政府才不敢松懈。只有人人起来负责，才不会人亡政息。**”这里面，黄炎培先生也提到“其兴也勃焉”、“其亡也忽焉”，但强调的是兴盛和衰亡这个结局，而不是讲“罪己”与“罪人”。

那么“禹汤罪己”到底是怎么回事呢?唐朝经学家孔颖达《春秋左传正义》载：“《汤诰》云：‘其尔万方有罪，在予一人。’是罪己也。《泰誓》数纣之罪，云：‘焚炙忠良，刳剔孕妇。’是罪人也。禹、桀之时书多亡矣，固亦应有此事。沈引《帝王世纪》云：‘禹见罪人，下车泣之。’是罪己也。桀杀关龙逄，是罪人也。”这个注解相当重要，讲出了禹汤罪己和桀纣罪人的事实。

我们先来看大禹是如何罪己的。西汉经学家、文学家刘向《说苑·君道》载，大禹出巡遇见一个犯罪的人，便下车询问并哭泣。左右的人说："那罪人因为不走正道，所以这样。君王你为什么要为他痛心成这个样子呢？"大禹说：**"尧舜时期的人都以尧舜仁爱之心为己心（所以无人犯罪），现在我作为君王，百姓却各以自己的私心为己心（所以有各种各样的犯罪），因此我感到痛心。"**这段史实，《纲鉴易知录·夏纪》也有记载。另外，《说苑·君道》还记载了尧帝的仁爱之心，原文引用汉景帝的儿子河间献王刘德的话说，**尧帝把天下百姓的疾苦放在心上，用心去周济贫民，痛心于百姓的苦难，忧心于百姓生活不顺利。有一人挨饿，就说："这是我使他挨饿的。"有一人寒冷，他就说："这是我使他受冻的。"有一人犯罪，他就说："这都是我造成的。"他仁爱昭著并且树立了正义的准则，广施恩惠而教化远播。所以即使不加奖赏，百姓也会自觉努力；不施刑罚，民众也会治理得安定。先推己及人，然后施以教化，这是尧帝之道啊！**所以尧帝被百姓"戴之如日月，亲之如父母"。正是因为尧帝如此仁爱百姓，所以百姓受他教化，也都是如此存心。大禹罪己而哭泣的根源正在于此。反观我们有些人，一有过错，就推给别人，一有功劳，就说自己有份，不亦有愧吗？

我们再来看商汤是如何罪己的。《尚书·汤诰》载，商汤说："这次伐灭夏桀我不知是否有得罪天地神灵的地方，所以非常恐惧不安，就像要坠入深渊一样。凡是归顺于我商朝的诸侯方国，不能非法无度，不要放纵享乐，各自遵守你们的常法，以承受上帝赐予的福命。如果你们有善行，我不敢隐瞒掩盖，如果我自己有了罪过，不敢自我赦免，因为上帝都考察得清清楚楚。假如你们有罪过，这是我的罪过；我有罪过，也不会连累你们啊！但愿能够这样真诚信赖，会取得最后的胜利。"在这里他提出一个很重要的观点即"假如你们有罪过，这是我的罪过"，原文为**"万方有罪，在予一人"**。这个观点在《论语》中则为**"万方有罪，罪在朕躬"**，说的都是一个意思。据《论语·尧曰》载，商汤说："予小子履，敢用玄牡，敢昭告于皇皇后帝：有罪不敢赦，帝臣不蔽，简在帝心。朕躬有罪，无以万方；万方有罪，罪在朕躬。"这里面，履是商汤的名字，玄牡是黑色的牛。皇是大的意思，皇皇后帝即皇天后土的意思。这段话的意思是说，我小子履，谨用黑色的牛来祭祀，正大光明地向伟大的皇天后土祷告：有罪的人我不敢擅自赦免，天帝的臣仆我也不敢掩蔽，请天帝加以监察。我本人要是有罪，不要牵连天下万方；天下万方要是有罪，都由我来承担。“商汤罪己”还有一件事，就是“桑林祷雨”。说的是，商汤在位时，天久大旱。太史占卜之后，说：“应当杀一个人来向神求雨。”商汤说：“我之所以求雨，正是为了人啊。不要因为我一人的过错而伤害百姓之性命，要是一定要通过杀人来求雨，那么我自己来充当。”于是商汤沐浴斋戒，理好头发，修剪指甲，乘着素车白马，身上缠绕着白茅，将自己作为向神祈祷的祭品，在桑林之中的旷野向神祈祷，以六件事自责：“是我的政事不合乎节制和天道吗？是我使民无道导致他们不能安居乐业吗？是我所居住的宫室过于高大吗？是我内宫中的女子太多了吗？是请托办事的贿赂达到了营求的目的吗？是进谗言的人得逞而害政吗？如果有一件事导致大旱，则宁可降灾于我一人之身，不可使百姓遭受困厄。”商汤的话还没有说完，大雨立刻在方圆数千里降下。这正是商汤的至善至诚感动了天地，这也正是“**人有善念，天必佑之**”。这段故事见于西汉刘安《淮南子·主术训》，晋朝皇甫谧《帝王世纪》，明朝张居正《帝鉴图说》，清朝吴乘权、周之炯、周之灿《纲鉴易知录·商纪》。

中国历史上，像禹、汤这样罪己的帝王也不乏其人。这里也试举几例：

一是周武王。《论语·尧曰》载：“周有大赉，善人是富。虽有周亲，不如仁人。**百姓有过，在予一人**。”这里面，大赉，即大施恩惠。武王克商之后，首先散财发粟，以赈穷济困，又对那些为善的人，特加优待，不但补助其不足，而且使之丰厚有余。全句的意思是，周朝大施恩惠，让善良的人都富裕起来。周武王在讨伐商纣时誓师说：“商纣虽然有许多至亲，却不如我有许多仁德的人。百姓如果有过错，都在我一人身上。”《尚书·泰誓》中也记载周武王的话：“天视自我民视，天听自我民听。百姓有过，在予一人。”

二是汉文帝。《汉书·文帝纪》载，文帝二年（公元前 187 年）十一月，发生日食。文帝下诏说：“我听说，上天降生万民，为他们设立君主来养育治理他们。君主没有道德，施行政令不公平，上天就会显示灾异来警告治理国家不当的君主。这次十一月发生的日食，就是上天谴责的体现，没有比这个更大的灾异啊！我有幸得以保护宗庙，以轻微渺小之身依托在官吏百姓和诸侯王之上，天下的治乱，全在于我一人，只有几个执政大臣犹如我的股肱。我对下不能治理养育万民，对上有损于日月星的光明，我的失德太大了。诏令到达后，详细思考我的过失，以及我所知所见的不足之处，请求大家可以告诉我。并推荐贤良方正、直言极谏的人，来匡正我的谬误。你们各自要履行好职责，务必减少徭役和开支费用，以方便百姓。”这里面，汉文帝以日食出现而罪己，这也是中国“天人感应”传统文化的一大特点。《易经·系辞上》讲：“**天垂象，见吉凶，圣人象之。**”还讲：“**易与天地准，故能弥纶天地之道。仰以观于天文，俯以察于地理，是故知幽明之故。**”《中庸》也讲：“**国家将兴，必有祯祥；国家将亡，必有妖孽。**”传统文化认为天象和人事有着密切的联系，上天垂象往往预示着人间吉凶。以后很多帝王也像汉文帝一样，遇到日食等自然灾害，常常都会发布罪己诏，反省自己。

三是唐太宗。《贞观政要·灾祥第三十九》载，贞观十一年（公元637年），天降大雨，雨水泛滥，冲毁了洛阳城门，涌入洛阳宫，平地水深五尺，毁坏宫寺十九处，淹没七百多家。唐太宗对侍臣说：“由于我没有德行，所以上天降下灾祸。大概是因为我视听不明，刑罚失当，才使阴阳错乱，雨水反常吧。现在应该怜悯百姓，反省我自己的过失，还有什么心情来享受这些美味呢？命令停止供应肉食，只进蔬菜素食。文武百官要各自上书奏事，都要尽量指出政事的得失。”中书侍郎岑文本于是上书，提出“明选举，慎赏罚，进贤才，退不肖”，“闻过即改，从谏如流”，“为善在于不疑，出令期于必信”，“颐神养性，省游畋之娱；去奢从俭，减工役之费”等建议，唐太宗深纳其言。

当然历史上也有不少帝王是“罪人”的，比如《左传·庄公十一年》中鲁国大夫臧文仲讲的“桀纣罪人”。夏桀和商纣就是罪人的典型。另外还有怨天的，如《史记·项羽本纪》中太史公评价项羽说：“他对自己的功业自夸自傲，只凭自己的私意行事而不效法学习古代仁义之道，以为霸王事业只凭武力征服天下就可得到，五年后终于亡国，身死于东城（今安徽定远一带），而且至死不觉悟，不肯反省自己，认清自己的过错，实在是太过分了。还说是‘天要灭亡自己，并非用兵之罪过’，难道不是太荒唐了吗？”

对于“罪人”与“罪己”，《吕氏春秋·卷三·论人》也有一句评论：“昔上世之亡主，以罪为在人，故日杀戮而不止，以至于亡而不悟。三代之兴王，以罪为在己，故日功而不衰，以至于王。”意思是，从前的亡国之君，以为罪过都在他人，因此每天杀戮不止，以至于死到临头仍不觉悟。夏商周三代的兴国之君，以为罪过全在自己，因此日建功业而不衰败，以至于称王天下。这与《左传·庄公十一年》臧文仲所讲的道理是一致的。

人不是神，有着诸多不足，但是人之所以为万物之灵，就在于人还有罪己悔过之心。明朝学者洪应明《菜根谭》中说：“**盖世奇功，当不得一个矜字；弥天大错，抵不过一个悔字**。”一个犯了过错的人只要肯悔过，就还有得救。因此，主动承认过错、深刻反省自我的“罪己”精神意义非凡：

第一，罪己是避免危亡的重要举措。前面列举的大禹、商汤、周武王、汉文帝、唐太宗都是历史上有名的贤君，都能“罪己”，但他们自身并没有什么大错。在中国历史上有一个皇帝“罪己”也极为深刻，这个皇帝就是雄才大略的汉武帝。《资治通鉴·汉纪十四》载，征和四年（公元前89年）的三月，汉武帝在祭祀天地后，接见群臣时说：“**朕即位以来，所以狂悖，使天下愁苦，不可追悔。自今事有伤害百姓，縻费天下者，悉罢之！**”意思是他即位以来，干了很多狂妄悖谬之事，使天下人愁苦，以至后悔莫及。从今以后，凡是伤害百姓、浪费天下财力的事，一律废止！这是中国历史上帝王首次用“狂悖”形容自己，反省不可不谓深刻。紧接着没多久，他颁布了历史上极为著名的“罪己诏”，对他以往的过失深表悔恨，由于此诏是应桑弘羊等人建议轮台屯田而起，所以称之为“**轮台罪己诏**”。这个“轮台罪己诏”主要内容有三点：一是不许轮台屯垦。诏书上说：“轮台在车师西面一千余里，虽然攻打车师取得了胜利，迫使国王归降，但因路途遥远，粮食缺乏，死于途中的尚有数千人，何况再往西呢？从前李广利兵败，将士们或战死，或被俘，或四散逃亡，朕每念及此，常感悲伤。如今又奏请要派人远赴轮台屯垦，想修筑亭燧，这是使天下人困扰劳苦之举，而非对百姓的优待，这样的建议，朕不忍听”。二是不同意招募囚犯护送匈奴使者返回，以封侯作为奖赏，让他们刺杀匈奴单于。三是严禁官吏对百姓苛刻暴虐，废止擅自增加赋税的法令，全力务农，恢复为国家养马者免其徭役赋税的法令，用以补充战马损失的缺额，不使国家军备削弱。颁布诏书后，汉武帝自此不再派兵出征，封田千秋为富民侯，以表示他要使百姓休息，希望能增加财富，养育百姓。又任命赵过为搜粟都尉，赵过将这些技巧教给老百姓，使老百姓用力少而收获多，因此都感到很便利。“轮台罪己诏”的颁布，标志着汉武帝停止连续多年的征战，将重心转移到减轻百姓负担、重视农业生产上来，这是一个根本性转变。司马光在评价汉武帝时说：“汉武帝穷奢极欲，刑罚繁重，横征暴敛，对内大肆兴建宫室，对外征讨四方蛮夷，又迷惑于神怪之说，巡游无度，致使百姓疲劳凋敝，很多人被迫作了盗贼，与秦始皇没有多少不同。但为什么秦朝因此而灭亡，汉朝却因此而兴盛呢？是因为汉武帝能够遵守先王之道，懂得如何治理国家，能接受忠正刚直之人的谏言，厌恶被人欺瞒蒙蔽，始终喜好贤才，赏罚严明，到晚年又能改正以往的过失，将继承人托付给合适的大臣，这正是汉武帝之所以有足以造成秦朝灭亡的失误，却避免了像秦朝灭亡的灾祸的原因吧！”所以，汉武帝晚年罪己，挽救了当时危险的局势，避免了重蹈秦亡之覆辙。虽然汉以后，历代君主也有不少罪己的，但多数没有避免危亡，主要是没有像汉武帝这样采取实际的行动。

第二，罪己是迈向救赎的重要起步。基督教中有一个很重要的概念，就是“原罪”，“原罪”始于人类的始祖亚当和夏娃偷吃禁果，人由于“原罪”而远离了上帝，因而具有自私、骄傲、堕落和趋向邪恶的倾向。只有不断在现实中赎罪，使自己慈善、谦卑，才能获得上帝的救赎。而且，上帝的保佑并不是靠出身尊贵、权力或财富获得的，而是靠虔诚的悔改获得的。所以，**一个人有罪己之心，才能有机会救赎自身的一切罪恶，获得新生；一个民族有罪己之心，才能不断修正错误，迈向新的征程**。这方面，德意志民族是个典型。德意志民族因纳粹党执政，发动第二次世界大战，给世界人民带来了深重的灾难。1969 年，因参加反法西斯运动被迫流亡的社民党人维利·勃兰特当选西德总理，1970 年 12 月，他冒着凛冽的寒风来到波兰华沙犹太人死难者纪念碑前，肃穆垂首，并双膝下跪，祈祷道：“上帝饶恕我们吧，愿苦难的灵魂得到安宁。”他这“惊人一跪”是对二战中无辜被纳粹党杀害的犹太人表示沉痛哀悼，并虔诚地为纳粹时代的德国认罪。他这一跪，不仅展示了他个人人格的高大，也展示了德意志民族赎罪的决心，让世界人民刮目相看，被誉为“**欧洲约一千年来最强烈的谢罪表现**”。与此同时，联邦德国总统赫利向世界公布了“赎罪书”，爱好和平的人们无不称誉。1985 年 5 月 8 日，正值欧战结束 40 周年之际，西德总统魏茨泽克发表讲话，强调“谁不反观历史，就会对现实盲目。谁不愿反思暴行，将来就可能会重蹈覆辙”。当前的德国总理默克尔也重申，德国对纳粹犯下的罪行、对第二次世界大战尤其对种族大屠杀受害人，承担着一份永久责任。可以说，这些德国领导人对纳粹罪行的罪己之心，为德国人迈向救赎起了重要作用，赢得了世界人民的尊重。

第三，罪己是忏悔行为的重要内容。大家都知道，忏悔是佛教修行的重要法门。何为忏悔？《六祖坛经·忏悔品》中说：“**忏者，忏其前愆。从前所有恶业、愚迷、骄诳、嫉妒等罪，悉皆尽忏，永不复起，是名为忏。悔者，悔其后过。从今以后，所有恶业、愚迷、骄诳、嫉妒等罪，今已觉悟，悉皆永断，更不复作，是名为悔。**”所以，忏悔的第一步就是要罪己。在佛教中，还有著名的《礼佛大忏悔文》，也即《八十八佛大忏悔文》，八十八佛是五十三佛加三十五佛。五十三佛名见《观药王药上二菩萨经》；三十五佛功德名号，出自《佛说决定毗尼经》。《宝积经》说：“一切众生，若有身具五逆十恶重罪之者……应须顶礼三十五佛，至心忏悔，一切罪障，皆得除灭。”所以，从南无普光佛到南无法界藏身阿弥陀佛，一共八十八佛。拜完之后还要念诵“若我此生，若我前生，从无始生死以来，所作众罪。若自作，若教他作，见作随喜。若塔若僧，若四方僧物。若自取，若教他取，见取随喜。五无间罪，若自作，若教他作，见作随喜。十不善道，若自作，若教他作，见作随喜。所作罪障，或有覆藏，或不覆藏。应堕地狱，饿鬼畜生，诸余恶趣，边地下贱，及蔑戾车，如是等处。所作罪障，今皆忏悔”，这就是“罪己”。而且还必须念诵《大方广佛华严经入不思议解脱境界普贤菩萨行愿品》中的偈言，这里面包含了普贤菩萨十大愿，即：**一者礼敬诸佛，二者称赞如来，三者广修供养，四者忏悔业障，五者随喜功德，六者请转法轮，七者请佛住世，八者常随佛学，九者恒顺众生，十者普皆回向**。念《礼佛大忏悔文》共须行一百零八拜礼，功德不可思议。所以，犯下过错的人，假如能真诚罪己，彻底忏悔，洗心革面，邪念就会全消，真正改过自新，后不再做。这也是佛教所说的：“罪性本空由心造，心若灭时罪亦亡，心亡罪灭两俱空，是则名为真忏悔。”

在中国佛教中，还有一个有名的《梁皇宝忏》，是梁武帝萧衍为了超度皇后郗氏而作。梁武帝生性乐善好施，曾拜一代高僧志公和尚为师。传说当时梁武帝的皇后郗氏生性嫉妒，出口犹如毒蛇，还妒忌梁武帝学佛修行。她三十岁时突然死亡，因生前心怀嗔毒，死后堕落为蟒蛇。数月之后盘踞殿上请求梁武帝念昔日夫妻之情，施恩救拔。梁武帝急忙请志公和尚，志公和尚说：“因她心不信佛、嫉妒六宫、不敬三宝、不修片善，所以得如此报应。如果超度，需陛下发心，大办斋供，请高僧，建道场，称扬佛法，并亲自礼拜，诵经忏悔。”梁武帝于是请志公和尚依经律忏罪要义，制作忏文，为郗氏忏悔。后来郗氏得脱蟒身，生为天人。这部《梁皇宝忏》因而得以广泛流传。《梁皇宝忏》中最重要的是“忏”字，如果没有忏，就难以有效果。

提到罪己和忏悔，我们还要留意西方有三大《忏悔录》。**第一个是古罗马哲学家圣·奥古斯丁的《忏悔录》**，他在这本书中坦露自己从十六岁开始就纵情作乐、放纵情欲，长期与情妇同居，对自身罪恶进行忏悔。在三十三岁皈依基督教后，他一反过去的放荡生活，过着清心寡欲的修道士生活。**第二个是法国思想家卢梭的《忏悔录》**，他在这本书中讲自己儿童时代就有偷窃的习惯，并披露自己和华伦夫人有长达十几年的情人关系。**第三个是俄国作家列夫·托尔斯泰的《忏悔录》**，这本书中，托尔斯泰承认自己生活腐化，对爱情不忠，有通奸、酗酒等罪，而他的同龄人还一直把他看成是正人君子。他通过忏悔最终成为一个彻底的清教徒。世人对这三大《忏悔录》之所以评价甚高，也正在于其罪己和忏悔之真诚。

从古今中外历史来看，人类最为宝贵的经验、不断走向文明进步的宝训，事实上就是这几个熠熠生辉的字：“**人会犯错误**。”领袖人物，抑或雄才大略的英雄都难免如此。禹汤罪己的行为，正是我们人类非常可贵的风范，它为我们提供了一个很好的榜样。如果在治国理政上，有这样一种“罪己”精神，“其兴也悖焉”也是必然的。同样，在修身养性上有这样的“罪己”精神，不断精进，那也会进步很快。但一定要注意，“**罪己**”**的关键是真正反省**、**永不再犯**。

第八讲　汤武革命

汤武革命，是指商汤以武力推翻夏桀，周武王以武力推翻商纣，以救民于水火的正义行为。《易经·革卦》中讲：“**天地革而四时成，汤武革命，顺乎天而应乎人。**”这就是汤武革命最早的出处。另有一种说法，就是汤武专指商汤，因为《史记·殷本纪》载“汤曰‘吾甚武’，号曰武王”，所以，汤武也可指商汤一人。这里采用汤武指商汤、周武王的说法。

我们在前面已介绍过商汤。这里介绍一下周武王。周武王名叫姬发，是周文王姬昌的次子，是中国古代有名的圣王之一，《论语·尧曰》中称赞周武王“**兴灭国，继绝世，举逸民，天下之民归心焉**”。他最值得称道的有三件事：

一是灭商建周。《史记·周本纪》载，他即位后以太公望为师，以周公旦为辅，还有召公、毕公等一班人辅佐，“师修文王绪业”，也就是继承父亲的遗志。即位九年后，武王先在毕祭祀文王，然后前往东方举行阅兵，到达盟津。设文王的木主，在中军用车子运载。武王自称太子发，表示是以文王的名义征伐，不敢独断专行。当时诸侯不约而同前来盟津会盟的有八百个。诸侯都说：“可以伐纣了。”武王说：“你们还未知天命，现在还不行。”于是班师回来。又过了两年，听说商纣暴虐更甚于前，才正式讨伐商纣，并作《泰誓》。双方在牧野决战，最后武王获胜，灭了商朝，建了周朝。武王灭商后，即施行一系列德政，命令召公释放被囚禁的箕子，又命令毕公释放被囚禁的百官，在商容住过的闾巷设立标志以示表彰。命令南宫适散发鹿台的钱财，发放钜桥粮仓的粮食，以救济贫弱百姓。命令南宫适、史佚展示九鼎和宝玉。命令闳夭将比干的坟墓培土增修，表示尊敬。

二是存亡继绝。存亡，就是使已经被灭亡的国家存在，商朝灭亡后，武王还封商纣之子禄父（即武庚）治理殷商的遗民，同时派他的弟弟管叔鲜、蔡叔度辅佐禄父治理殷国，这就是存亡。继绝，就是使已经断绝社稷的圣王延续，武王灭商后追怀古代的圣王，将神农（炎帝）的后代封在焦国，将黄帝的后代封在祝国，将尧帝的后代封在蓟国，将舜帝的后代封在陈国，将夏禹的后代封在杞国。“存亡继绝”的举动可不一般，一般的君主所能想到的就是如何扩大自己的地盘、如何巩固自己的权力，但是周武王“存亡继绝”，心量和智慧确实了不得，有圣王之举，所以民心悦服。

三是访贤治国。这就是著名的访问箕子求治国之道。《史记·周本纪》记载了这件事。箕子是商纣的叔叔，是孔子称道的“殷之三仁”（比干、箕子、微子）之一，唐朝文学家柳宗元《箕子碑》说他“正蒙难、法受圣、化及民”。“正蒙难”，说的是他多次劝谏商纣王不听，便披发佯狂为奴，隐居起来，鼓琴而自悲，商纣以为他真疯，便囚禁了他，武王灭商后释放了他；“法受圣”，即以洪范九畴传授圣人武王；“化及民”是指箕子带领商朝遗民去朝鲜，教民以礼义，作八条之教以教之，使社会风气良好。我们这里所讲的访贤治国，说的是武王灭商后两年即武王十三年，武王向箕子访求治国之道，箕子讲了九项重要的事，即著名的“洪范九畴”，详见于《尚书·洪范》。武王访求箕子询问治国之道受到了后世的高度赞扬，像明末清初大学者黄宗羲就十分崇敬，他写了部《明夷待访录》（“明夷”是易经中的卦，第五爻讲“箕子之明夷，利贞”），表示像箕子一样等待后世有德行的执政者访求。

我们刚刚讲了武王最主要事迹，现在来讲“汤武革命”。在这之前先了解一下革命的意思。革，是变的意思，命是天命。革命也就是变革天命。因为“天道福善祸淫”（《尚书·汤诰》），“惟上帝不常，作善降之百祥，作不善降之百殃”（《尚书·伊训》）。假如执政者所作所为不符合天道的话，就会出现变革，所以革命有着非常重要的意义。《易经》中有一个革卦，“汤武革命”的说法也是出自这个卦中。**《易经》中的“易”有三大特征：一是变易，二是不易，三是简易。这个革卦就是论变易的典型之卦**。我们来看《易经》是怎么论述革命的。《易经·革卦》讲：“革：己日乃孚，元亨，利贞，悔亡。”“己”，是十干之一，十干即甲、乙、丙、丁、戊、己、庚、辛、壬、癸，“己”位于前五数与后五数之中，其后一个干支就是“庚”，有“变更”之意。“孚”是信服，信以之意。所以，面临应当变革之际果断进行变革，并能够心怀“诚信”，则天下也将以“信”应之，这样就可获亨通，而悔恨也将消亡。明末清初大学者顾炎武《日知录》也讲：“天地之化，过中则变。日中则昃，月盈则食，故《易》所贵者中。十干则‘戊己’为中，至于‘己’则过中而将变之时矣，故受之以‘庚’，‘庚’者，更也。天下之事当过中而将变之时，然后革而人信之矣。”这里还需要说明的是，“己日乃孚”这句有不同的版本，唐朝李鼎祚《周易集解》版本是“己日乃孚”，三国魏时的王弼《周易注》用的是“已日乃孚”。如果作“已日乃孚”解时，“已日”是指事已成之日。也就是说革命成功之日才会得到信孚。因为革命是一件相当艰难之事，在革命之初，人们未免都会怀疑恐惧，怀疑的是革命是否合乎正义、是否必要、是否可行；恐惧的是革命万一不成功，不仅会被杀头，而且可能殃及很多无辜百姓。所以，必定要等到革命成功之时，可看出天意民心，才会深孚民望。所以，革命虽有《易经》上所说的“元亨利贞”四吉，但也有“悔亡”之虑。这两个版本均可说得通。

革卦的“彖传”紧接着解释：“革，水火相息，二女同居，其志不相得，曰革。己日乃孚；革而信之。文明以说，大亨以正，革而当，其悔乃亡。**天地革而四时成，汤武革命，顺乎天而应乎人，革之时大矣哉！**”为什么说“二女同居”呢？因为，从卦象来说，泽火革卦是上兑下离，在《易经·说卦传》中，兑为少女，离为中女，巽为长女。革卦是小女儿居在二女儿之上，这是名位失序，而志趣不相得，所以应当革命。整段话的意思就是，变革，譬如水火在一起，又像两个女子同居一室，双方志趣不合终将生变，这就称为“变革”。在即将转变的己日推行变革并能取信于众，于是变革就能获得天下信服；变革要文明（下卦离，离为火，代表文明）而和悦（上卦兑，“兑”通“悦”，代表愉悦）地进行，并且还要坚持正道，如此方能亨通无碍。只有变革得当，悔恨才能消除。天地变革而四季形成，商汤、周武王革命，上顺天心，下合民意。变革的意义真是大极了！

在中国古代，如果帝王不贤能，又暴虐，弄得百姓日子不好过，而他又不可能让贤，**如何实现纠错呢？其途径有三种：一种由大臣致其悔改，如商朝伊尹放太甲；一种由大臣行废立之事，如西汉霍光废昌邑王；一种由大臣或百姓起来用武力革命，如汤武革命。前两种并没有动摇根本，而第三种则是彻底改朝换代**。根据《易经·革卦》所讲，我们可知，革命至少有两个特点：**一个是正义性**，即革命是一种实现正义的行为，革命是获取理想政治的行为，这也是革命的道德制高点；**另一个就是暴力性**，即革命是一种用武力的行为，这正如毛泽东《湖南农民运动考察报告》中所讲的：“革命不是请客吃饭，不是做文章，不是绘画绣花，不能那样雅致，那样从容不迫，文质彬彬，那样温良恭俭让。革命是暴动，是一个阶级推翻一个阶级的暴烈的行动。”汤武革命显然是带有武力的。

“汤武革命”是中国历史上十分重要的事件。在此之前，尧舜出于公心，禅让天下。到大禹去世时，其子启继承了君位，从此便转入了“家天下”，这个君位就变成了世袭。世袭制就有一个问题，如果君主贤能，那么百姓可得其福，但是如果君主暴虐，那么百姓就遭殃了。因为，君主的权力没有制约，他想干什么坏事，谁也不能阻止得了，即使是百姓处在水深火热、活不下去时，也不能改变现状。在这种情况下，唯一可行的办法就只能是革命了。所以，**商汤开创了以武力夺取天下的先河，打破了天子一家一姓的不可变之例，从此中国历代王朝大多以这种方式更替，这在中国革命史上具有十分重要的意义，也应了中国人讲的两句话，即“天子，惟有德者居之”和“皇帝轮流做，明年到我家”**。

商汤、周武王是如何革命的？先说商汤革命。据《史记·殷本纪》载，夏桀施行暴政，荒淫无道，诸侯昆吾氏也起来作乱，商汤于是举兵，率领诸侯，由伊尹跟随。商汤亲自握着大斧指挥，先去讨伐昆吾，转而又去讨伐夏桀。在讨伐夏桀之前，商汤作了《汤誓》。《汤誓》是汤灭夏时的战争动员令。《汤誓》载，商汤说：“来吧！各位。大家都来听我说。不是我个人敢于兴兵作乱，是因为夏桀犯下了很多的罪行，上帝命令我去诛灭他。现在你们众人当中，或许有人会说：‘我们的君王不体恤我们众人，为何使我们荒废农事，而去征伐夏朝呢？我已经听到了你们的话，但夏朝确实有罪。我畏惧上帝，不敢不去征伐。现在你们大概会问：‘夏桀有罪，他的罪行究竟怎么样？’夏王桀耗尽民力，为害夏朝都城，又重加盘剥，民众大多疲惫而不愿拥护他，他们说：‘你这个太阳呀，什么时候消亡？让我们和你一起灭亡吧！’夏王的德行如此这般，现在我一定要去征伐。”誓师后，商汤在伊尹、仲虺的辅助下率军同夏桀在鸣条（今河南洛阳附近）一带展开战略决战，一举击败了夏桀的主力部队，灭亡了夏朝，流放夏桀于南巢。据《逸周书·殷祝》载，商汤和伊尹在夏都告祭天地以后就率军回到了亳，各地的诸侯以及氏族、部落都纷纷前来祝贺，表示臣服于汤，就连西方的氐、羌部落都来纳贡归服。数月之间，就有三千诸侯大会于亳。伊尹向各诸侯公布了这次大战的战绩，自此，诸侯全都听命归服，商汤于是登上天子之位，建立了商朝。

商朝存续了六百年之后，就有周武王革命。据《史记·周本纪》载，周文王在位时，周的国力逐渐强大，他去世时天下三分已得其二。武王继位后，对内重用贤才，对外联合更多诸侯国，孤立商王朝。当时，商纣王荒淫残暴，穷奢极欲，弄得怨声四起。即位第九年，他把都城由丰迁至镐，举行了历史上有名的“孟津观兵”。当时前来会盟的诸侯劝武王进军伐纣。武王认为时机还不成熟，下令全军返回。过了两年，听说纣昏乱暴虐更甚于前，杀死王子比干，囚禁箕子。大师疵、少师彊抱着他们的乐器去投奔周。这时武王才向所有的诸侯宣告说：“商纣犯下大罪，不可不合力讨伐。”于是率领战车三百辆，虎贲三千人，穿戴甲胄的战士四万五千人，东进伐纣。这年的十二月，军队全部渡过盟津，诸侯都来参加会合，武王因而作《太誓》（《尚书》中作“泰誓”）。据《尚书·泰誓》载，戊午这一天，周武王巡视各路军队时说：“我听说**好人做好事，整天做还觉得时间不够；恶人做恶事，也是整天做还觉得时间不够**（原文是‘我闻吉人为善，惟日不足；凶人为不善，亦惟日不足’）。现在商王拼命干坏事，漫无法度，尽弃年高老成的大臣，亲近奸恶小人，过度沉湎于酒，放纵暴虐。臣下效法，各自建立朋党，相互仇敌，依仗权力，彼此诛杀。无罪的人呼天告冤，纣王的腥秽行为显扬，为上帝所知道。上天惠爱民众，君王恭奉上天。夏王桀不能顺应上帝，传播邪恶给天下四方。上帝于是福佑成汤，降下废除夏朝的命令。商纣的罪恶超过夏桀，他伤害、驱逐最善良的大臣，残杀直谏的辅臣，说自己享有天命，说上天不值得敬奉，说祭祀没有用处，说暴虐没有害处。纣王的前车之鉴并不太远，是那个夏桀。商纣有亿万臣民，却离心离德；我有治乱大臣十人，但同心同德。商纣虽然有至亲大臣，不如我有仁义之士。**上天所见，来自我们民众意见；上天所听，来自我们民众所听**。（原文是‘**天视自我民视，天听自我民听**’。）民众有责难怨言，是我一人的责任。现在我坚决前往伐商。”在牧野之战的甲子日凌晨，武王又举行誓师说：“古人有句话‘母鸡没有早晨鸣叫的，如果母鸡早晨鸣叫，这个家就要败落’。现在商纣王只是听从女人的，自弃其先祖的祭祀不闻不问，抛下自己的家族和国家，放着自己的同父同宗兄弟不用，反而对四方各国犯罪逃亡的人那么推崇看重，那么信任使用，让他们对百姓横施暴虐，犯法作乱。现在我要恭敬地执行上天的惩罚。”（《尚书·牧誓》）牧野之战中，纣的军队虽然人多，但都无心作战，只盼武王赶快攻入。纣的军队都掉转武器攻纣，为武王做内应，纣王大败逃入朝歌，登鹿台自焚而死。商朝于是灭亡，周朝建立。

上面我们讲述了汤武革命，那么就有人问了，商汤是夏桀的臣子、周武王是商纣的臣子，臣子讨伐君主岂不是以下犯上吗？对于这个问题，儒家亚圣孟子回答得很好。据《孟子·梁惠王下》载，齐宣王问孟子：“商汤流放夏桀，武王讨伐商纣，有这回事吗?”孟子回答：“在典籍上有这样的记载。”（商汤流放夏桀于南巢，载于《尚书·汤誓》；武王伐纣于牧野之战，载于《尚书·武成》。）齐宣王说：“作为臣子的，杀害他的君主行吗?”孟子说：“毁弃仁德的人叫做贼，其存心凶暴，灭绝天理。毁弃义德的人叫做残，其行事颠倒，伤败伦理。丧失仁义的人就叫做残贼，残贼是人人所孤立的人，因此叫做独夫。只听说过诛杀了独夫商纣，没听说过谋害君主。”（原文是‘贼仁者谓之贼，贼义者谓之残，残贼之人谓之一夫。闻诛一夫纣矣，未闻弑君也’。）孟子认为，夏桀、商纣暴虐，是残贼、是独夫，已经丧失了为君的资格，所以汤武革命并不是以下犯上，并不是臣弑君，而是诛杀独夫。孟子还告诉齐宣王说：“**君之视臣如手足，则臣视君如腹心；君之视臣如犬马，则臣视君如国人；君之视臣如土芥，则臣视君如寇仇**。”（《孟子·离娄下》）也就是说，君主把臣下当手足，臣下就会把君主当腹心；君主把臣下当狗马，臣下就会把君主当一般不相干的人；君主把臣下当泥土草芥，臣下就会把君主当仇敌。这也说明，君主在臣下面前并不是占有绝对主导地位的，而是对等的，这与汉儒董仲舒讲的“君为臣纲、父为子纲、夫为妻纲”大不相同（儒家的一些理念之所以出现误解，在于后世的儒家偏离了孔孟的原意，这一点也请大家注意鉴别）。所以，孟子主张百姓对暴虐的君主有革命的权利，这是相当了不起的。

在孟子之后的西汉，辕固生和黄生专门针对“汤武革命”在汉景帝面前进行争论。黄生说：“汤武非受命，乃弑也。”也就是说商汤、周武王并不是秉承天命，而是弑君篡位。辕固生说：“不对。那夏桀、殷纣暴虐昏乱，天下人的心都归向商汤、周武，商汤、周武顺应天下人的心而杀死桀、纣，桀、纣的百姓不肯为他们效命而归向汤、武，汤、武迫不得已才立为天子，这不是秉承天命又是什么?”黄生说：“桀、纣虽然无道，但是身为君主而在上位；汤、武虽然圣明，却是身为臣子而居下位。君主有了过错，臣子不能直言劝谏纠正它来保持天子的尊严，反而借其有过而诛杀君主，取代他自登南面称王之位，这不是弑君篡位又是什么?”辕固生答道：“如果按你的说法来断定，那么高皇帝（指刘邦）取代秦朝即天子之位，也不对吗?”汉景帝于是就此打住，不让他们接着争论下去。（《史记·儒林列传》）可见，辕固生的观点是与孟子一致的。

革命不是弑君，并具有正义性、正当性，这体现在哪里呢？最主要的可概括为三方面：

第一，革命是顺天应人。根据《易经·革卦》可知，革命须具备两个条件：一是时机适合，即“顺天”，卦辞所讲的“己日”象征着“变更时机”；二是合乎正义，即“应人”，卦辞所讲的“乃孚”、“利贞”，告诉我们只有推行正道，才能取信于人。两者相结合，就是顺天应人。商汤、周武王革命无疑皆是顺天应人的。《尚书·仲虺之诰》载，成汤灭夏后，把夏桀放逐到了南巢，担心后世以他的行为为借口。仲虺于是作了诰词。仲虺说：“夏王桀昏乱，使民众陷于涂泥炭火之中，上帝于是赐予大王您勇敢和智慧，使您成为天下四方的表率，继承大禹过去的事业。遵循大禹的法典常规，尊奉顺从天命。夏王桀有罪，假托上帝旨意，发布命令欺骗天下民众。因此上天不喜欢他，让商人代受天命，使他丧失自己的民众。（**这是‘顺天’**）大王您不近音乐声色，不聚敛财货；德盛的人用官职来勉励，功高的人用赏赐来勉励；采用别人的意见，就像自己的意见一样，改正自己的过错毫不吝惜；能够宽容能够仁爱，向天下百姓昭示自己的诚信。我们给葛伯耕种送食，他以怨报德，征伐夏桀是从征葛伯开始的。您征伐东方，西方的戎族就埋怨，你征伐南方，北方的狄族就埋怨，都说：‘为什么后征伐我们这里呢？’所征伐地方的百姓，举家欢庆。都说：‘等待我们的君主吧，君主来了我们就死而复生了。’民众拥戴商王，已经很久了啊！（**这是‘应人’**）”《尚书·泰誓上》载，周武王在孟津大会诸侯时说：“商纣不恭敬上帝，降灾祸给人民，沉溺于酒，贪好女色，竟敢施行残暴虐杀，用灭族之法惩罚民众，用世袭的办法选拔官吏。大兴宫室、台榭、陂池、服饰的奢侈，以此残害你们万民。用炮烙之刑焚杀忠良大臣，用剖腹剔骨之法残害孕妇。纣王没有悔改之心，仍然傲慢，不服侍上帝百神，废弃祖先宗庙不行祭祀。连祭祀用的牺牲和器物里的黍稷，也被凶恶的盗贼偷食掉了。他还说‘我有臣民，有天赐大命！’没有制止自己侮慢行为的意思。商纣恶贯满盈，上天命令诛杀他，我若不顺应上天，我的罪行就和商纣相同。”这也是“顺天应人”。中国历史上后来的革命一般也都打着“顺天应人”或“替天行道”的旗号，有的甚至在地名上做文章，如公元1356年，朱元璋率军攻占集庆路（今江苏南京），将集庆路改为“应天府”，意为上应天命。明清两代，北京地区还称为“顺天府”。这说明中华传统文化十分重视“顺天应人”。

第二，革命是除暴安民。除暴安民是革命正义的最直接体现。商汤、周武王革命之所以受到百姓欢迎，就在于他们除暴安民。《孟子·滕文公下》载，孟子说："商汤居住在亳地，与葛国相邻，葛伯放纵无道，不祭祀先祖。汤派人询问他们说：'为什么不祭祀？'葛伯说：'没有牲畜来做祭祀。'汤派人送给他们牛羊，葛伯却把牛羊吃了，还是不用来祭祀。汤又派人询问他们说：'为什么不祭祀？'葛伯说：'没有谷物来做祭品。'汤派亳地的民众去为他们耕田，年老体弱的人去送饭时，葛伯带领他的民众拦着那些带着酒食米饭的人进行抢夺，不肯给的就杀死。有个孩子带着米饭和肉，遭到杀害而被夺走了食物。《尚书》说'葛伯与送饭者为仇'，就是指这件事。商汤因为葛伯杀死了这个孩子而去征讨他，四海之内都说：'这不是贪图天下的财富，是为平民百姓复仇。'商汤的征讨从葛国开始，先后征战十一次而无敌于天下。民众对他的盼望犹如大旱时盼望下雨一样，所到之处，赶集的不停止买卖，种田的不改变耕作，诛杀了残暴的君主而抚慰那儿的民众，如同及时降下的甘霖一样，民众非常喜悦。"这是讲商汤除暴安民、吊民伐罪（吊是慰问的意思，吊民伐罪就是慰问受苦的百姓，讨伐有罪的统治者）之事。《尚书·泰誓下》和《孟子·滕文公下》则记载了周武王除暴安民、救民于水火之中的革命。《尚书·泰誓下》载，周武王与众将士盟誓时说："现在商纣王轻忽侮慢，荒废懈怠，无所恭敬，自绝于上帝，结怨于民众。他砍断早上徒步涉水者的小腿，剖开贤人的心脏，设立酷刑，杀戮无辜，毒害天下。信任奸邪的人，放逐师保，摒弃常法，囚禁奴役直谏之士。不举行祭祀天地的礼仪，祖先宗庙也不贡献祭品，制造奇异淫巧之物，来取悦女人，上帝厌恶他，断绝其命，降下这些灾祸。你们应该努力辅助我，恭敬奉行上天的惩罚！古人曾说过'抚爱我的就是君王，虐待我的就是仇敌'。独夫商纣大行威罚，就是你们世代的仇敌。所以我率你们众多将士，歼灭你们的仇敌。"《孟子·滕文公下》载，孟子说："小民用筐装着饭食，用壶盛着浆水来迎接周的军队，是因为周把民众从水深火热中拯救出来，去除了残暴的君主（原文是'救民于水火之中，取其残而已矣'）。"

第三，革命是改朝立制。革命之后，革命者一般都要改朝换代，并且建立制度。商汤、周武王皆是如此。根据《史记·殷本纪》记载，商汤登上天子之位，平定海内后，主要做了这样几件事：**一是**废除夏的政令；**二是**向诸侯宣布纪律，要求为民众谋划，建功立业，办好事情，如果干出违背道义的事，就要严惩；**三是**由大臣伊尹作《咸有一德》讲述君臣应该拥有的品德，咎单作《明居》讲述民众应当遵守的法则；**四是**修改历法，把夏历的寅月为岁首改为丑月为岁首；**五是**改变器物服饰的颜色，崇尚白色；**六是**在白天举行朝会。周武王灭商之后也进行了改朝立制，根据《史记·周本纪》和《尚书·武成》记载，周武王做了以下几件事：**一是**整修社庙和商纣的宫室；**二是**施行德政，即废除商纣的暴政，恢复过去商先王的善政，“释箕子囚，封比干墓，式商容闾，散鹿台之财，发钜桥之粟，大赉于四海”（《尚书·武成》）；**三是**存亡继绝，这在前面我们已讲过；**四是**分封诸侯，即封功臣谋士，任用贤能，列爵位为公侯伯子男五等，分封土地为三品；**五是**严明赏罚，弘扬德教，即《史记·周本纪》中武王说的“要想真正得到上天的保佑，要把作恶的人统统找出来，加以贬黜，与殷王受同罪，同时日夜慰劳人民，安定我西方，我要提倡恪尽职守，直到我们的德教弘扬四方”；**六是**偃武修文，即《尚书·武成》所载的“乃偃武修文，归马于华山之阳，放牛于桃林之野，示天下弗服”，就是停止武备，修治文教，放马归于华山之南，放牛归于桃林之野，向天下表示不再使用武力；**七是**推行五教三事，五教即对民众施行君臣、父子、夫妇、长幼、朋友五种伦理关系之教，三事即食、丧、祭三事，食以养生，丧以送死，祭以追远。（南宋蔡沈《书集传》中说：“五教三事，所以立人纪而厚风俗，圣人之所甚重焉者。”就是说，这五教三事，是圣人特别推重的事。）

从上述可以看出，真正的革命确实是一件很伟大的事。近代以来许多革命家和学者也盛赞革命，如革命者邹容著有《革命军》，大学者章炳麟著有《驳康有为论革命书》、《革命的道德》。孙中山先生极为称赞革命事业，他在《革命运动概要》中说：“**革命名字，创于孔子。中国历史，汤武之后，革命之事实，已数见不鲜矣！**”他曾于1910年2月28日在旧金山丽蝉戏院的演说中说：“乃在美华侨多有不解革命之义者，动以‘革命’二字为不美名称，口不敢道之，耳不敢闻之，而不知**革命者乃圣人之事业也**。孔子曰：‘汤武革命，顺乎天而应乎人。’此其证也……革命者乃神圣之事业、天赋之人权，而最美之名辞也！”起初他建立政党时，就叫中华革命党。他创办黄埔军校时，有一副对联，上联是“**升官发财行往他处**”，下联是“**贪生怕死勿入斯门**”，横批是“**革命者来**”，确实体现了真正的革命者的气概。

我们讲，汤武革命顺天应人、除暴安民、改朝立制，是伟大的事业，但是我们也发现一个问题，就是商汤、周武王都是一方诸侯，并不是真正的平民百姓。真正的平民百姓革命，从何时开始呢？我们知道，周朝有个“国人暴动”，但那时的国人的身份还比较高，还不是真正最底层的。在《左传·襄公十四年》则记载了卫国人赶走他们国君的事，这说明了在当时卫国有平民百姓的革命。

在中国历史上，通常将陈胜、吴广起义看作第一次平民百姓的革命。陈胜、吴广的革命首创精神，给处在社会底层的百姓向暴政开战、向苛政开战增强了勇气和信心，对后世的平民百姓产生了振聋发聩的深远影响。陈胜、吴广起义之后，在中国历史上还有绿林赤眉起义、黄巾起义、隋末农民战争、黄巢起义、王小波李顺起义、方腊起义、元末红巾军起义、李自成起义、太平天国起义等平民百姓的革命。这些革命大都失败了。到了近代，有著名的辛亥革命、新民主主义革命。**辛亥革命最伟大的地方就是推翻了几千年来的帝制，使民主共和的观念深入人心。新民主主义革命是中国共产党领导的，它推翻了旧中国压在中国人民身上的帝国主义、封建主义、官僚资本主义三座大山，使贫苦百姓翻身做了主人。这两次革命是中国近代以来最伟大的革命。**

在西方历史上，最有名的莫过于近代英、美、法等国的资产阶级革命，它们使自由、平等、博爱、民主、法治等概念成为社会的主流理念。

英国的革命历经近半个世纪，主要围绕议会与国王的权力之争展开，当然也还有清教徒与国教会的天主教势力的斗争。1648 年，以克伦威尔率领的由自耕农和手工业者组成的“新模范军”（属于议会军）打败了王军，并于次年将国王查理一世送上了断头台，但随着克伦威尔的去世，又出现了复辟，直到 1688 年取得“光荣革命”的胜利（**因未发生流血冲突，被推崇和平政变方式的西方学者称为“光荣革命”**）。1689 年，议会通过了著名的《权利法案》，将王权限制在法律允许的框架内，确立了**议会高于王权、司法独立于王权**的原则，明确国王必须是新教徒，只有经过议会的下议院同意，才能征收新税和招募常备军等。英国的革命不光是资产阶级对旧制度的胜利，它更大的影响在于宣告了一种新的政治制度（即君主立宪制）和一种新的革命方式（即不流血的和平方式）的诞生。

美国的革命从 1775 年开始，直至 1783 年英国正式承认美国独立。在此期间，对世界影响最大的是 1776 年 7 月 4 日大陆会议通过的杰斐逊起革的《独立宣言》，马克思称之为“**第一个人权宣言**”。《独立宣言》写道：“**我们认为这些真理是不言而喻的：人人生而平等；造物主赋予他们若干不可剥夺的权利，其中包括生命、自由和追求幸福的权利。为了保障这些权利，人民才在他们中间成立政府，而政府的正当权力，则是经被统治者同意而取得的。任何形式的政府一旦对这些目标的实现起破坏作用时，人民就有权加以变更或废除，以建立一个新的政府，而新政府的基础务必使人民认为最能促进自己的安全和幸福，并按照符合这一目的的形式组织新政府。**”《宣言》接着指出：“由于审慎的心理主宰着人们的意识，人们决不会因为政府的轻微错误而要求变更设立已久的政府。过去的一切经验表明，任何苦难，只要尚能忍受时，人民总是宁愿忍受，也不想为申冤而废除他们久已习惯的政府。然而**当政府倒行逆施，恶贯满盈，并企图把人民置于专制暴政之下时，人民就有这种权利，就有这种义务，去推翻这样的政府，并为人民自身未来的安全提供新的保障。**”这些思想直到现在仍然熠熠生辉。美国革命胜利后，于 1787 年制定了美国宪法，依照分权制衡原则设计了一个联邦制共和国，这个政治制度对世界许多国家的变革都有重要影响。

法国的革命被称为大革命，因其革命的力度很大，也非常彻底，是人类历史上一场流血甚多、时间很长的反封建专制制度的革命。其中 1789 年 8 月 26 日，法国制宪议会通过的《人权宣言》，在人类历史上也产生了极为重要的影响，它强调人民主权、自由平等、法治、分权等原则，比如**它宣布“在权利方面，人们生来是而且始终是自由平等的”、“在法律面前，所有的公民都是平等的”，宣布一切公民“都能平等地按其能力担任一切官职、公共职位和职务，除德行或才能的差别外，不得有其他差别”，宣布“自由表达思想和意见是人类最宝贵的权利之一；因此各个公民都有言论、著述和出版的自由”**等，这些内容基本上被现代很多国家的宪法所采纳。所以，《人权宣言》是一个划时代的政治宣言，把人们从专制的压迫下解放出来，它的历史功勋不可磨灭。1791 年，法国制宪议会制定的宪法，将《人权宣言》作为《宪法》的序言，并落实了《人权宣言》的各项原则，全面摧毁了旧制度，确立了新法国的基本制度。

上面我们回顾了中国和世界的一些革命，那么革命（因“革命”即“变革天命”之意，所以古人讲变革也是一种革命，现代讲改革也是一种革命）要注意哪些问题呢？

第一，要审慎地对待革命。清朝康熙三十二年（公元1693年）钦定的《日讲易经解义》（这本书是一部专门为康熙皇帝讲授《易经》的讲义，由翰林学士牛钮、孙在丰、张英三人为日讲总裁官，傅腊塔等十八人为分撰官，每天进讲）讲“革卦”时说：“**革之道关乎治乱安危，非圣人之得已也。后世之患，不失于因循以养祸，则失于轻作以败事。故当革而不革，法久则弊生，不可也；不当革而革，兴一利必生一弊，尤不可也**。”也就是说，革命（或变革）之道，关乎一个国家的治乱安危，不是圣人很想干的（圣人是不得已而为之）。后世之患，不是失于因循苟且不敢革命（或变革），以至于容忍暴政养祸害，则是失于轻易革命（或变革），以至于遭受失败。因此，当革命（或变革）而不革命（或变革），则制度沿用久了会产生弊端，这是不可以的；不应当革命（或变革）而革命（或变革），则兴一利又必然生一弊，尤其不可以。中国历史上有很多这样的例子，比如**晚清自“戊戌变法”后，自身的变革太慢，当变革而不变革，最后自己被革命而灭亡。又如王安石变法，有些地方不应当变革而变革，导致兴一利又生一弊，老百姓并没有得到多少好处，加上用人失误，最后变革失败**。在和平时期，我们要注意，如果社会贫富差距大且固化，没有合理的流动机制，老百姓生活艰难，这时必须变革。我们还要注意，绝不可因好大喜功，不审时势，轻言变革。我们更要注意的是，革命（或变革），本在于造福苍生而利天下，一定要出于大公至正之心，才可取信于天下后世，才能得到百姓真诚的拥护。

第二，要分清革命的对象。《毛泽东文选》第一卷第一篇《中国社会各阶级分析》（1925年12月1日）开篇就讲：“**谁是我们的敌人？谁是我们的朋友？这个问题是革命的首要问题**。中国过去一切革命斗争成效甚少，其基本原因就是因为不能团结真正的朋友，以攻击真正的敌人。”毛泽东还特别提出：“一切勾结帝国主义的军阀、官僚、买办阶级、大地主阶级以及附属于他们的一部分反动知识界，是我们的敌人。”这里面所说的敌人，就是革命的对象。在不同的时期，革命的对象是不一样的。比如在中国古代，暴虐的君主，被称为“独夫民贼”，是革命的对象；在中国近代，帝国主义列强侵略我们，我们要追求民族独立，那么帝国主义列强就是我们革命的对象。在现代，一些利益集团通过不合法手段占有大量社会财富，造成贫富两极分化，也是我们革命的对象。总之，我们革命的目标是为了最广大百姓的自由平等安宁幸福，谁阻碍我们实现这个目标，那么谁就是我们革命的对象。另外，革命的对象还包括不合理、不公平、不正义的制度。要革命，就必须打破这些制度。但要注意旧制度中，可能也会有某些合理的成分，不可一概废除，有些还可延用。要通过变革旧制度，建立真正公平正义、人民幸福的社会，实现马克思所说的“人的自由全面发展”。

第三，要把握革命的规律。《易经·革卦》的六爻讲明了事物变革初期到末期的发展过程，体现了对变革规律的深刻认识：在第一阶段，即初九，此时阳微位卑，未可变革，须固守常制（“巩用黄牛之革”、“不可以有为也”）；在第二阶段，即六二，柔中有应，这个时候需要断然变革（“己日乃革之，征吉，无咎”）；在第三阶段，即九三，此时变革取得小成，但不可激进，应当安抚人心（“征凶，贞厉。革言三就，有孚”，唐朝李鼎祚《周易集解》引崔憬的话讲：“是以武王克纣，不即行周命，乃反商政，一就也；释箕子囚，封比干墓，式商容闾，二就也；散鹿台之财，发钜桥之粟，大赉于四海，三就也。故曰‘革言三就’。”这说明，变革虽然已初见成效，但是人心未安，行事若稍有不慎，必将前功尽弃，危及大局）；在第四阶段，即九四，此时以刚处柔，需要力行变革旧命（“悔亡，有孚改命，吉”、“改命之吉，信志也”）；在第五阶段，即九五，此时须“虎变”创立制度，则信德昭彰（“大人虎变，其文炳也”）；在第六阶段，即上六，此时助成革命，“豹变”立功，要守成果（“君子豹变，小人革面。征凶，居贞吉”、“君子豹变，其文蔚也；小人革面，顺以从君也”）。

人类社会走向文明的今天，昔日的帝王革命、英雄革命已逐渐离我们远去，我们真诚希望不再出现汤武之类的革命，虽然汤武革命给了我们一个很好的示范，但毕竟不流血的革命非常少，能避免流血，又能实现革命的正义目标是最好的。当今世界，世袭的君主政体大都已不复存在，绝大多数国家实行了人民共和的政体。美国建国初期杰出的政治思想家、《常识》的作者托马斯·潘恩有一句名言：“**在君主制度下，国王便是法律；但在共和制度下，法律便是国王**。”他特别指出，**在共和政体下，领袖不称职可以通过投票来撤换；在君主政体下，国王不称职要通过武力才能撤换**。（《潘恩选集》）我们祈愿所有的不合理现象，能通过法治、民主等方式和平解决（或者改革的方式解决，因为在现代意义上改革也是一种革命），而不是用流血的暴力革命来解决。

第九讲　周文王泽及枯骨天下归心

周文王是中国历史上著名的圣王，是周朝实际的开创者（他在位时，周朝已占天下三分之二），仁慈爱民，胸怀宽广。特别是他泽及枯骨，受到天下百姓敬仰，体现了《大学》中所说的“为人君，止于仁”。

《逸周书·谥法解第五十四》载，“德象天地曰帝。静民则法曰皇。仁义所在曰王。赏庆刑威曰君，从之成群曰君”，“经纬天地曰文，道德博闻曰文，学勤好问曰文，慈惠爱民曰文，愍民惠礼曰文，锡民爵位曰文”。也就是说，德行如天地的称“帝”，安定百姓、以法为准则的称“皇”，仁义在身的称“王”，赏罚公道的称“君”，归附成群的称“君”，顺应天地法则的谥号为“文”，道德广博深厚的谥号为“文”，勤学好问的谥号为“文”，慈惠爱民的谥号为“文”，怜悯百姓又施恩惠有礼貌的谥号为“文”，赐给百姓爵位的谥号为“文”。谥号，是根据生前行为评定褒贬的称号。周文王称为“王”，谥号为“文”，是当之无愧的。

我们先介绍一下周文王。根据《礼记》、《史记·周本纪》所载，周文王最显著的特点有三个：

第一，他是个孝子。《礼记·文王世子第八》载，文王做太子的时候，每天三次探视他的父亲王季。鸡叫头遍就穿衣起床，到王季的寝门外，问值班的小臣说：“今天王安好吗？身体怎样？”小臣说：“身体安好。”文王于是很高兴。到中午又来到寝门外，如同清早一样请安。到黄昏时候又到寝门外，也像清早那样请安。如果王季身体不安适，小臣告诉文王，文王就显出忧虑的神色，走路连脚步也迈不稳。王季的身体恢复正常，文王也恢复原来的神态。供给王季的食物进上，文王必在场察看食物的冷热程度。食物撤下来的时候，文王要问王季吃得怎么样，并且命令膳宰说：“不要把吃剩下的食物再给王进上。”膳宰答应说：“是”。然后文王才退下。只有当好孝子，才能治好天下。以孝子之心对待百姓，泽及四海，自然会受到百姓拥戴。

第二，他非常仁德。《史记·周本纪》载，西伯（即文王）继承祖先后稷、公刘的事业，遵照祖父古公、父亲公季（即王季）的法则，笃行仁义，尊敬长者，慈爱幼小。他能礼贤下士，为了接待士人，每天到中午还顾不上吃早饭，士人纷纷投奔他。伯夷、叔齐在孤竹国，听说西伯善于敬养老人，一起投奔了他。太颠、闳夭、散宜生、鬻子、辛甲大夫等人也去投奔了他。这时，商朝大臣崇侯虎对纣王说：“西伯积德行善，诸侯归心，将不利于天子。”因而纣王把西伯囚禁在羑里。闳夭等人搜求美女、骏马及珍奇之物，通过纣王的宠臣费仲进献给纣王。纣王大喜，赦免了西伯，赐给他弓箭斧钺，使西伯可以征伐其他诸侯。西伯于是献洛水以西之地给纣王，请纣王废除炮烙之刑，纣王同意了。西伯暗自行善，诸侯都来请他裁决是非。当时虞、芮两国的人有讼事不能裁决，当他们进入周的地界时，看到种田的人都互让田界，百姓都以谦让长者为美德。因而虞、芮两国的人还没见到西伯，已觉惭愧，于是返回，也互相谦让。诸侯听说后，都说：“西伯是受命之君。”从《史记》所载可以看出，西伯在笃仁、敬老、慈少、礼贤下士、废除炮烙之刑、教化百姓等方面体现了他的仁君特质。

第三，他推演了《易经》。《史记·周本纪》载，他被纣王囚禁在羑里时，“盖益易之八卦为六十四卦”，即将《易经》由八卦推演成了六十四卦。**《易经》是中华民族智慧的结晶，是中华民族文化的瑰宝，也是中华传统文化的重要标志。在中国古代，《易经》是圣人之学、君子之学，也是帝王之学，是思想家、学问家、政治家、军事家必修科目，被称为“群经之首，大道之源”**。《易经》这部经典一般认为是经过了三个圣人之手才完成的。第一个圣人是伏羲，八卦始于伏羲所画，《易经·系辞下》讲“古者包牺氏之王天下也，仰则观象于天，俯则观法于地，观鸟兽之文与地之宜，近取诸身，远取诸物，于是始作八卦，以通神明之德，以类万物之情”，这里的包牺氏就是伏羲；第二个圣人就是周文王，《易经·系辞下》讲“《易》之兴也，其当殷之末世，周之盛德邪！当文王与纣之事耶?”这告诉我们《易》之兴，就是在周文王时。周文王是怎样推演的呢？他体察天地人伦阴阳之道，将“乾、兑、离、震、巽、坎、艮、坤”八卦，两两重叠得到六十四卦，并作卦辞（爻辞则认为是由周公所作，《隋书·经籍志》载“周文王作卦辞，谓之《周易》，周公又作爻辞”）；第三个圣人是孔子，孔子作“十翼”，也就是辅助讲解《易经》的，包括《彖传》上下、《象传》上下、《文言》、《系辞传》上下、《说卦传》、《序卦传》、《杂卦传》。其中，周文王起了承上启下的作用，对中华文化的贡献功不可没。后来的儒家、道家学说都汲取《易经》的智慧，比如儒家讲阳刚进取、积极有为，主要就是来自《易经》中“乾卦”的自强不息，而道家讲阴柔谦让、自然无为，主要来自《易经》中“坤卦”的厚德载物，两者结合起来看，就是《易经》中所讲的“一阴一阳谓之道”。

《诗经》中还有专门歌颂周文王的诗篇，这就是《诗经·大雅·文王》。这首诗中讲了文王之品行，如“亹亹（意思是勤勉的样子）文王，令闻不已”、“穆穆文王，于缉熙（形容品德光明正大）敬止”等。另外，《诗经·周颂·维天之命》载：“维天之命，于穆不已。于乎不显，文王之德之纯。”意思是，想那天道在运行，庄严肃穆永不停。啊，多么显赫多么光明，文王品德真纯正。从《诗经》中可以看到，周文王有五项行为受到称赞：一是勤勤恳恳；二是端庄谨慎；三是光明正大；四是敬顺天命；五是品德纯正。

那么，历史上讲的周文王泽及枯骨是怎么回事呢？西汉经学家、文学家刘向的《新序·杂事五》载，周文王筑灵台，在修池塘时，民工挖土，挖出一具骸骨，官吏便将此事向文王报告。文王说：“给它改葬！”官吏说：“这是无主的尸骨。”文王说：“拥有天下的人，就是天下之主；拥有一国的人，就是一国之主。我就是这具尸骨的主人，又何必去找呢？”叫官吏用寿衣、棺材收敛改葬。天下的人知道这件事情后，都说文王的恩泽施到枯骨上了，何况活人呢！明代大学士张居正编撰的《帝鉴图说》则讲，周文王为西伯侯时，有一天去山外巡视，经过旷野时，他看见一堆枯骨，便命手下官吏把枯骨埋葬了。官吏说：“这是无主的枯骨。”文王说：“拥有天下的就是天下的主人，拥有一个侯国的就是一个侯国的主人。我就是他的主人。”官吏便遵命把枯骨埋葬了。天下的人听说后，都佩服地说：“西伯侯的恩泽施及枯骨上，何况活着的人呢？”这件事，一则故事说是文王筑灵台时发生的，一则说是讲文王经过旷野发生的，虽略有差异，但是大体内容一样，都是讲周文王泽及枯骨，天下归心。

周文王泽及枯骨之行为，是其仁慈之内心的外在反映，我们可从以下几方面理解：

一是体现了“四海一家”的情怀。我们讲“四海一家”，就会想到“四海之内皆兄弟”、“天下一家’。“四海之内皆兄弟”是孔子的学生子夏说的。《论语·颜渊》载，“司马牛忧曰：‘人皆有兄弟，吾独亡。’子夏曰：‘商闻之矣：死生有命，富贵在天。君子敬而无失，与人恭而有礼。四海之内皆兄弟也。君子何患乎无兄弟也？’”意思是，司马牛忧伤地说：“别人都有兄弟，唯独我没有。”子夏说：“我听说：死生决定于命运，富贵有天在安排。君子严谨恭敬而没有缺失，对人恭敬而有礼貌，全天下人到处都是兄弟，君子又何必忧愁没有兄弟呢?”在这里，子夏把人类作为一个大家庭，当然前提是“敬而无失，恭而有礼”。而他的老师孔子也很早提到“天下一家”(《礼记·礼运篇》)。可见，中国人很早就有世界观念。周文王泽及枯骨是如何体现这“四海一家”的?当官吏说这是无主的尸骨时，周文王回答说：“拥有天下的人，就是天下之主；拥有一国的人，就是一国之主。我就是这具尸骨的主人，又何必去找呢?”也就是说无论这枯骨来自何方，是什么人的，只要在当时的周国，那就应当被视作周朝的百姓而同等对待，这就是“四海一家”的情怀。

二是体现了“民胞物与”的情怀。“民胞物与”是北宋哲学家张载提出的重要观点。张载在《西铭》中写道：“乾称父，坤称母……故天地之塞，吾其体；天地之帅，吾其性。民，吾同胞；物，吾与也。”这是说，天地好比父母，世界的一切都是天地所生，因此天地充满我的身体，天地统率我的本性。民是我的同胞，物是我的同类。这就叫做“民胞物与”。它体现的是万物一体，爱人如爱己，爱物如爱己。清代曾国藩就非常推崇“民胞物与”的思想，他说：“君子之立志也，有民胞物与之量，有内圣外王之业，而后不忝于父母之所生，不愧为天地之完人。”他将“民胞物与”作为人生立志的两个重要内容之一，作为天地“完人”的两个重要条件之一。枯骨实际上已经不是生命了，但它曾经是一个人，所以周文王叫官吏用寿衣、棺材收敛改葬。因为，在文王眼里，无论是有情还是无情，都应当爱护，这件事实际上反映了周文王把人民当同胞兄弟，体现了“民胞物与”的情怀。在西方，《圣经》上也记载，有一次耶稣与众人说话，他母亲和兄弟正在外面站着，并想和他说话，这时有人告诉了他。他伸手指着教徒们说道：“看，在座的就是我的母亲，我的兄弟。遵循上帝旨意的所有人，就是我的母亲，就是我的兄弟姐妹。”可见，无论是中国，还是西方，都有这种“民胞物与”的情怀。如果我们人人都能做到“民胞物与”，不仅人与人和谐友善相处，而且人与物也会和谐友善相处，如此则人类必将生活得很幸福。反之，如果都是事不关己，或漠视万物，就会导致人与人之间冷漠，人与物之间也会出现生态失衡的局面。

三是体现了“同体大悲”的情怀。佛家最讲究慈悲，慈悲是佛道之根本。《观无量寿佛经》中说：“佛心者，大慈悲是。”那么何谓大悲呢?龙树菩萨《大智度论·卷二十七》讲：“**大慈，与一切众生乐；大悲，拔一**

切众生苦。”也就是说，给予一切众生之乐，称为大慈；拔除一切众生之苦，称为大悲。佛家经常讲“无缘大慈，同体大悲”，“无缘大慈”就是不管众生与自己有没有缘分，都让他得乐。何谓“同体大悲”呢?《普贤金刚萨埵略瑜伽念诵仪轨》上讲：“我身既成普贤菩萨，发此心时，成就无边解脱。观一切有情，自他无别，同体大悲。”说到底就是观一切众生与自己同体，以众生之苦为己苦，也即自己和他人没有分别，他人的痛苦就是自己的痛苦。这就是“同体大悲”。众生外在的苦难有很多种，通常有七种：一水、二火、三冤狱、四盗贼、五战争、六饥荒、七疾病。当众生遭受这些苦难时，我们都看作是自己的苦难。有水火之难的，要将其救出来；有冤狱的，要为其平反；有受盗贼偷抢的，要为其拿回财物；有受战争之苦的，要为其创造和平的环境；有受饥荒的，要多方救济；有受疾病之痛的，要为其治疗。而且**佛家有四宏誓愿“众生无边誓愿度，烦恼无边誓愿断，法门无尽誓愿学，无上佛道誓愿成”**，**还有“上报四重恩，下济三途苦”**。《心地观经》中说，这世上有四大重恩：第一是父母恩；第二是众生恩；第三是国王恩（或国家恩、国土恩）；第四是三宝恩（即佛、法、僧三宝之恩）。所谓“三途苦”，就是地狱道、饿鬼道、畜生道这三途众生所遭受之苦。所以，**佛家把慈悲推广到宇宙间的一切有情众生，包括动物，均看成人我一体、物我一体，这才是真正平等的表现**。我们看，周文王看到枯骨，一定也会很悲痛，人的生命已不在了，所以要善待他的尸骨。这也体现了周文王“同体大悲”的情怀。

事实上，**一个人的心量决定了他的容量，也即人们常说的“心有多大，世界就有多大”**。**心量大的人，无论是人，还是物，甚至是敌人，他都能慈悲以对，这样的人就会得到大家的拥护**。实际上，**“境界决定世界，格局决定结局，态度决定高度”**，一个人的境界、格局、态度非常开阔，那么他将来的结局也一定是好的。**一个人的包容性有多强，他的力量就有多强**。**能包容天下的人，天下的人、天下的物都是他的兄弟姐妹，因此他能化敌人为亲人，化无情为有情，这都是源于慈悲的心量**。周文王泽及枯骨天下归心，正给了我们一个很好的示范，有国有家者不可不学、不可不鉴。

第十讲　伯夷、叔齐高洁

伯夷、叔齐在中国历史上是有名的高洁之士，其行为代表了中华民族的一种性格特质——隐逸。在中国古代，对于这类人一般称之为“高士、隐士、处士”，如《史记·循吏列传》中讲“孙叔敖者，楚之处士也”，处士是指有才德而隐居不仕的人。所以过去讲“大隐，隐于朝；中隐，隐于市；小隐，隐于野”。

我们先介绍一下伯夷、叔齐这两个人。《史记·伯夷列传》对伯夷、叔齐给予了高度肯定。《史记》中列传之首便是《伯夷列传》，这也表明了司马迁的态度。在《史记·太史公自序》中，司马迁说：“**末世争利，维彼奔义；让国饿死，天下称之**。作伯夷列传一。”就是说，在末世的时候，大家都在争利，只有他们奔向义，让国王之位并且义不食周粟而饿死，天下都称赞。因此列传中将伯夷置为第一。《伯夷列传》实际上是伯夷和叔齐的合传，这里面载，伯夷、叔齐是商朝时孤竹君的两个儿子，伯夷是老大，叔齐是老三，但父亲想要立叔齐为国君，等到父亲死了，叔齐要把君位让给伯夷。伯夷说：“这是父亲的遗命啊！”于是逃走了。叔齐也不肯继承君位逃走了。国人只好拥立孤竹君的次子。这时，伯夷、叔齐听说西伯侯姬昌能够很好地赡养老人，就想去投奔他。可是到了那里，西伯侯姬昌已经死了，他的儿子武王追尊西伯侯为文王，并把他的木制灵牌载在兵车上，向东方进兵去讨伐殷纣。伯夷、叔齐拉住武王的马缰劝谏说：“父亲死了不葬，就发动战争，能说是孝顺吗？作为臣子去杀害君主，能说是仁义吗？”武王身边的随从人员要杀掉他们。太公吕尚说：“这是有节义的人啊。”于是搀扶着他们离去。后来武王平定了商纣的暴乱，天下都归顺了周朝，可是伯夷、叔齐却认为这是耻辱的事情，“义不食周粟，隐于首阳山，采薇而食之”，后因饥饿而死，死前作歌说：“登彼西山兮，采其薇矣。以暴易暴兮，不知其非矣。神农、虞、夏忽焉没兮，我安适归矣？于嗟徂兮，命之衰矣！”意思是，登上那个西山啊，采这里的薇菜。用那强暴的手段来改变强暴的局面，我真不理解这样做怎能算是对呀。先帝神农啊，虞、夏啊！这样的盛世，恐怕不会有了。我们上哪里去呢？真可叹啊，我的生命就要结束了。这两兄弟很向往周文王的仁政，但不赞成周武王伐纣，认为是“以暴易暴”。他们担心“以暴易暴”会造成很大危害，因为这毕竟会让“乱臣贼子接迹于后世”（韩愈《伯夷颂》），所以不齿于食周粟，而饿死在首阳山。司马迁曾为这两兄弟的结局打抱不平，认为他们是善人，积仁洁行而饿死，对老子所说的“天道无亲，常与善人”表示疑问。司马迁还引用孔子“**岁寒，然后知松柏之后凋**”这句话，说“**举世混浊，清士乃见**。岂以其重若彼，其轻若此哉?”意思是整个社会混乱污浊的时候，品行高洁的人才会显露出来。这难道不是因为有的人把富贵安乐看得那么重，才显得另一些人把富贵安乐看得那么轻吗？以此来称赞伯夷、叔齐两兄弟的品行高洁。

伯夷、叔齐兄弟之所以名传千古，是靠谁呢？靠孔子。司马迁在《伯夷列传》中引述孔子的话“**君子疾没世而名不称焉**（君子所担心的是一直到死而名不被称述）”、贾谊说“贪夫徇财，烈士徇名，夸者死权，众庶冯生（贪财的人为财而死，重义轻生的人为名而献身，矜夸而贪图权势的人为争权而丧生，平民百姓则贪生而恶死）”之后，又说，伯夷、叔齐虽然有贤德，但也是因为得到孔子的称赞，名声才愈加显赫。

孔子多次称扬伯夷、叔齐，如《论语・公冶长》中，孔子说：“**伯夷叔齐不念旧恶，怨是用希**。”说他们两人不记别人过去的仇恨，因此别人对他们的怨恨也很少。《论语・季氏》中，孔子说：“齐景公有马千驷，死之日，民无德而称焉。伯夷叔齐饿死于首阳之下，民到于今称之。其斯之谓与?”意思是，齐景公有马四千匹，死的时候，百姓们觉得他没有什么德行可以称颂。伯夷、叔齐饿死在首阳山下，百姓们到现在还在称颂他们，说的就是这个意思吧？《论语・述而》载，子贡问孔子：“伯夷、叔齐是什么样的人?”孔子说：“古之贤人。”子贡说：“他们有怨恨吗?”孔子说：“求仁而得仁，又有什么怨恨呢?”《论语・微子》中，孔子对伯夷、叔齐、虞仲、夷逸、朱张、柳下惠、少连七个隐逸之人进行评价，说：“不降低自己的意志，不屈辱自己的身份，这是伯夷叔齐吧?”

孟子也多次提到伯夷。《孟子・公孙丑上》载，孟子说：“伯夷，没有德性的君主不侍奉，没有德性的朋友不交往，不在恶人的朝堂上任职，不和恶人说话。他觉得在恶人的朝堂上任职、和恶人说话，就好比穿戴着上朝的衣冠坐在污泥黑炭之中一样。把这种讨厌恶行之心推广开去，和乡里平民在一起，如果那人的帽子没戴正，他便会愤然离开，好像将会被玷污一样。因此，诸侯中虽然有推崇他的辞令而来的，他也不会见。之所以不会见，是不屑于去就着他们。”《孟子·万章下》载，孟子对伯夷进行评价说：“伯夷，目不视恶色，耳不听恶声。不是他中意的君主不去侍奉，不是他中意的百姓不去使唤。世道太平就入朝做官，世道混乱就辞官隐居。暴政施行的国家，强民居住的地方，他不忍居住。他觉得与粗鄙的人相处，就好像穿着礼服戴着礼帽坐在泥土炭灰上。在纣王当政时，他隐居在北海边，等待天下太平。所以听说伯夷之风尚，贪心的人变廉洁了，懦弱的人能立志了。”《孟子·尽心下》载，孟子称伯夷是圣人，他说：“**圣人，百世之师也，伯夷、柳下惠是也**。”

唐朝文学家韩愈专门写了一篇《伯夷颂》，对伯夷也是十分赞赏：“若伯夷者，穷天地、亘万世，而不顾者也。昭乎日月不足为明，崒乎泰山不足为高，巍乎天地不足为容也。……武王周公，圣也，以天下之贤士与天下之诸侯而往攻之，未尝闻有非之者。彼伯夷、叔齐者乃独以为不可；殷周既灭矣，天下宗周，彼二子乃独食其粟，饿死而不顾，由是而言，夫岂有求而为哉？**信道笃而自知明也。……若伯夷者，特立独行，穷天地，亘万世而不顾者也**。”韩愈主要称颂伯夷笃守善道、特立独行、卓尔不群的精神。北宋名臣范仲淹也十分敬仰伯夷之气节，还专门手书韩愈的《伯夷颂》，寄给当时的京西转运使苏舜元，当时的官员文士皆题咏，如宰相晏殊、杜衍、文彦博、富弼等，后世一直到清代都有题咏，所以范仲淹使得《伯夷颂》传播极广。

伯夷、叔齐之所以被孔子、孟子、韩愈等称颂，主要在于这两兄弟品行高洁，特别是对后人汲汲于名利、丧失廉耻的行为有极大之教化作用。我们在这里还重点讲述一个像伯夷、叔齐一样对后人有教化作用的人物——东汉时的严光（严子陵）。《后汉书·逸民列传》载，光武帝刘秀年少时和严光是同学。他登基为帝后，思念严光的贤能，下令各地官吏按照严光的相貌四处寻找他。有一名男子披着羊皮袄在齐国泽中钓鱼，光武帝认为这就是严光，便准备下安车和玄纁等礼物，派人以礼相聘，使者往返三次后严光才来。光武帝当天便乘车到馆舍去看望他，严光躺着不起来，光武帝摸着他的肚子说：“子陵啊！你就不能帮我治理天下吗？”严光睁开眼睛谛视光武帝良久，说：“古时候唐尧有德行，巢父因不愿意听尧要让位于他的话而去洗耳朵，士各自有各自的志向，何必这样强迫呢？”光武帝叹息而去。后又领着严光到皇宫，叙说往日故旧之情，一连数日，一同睡觉，严光还把脚放在光武帝的肚子上。第二天，太史官上奏说，有客星侵犯了帝星的位置。光武帝笑着说：“是我与老朋友在一张床上睡觉罢了。”后来，光武帝也不勉强，严光回到富春山，直到寿终。北宋名臣范仲淹写了一篇《严先生祠堂记》，说：“严先生是光武帝的老朋友，他们之间一向以道义互相推重。后来光武帝得赤符的祥瑞，登基称帝，达到了圣人顺应时势的境界，统治着亿兆的臣民，天下有谁能比得上呢？只有先生能够以节操高出其上。后来先生与光武帝同床而卧使天上的星象异动，后来又归隐江湖，回到富春江畔隐居，清操自守，达到了圣人超逸清高的境界。先生视高官厚禄为泥土，天下又有谁比得上呢？只有光武帝能够以礼敬甘居其下。《易经》中‘蛊卦’除上九爻外，其他爻都讲有为，而这一爻却讲‘不事王侯，高尚其事’，先生正是这样做的。《易经》中‘屯卦’初九一爻讲‘以贵下贱，大得民也’（以高贵的身份礼敬卑贱的人，大得民心），光武帝正是这样做的。可以说，先生的心志，比日月还高；光武帝的气量，比天地还能包容。但是，没有先生就不能成就光武帝气量的宏大，没有光武帝就不能促成先生品质的崇高！先生让贪婪的人变得清廉起来，怯懦的人变得坚强起来，这是大大有功于名教的。仲淹来这个州任职后，建造祠堂来祭奠先生，然后又免除了先生后裔四家的徭役，让他们负责祭祀的事情。并作歌颂扬：**‘云山苍苍，江水泱泱，先生之风，山高水长！’**”可见，范仲淹极为尊敬严光，认为他有功于名教，对社会风气有极大的影响。这里大家还要留意的是，自光武帝礼遇严光以后，他的孙子汉章帝（被魏文帝曹丕称为“宽厚长者”）在公元 80 年下诏让公卿推荐直谏者时，特别叮嘱要“**先推荐那些隐居深山的隐士，不要选取那些只会说空话的浮华之辈**”（《后汉书·肃宗孝章帝纪第三》）。汉章帝的儿子汉和帝于公元 94 年在下诏命令三公、中二千石、二千石、郡守推荐贤良方正、直言进谏之士各一人时，特别强调“**务必要推荐山间隐士**”（《后汉书·孝和孝殇帝纪第四》）。这反映了东汉的皇帝极看重讲气节、品行高洁的隐士。

在中国历史上，像伯夷、叔齐、严光这种高洁之士，还有很多。西晋时的皇甫谧专门著有《高士传》，在序言中他引用孔子所说的“**举逸民，天下之民归心焉**”（《论语·尧曰》），意即举用那些隐居民间的高洁之士，天下的百姓就会归心，并说自己“采古今八代之士，身不屈于王公，名不耗于终始，自尧至魏，凡九十馀人”，这九十多人中，有尧舜时被衣、王倪、啮缺、巢父、许由、善卷、子州支父、壤父、石户之农、蒲衣子等十大高士，还有春秋战国时的江上丈人、庄子、屈原。另外，《高士传》还将道家的老子、列子、河上丈人、严遵等，儒家的曾参、颜回、原宪、段干木等列入，这里就不详细列举。其他可参看“二十四史”中的“逸民列传”、“处士传”、“儒林列传”、“道学传”等，晋朝著名道教人物葛洪《抱朴子外篇》还有专门的“逸民卷”，讲了很多隐士，并对他们在净化社会风气上所起的作用给予了肯定。

在中国古代，不少品行高洁的人之所以选择归隐，大概有三个原因：

第一，追求高尚的境界。像伯夷、叔齐就是这样的人，他们非常清高，不喜污浊之世，因此选择归隐。《庄子·逍遥游》讲的“至人”、“神人”、“圣人”也是这类境界极高的人。他说，有些人，才智可以胜任一官半职，品德可以使一乡之人都与他亲近，德行可以投合一个国君的心意而能获得一国人的信任。他们自鸣得意就好像小麻雀一样，而宋荣子不禁嗤笑他们，像宋荣子这样的人是“**举世誉之而不加劝，举世非之而不加沮**”（全世界的人都夸赞他，他也不会受到激励；全世界的人都非议他，他也不会沮丧），他能认定自我与外物的区别，辨别光荣与耻辱的界限。他也仅能做到这样罢了，他对于世俗的虚名并没有汲汲去追求，尽管如此，他还是有东西没有树立起来。列子乘风而行，飘飘然轻妙极了，遨游十五天回来，他对于求福的事并没有汲汲去追求。不过，他这样做，毕竟还是有所凭借的。如果能顺从万物的本性，把握六气的变化，遨游于无穷的境界，他还有什么可倚仗的呢？所以说“至人无己，神人无功，圣人无名”。

第二，济世的条件不允许。这里，我们得提及孟子所说的一句话，即“**穷则独善其身，达则兼善天下**”（后来演变为“穷则独善其身，达则兼济天下”）。《孟子·尽心上》载，孟子说：“尊重道德，喜爱仁义，就可以安详自得。所以士人穷困时不失去仁义，显达时不背离道德。穷困时不失去仁义，所以能安详自得；显达时不背离道德，所以百姓不失望。古代的人，得志时恩惠施于百姓，不得志时修养自身以显现于世（即穷则独善其身，达则兼善天下）。”孟子说的“穷则独善其身，达则兼善天下”，也就是进则济世、退则安身。这使士人能够做到进退自如，不一味追求出世，也不一味追求入世。孔子也曾说过“天下有道则见，无道则隐”，就是讲，天下政治清明的时候，就出来施展自己的抱负，发挥自己的作用；天下政治黑暗的时候，不能实现自己的理想，就辞职隐退。**像孔子的“道**

隐”、庄子的“心隐”、西汉东方朔的“朝隐”及唐朝白居易的“中隐”等，都是因为条件不允许“兼善天下”，只能“独善其身”。

第三，担心遭受到陷害。三国时魏国的文学家李康在《运命论》中说“**木秀于林，风必摧之**”，为了免受祸害，明智者可能就会选择归隐。《庄子·山木篇》还记载了“材与不材”的故事，说的是，庄子在山中行走，看见一棵很大的树，枝叶茂盛，伐木的人停在树旁却不去动它。问其原因，伐木者说：“此树没有一点用处。”庄子说：“这棵树因为不成材而享尽了天年。”庄子下了山，住在一个朋友家。朋友很高兴，叫小仆人杀鹅招待。小仆人说：“一只鹅会叫，另一只鹅不会叫，请问杀哪一只?”主人说：“杀那只不会叫的。”第二天，学生问庄子：“昨天山中的树木，因为不成材终其天年，现在主人的鹅，因为‘不材’而被杀，请问先生怎样自处呢?”庄子笑着说：“我要处于材与不材之间。”庄子所说的这句话给了我们很深的思考。人生于世，道路艰辛，有才能会被算计，无才能也会受奴役，到底怎样为人处世呢？这的确是个两难问题。但比较起来，有才者更容易遭到暗害。因为，大凡人有才华，难免被人嫉妒，惹上灾祸。如屈原、贾谊是中国古代非常有才华的人，但是他们都因为才高而遭到了排挤，一个被上官大夫谗害，一个为周勃、灌婴等所短，最终的结局是：一个在放逐中沉江自杀，一个在贬谪中郁郁而终。在这种情况下，很多有才能而又不愿被人所害的高洁之士，就只好选择归隐这条路。

这三方面的原因中，以第一种为最高。因为，在他们眼里，功名利禄都不是最重要的，最重要的是修身养性、品行高洁。这种人是孟子所称的“**富贵不能淫，贫贱不能移，威武不能屈**”（《孟子·滕文公下》）的大丈夫。这样的人，富贵不能使他的心惑乱，贫贱不能使他的节操改变，威武不能使他的意志屈服。他们不会汲汲于名利，甘愿隐逸，甚至以身殉道，这正是中华优秀传统文化中极为闪亮的地方。

我们中华民族还经常用自然界中“梅、兰、竹、菊”四君子来形容高洁品行。梅花，迎寒而开，傲然铁骨；兰花，空谷幽香，与世无争；竹子，刚劲挺拔，不卑不亢；菊花，清丽淡雅，恬然自处。在自然界中，还有一种花是极其高洁的，那就是莲花（荷花）。这样，在春夏秋冬四季都有象征品行高洁的花：

一是春天的兰花。《孔子家语·在厄》载，孔子说：“**芝兰生于深谷，不以无人而不芳**；君子修道立德，不为困穷而改节。”孔子还说过，“**与善**

人居，如入芝兰之室”。像战国时的大诗人屈原就特别喜欢兰花，在《离骚》、《九歌》、《九章》等许多诗篇中，都写到兰花。在我们中国人的传统用语中，称颂他人子孙昌盛，就用“芝兰玉树”、“兰桂齐芳”。

二是夏天的莲花。北宋哲学家周敦颐《爱莲说》中讲，莲花“**出淤泥而不染，濯清涟而不妖**，中通外直，不蔓不枝，香远益清，亭亭净植，可远观而不可亵玩焉”。意思是，莲花在淤泥里生长，却不被沾染，在清水里洗涤，却不显得妖媚。它的中间空，外面直。不长出外蔓，不长出侧枝。香气远播更加显得清幽，笔直而洁净地立在那里。周敦颐还说，“**菊，花之隐逸者也；牡丹，花之富贵者也；莲，花之君子者也**”。由于“莲”与“联”谐音，“荷”与“和”谐音，所以，在中华传统文化中，经常以莲花作为和谐、联合的象征。莲花因为从淤泥中长出，不被淤泥污染，又非常香洁，又被佛教视为吉祥物，象征着从生死烦恼中出生，又从生死烦恼中解脱。

三是秋天的菊花。菊花是花之隐逸，清新高雅。东晋大诗人陶渊明只喜爱菊花，常在诗里咏菊，如《饮酒》诗里的“**采菊东篱下，悠然见南山**”，还有“**秋菊有佳色，更露掇其英**”。唐朝诗人元稹《菊花》中则说，“不是花中偏爱菊，此花开尽更无花”。北宋文学家梅尧臣《残菊》也写得非常好：“零落黄金蕊，虽枯不改香。深丛隐孤秀，犹得奉清觞。”

四是冬天的梅花。梅花是最有骨气的花，象征坚强、高雅。古今有很多诗词咏梅，如北宋文学家王安石《梅花》中讲：“墙角数枝梅，凌寒独自开。遥知不是雪，为有暗香来”。南宋诗人陆游《卜算子·咏梅》中说：“驿外断桥边，寂寞开无主。已是黄昏独自愁，更着风和雨。无意苦争春，一任群芳妒。零落成泥碾作尘，只有香如故。”毛泽东同志《卜算子·咏梅》一词讲：“风雨送春归，飞雪迎春到。已是悬崖百丈冰，犹有花枝俏。俏也不争春，只把春来报。**待到山花烂漫时，她在丛中笑**。”唐朝黄檗禅师《裴休宛陵录》中还有一句名言与梅花有关，那就是“**不经一番寒彻骨，怎得梅花扑鼻香**”。

毛泽东曾说：“人总是要有点精神的。”套用这句名言，我们可以说：“人总是要有点品行的。”每个人来世一遭，要想不留下污点，就必须追求高洁的品行。没有高洁品行做保证，我们做事就会立不住。古代伯夷、叔齐两兄弟谦让并放弃国君之位、反对以暴易暴、不食周朝之粟的高洁品行，非常值得我们尊重。就整个社会来说，这是有着非常重要意义的。试想，如果整个社会的人都不顾一切追求权力，目的只为了一己一家之荣华，都不顾一切追求财富，目的只为了一己一家之奢侈，都不顾一切追求物欲，目的只为了一己一家之享受，那么这个社会该是多么可怕啊！所以，与古今许多信仰权力、信仰金钱、信仰物欲的人相比，这两位圣贤可谓独步高迈！

第十一讲　周公禁酒

一提起酒，很多人都知道中国有很悠久的酒文化。的确，我们中国制造酒的历史非常悠久，但是我们中华传统文化实际上并不鼓励饮酒，反而提倡限制饮酒，甚至禁酒，只在祭祀或行敬老之礼时才能适度地饮酒。这才是我们中华民族的酒文化。在中国历史上，周公是第一个颁布禁酒令的人。

我们先简要介绍一下周公。周公，名叫姬旦，公是他的封爵，所以又叫周公旦，他是周文王的第四子，周武王的同母弟，是西周杰出的政治家、军事家、思想家，也是儒家所尊崇的圣人。《论语·述而》载，孔子说："甚矣吾衰也！久矣吾不复梦见周公。"这里面，孔子因很长时间没有梦见周公而认为自己已十分衰老，可见孔子对周公的崇敬。周公一生中最重要之事有如下几件：

一是辅助灭商。《史记·周本纪》载，武王即位后，任用的最重要的四个人是：太公望、周公、召公、毕公。在灭商过程中，以太公望、周公功劳最为卓著。

二是平定叛乱。灭商后不久，武王得了重病，周公为之祈祷，愿以身替代，但不久武王还是去世了。武王去世后，十多岁的太子姬诵继位，这就是周成王。建国之初有很多重要之事要处理，于是周公摄政。但他的哥哥即老三管叔想争权，与他的弟弟蔡叔一起鼓动纣王之子武庚禄父叛乱，周公奉成王命，率师东征，杀了管叔、武庚，放逐了蔡叔。

三是推行封建。封建，就是分封诸侯，建立邦国。《左传·僖公二十四年》载，"周公吊二叔之不咸，故封建亲戚以蕃屏周"（意思是，周公伤感管叔、蔡叔不得善终，所以给亲戚分封土地、建立诸侯用来做周的屏障），"周之有懿德也，犹曰'莫如兄弟'，故封建之"（意思是，周室具有美好的德行，还说"没有谁能够比兄弟亲近"，所以分封土地，建立诸侯）。据《荀子·儒效》，周公"立七十一国，姬姓独居五十三人"。

四是营建东都。由于开辟了东方的辽阔疆域，为加强管理控制，周公便决定营建东都洛邑。大约公元前1020年正式营建，用了一年左右的时间建成。建成之后，周公召集天下诸侯举行庆典，并正式册封天下诸侯，

宣布各种典章制度，天下大服。（《礼记·明堂位第十四》）

五是制礼作乐。这是孔子所称赞的一件事。周公将宗法制推行到政治上，制定了“嫡长子制”和“乐”制等礼乐制度。嫡长子制，即以血缘为纽带，规定周天子的王位由嫡长子（即嫡妻所生的长子）继承，其他庶子则分封为诸侯卿大夫。他们与天子的关系是地方与中央、小宗与大宗的关系，同时还制定了册封、巡狩、朝觐、贡纳等制度，这些制度明确了“礼乐征伐自天子出”。

六是归政成王。周公一共摄政七年，在完成制礼作乐后，成王也长大成人了，于是周公决定交权给成王。虽然当时周公在臣民中威望极高，俨然就是天子，但是周公并没有贪恋权位，而是郑重地归政于成王。唐代诗人白居易《放言五首》的其中一首讲：“赠君一法决狐疑，不用钻龟与祝蓍。试玉要烧三日满，辨材须待七年期。周公恐惧流言日，王莽谦恭下士时。向使当初身便死，一生真伪复谁知？”在这首诗中，讲了两个历史人物，一个是周公，一个是王莽。两个人都曾摄过政，但一个忠心耿耿，最后还政，一个包藏祸心，最后篡位。如果周公在恐惧流言中未能澄清时、王莽在谦恭下士未及篡位时便死去，那么他们的真实心迹就难以为人所知了。所以，白居易说“试玉要烧三日满，辨材须待七年期”。

在讲周公禁酒之前，我们来讲一下关于酒的一些常识。酒是人类生活中很重要的一种饮料，早在黄帝时，杜康就造酒，所以杜康被称为中国的酒祖，也成为酒的代名词，三国时魏武帝曹操《短歌行》一诗中讲“何以解忧？唯有杜康”。在中国，最早出现的是白酒。古人对制酒非常讲究，比如《杜康纪闻》讲到酿出好酒必须具备六个环节：第一是“秫稻必齐”，即所用的高粱和稻米要准备适中；第二是“曲蘖必时”，即制作的酒曲不能失去时效；第三是“湛炽必洁”，即浸的米和蒸的米要清洁；第四是“水泉必香”，即所用的水要用香甜的泉水；第五是“陶器必良”，即所用的陶器要精良；第六是“火齐必得”，即火候要掌握好。后来也制作葡萄酒，如《史记·大宛列传》载，大宛“以蒲陶（即葡萄）为酒，富人藏酒至万馀，久者数十岁不败”。唐代边塞诗人王翰《凉州词》中也讲：“葡萄美酒夜光杯，欲饮琵琶马上催。醉卧沙场君莫笑，古来征战几人回。”

那么，酒的好处有哪些？第一是起养身保健的作用。这主要是指那些酒精浓度不高的酒，如纯米酒、黄酒、葡萄酒等，适量饮一些，能起保健作用。中医有时也会用酒来治病。但前提是适量、少量地饮。第二是充当社会交往的媒介。中国有句俗话叫做“无酒不成席”，敬酒可活跃气氛，比如唐代诗人王维《送元二使安西》中就讲“劝君更尽一杯酒，西出阳关无故人”。第三是为节日增添喜庆气氛。中国人每逢重大传统节日时，会拿出酒来，家人欢聚一堂品尝，在家庭一般从祝福家中老人身体健康开始，然后依次行酒，但也只是适量地饮。

酒之所以成为中国人津津乐道的饮料，还与文人雅士有关。像西晋“竹林七贤”之一的刘伶还专门写过《**酒德颂**》，刻画了一个好酒的大人先生随遇而安、无思无虑和毫无利欲的形象。在中国历史上，汉代“高阳酒徒”郦食其及晋朝的阮籍、陶渊明都是十分好酒的人，唐代“诗仙”李白更是与酒分不开，仿佛酒能让他飘飘欲仙，更能写出好诗来。最有名的是他的《**将进酒**》，里面有很多关于酒的名句，如“人生得意须尽欢，莫使金樽空对月”，“古来圣贤皆寂寞，惟有饮者留其名”，“呼儿将出换美酒，与尔同销万古愁”。所以杜甫《饮中八仙歌》中讲：“李白斗酒诗百篇，长安市上酒家眠。天子呼来不上船，自称臣是酒中仙。”

在西方还有个有名的“**酒神哲学**”，这是德国哲学家尼采提出的。在尼采之前的德国哲学家叔本华提出人生是一出悲剧，但他没有提出怎么战胜这个悲剧。尼采承认人生的悲剧性，他曾说“**看破红尘，这是巨大的疲劳和一切创造者的末日**”，但他提出要战胜人生的悲剧，为此他提出了“酒神哲学”。所谓酒神，在西方是指葡萄种植业和酿酒业之神狄奥尼索斯，希腊认为舞蹈和音乐就是酒神的艺术。尼采将这个酒神精神升华，他认为酒神是情绪的发泄，在狂歌醉舞中可忘记人生的苦恼，从而感到生命的欢悦，是回归生命的生存体验。这个“酒神哲学”实质上是通过艺术来拯救人生悲剧、肯定生命。

虽然东西方都有酒文化，但反对饮酒者也不少。在中国，大禹是史书记载的意识到饮酒危害性的第一人。清朝吴乘权、周之炯、周之灿编纂的《纲鉴易知录·夏纪》载：“禹时仪狄作酒，禹饮而甘之，遂疏仪狄，绝旨酒，曰：‘**后世必有以酒亡其国者**。’”（《战国策·魏策二》也有记载）意思是，大禹在位时，仪狄酿造了一种酒，大禹喝了以后感到特别甘美，可事后却疏远了仪狄，绝口不再喝这种美味的酒，他预言说：“后代必定会有因嗜酒而亡国的君主。”他这个预言果然正确，其后的夏桀和商纣皆是因嗜酒而亡国。

紧随大禹之后，反对饮酒并第一次颁布禁酒令的就是周公。周公禁酒发生在什么时候呢？就是在周公平定管叔、蔡叔勾结武庚发动的叛乱，把殷的遗民封给康叔，立他为卫国君主时。康叔是周武王、周公的弟弟，年龄不大。《史记·卫康叔世家》载，周公担心康叔年少，于是反复告诫康叔："你一定要访求殷朝有才德、有威望、有经验的贤者，向他们了解殷朝兴衰成败的历史，并务必关心爱护自己的百姓。"又告诫康叔，纣王亡国的原因在于他饮酒无节制，一味作乐，沉溺于女色之中，所以纣王的昏乱是从这开始的。周公还按照匠人制作木器必用规矩的道理，撰写了《梓材》作为君子效法的准则，《尚书》的《康诰》、《酒诰》、《梓材》，都是周公用来教导康叔的。康叔以此治理封国，安定敦睦他的百姓，百姓大为喜悦。

《酒诰》是周公命康叔在殷商故地卫国宣布禁酒的诰词。在《酒诰》中，周公首先以周文王的告诫讲明戒酒的重要性，而后阐述了商初戒酒兴国和商末酗酒亡国的历史，最后则颁布了严厉的禁酒令。《酒诰》全面体现了周文王、周公的"酒德"精神：第一是"饮惟祀"，即只有在祭祀时才能饮酒，当然如果孝养父母也可饮酒。此外，《礼记·乡饮酒义第四十五》中还提到乡饮酒之礼，主要是通过敬酒使百姓知道尊敬长者和奉养老人。第二是"无彝酒"，即不经常饮酒。第三是"德将无醉"，即祭祀时也要以德约束自己，不喝醉。第四是"执群饮"，即禁止百姓聚众饮酒。第五是"禁沉湎"，即禁止沉湎于酒。周公特别提到，纣王继承王位后，经常饮酒过量，酣睡不醒。对劝谏者以怨报德，不肯悔改，自己纵欲无度，不守法度。由于贪图安乐而丧失威仪，臣民无不痛心疾首。纣王只是大肆饮酒，根本不想停止自己的安乐生活，他的心性乖戾恶毒，竟然不惧怕死，他在殷商的都邑作恶犯罪，到殷商灭亡的时候，还无忧无虑。纣王臭名远扬，没有芳香的祭祀让上天知道，而只有民众的怨恨，百官群臣纵乐饮酒的腥味让上天知道。所以，上天降下灾祸给殷商。上天不喜欢殷商，就是因为他们过度饮酒。

像周公这样对酒有着深刻认识的政治家也不乏其人，清圣祖康熙就是其中一位。《庭训格言》中载，康熙帝说："我自幼就不喜欢饮酒，是能饮而不饮。平日饭后或遇年节宴席的日子，只饮小杯一杯。人有滴酒不沾的，是天性不能喝呀。如同我能饮而不饮的，才算当真不饮。大概嗜酒会导致心志乱而昏昧，或导致生病，实在不是有益于人的东西。所以夏禹以美酒为深切警戒呀！最初使用酒，是祭神的，是养老的，是接待宾客的，是大家联欢的。它的使用固然不可缺少，可是沉迷酒中而不分时间不加节制，就不可以了。所以先代君王制定酒礼，客至交错，相敬以礼，恭恭敬敬，和颜悦色，设置监督辅佐执行酒令的官员，**通常以三杯为限**，怎敢多喝？这是先王用以告诫后人的，怕因酒而引起过失。无奈现在的人无缘无故就喝酒，每次喝酒必到喝醉才罢休。富家子弟败家破产，身遭疾病之灾，都由于此。而贫穷的人得了几文钱，就买酒喝醉，行凶遭遇灾祸，一个接着一个。所以《周书》因酒而颁布大诰说：'民众犯上作乱，丧失应遵守的德行。究其原因，无非是因饮酒而乱行。'……所以古圣先王远离酒，而贤良之士戒除。世上好喝酒的，乐于酒而不知足，心常犯乱，以至于行为举止颠倒，礼法观念丧失，致使败坏德行，是无法说完的。由于这个缘故，我谆谆教导你们绝不可沉溺于酒，因此而损伤身体、导致行为错乱没有比这个更厉害的了！"

在中国古代，政府明令禁酒主要有以下情形：**第一是为了国家长治久安**。像周公禁酒就是这种，唯恐百姓和官员因饮酒而败坏德行。**第二是为了节约粮食谷物**。一般只有粮食丰收时才可能制作酒。在灾荒之年、歉收之年是要禁酒的，如刘备在益州时的禁酒。**第三是为了给国家创收**。这种禁酒并非真禁，而是归于政府，实行专营。像汉武帝时为了反击匈奴、聚集财力而实行酒类的专营，即"榷酒"。另外，还有战国时商鞅在秦国实行的"税酒"，即对酒征收的专税。

在西方，美国政府曾颁布禁酒令。主要原因在于，美国许多早期移民是"清教徒"，他们敬畏上帝，生活简朴，将饮酒作乐视为"堕落之源"，甚至称酒为"魔鬼的甜酒"。1919 年 1 月 16 日批准的美国宪法第 18 修正案明确实行禁酒令，1920 年 1 月正式生效。根据这项法律，凡是制造、售卖乃至于运输酒精含量超过 0.5% 以上的饮料皆属违法。自己在家里喝酒不算犯法，但与朋友共饮或举行酒宴则属违法。但在 1933 年 12 月，这个第 18 修正案遭到了废止。

实际上，禁酒无论于国于民，都有十分重要的意义。这是因为饮酒容易导致以下五个方面的害处：

第一，酒可损身。酒虽可以用来治病和养身，但是人性有个弱点，容易贪杯，这样对人的身体就有极大伤害。《饮膳正要》中讲："少饮为佳，多饮伤神损寿，易人本性，其毒甚也。醉饮过度，丧生之源。"特别是酗酒之后，烂醉如泥，严重者可能因此而身亡，像冬天有人喝酒取暖，喝醉之后如无人扶着回家，倒在外面睡着就会被冻死。有的是因为引起急性病症如胃出血，有的则是引起心肌梗死，还有的是长期饮酒，破坏了肝功能，导致肝硬化等。如成吉思汗之子、元太宗窝阔台嗜酒如命，即位后常与大臣醉饮无度。有次耶律楚材拿着被酒浸泡腐蚀的酒器铁口说："酒能腐蚀铁器，何况五脏乎?"窝阔台立刻省悟，规定每天只进酒三盅。但是已经晚了，他还是因长期饮酒导致酒精中毒而死。还有战国时著名的人物信陵君，他两次率五国联军大败秦国的"虎狼之师"，秦国因为他而不敢攻打魏国，可是晚年因受猜忌，"与宾客为长夜饮"，四年后"病酒而卒"，非常可惜。再如唐代诗人李白也是因饮酒而猝死，皮日休《李翰林诗》中讲李白"醉致疾亡"，即因喝酒至醉而引发疾病身亡。这足以说明，酒可损身、损性、损命。

第二，酒可误事。《左传·成公十六年》载，春秋时，楚共王与晋厉公的军队在鄢陵开战，楚国的司马子反统率中军，战争开始后，子反命令军吏调查受伤情况，补充士兵，修理盔甲武器，摆列战车马匹，鸡叫时吃饭，军士唯命是从。晋军因此而担心，于是也传令检阅战车、补充士兵，并让楚国俘虏回去报告，楚共王听说后，便急忙召见子反来商量。可是此时，子反身边的一个名叫谷阳的仆从拿着酒进献给他。子反酒醉而不能来见楚共王。楚共王说："这是上天要让楚国打败仗啊！我不能再等了。"于是班师撤退回国。回国后，子反认为自己打了败仗，使楚国的军队损失，就自杀了。这是典型的因喝酒而误大事。明朝杨昱《牧鉴》则从正面记载了一个例子，说的是，南朝梁代傅翙接替号称"政为天下第一"的刘元明为山阴县令，到任之前向刘元明请教如何为政，刘元明答道："**日食一升饭，莫饮酒，为作县第一策**。"他的回答就提到了"莫饮酒"，因为只有不饮酒，才能保持头脑清醒，思考问题才会周密，处理政事才不会有所遗漏。如果沉溺于酒，就容易导致政事荒废。

第三，酒可惹祸。《汉书·灌夫列传》载，灌夫因在平定"七国之乱"中非常勇敢，名闻天下。他为人刚直好酒，与魏其侯窦婴十分要好，但多次因喝酒而与丞相田蚡交恶。有一次，丞相田蚡（武帝母亲王太后之同母弟）娶燕王的女儿，王太后召集列侯和宗室的人前去祝贺。窦婴与灌夫前去，当灌夫向田蚡敬酒时，田蚡说不能满杯。灌夫心中生气，请他喝完，但田蚡不肯。当敬酒至临汝侯灌贤时，灌贤正在与程不识说悄悄话，灌夫想着刚才田蚡不给面子的事，正无处发作，于是骂灌贤说："你平时讥笑程不识不值一钱，今天是为年长的祝寿，你却效仿女儿辈嘀嘀咕咕！"田蚡说："程不识、李广都是卫尉，今天当众侮辱程将军，单单不给将军面子吗？"灌夫说："今天就要被杀头了，还知道什么程将军、李将军。"窦婴赶紧让他出去，田蚡大怒道："这是我纵容灌夫之罪。"于是命令人按着灌夫的头道歉，灌夫更加愤怒，不肯顺从。田蚡便弹劾灌夫横行霸道，后来灌夫被诛杀。

第四，酒可乱性。酒能壮胆，特别是壮色胆。春秋时，楚庄王有一次举行宴会，群臣都参加。宴会上，君臣觥筹交错，喝酒尽兴，楚庄王还叫自己宠爱的美人敬酒。到了黄昏大家还在喝，楚庄王于是下令点蜡烛继续喝酒。这时蜡烛灭了，一位臣子因喝酒壮了色胆，竟然扯美人的衣服，美人不从，扯下了这位臣子的缨带，并向楚王告状请求点亮蜡烛查看众人的缨带，以便找出这个无礼的臣子。楚庄王听后，却传令不要点燃蜡烛，并请大家去掉缨带，以便更加尽兴。这就是"绝缨之宴"的故事，这位臣子在七年之后楚庄王讨伐郑国时勇敢战斗，立下战功，询问时才知道就是宴会上无礼之人。这个故事主要说的是楚庄王宽宏大量赢得了臣子的拼死相报，但从另外一方面也说明了酒能乱性。我们也可以看到，不光是男人酒后乱性，就是女人也往往在酒后把持不住自己，酒后失身的事情屡见不鲜。

第五，酒可昏德。虽然说"酒不醉人人自醉，色不迷人人自迷"，美酒和美色确实很诱惑人，一沾上就容易让人失德。历史上的夏桀、商纣就是因酒色失德的典型。《纲鉴易知录·夏纪》载，夏桀非常喜欢喝酒，"为肉山、脯林，酒池可以运舟，一鼓而牛饮者三千人"。《史记·殷本纪》载，商纣天资聪颖，有口才，行动迅速，接受能力很强，而且气力过人，能徒手与猛兽格斗。也就是说他并不是一个资质平庸的帝王，但是他"好酒淫乐，嬖於妇人"，"以酒为池，县肉为林，使男女倮相逐其间，为长夜之饮"，即嗜好喝酒，放荡作乐，宠爱女人，用酒当做池水，把肉悬挂起来当做树林，让男女赤身裸体，在其间追逐戏闹，饮酒寻欢，通宵达旦。从史料记载及出土的大量酒器来看，夏、商末期不仅君主好酒、大臣好酒，百姓也好酒，所以社会风气不好。可见，夏、商之所以灭亡，社会酗酒成风是一个极其重要的原因。

正是因为饮酒的害处不少，所以一些有识之士作了关于反对饮酒特别是酗酒的文章。如汉代扬雄为讽谏汉成帝而作《酒箴》（见《汉书·陈遵传》），这篇《酒箴》用的是曲笔，表面上好像是歌颂酒器，实际上是劝谏莫为酒惑。晚唐诗人皮日休也作《酒箴》说："喝酒的道理，哪里仅仅是充腹满口、消愁取乐啊！厉害得上能成为淫溺，下能成为酗酒。所以圣人以互相敬酒来节制它，用诰命和训诫来让人明白。但是仍然还有上为淫溺所化以致亡国，下为酗酒所化以致杀身的。"宋朝佛印禅师讲："酒色财气四堵墙，人人都在里边藏。若是谁能跳过去，不是神仙也寿长。"明朝大理寺左评事雒于仁曾作《酒色财气四箴疏》，劝谏万历皇帝。明末大学者顾炎武《日知录》中讲，酒为"魔浆"、"祸泉"，少饮有益，滥醉伤身。还有一个著名的"**酒色财气歌**"**说："酒是断肠的毒药，色是惹祸的根苗。财是下山的猛虎，气是杀人的钢刀。饮酒不醉尚为高，近色不乱乃英豪。无义之财君莫取，忍气饶人祸自消。**"

这里还需要说明的是，中国土生土长的道教是明令禁酒的，道教将"不饮酒"作为五大根本戒之一。道教著名人物、晋朝的葛洪的《抱朴子外篇》专门有"酒诫"卷，这里面讲，酒能够马上给人带来享受的美味，却也是使人产生疾病的毒药，没有一分一毫的益处，却会带来像高山一样巨大的损害。君子因为酒而败坏了自己的品行，小人因为酒而招致了犯罪。沉溺于酒、迷惑于酒，很少有不遇到灾祸的。世上的士人，也都知道这一点，然而既没有人能够断绝饮酒，也没有人肯去节制饮酒，他们放纵自己的情欲和口腹去满足眼前的欲望，轻视这个招致灾祸的根源，就好像在又热又渴的时候去恣意地痛饮凉爽的饮料一样，虽然感到舒服却伤害了自己的身体。**大大小小的动乱丧亡，无不是因为饮酒而引起的**。值得注意的是，他在这里提出，世上的士人虽然明白酒的危害，可到头来还是去喝，这就像"猩猩好酒"一样，虽然"看得破"，却还是"忍不过"，这也大概是人欲的悲哀吧！

佛教也是极其反对饮酒的，除了将其作为五大根本戒之外，还多次提到饮酒的危害，如《中阿含经·卷三十三·善生经》中讲："**若人饮酒放逸者，当知有六灾患：一者现财物失，二者多有疾患，三者增诸斗诤，四者隐藏发怒，五者不称不护，六者灭慧生痴。**"《佛说八师经》载，佛说："**酒为毒气，主成诸恶。王道毁，仁泽灭。臣慢上，忠敬朽，父失礼，母失慈，子凶逆，孝道败，夫失信，妇奢淫，九族诤，财产耗。亡国危身，无不由之**。酒之乱道，三十有六。吾见是故，绝酒不饮。"相反，不饮酒则有许多益处，如《增一阿含经·卷七·五戒经》载："若有人不饮酒，生便聪明，无有愚惑，博知典籍，意不错乱。"《法句经》卷下"吉祥品"则讲：**"去恶从就善，避酒知自节，不淫于女色，是为最吉祥。"**

犹太经典《塔木德》则对饮酒持节制的态度。《塔木德》上写道：**"早晨的酒是石头，中午的酒是红铜，晚上的酒是白银，三天喝一次的酒则是黄金"，"饮酒过度会失去智慧。"**所以，我们很少看到喝醉的犹太人，原因正在于此。

饮酒关乎一个人的德行，关乎一个民族的进步，关乎一个国家的强盛。如果上至高级官员，下至普通百姓，都喝酒成风，那么社会风气就会败坏，国家也会迅速走向腐败衰落。周公颁布禁酒令，对于树立良好的政风、民风，提高官员和百姓的德行修养起到了很大作用，无疑值得为政者学习和借鉴！实际上，我们中国的酒文化就是两个字——敬酒，而敬酒就是敬献天地和祖宗，就是对酒敬而远之，同时也是"禁酒"。那些认为"今朝有酒今朝醉"、"人生难得几回醉"的人，要好好反思啊！

第十二讲　周公诫无逸

人性都有一个弱点，就是好逸恶劳。自古以来，有国有家者都是因为勤劳而兴旺，因为安逸而衰败。普通人好逸恶劳，不过导致一己一家之衰败，而执政者贪图安逸、纵欲享乐，则关系一国之安危，因此贪图安逸实为执政者之大戒。三千多年前，周公告诫其侄子周成王，专门作了《无逸》，成为后世著名的训则。

所谓“无逸”，就是不要贪图安逸。《史记·鲁周公世家》载，周公摄政七年后，还政于周成王。周公担心成王年轻，治理政事会有所放纵安逸，于是作《毋逸》（也即《无逸》）。《无逸》这篇训诰载于《尚书》中。

在《无逸》之开篇，周公就提出“**君子所，其无逸。先知稼穑之艰难**，乃逸，则知小人之依。相小人，厥父母勤劳稼穑，厥子乃不知稼穑之艰难，乃逸。乃谚既诞，否则侮厥父母曰：‘昔之人无闻知。’”意思是，君子不应当贪图安逸享乐，先知道种庄稼的艰难，才会知道农民的艰难。看看这些农民，他们的父母辛勤劳苦地耕种庄稼，而他们的儿子不懂得耕种庄稼的艰难，贪图安逸，他们的行为放诞，妄自尊大，甚至轻视侮辱他们的父母说：“这些过去的人，没有见识。”过去的“四民”（即士、农、工、商）之中，农民是最辛苦的。唐朝诗人李绅有一首家喻户晓的诗作《悯农》：“锄禾日当午，汗滴禾下土。谁知盘中餐，粒粒皆辛苦。”这首诗描写了一幅画面：在太阳正晒的中午，农民冒着烈日的炙烤劳动，流下的汗水落在禾下的土地上，反映了耕耘的艰辛和农民生活的艰难，可见盘中餐来之不易。所以，周公一开始就提出了“君子所，其无逸。先知稼穑之艰难”的重要观点。

明太祖朱元璋教子女也是从“先知稼穑之艰难”开始的。朱元璋出身寒微，早年备尝生活之艰辛，深知老百姓的一衣一食来之不易。他认为，诸皇子生长在深宫之中，锦衣玉食，不知民之饥寒，不知民之勤劳，便有意让他们“忍饥寒”、“服劳事”。随着皇子们逐渐长大，朱元璋将他们送到“十年就有九年荒”的安徽凤阳，让他们感受一下民间疾苦。他曾命太子朱标去农村考察农民的衣食住行。回来后，他对太子说：“现在你可知农民之劳苦吧！农民勤劳四体，播种五谷，身不离田亩，手不释犁耙，终年辛苦劳作，不得休息。但是，他们住的不过是茅房草屋，穿的不过是粗布陋衣，吃的不过是菜羹粝饭，而国家的大部分费用又取自他们身上。”他严肃地教育太子说：“凡居处食用，一定要想到农民的劳苦，使他们不苦于饥寒。如果横征暴敛，则农民不堪活命。”这是讲“无逸”从“先知稼穑之艰难”开始。

那么，为什么说“君子无逸”呢？周公说出了一番道理，这个道理饱含着历史经验教训。周公说：“我听说，过去殷王中宗，庄重严肃，心存敬畏，以天命来衡量自己，他治理民众，非常谨慎，战战兢兢，不敢贪图安逸而荒废政事，所以中宗享有王位七十五年。到了高宗，他做太子时，有好多年在外过着平民的劳苦生活，于是有机会接触底层民众生活，等到他登上了王位，沉默不语三年，但当他一说话，都深得大臣们的赞同。他不敢荒废政事、贪图安乐，因此殷国被治理得太平安康，从民众到大小官员，都没有怨言，因此高宗享有王位五十九年。殷王祖甲时，认为废其兄而自己做君主不义，逃于民间，长期过着平民的生活。等到他重新做了君王后，便能施惠于民众，更不敢轻慢那些鳏寡孤独、无依无靠的人，因此祖甲享有王位三十三年。自此以后所立之王，生来就舒适安逸。因为舒适安逸，他们不了解耕种收获的艰难，不了解民众的劳苦，只是沉湎于享乐之中。从这以后，殷王也就没有能在位长久的，有的十年，有的七八年，有的五六年，有的三四年。唉！只有我们周国的太王、王季能够恭敬谨慎。文王遵循太王、王季的事业，继续从事农业生产。他心地善良仁慈、态度谦恭，安抚关爱民众，把恩惠施于那些鳏寡孤独、无依无靠的人。从早晨到中午，以至于黄昏，忙忙碌碌没有工夫吃饭，为的是使万民和谐地生活。文王不敢游逸畋猎，使归附的方国诸侯都勤勉于治理国家。文王虽在中年时接受了天命，却享有王位五十年。”

这里，周公从正反两方面说明了“**无逸可以享国长久，逸乐则享国短暂**”的道理，发人深省。在中国历史上，康熙皇帝对此有深刻的感悟，专门写过一篇《**无逸以致寿论**》，他说：“夏、商、周三代兴盛的时候，民风淳朴，政令简明，天下诸侯，分治其国。作为君主，可以优游闲适地治理天下。然而圣明的君主处在其位，必定兢兢业业，日夜忧惧，自劳其精神体力，才最终得以享受无穷的福祉，成就美好的名声。秦汉以后，废除分封制度，建立郡县，大凡有关宫廷、官府的事情，无不奏请君主定夺。

其事务之纷繁复杂，比三代增加了千百倍。这样，作为君主，就应该每天应接不暇。可是有的自己图谋安逸，甚至笃信神仙可学，为方士所误，却迷途而不知返，这是为什么呢？我曾经观察商、周、汉、唐各代的往事，从而得知其中的缘故。**历代君主中不曾贪图安逸的，没有比得上商朝的中宗太戊与高宗武丁，以及周文王的**。商中宗太戊严肃庄重，心存敬畏，以天命为标准来度量自己；高宗武丁即位三年沉默不语，不敢荒废政事、贪图安乐。周文王则关心爱护民众，施惠于鳏寡孤独、无依无靠的人。而考察他们享国的年数，这三位君主是最长的。迄今《尚书》中还有《无逸》一篇，可以为证。历代君主中贪图逸乐的，没有比得上秦始皇、汉武帝、唐宪宗的。秦始皇兼并天下之后，方士争着上言长生不老之药，于是就派遣使者探访蓬莱、瀛洲、方丈三神山，终究不可得。汉武帝迷信鬼神之事，祭祀太乙，建筑飞廉馆、柏梁台，以招致天神，然而费尽心思多年，终究没有结果，于是自叹愚昧迷惑，无缘得近天神。唐宪宗招求方士，任用方士柳泌为刺史，求取仙药，最后服用仙药日益燥热，消渴不止。商中宗、商高宗、周文王恭敬地修德，才可这样地享受福祉；秦始皇、汉武帝、唐宪宗广求长生，却是那样地没有效果。既然这样，那么帝王长寿的方法，从中就可以知道了。宋朝大儒吕祖谦说：‘敬畏天命的方法，就是长寿的道理。这是因为不贪图安逸就敬畏，敬畏就没有欲望。没有欲望的人就具有仁爱之心。’孔子说‘仁者寿’。又说‘大德者必得其寿’。虞舜享年一百一十岁就是一个例子。这样，长寿的道理，也要看其德行的盛衰如何了。我希望后世的君主，不要迷惑于神仙之说，而要探求不贪图安逸的深意，那么其自身与天下百姓都将蒙受福祉了。”（见清朝学者章梫《康熙政要·论君道第一》）可以说，**康熙帝享国六十一年，居三代以后帝王之最，与他精通“周公诫无逸”之道是分不开的**。

在讲明“无逸可以享国长久，逸乐则享国短暂”的基础上，周公还谆谆告诫说：“唉！从今以后继位的王啊，希望你们不要放纵游玩、享乐、田猎，要为万民之事勤勉尽力。更不要这样讲：‘今天纵情享乐一下吧。’这样就不是教导万民，就没有遵从天命，这样的人是有过失的。所以，不要像殷王纣那样迷惑淫乱，以酗酒为德啊。

“……

“啊！自殷王中宗到高宗、祖甲，以及我周文王，这四人是明智通达的君主。有人告诉他们说：‘民众在怨你、骂你。’他们就更加注意自己的德行修养。他们有过失，就坦白地说：‘这确实是我的过失。’他们不但不敢怀有怨恨，而且愿意听。如果不听这样的话，就会有人欺骗说：‘民众在怨你、骂你。’你就相信这些话。如果像这样，不常念为君之道，不宽宏大量，乱罚无罪，杀害无辜，民众的怨恨就会聚集在他的身上。

“啊！成王，要以此为鉴啊！”

这就是《尚书》上所记载的《无逸》篇。这个《无逸》篇，也常被后世名臣用来劝诫帝王。比如唐玄宗即位之初，宋璟为宰相，他就手写《尚书·无逸》一篇，并绘成图献给唐玄宗，唐玄宗将它放在内殿，设于帝座，“出入观省，咸记在心，每叹古人至言，后代莫及，故任贤戒欲，心归冲漠”，所以早期唐玄宗能勤于政事，形成“开元盛世”的局面。再如宋仁宗时，学者孙奭为翰林侍读学士，每次讲到历史上乱政亡国之君臣时，孙奭都反复规劝。仁宗有时心不在焉，孙奭就停止讲读，恭敬地等候。孙奭还书《无逸图》献给仁宗，仁宗将它放在讲读阁，牢记孙奭的规劝。宋仁宗后来成为历史上有名的好皇帝，享国长达四十多年，是宋代君主在位时间最长的一位，他在位时宋代的人才最盛，国家太平，百姓生活安定。他去世后得到了为君的美谥——“仁”，《大学》里面讲“为人君，止于仁”，“仁”可以说是对一个君主最高的评价了。

当然，这个《无逸》篇不仅可以用来教育帝王，而且可以用来教育平民百姓。关爱孩子可以从培养“无逸”的美好品德做起。我们为什么要求做到“无逸”呢？这是因为安逸实乃人生的一大敌人。像古代有为的政治家更是将其比作“鸩毒”。《左传·闵公元年》载，管仲说：“**宴安鸩毒，不可怀也**。”意思是，以安逸为乐，这比鸩鸟还毒，不可怀有这个想法。现代有“**温水煮青蛙**”的原理，说的是19世纪末美国康奈尔大学科学家做过的一个实验，就是将一只青蛙直接放进热水锅中，由于它受不了高温刺激，就会迅速跳出。但是将一只青蛙放进冷水锅里，慢慢地加温，青蛙并不会立即跳出锅外，青蛙因为开始时水温的舒适而失去了戒备，最终青蛙被煮死。这个实验告诉我们，在一个安逸的环境中，人很容易失去应有的警惕，往往因为懈怠而导致自身的毁灭。

正如物体在温暖环境中易发酵腐烂一样，人处在安逸的环境中很容易不思进取，甚至还会堕落。正是因为认识到这一点，古代一些有为的人是坚决不乐意享受安逸的。如三国时的刘备曾依附荆州刘表，刘表并不重用他，让他驻守新野，数年过着安逸闲散的生活，有一次和刘表坐在一起，上了一次厕所，回来后痛心地流下了眼泪。刘表很奇怪，于是问他，他说：“以往常常身不离鞍，忙于战事，大腿上的肉都消了；现在享受安逸，不再骑马，大腿上的肉又长起来了，而时间过得飞快，老年就要到了，自己却一事无成，因此悲伤。”（《三国志·蜀书·先主传》裴松之注引《九州春秋》）这个著名的“髀肉复生”的故事，说明渴望建功立业者绝不贪恋安逸。晋朝名臣陶侃当广州刺史时，政务清闲，于是早上把一百个甓搬至屋外，晚上又搬进屋内。有人问其中原因，陶侃说：“我正致力于中原大事，生活太悠闲舒适，优游安逸，担心躯体懒散，不能担当大任，所以要劳碌劳碌。”（《晋书·陶侃传》）这说明修习精勤者绝不贪恋安逸。最后这两人都成了著名人物，一个是三国蜀国政权的开创者，另一个则督镇八州、威名显赫。

在我国历史上，常常有两个周期性的规律起作用，一个是大灾难后往往出现大成功，另一个是大成功后往往出现大灾难。前者是“无逸”的体现，如越王勾践被吴王夫差打败后，他卧薪尝胆，不敢放松自己，不敢贪图安逸，经过“十年生聚，十年教训”，终于使差点亡国的越国重新崛起，并灭了吴国，成为“春秋五霸”之一。**后者则是“贪逸”的体现**，如唐玄宗李隆基自出现“开元盛世”的局面后，开始陶醉于升平气象，沉醉于享乐，忧患意识和进取之心逐渐淡漠，重用李林甫、杨国忠，专宠杨贵妃，最终酿成了“安史之乱”。所以，《易经·乾卦》教导我们：“君子终日乾乾，夕惕若。厉，无咎。”后人简化为“**朝乾夕惕**”四个字，也就是早晨要自强不息，晚上要警惕反省。这也是“无逸”的功夫。

从世界文明史上看也是如此。英国著名历史学家汤因比从文明的起源上论证了“**文明既不是起源于具有先天良好素质的某些种族，也不是起源于自然环境方便而安逸的地方，而是起源于那些困难、严酷的地方**”。他以中国文明为例，黄河流域沼泽密布、水患严重，所以，中国文明不是起源于条件比黄河流域好得多的长江流域，而是起源于黄河流域。同样的，玛雅文明的起源是由于热带森林的挑战，安第斯文明的起源是由于贫瘠寒冷高原的挑战，米诺斯文明的诞生是由于海洋的挑战。当然，这种挑战必须适度。古代波斯帝国的缔造者居鲁士大帝还指出：“**安逸的国家养育的毫无例外是柔弱的人民。**”（汤因比《历史研究》第二部之第六章）

在中国历史上，与“周公诫无逸”的道理如出一辙的，还有两个十分重要的观点：

一个是孟子的“生于忧患，死于安乐”。《孟子·告子下》载，孟子说“生于忧患，死于安乐”。这是人类历史上极为重要的思想，也是一个定律法则。明朝大学士张居正《四书直解》讲解这句话说：“盖人处忧患之中，则操心也危，虑患也深，有恐惧修省之诚，而无放僻邪侈之行。故可以成身，可以保国，譬如多病的人，兢兢保护，反得生全。所以说生于忧患。人处安乐之日，则求无不得，欲无不遂。盘乐怠傲之情多，而忧勤惕励之意少。故大则亡国，小则丧身。譬如壮盛的人，恣情纵欲反致死亡，所以说死于安乐也。”他的意思是说，人处于忧患之中，因为操持警惕危惧的心，考虑问题也很深，有恐惧修省的诚意，没有放纵怪僻邪恶奢侈之行为，因此可以成就自己，可以保全国家。就像多病的人，如果小心保护，反而会生存保全下来，所以说“生于忧患”。人处于安乐之日，由于什么追求都可以得到，什么欲望都可以满足，宴乐怠惰傲慢多，忧患勤奋警惕自励少，因此大则会亡国，小则会丧身。就像身体强壮的人，恣情纵欲反而会导致死亡，所以说“死于安乐”。明朝陈继儒《小窗幽记》中有一句话也说得很好：“**成名每在穷苦日，败事多因得志时**”。人在困窘之日，发展的条件比较不利，但这时却能激发人立志向上，集中力量拼搏，反而能够取得成功。而得志之后，生活优裕了，就容易贪图安逸、耽于享受、不思进取，就容易被眼前的成功冲昏头脑，生出骄横之心，不好自为之自然就会失败。**战国时魏公子牟的“官周律”也很值得我们注意：“官不与势期而势自至。势不与富期而富自至。富不与贵期而贵自至，贵不与骄期而骄自至，骄不与罪期而罪自至。罪不与死期而死自至。”**（《说苑·敬慎》）表明了一些为官者的人生轨迹：做官—权势—财富—尊贵—骄横—犯法直至被处死。这是典型的“死于安乐”。

另一个就是欧阳修的“忧劳可以兴国，逸豫可以亡身”。北宋文学家、历史学家欧阳修在《新五代史·伶官传》中，通过分析后唐庄宗朝盛衰的过程，得出了“忧劳可以兴国，逸豫可以亡身”的历史教训。后唐庄宗李存勖是五代十国中英气勃发的帝王。他是唐末晋王李克用长子，小名亚子，自幼熟习骑射，胆力过人，李克用视之为奇儿。唐昭宗见他仪表非凡，很是器重。后来，李克用因军务繁忙，积劳成疾，临终前召李存勖，取出平时佩带的箭袋，拔出三支箭，叮嘱他说：第一支箭是灭梁，第二支箭是扫燕，第三支箭是逐契丹。灭梁是因为李克用与梁王朱温是世仇，而且朱温还曾阴谋放火想烧死李克用；扫燕是因为燕王刘守光曾得李克用之助崛起，后叛晋降梁，出尔反尔；逐契丹，是因为契丹首领耶律阿保机，曾与李克用约为兄弟，共同攻梁，后来却与梁通好，自食前言。这三件事被李克用引为憾事。李存勖接过三支箭，把它们供在宗庙里。此后每逢出征，便派官员到宗庙祭祀祷告，请出三支箭为将士壮行助威，待班师凯旋，再送回宗庙供奉。李存勖刚继位时，面临内忧外患的局面：内部有许多大臣怂恿其叔李克宁取而代之，外部有后梁军队围攻潞州。然而他有胆有识，先灭其叔，后挥兵在潞州境内三垂岗一战中大破后梁军队。梁太祖朱温听到铁桶般的夹寨被击破后大惊，并说："生子当如李亚子，李克用虽死犹生。"清代雍正年间进士严遂成曾赋《三垂岗诗》一首："**英雄立马起沙陀，奈此朱梁跋扈何。只手难扶唐社稷，连城且拥晋山河。风云帐下奇儿在，鼓角灯前老泪多。萧瑟三垂岗畔路，至今人唱百年歌。**"专门歌颂李克用、李存勖父子。后来，李存勖励精图治，举贤才，罢贪官，减租赋，抚孤穷，伸冤枉，禁盗贼，赢得了民心。经过十多年的战争，他基本实现了李克用的三个愿望。但是三个愿望实现后，没有了外敌，他开始松懈了，沉迷于逸乐，大修宫室，广采美女，纵马农田，打猎取乐，重用敛臣，搜刮百姓，特别是宠信宦官、伶人，无端猜疑功臣、大将，妄加杀戮，最终死于伶人之手。对于李存勖的兴衰，欧阳修在《伶官传》的序言说明了原因，就是"忧劳可以兴国，逸豫可以亡身"。即是说，忧虑勤劳可以使国家兴盛，安逸享乐可以使自身败亡。

所以，历史上一些王朝兴衰常有这样的规律，建国之始，帝王们深知江山得来不易，都励精图治，因此国家容易兴旺；而到了社会安定、百姓富足的所谓盛世，往往就开始贪图享受，国家也就走下坡路了。英国历史学家汤因比在《历史研究》中也谆谆告诫："**人类在取得伟大成就后，常趋向于精神堕落。**"比如罗马帝国的衰亡产生于对东方财富的掠夺占有腐蚀了罗马人心，2008 年年底以来发生的世界金融危机也正是一些人过度贪婪、消费享乐造成的。这也正如法国政治思想家托克维尔在《旧制度与大革命》中所说："**不惜一切代价发财致富的欲望、对商业的嗜好、对物质利益和享受的追求，成为最普遍的感情。这种感情轻而易举地散布在所有阶级之中，甚至深入到一向与此无缘的阶级中，如果不加以阻止，它很快便会使整个民族萎靡堕落。**"所以，我们要牢记周公诫无逸的训则，只有这样，才能不断从胜利走向胜利。

第十三讲　召公以贤为宝

世间何者为宝？对这个问题，可谓“仁者见仁，智者见智”。有的以宝玉为宝，有的以粮食为宝，有的以土地为宝，有的以山河为宝，有的以权力为宝，有的以名声为宝，等等，答案真是丰富多彩。西周初年的召公以贤为宝，在中国历史上较早提出重视贤能之才，值得大书特书。

召公，姓姬，名奭，是西周初年极为重要的政治家。《史记·周本纪》载，召公在武王灭商过程中承担了重要角色，是武王任用的第三个重要人物（前两个即太公望、周公），在武王灭商时，他奉武王之命“释箕子之囚”。《史记·燕召公世家》载，周武王灭商后，将召公封在北燕。周成王时，召公位居三公。自陕地以西，由召公管理；自陕地以东，由周公管理。当时成王年幼，周公主持朝政，召公也曾怀疑周公的所为，周公就写了《君奭》进行表白，并称扬殷商时的有关史实说：“商汤时有伊尹，功德感通了上天；在太戊时，就有像伊陟、臣扈那样的人，功德感通了上帝，并有巫咸治理朝政；在祖乙时，就有像巫咸那样的贤能之人；在武丁时，就有像甘般那样的人。这些大臣都辅佐君王施政，殷朝得到了治理和安定。”召公这才高兴起来。召公治理陕地以西一带，很受广大民众的拥戴。召公巡行乡邑，所到之处不打扰百姓，就在甘棠树下判断官司，处理政事，“自侯伯至庶人各得其所，无失职者”。召公去世后，民众感念他的德政，怀念那棵甘棠树，不敢砍伐，并且歌咏着它，作甘棠之诗。《甘棠》是《诗经》里面《国风》中的一首诗，全文是：“蔽芾甘棠，勿剪勿伐，召伯所茇。蔽芾甘棠，勿剪勿败，召伯所憩。蔽芾甘棠，勿剪勿拜，召伯所说。”历史上有名的“**甘棠遗爱**”讲的就是召公。我们现代用“甘棠遗爱”来赞颂离去官员的德政。太史公怎么评价召公的呢？他说：“召公奭可以称得上有仁德的人了！那棵甘棠树，尚且被民众思念，何况召公本人呢？燕国迫近蛮貉等域外部族，疆土又和齐、晋等大国交错连接着，艰难地生存在强国之间，实力最为弱小，有很多次几乎被灭掉。然而国家延续了八九百年之久，在姬姓的封国中只有它最后灭亡，这难道不是召公的功业吗？”

我们讲的“召公以贤为宝”，出自《尚书·旅獒》。犬之高大异常者，叫做獒。周武王时，有西旅之国，以本地所产之獒，进献于朝廷。太保召公于是作《旅獒》，用来劝导周武王。在这篇训政之文中，召公告诫武王“**玩人丧德，玩物丧志**”，他指出“**不贵异物贱用物，民乃足**”，即不把奇巧的东西看得贵重，不把实用的东西看得轻贱，民众才能富足。他还特别提到“**不宝远物，则远人格；所宝惟贤，则迩人安**”，意思是，不以远方的贡物为宝，那么远方的人就来归附；所宝贵的是贤才，身边的人就安定了。这就是“召公以贤为宝”的由来。

大家不要小看了召公以贤为宝的政训。历史上以贤为宝、重用贤人的时期，国家往往迅速昌盛；历史上以宝玉为宝、以尤物为宝的时期，国家往往迅速衰败。这是因为贤人在国家治理中有非常大的作用：

第一，重用贤人可垂拱而治。过去帝王首要之务便是求得贤人辅助，因为这关系治乱安危。所以，过去圣王最大的劳苦就在于求贤，最大的功劳也在于求贤。而一旦找到贤人，自己就可垂拱而治。尧舜就是如此。《尚书·尧典》中记载尧帝任贤图治时讲，尧帝任命羲氏、和氏观察日月星辰运行以制订历法，谨慎地教民不误农时，按照季节变化的规律进行农业生产。他命令羲仲住在东面最远的地方，管理春天耕作的事；命令羲叔住在南面最远的地方，管理夏天播种的事；命令和仲住在西方最远的地方，负责秋收的事；命令和叔住在北方最远的地方，负责冬储的事。又向四岳访得舜，做尧帝的继承人。《论语·泰伯》中讲“舜有臣五人而天下治”。这主要是讲禹、稷、契、皋陶、伯益这五人。《史记·五帝本纪》则记载舜帝治理天下任用了“八恺”和“八元”，后来又任用了二十多位大臣，如皋陶掌管刑法，断案公平，百姓衷心敬服；伯夷主持礼仪，上下都能够礼让；垂担任工师，主管百工，百工都能尽职；益担任主管山林的官，山林湖泽都得到开发；弃（即后稷）主管农业，结果百谷丰收；契任司徒，主管教化，民众都亲善和睦；龙主管接待宾客，远方的诸侯都来朝贡；夔掌管音乐；十二牧（十二州的长官）负责治理州务，都得到百姓的拥护，没有人违背政令。特别是禹治水功劳最大，他开九山，治九湖，通九河，划九州，使各地来进贡。所以古今称尧舜垂拱无为而天下治。

第二，重用贤人可成就大业。《史记·孔子世家》载，齐景公问孔子：“秦穆公的国家小，地处偏僻却成就了霸业，什么原因呢？”孔子回答说：“他国家小但是志向很大，地处偏僻然而执政适当。他举动果断，谋略恰到好处，执行政令不苟且。他能够亲自把百里奚从拘囚中选拔出来，和他交谈三天就把国政交给了他。用这样的办法治理天下，即使成就王业也是可以的，成就霸业算是小的。”西汉经学家、文学家刘向《说苑·卷第八·尊贤》中也讲到，遨游江海的人依靠舟船，到远方的人依靠车马，想要成就霸业的人依靠贤人。伊尹、吕尚、管夷吾、百里奚，这些人就是成就霸业的舟船、车马。不任命自己的父兄和子孙做官，不是故意疏远他们；任用厨师、钓者甚至仇人、俘虏，并不是讨好他们，是因为要掌握国家政权，走建功立业的道路，就不能不这样做。所以吕尚受到重用，天下的人就知道商朝将要灭亡，周朝将要建立；管仲、百里奚受到重用，天下的人就知道齐国、秦国一定能成就霸业。

第三，重用贤人可使民心服。我们中华民族有一个很好的传统，就是尊贤。只有做到重用贤人、摒弃小人，才能使民心服。《论语·为政》载，鲁哀公问孔子：“怎样才能使百姓心服呢?”孔子回答说：“把正直无私的人提拔起来，把邪恶不正的人放在一边，老百姓就会心服；把邪恶不正的人提拔起来，把正直无私的人放在一边，老百姓就会不服。”《论语·颜渊》也载，樊迟问什么是智，孔子说：“了解人。”樊迟不明白。孔子说：“选拔正直的人，罢黜邪恶的人，这样就能使邪者归正。”樊迟退出来，见到子夏说：“刚才我见到老师，问他什么是智，他说‘选拔正直的人，罢黜邪恶的人，这样就能使邪者归正’。这是什么意思?”子夏说：“这句话说得多么深刻呀！舜有天下，在众人中挑选人才，把皋陶选拔出来，不仁的人就被疏远了。汤有了天下，在众人中挑选人才，把伊尹选拔出来，不仁的人就被疏远了。”从上述《论语》所载的内容来看，我们可以知道，重用贤人不仅仅可以成就大业，而且可以使民心悦服，更重要的是还可让邪者归正及不仁的人疏远。所以，孔子的这种思想有非常珍贵的价值。

关于贤人的作用，西汉经学家、文学家刘向《说苑·卷第八·尊贤》中说，禹凭借夏朝而称王，桀依靠夏朝而灭亡；汤凭借商朝而称王，纣依靠商朝而灭亡。阖庐凭借吴国的强大打胜仗而无敌于天下，夫差却被赵王所擒。晋文公依靠晋国称霸于诸侯，晋厉公却被杀死在匠丽氏宫中；齐威王依靠齐国成为天下的强国，齐滑王却落得个在祖庙梁上抽筋而死；秦穆公依靠秦国名号显赫尊贵，秦二世被赵高弑于望夷宫。**他们同样都是君王，但成就的功业不同，这是因为用人不同啊。**所以周成王身在襁褓之中的时候就使得诸侯来朝觐，那是因为重用了周公；赵武灵王年仅五十岁就饿死在沙丘宫中，那是因为重用了李兑。桓公得到了管仲的辅佐，多次会合诸侯，匡正天下；失掉了管仲后，重用竖刁、易牙，导致自己死后不能埋葬，被天下人耻笑。同样的一个人，尊荣和耻辱都遇上了，原因在于用人啊。所以魏国有了公子无忌之后，收复了失去的土地；赵国重用蔺相如后，秦国军队不敢入侵赵国；安陵君重用唐雎后，国家得以独立；楚国重用申包胥后，出逃的楚昭王返国复位；齐国重用了田单，齐襄王才拥有了国家。**由此看来，没有贤才俊杰，却能够建立功业树立美名、安邦定国的国家，是从来没有见过的。所以国家不在大，在于得民心；辅臣不在多，在于能得贤臣。得民心的，百姓就顺从他，有贤人辅佐的，士人就归附他。**周文王请求解除炮烙酷刑，商朝的百姓就顺从他；商汤撤掉三面的围网，夏朝的百姓就顺从他；越王不毁掉吴王的祖坟，吴国百姓就臣服，因为他们的行为顺乎民心啊。所以**声音相同，那么即使处在不同的地方也能呼应；道德观念相同的人，即使不见面也能彼此感到亲切。贤能之人在朝廷得到重用，那么天下的英杰就会争相而来。**凭什么知道就会这样呢？管仲本是桓公的仇人，鲍叔牙认为他比自己贤能于是就推荐他做国相，说了七十次才被桓公接受，于是使得桓公消除了报仇的心理，而把国家重任交给了他。桓公垂拱而治，使得诸侯来朝见，这是鲍叔牙同声相应。商纣王杀死了王子比干，箕子披头散发假装疯狂；陈灵公杀死了泄治，邓元离开了陈国。从这以后，商被周吞并，陈被楚灭亡，因为他们杀死了比干、泄治，失去了箕子和陈元啊。燕昭王重用了郭隗，邹衍、乐毅分别从齐国、赵国来到燕国，苏子、屈景分别从东周、楚国来到燕国，于是兴师进攻齐国，迫使齐滑王逃到莒地避难。燕国的土地和人口，和齐国没法比，但是燕国之所以能够在这方面实现自己的愿望，是由于得到了贤士的辅佐。所以，**没有永远保持安定的国家，没有永远很好治理的百姓。重用贤者，国家就安定昌盛，失掉贤者，国家就危险灭亡。从古到今，没有不是这样的。**借鉴古代能够得益于今天。人们都厌恶古代那些导致危亡的事情，却不致力于学习使国家安定昌盛的做法，那么这与倒退着往后跑却想要赶上前面的人没有什么区别。姜太公明白此理，所以举用微子的后代，加封比干的坟墓。圣贤之人对于已经死去的贤人尚且如此厚待，何况那些当今活着的贤士呢？

这段文章是非常重要的历史经验总结，对自三王到秦朝以来用人方面的经验教训分析得非常入微，值得每位执政者深思。正是因为贤人对国家、对社会有着突出的作用，所以古代贤明的君主就像召公所说的“以贤为宝”，如尧舜就是这样。《孟子·滕文公上》载，孟子说，当在尧帝之时，天下还不安定，洪水肆虐，四处泛滥，草木无限地生长，鸟兽成群地繁殖，庄稼没有收获，禽兽危害民众，飞鸟走兽的踪迹横七竖八地布满中原国土。尧对此很是忧虑，选拔了舜来进行治理。舜派益掌管焚火，益在山野沼泽点起烈火进行焚烧，鸟兽奔逃藏匿。接着，大禹疏浚九河，治理济水、漯水，引注入海；开掘汝水、汉水，疏通淮水、泗水，导入江河。这样一来，民众才可在中原大地上得以生息。所以，**“尧以不得舜为己忧，舜以不得禹、皋陶为己忧”**。又如战国时贤明的君主齐威王也是“以贤为宝”，《资治通鉴·周纪二》载，齐威王、魏惠王约在郊外畋猎，魏惠王问：“齐国也有珍宝吗？”齐威王说：“没有。”魏惠王说：“我的国家虽然小，尚且还有直径一寸的珍珠，珠光能照耀十二乘的车队首尾的有十枚之多，难道说像齐国这样的大国却没有珠宝吗？”齐威王说：“我作为珍宝的与你的宝不相同。我的臣子有叫檀子的，我派他去镇守南城，楚人就不敢来侵犯，泗水流域十二个诸侯都来朝见。我的臣子有叫盼子的，我派他去守卫高唐，赵国人就不敢东下来黄河捕鱼。我的属吏有叫黔夫的，我派他镇守徐州，于是燕国人畏惧，在北门设祭求福，赵国人在西门设祭求福，燕、赵两国人迁徙来归附徐州的有七千多家。我的臣子有叫种首的，我派他负责防备盗贼，于是社会风气大变，路不拾遗。这四位臣子，他们的功绩，可照耀千里，哪里只是十二乘的车队呢！”魏惠王听后露出惭愧的神色。

当然，**在中国历史上，我们也可以看到，一些衰败时期的帝王，不是“以贤为宝”，而是将珠玉、尤物视为珍宝，这类宝物聚敛愈多，百姓就愈怨恨，国家就愈危险，自身就愈受累，也就愈危险。这就丧失了宝玉的实际意义**。这方面最有名的例子便是春秋时的虞国国君。《春秋穀梁传·僖公二年》载，晋献公准备攻打虢国，大夫荀息说：“国君为什么不用屈地出产的良马和垂棘出产的璧玉，向虞国请求借一条可以通向虢国的道路呢？”晋献公说：“良马和璧玉都是晋国的宝物啊，如果虞国收下了我的礼物却不肯借道于我，那我怎么办呢？”荀息说：“这些东西本来都是小国用来奉献给大国的礼物，虞国若不肯借给我们道路，就一定不敢接受我们的礼物；如果他收下了我们的礼物，然后借给我们道路，这就好比我们将璧玉从宫中取出来存放到外面的库房中去，将良马从宫内的马房牵出来寄养到外面的马房一样。”晋献公说：“宫之奇还在虞国，他一定不肯让虞国的国君接受这些礼物的。”荀息说：“宫之奇的为人，内心通达而性格懦弱，又从小和国君一起长大。内心通达，说话就比较简略；性格懦弱，就不会坚持劝谏；从小和国君一起长大，国君就不会重视他的意见。况且令人喜爱的玩物就在自己的面前，而将要发生的祸患却还在另一个国家的后面，这里面的道理，要有中等以上智力的人才会想得到，我料定虞国国君的智力是在中等以下的。”晋献公于是去向虞国借道攻打虢国。宫之奇向国君劝谏说：“晋国派来的使臣，言语谦卑，但送上的礼物却非常贵重，这是不正常的。”虞国国君不听他的话，于是收下了晋国的礼物，将通向虢国的道路借给晋国。宫之奇又劝谏说：“俗话说‘唇亡齿寒’，大概说的就是这样的事吧！”就带着妻子儿女逃亡到曹国去了。晋献公灭了虢国，三年后又灭亡了虞国。荀息牵着骏马，拿着璧玉，来到晋献公面前，对他说：“璧玉还是原来的样子，只是骏马老了一些。”这就是“宝珠玉者，殃必及身”的生动写照。

所以，古代有智慧的人不是没有宝物，只是他们所认为宝贵的东西与别人不同。人的智慧越深，他所选取的就越精妙；人的智慧越低下，他所选取的就越粗劣。我们讲“以贤为宝”，也正是在治国理政方面“以什么为宝”的精深智慧。这四个字影响中国政治几千年。

无论在什么时代，无论在什么制度下，都只有重用贤德的人，国家才能得到大治。儒家经典《中庸》中载孔子说：“其人存，则其政举；其人亡，则其政息，故为政在于得人。”在这里，孔子强调了“为政在于得人”。如果没有贤人，制度再好也只是一纸空文。1938 年 10 月，毛泽东在《中国共产党在民族战争中的地位》中指出，“**政治路线确定之后，干部就是决定的因素**”，“**领导者的责任，归结起来，主要的是出主意、用干部两件事。……在这个使用干部的问题上，我们民族历史中从来就有两个对立的路线：一个是‘任人唯贤’的路线，一个是‘任人唯亲’的路线。前者是正派的路线，后者是不正派的路线**。”他明确肯定“任人唯贤”的干部路线，这也是对“召公以贤为宝”的中华传统优秀文化很好的继承。

第十四讲　楚庄王崇尚武德不筑京观

楚庄王，是春秋时期一位雄才大略的君主，是有名的“春秋五霸”之一。他在位时，励精图治，开疆辟土，对于华夏文明的拓展做出了积极贡献。但是，他在开疆拓土中有自己的原则，这就是他提出的“武有七德”，这在中华传统军事哲学上具有十分重要的地位。他崇尚武德不筑京观，在当时“春秋无义战”的背景下是极为难得的，所以成了中国军事史上的一段佳话。

关于楚庄王，除了“问鼎中原”之外，最著名的有三个典故：一个是“民生在勤，勤则不匮”，这表明了楚庄王重视民生，并告诫百姓要勤劳；一个是“三年不鸣，一鸣惊人”，这表明了楚庄王具有善于等待、善于积累的智慧；再一个就是“绝缨之会”，这表明了楚庄王胸怀宽广，大度能容。一个人的度量在成就其事业中具有极其关键的作用，像“春秋五霸”中的齐桓公敢于用仇人管仲为相，并尊之为“仲父”；秦穆公的骏马被他人吃了，他不但宽恕还赐予酒，后来秦国与晋国发生战事，秦穆公被围困，是吃他马肉的人救了他，并帮他俘获了晋惠公。所以，**量大福也大**。唐朝施肩吾撰、李竦编的《西山群仙会真记》里有句名言：“**大其心，容天下之物；虚其心，受天下之善；平其心，论天下之事；潜其心，观天下之理；定其心，应天下之变**。”将心量大放在第一位。

楚庄王还有一个重大特点，就是用武非常重视道义。《史记·陈杞世家》载，楚庄王因为陈国的大夫夏徵舒杀死本国的君主陈灵公并自立为陈侯，而率领诸侯讨伐陈国，杀了夏徵舒之后，将陈国占领，这时有个叫申叔时的大臣向他谏言：“大王依据道义去讨伐夏徵舒，接着占领陈国的土地，今后如何号令天下?”楚庄王听了之后，非常赞成，从晋国接回陈灵公的太子午，将他立为国君。孔子读史书了解到楚国恢复陈国的这段历史，评价说：“**贤哉楚庄王！轻千乘之国而重一言**。”意思是，楚庄王很贤明，不贪求有一千辆战车的国家的土地，而重视一句有道义的话。这件事反映了他用武重视道义。

我们这里重点讲楚庄王在邲之战胜利后崇尚武德不筑京观之事。《左传·宣公十二年》载，在楚晋邲之战中，楚国获得胜利。当楚军的辎重到达邲地，军队移驻衡雍，楚国的臣子潘党对楚庄王说：“君王何不在这里修筑武军，把晋军的尸体收集起来建立京观？臣子听说战胜了敌人一定要有纪念物让子孙知道，让后代不忘记我们的武功。”楚庄王说：“这你就不知道了。就文字来说，停止干戈是武（原文是‘夫文，止戈为武’）。周武王战胜商纣，作《颂》说：‘收起干戈，藏好弓箭。我追求美好的德行，遍施于这中原大地，成就王业保封疆。’又作《武》诗，它最后一章说：‘巩固政权功绩辉煌。’它的第三章说：‘布陈这勤劳的美德加以发扬，我去征讨只是求得天下安定。’它的第六章说：‘安抚万邦，常得丰年。’武，是用来禁止暴力、消除战争、保持强大、建立功业、安定百姓、和睦大众、丰厚财富的（原文是‘夫武，禁暴、戢兵、保大、定功、安民、和众、丰财者也’）。所以要让子孙不要忘记他的武功。如今我使得两国将士暴露尸骨，这是强暴；夸耀武力以威胁诸侯，战争就不能消除。强暴而又不能消除战争，怎么能够保持强大？还有晋国在，怎么能建立功业？所做违背百姓愿望的还很多，百姓如何会安定？没有德行而勉强争取诸侯拥戴，用什么来和睦大众？利用别人的危难达到自己的目的，坐视别人的动乱，以此为自己的光荣，这怎么能丰厚财富？武有七德，我一种都没有，用什么来昭示子孙？还是修建先君的神庙，报告战争胜利就行了。武力不是我的功勋。古时候，贤明的君主讨伐无礼的国家，捕杀它的首恶元凶，修筑坟山示众，这是对罪大恶极的人的惩罚，所以就有了京观，以惩罚罪恶。如今晋国的罪恶无法确定指认，而他们的士兵是尽忠而为执行君主的命令而死，又怎么能建造京观呢？”于是在黄河边祭祀河神，修建先君的神庙，报告战争胜利然后回国。

京观，是古时为炫耀武功，将敌人尸体聚集起来封土筑成的高冢。从这段史实中我们可以看出，楚庄王在战争胜利后，并没有夸耀和骄傲自大，而是表现出一种谦和与悲悯的心态，特别是他对武德的见解极为独到和高远，确实不愧为一代英主。我们来学习他所讲的武德：“禁暴、戢兵、保大、定功、安民、和众、丰财”。

第一，禁暴。就是禁止凶暴、为民除害。这是战争的首要目的。中国后世的兵书及大学者也都有论及。如“武经七书”之一的《尉缭子》“武议第八”载：“凡兵不攻无过之城，不杀无罪之人。夫杀人之父兄，利人之货财，臣妾人之子女，此皆盗也。**故兵者，所以诛暴乱、禁不义也**。兵之所加者，农不离其田业，贾不离其肆宅，士大夫不离其官府，由其武议在于一人，故兵不血刃而天下亲焉。”意思是，凡是用兵，应该不攻打无过的城市，不杀害无罪的人。杀害人家的父兄，掠夺人家的财物，奴役人家的子女，这都是强盗行为。所以，军队是用来讨伐暴乱、禁止不义行为的。军队所到之处，要让农民不离开自己的耕地，商人不离开自己的店铺，官吏不离开自己的办公场所。这都是由于国君掌握了正确的用武之道，所以不经过流血战斗就可使天下亲附。又如《荀子·议兵》载，荀子说：“**彼兵者，所以禁暴除害也，非争夺也**。”意思是，用兵，是禁止强暴、为民除害的，不是为了争夺。再如西汉文学家刘安的《淮南子·兵略训》载：“**夫兵者所以禁暴讨乱也**。炎帝为火灾，故黄帝擒之；共工为水害，故颛顼诛之。教之以道，导之以德而不听，则临之以威武；临之以威武而不从，则制之以兵革。”意思是，用兵是为了禁止暴力和讨伐叛乱的。炎帝兴起火灾，因此黄帝擒住了他；共工造成水害，所以颛顼杀了他。用道来教导他，用德来引导他，如果不听从，则使用武力威胁他，用武力威胁他还不听从，便用兵来制服他。《淮南子·兵略训》中还说：“**故明王之用兵也，为天下除害，而与万民共享其利**。”这就点明了用兵的目的。

实际上，区别战争是否正义的标准也体现在这里。“武经七书”之一的《吴子兵法》“图国第一”中讲，战争的起因有五种，一是争名，二是争利，三是积仇，四是内乱，五是饥馑。所发动的战争又有五种：一是义兵，二是强兵，三是刚兵，四是暴兵，五是逆兵。**禁暴除乱、拯救危难的叫义兵**，恃仗兵将众多征伐别国的叫强兵，以愤怨兴兵的叫刚兵，背弃礼义、贪图小利的叫暴兵，不顾国乱民疲兴师动众的叫逆兵。《汉书·魏相传》也载，汉宣帝与将军赵充国等讨论匈奴扰乱西域之事，准备趁匈奴衰弱，而击其右方。这时丞相魏相上书说：“臣闻**救乱诛暴，谓之义兵，兵义者王**。敌加于己，不得已而起者，谓之应兵，兵应者胜。争恨小故，不忍愤怒者，谓之忿兵，兵忿者败。利人土地货宝者，谓之贪兵，兵贪者破。恃国家之大，矜民人之众，欲见威于敌者，谓之骄兵，兵骄者灭。”意思是，臣听说为解救危乱、诛杀凶暴而用兵，称之为“义兵”，用兵行仁义，可称王于天下。敌人侵略我们，不得已而起兵，称之为“应兵”，这种用兵能取得胜利。为了小事而争恨，不忍愤怒而起兵，称之为“忿兵”，这种用兵会失败。贪图他国的土地、货物、财富而起兵，称之为“贪兵”，这种用兵必然会破灭。仗着国家强大、人口众多，想在敌人面前显示威力，称之为“骄兵”，这种用兵必然会灭亡。古人把“禁暴救乱”

的军队称为“义兵”。我们经常讲“仁义之师”，这个“仁义之师”标准在哪里？就在于这支军队“禁暴救乱”，像商汤、周武王的军队就是如此。

第二，戢兵。戢，是收藏之意。戢兵，即收藏兵器，就是停止战争、消除战争。楚庄王在解说“武”时，说得很明白：**“止戈为武”**，就是说，武是为了停止战争、消除战争，最终是为了和平。楚庄王提到周武王，在伐纣灭商之后，“乃偃武修文，归马于华山之阳，放牛于桃林之野，示天下弗服”（《尚书·武成》）。就是停止武备，修治文教，放马归于华山之南，放牛归于桃林之野，向天下表示不再使用武力。这就是为了不再起干戈而使用武力的典型。像“武经七书”之一的《司马法·仁本第一》也说：“是故杀人安人，杀之可也；攻其国，爱其民，攻之可也；**以战止战，虽战可也**。”意思是，如果杀掉坏人而使好人得到安宁，那么杀人是可以的。如果进攻别国是出于爱护该国民众的目的，那么进攻是可以的。如果用战争来制止战争，那么从事战争也是可以的。1938 年 5 月，毛泽东在《论持久战》一文更明确提出“**为永久和平而战**”的观点。**像“止戈为武”、“以战止战”、“为永久和平而战”这些观点，在人类历史上都具有超时空的意义。**

第三，保大。就是保持国家的强大。我们知道，一个国家之所以称之为“大国”，有多种因素，如硬件方面的国土广大、经济强大，软件方面的文化强大、制度强大，但无论如何，如果军事不够强大，就很难保持国家的强大，因为前面的这些强大都要靠军事作保障。因而军事力量的强弱是东西方理论家都一致同意的判定一流大国的标准。如果一个国家不足以抵抗其他国家而保卫自己国家独立的，是不能称之为大国的。这方面，在中国是有典型例子的，像《淮南子·兵略训》就讲到战国时楚国的土地，“南卷沅、湘，北绕颍、泗，西包巴、蜀，东裹郯、淮”，可谓土地辽阔，几乎占了当时中国的半壁江山，然而自楚怀王后其军事力量不够强大，所以经常被秦国欺负，最后土地和百姓逐渐被削去，直至灭亡。近代以来，大清帝国的军事力量也不够强大，自 1840 年鸦片战争以来遭受西方列强的侵略，这是中华民族最为惨痛耻辱的一段历史。另外，在外交中也有个不成文的原则，即“弱国无外交”，也就是说弱国在外交事务中很难发挥重要作用，别的国家不会把你当回事。因为，外交是国力的体现，主要是军事实力的体现，军事实力强，说话就有分量；军事实力弱，很多时候就只能靠边站。像中国近代以来就是因为军事力量太弱，所以在外交上签订了很多丧权辱国的条约。当然，我们中华民族也有扬眉吐气之时，比如西汉名将甘延寿、陈汤就有一句非常让中国人长志气的话：“**犯强汉者，虽远必诛**”（《汉书·傅介子常惠郑吉甘延寿陈汤传》），意思是，有胆敢进犯强大汉朝的，即使再远，我们也一定会诛杀。从上述我们可以看出，军事力量是保持国家强大的主导性因素。

第四，定功。就是建立功业。楚庄王所说的“定功”，不是攻城略地、杀人遍野而建立功业，如果这样，就是不具备武德。唐朝诗人曹松《己亥岁二首》其一讲：“泽国江山入战图，生民何计乐樵苏。**凭君莫话封侯事，一将功成万骨枯**。”说明了一个现象，就是将军的战功是千万人的牺牲换来的。像战国时秦国的“战神”白起，善于用兵，特别是与赵国的“长平之战”，为秦国立下大功，被封为“武安君”。但他坑杀赵国降卒几十万人，这是典型的嗜杀，虽然建立功业，却因杀戮太多，最后得到了被秦昭王赐死的报应。所以，通过过多杀戮而建立的功业，不要也罢。我们讲的“定功”，恰恰是通过不滥杀人、珍惜生命来取得的。比如，《宋史·曹彬传》载，在奉宋太祖之命讨伐后蜀时，诸将都想屠城，只有曹彬下令约束部下不得肆意杀掠，所到之地，百姓悦服。在率军讨伐南唐时，宋军长期围城，曹彬多次放缓进攻，希望南唐后主李煜投降，以免丧失许多士兵和百姓的性命。曹彬还派人劝李煜说：“形势已经这样了，可惜的是城中百姓，如果能归顺是上策。”城快要攻破时，曹彬忽然称病，诸将来探问，他说：“我的病不是药能治好的，只要大家诚心立下誓言，攻下城池的那一天，不妄杀一人，我的病就自然好了。”诸将许诺，一同焚香立誓，后来果然攻下城池，李煜投降。《宋史》评论将领时，称其为“宋良将第一”。又如，明初时，朱元璋有个重要谋士朱升，世人称其为“枫林先生”，他向朱元璋提出的“高筑墙，广积粮，缓称王”三策是很有名的，实际上他对用兵也很有独到的看法。龙凤四年（公元 1358 年）十一月，婺州久攻不下，朱元璋问朱升“用兵之要”时，他说：“**杀降不祥，唯不嗜杀人者，天下无敌**。”朱元璋采纳他的建议，亲率十万大军前往婺州，令“城破不许妄杀”。不到一个月，就攻下了婺州（《朱枫林集》卷九附录《翼运绩略》）。所以，像曹彬和朱升这样的人用武，才是真正的“定功”。

第五，安民。就是使百姓过上安定的生活。百姓之所以参与战争，是因为他们渴望和平，渴望安定，这是老百姓真实的愿望。因此，战争时，也要爱护百姓。《司马法·仁本第一》载：“**战道，不违时，不历民病，所以爱吾民也；不加丧，不因凶，所以爱夫其民也；冬夏不兴师，所以兼爱民也。**”意思是，用兵的原则是：不要违背农时，不要让民众遭受苦难，这样做是为了爱护自己的民众；不乘敌人国丧时前去进攻，也不趁敌国发生灾害时起兵征伐，这样做是为了爱护敌国的民众；在严寒的冬天和酷热的夏天不兴师出征，这样做是为了爱护敌我双方的民众。这充分体现了“安民”。过去行军打仗时，有的还会张贴“安民告示”，表明自己的军队对百姓秋毫无犯。军队严守纪律，对百姓秋毫无犯，才能让百姓感到安心，才能赢得百姓的支持。如《资治通鉴·汉纪五十三》载，东汉末年，孙策渡过长江向南发展，他的军队严守纪律，不敢抢掠，鸡狗蔬菜都无一触犯，百姓非常高兴，争先用牛肉和美酒慰劳军队。孙策在打败笮融、刘繇后，进入曲阿，慰劳赏赐将士，并发布“宽恩令”，告知各县：“凡是刘繇、笮融等同乡部属来降的，一律既往不咎，愿意当兵的，一人从军，便可免除全家赋税劳役；不愿当兵的，不勉强。”不出十天，应召入伍的都来了，得兵二万多人，马一千多匹，孙策顿时威震江东。吴国割据江东，是孙策开创了基业。又如曾国藩与太平天国作战时，有一个著名的《**爱民歌**》，这是咸丰八年（公元 1858 年）曾国藩在江西建昌大营所作，相当于湘军的“安民告示”。《爱民歌》的内容是：“三军个个仔细听，行军先要爱百姓。……第一扎营不要懒，莫走人家取门板。……第二行路要端详，夜夜总要支帐房。……第三号令要严明，兵勇不许乱出营。……爱民之军处处喜，扰民之军处处嫌。我的军士跟我早，多年在外名声好。如今百姓更穷困，愿我军士听教训。军士与民如一家，千记不可欺负他。日日熟唱爱民歌，天和地和又人和。”再如，中国共产党领袖毛泽东也制定了“**三大纪律，八项注意**”。“三大纪律”即“一切行动听指挥，不拿群众一针一线，一切缴获要归公”；“八项注意”即“说话和气，买卖公平，借东西要还，损坏东西要赔，不打人骂人，不损坏庄稼，不调戏妇女，不虐待俘虏”。只有这样对民秋毫无犯的军队，才是能够安民的军队。

同时，战争结束后，首要的也是要让百姓安定，休养生息。《司马法·天子之义第二》中讲，古代对于戍守边防的士兵，三年之内不再征调，这是看到了他们的辛苦。上下之间这样的互相体恤和爱护，就是最和睦的表现。打了胜仗就高奏凯歌，这是表达喜庆。结束战争后高筑灵台，慰劳民众，这是表示休养生息从此开始。在中国历史上，战争结束后即实行休养生息的，像汉高祖刘邦、明太祖朱元璋都是如此。世界历史上的著名人物——印度的阿育王，也是以“安民”为己任。阿育王刚刚继位的时候，也想学习祖父和父亲的做法，用武力征服整个印度半岛。公元前255年，他统领大军向马德拉斯东海岸的羯陵伽发起进攻，并取得了胜利。但是，**当他看见战争后的尸横遍野以及血腥的恐怖后，他开始憎恶战争带来的毁灭，于是他下定决心放弃战争**。后来，他接受了佛教和平的教义，并宣称以后的征服只是宗教意义上的征服。阿育王执政的二十八年，可以说是印度史上最安宁和平的日子。在印度，他让人们种植树木，建造医院、公园、药圃；开展了大规模的掘井工程；为了保护和更好地管理印度的土著居民和隶属民，他设立了专门机构；在当时，佛陀传下了纯粹而精练的教义，阿育王为了鼓励人们整理和研究所收集的经文，提供了巨额资助给佛教传播团体。所以，能够真正安民、仁爱百姓的人，也一定活在百姓心中。

第六，和众。就是和睦大众，与邻国和睦相处。根据楚庄王所说的“无德而强争诸侯，何以和众”可知，他所讲的和众，主要是争取诸侯拥戴，与邻国和睦相处。在春秋时期，能获得诸侯拥戴，与邻国和睦相处，确实不容易，这只有“五霸”才可以做到。在春秋时期，“和众”主要是通过参加会盟、订立盟约等形式体现的。比如最有名的“葵丘会盟”，就是由齐桓公主持召集诸侯参加的盟会。《春秋穀梁传·僖公九年》载，葵丘会盟时，虽然也陈列了供奉先人的牲畜，却并不宰杀取血，宣读的盟书就放在牲畜身上，这是为了专一阐明周天子的禁令。禁令中规定：“不得壅塞通向别国的水源，不得囤积粮食以阻止别国购买救灾，不得随意撤换嫡子的君位继承权，不得将侍妾立为正妻，不得让妇人参与国家大事（原文是‘毋雍泉，毋讫籴，毋易树子，毋以妾为妻，毋使女人与国事’）。”在“葵丘会盟”订立的五条盟约中，与邻国和睦相处得到了很好体现，像“不得壅塞通向别国的水源，不得囤积粮食以阻止别国购买救灾”这两条就是如此。《孟子·告子下》也记载了孟子所说的“葵丘会盟”的五条盟约：**第一条说，责罚不孝的人，不得擅自改立太子，不得把妾立为正妻。第二条说，尊重贤人，培育人才，用来表彰有德行的人。第三条说，要敬老爱幼，不要忘了来宾和旅客。第四条说，士人不能世代做官，公职不能兼任，选用士人一定要得当，不得擅自杀戮大夫。第五条说，不得到处修筑堤坝，垄断水利，不得阻止邻国来买粮食，不能私自封**

赏而不报告盟主。盟书最后说，凡是我们同盟的人，盟会之后都恢复友好关系。孟子所说的这五条内容与《穀梁传》略有不同，多了些内容。但都充分说明了“葵丘会盟”是“和众”的重要体现。

第七，丰财。就是丰厚财富。用武和丰财有什么关系呢？战争和财富确实有关系。在中国历史上有一个著名的军事制度（也可以说是一项经济制度），即屯田制，这个制度是“丰财”的重要形式。这是一种以士兵和农民开垦种植荒地，以取得军队供养和粮食的制度，它可以分为军屯、民屯。我们主要讲“军屯”，“军屯”就是由军队将士屯田，种植粮食。**这种“军屯”开创了一种大规模的“寓兵于农、兵农合一”的体制，农时耕种，闲时练兵，使得“平时为民，战时为兵”成为可能**。三国时曹操就推行了屯田制，使曹魏实力大增，使军粮供应得到很好的保证，数年中粮食就充满了仓库，并争取了很多人口，从而为曹魏在军事上、经济上占据优势发挥了重要作用。明末清初大学者王夫之曾高度评价曹魏实行的屯田制说：“**曹孟德始屯田许昌，而北制袁绍，南折刘表；邓艾再屯田陈、项、寿春，而终以吞吴；此魏、晋平定天下之本图也**。”（《读通鉴论·卷十·三国》）所以，用武也是可以丰财的。

在西方，德国军事理论家克劳塞维茨《战争论》中也有专门的章节论军队的武德。他说：“**武德不同于单纯的勇敢，更不同于对战争事业的热情**。勇敢固然是武德必要的组成部分，但是，军人的勇敢不同于普通人的勇敢，普通人的勇敢是一种天赋的品质，而军人的勇敢是可以通过锻炼和训练培养出来。军人的勇敢必须摆脱个人勇敢所固有的那种不受控制和随心所欲地显示力量的倾向，它必须服从更高的要求：服从命令、遵守纪律、遵循规则和方法。对战争事业的热情，虽然能使武德增添生命力，使武德的火焰燃烧得更旺盛，但并不是武德必要的组成部分”，“武德表现在个人身上就是：深刻了解这种事业的精神实质，激发、锻炼和吸取那些在战争中活动的力量，把自己的全部智力运用于这个事业，通过训练使自己能够确实而敏捷地行动，全力以赴，从一个普通人变成称职的军人”，“**一支军队，如果它在极猛烈的炮火下仍能保持正常的秩序，永远不为想象中的危险所吓倒，而在真正的危险面前也寸步不让，如果它在胜利时感到自豪，在失败的困境中仍能服从命令，不丧失对指挥官的尊重和信赖，如果它在困苦和劳累中能像运动员锻炼肌肉一样增强自己体力，把这种劳累看作是制胜的手段，而不看成是倒霉晦气，如果它只抱有保持军人荣誉这样**

一个唯一的简短信条，因而能经常不忘上述一切义务和美德，那么，它就是一支富有武德的军队”。通过两相对比，我们发现，楚庄王讲武德时，放在战争的道德标准上，而克劳塞维茨讲武德则放在军队自身上，楚庄王讲的武德，更具有人道主义精神，所以这是相当了不起的。

从人类几千年的文明来看，战争一直伴随着人类，我国从夏朝起到中华民国，大大小小发生了无数的战争。哪里发生战争，哪里就尸横遍野，而且一些战役动辄导致几十万人死亡。20 世纪的第一次、第二次世界大战，动员了几千万甚至上亿的人口，死亡的人数达几千万，给全世界都带来了巨大的灾难。这些战争有的是正义的，有的是非正义的。只有具备武德的战争才是正义的战争，也就是说为除暴安民而战，为永久和平而战，为抵抗侵略而战，才是正义的。否则，为了争夺土地、争夺利益、争夺霸权而战，就是残暴的行为，无论胜负，都是不正义的。

当今世界，追求和平仍然是人类共同的愿望。但是，人类只要没有实现大同，就有可能发生战争。我们当学习楚庄王“止戈为武”的和平思想、讲“武德”的高尚情怀以及中华优秀传统军事哲学，使我们的军队成为仁义之师、威武之师、胜利之师。

第十五讲　樊姬贤明兴楚

樊姬是楚庄王的夫人，非常贤明，不仅自身有很好的修为，而且还辅助楚庄王，使楚国强大起来。西汉经学家、文学家刘向《列女传》中讲，楚国的史书记载“**庄王之霸，樊姬之力也**”。也就是说，楚庄王之所以成为“春秋五霸”之一，很大程度上得力于樊姬。樊姬贤明，并辅助丈夫振兴国家，确实为后世的“贤内助”提供了一个很好的典范。

樊姬贤明兴楚这段史实出自刘向的《列女传》，这部《列女传》是独立的一部著作，其后自《后汉书》开始，正史也专门设有“列女传”。刘向所著的这部《列女传》共分七卷，前六卷皆是列女的正面形象，第一卷是“母仪传”，如舜帝二妃、周室三母；第二卷是“贤明传”，如周宣王的姜皇后、梁鸿之妻孟光；第三卷是“仁智传”，如孙叔敖之母、赵括之母；第四卷是“贞顺传”，如息国国君的夫人、楚平王的夫人；第五卷是“节义传”，如“战国四大刺客之一”的聂政之姊、西汉王陵之母；第六卷是“辩通传”，如齐宣王的夫人钟离春、西汉淳于公的女儿缇萦。只有第七卷“孽嬖传”，讲的是负面形象，如夏桀的妃子末喜、商纣的妃子妲己、周幽王的王后褒姒、西汉的赵飞燕。我们所讲的樊姬是在第二卷“贤明传”。

刘向《列女传》第二卷“贤明传”载，楚庄王即位后，非常喜欢打猎。夫人樊姬去劝阻他，始终不听。于是樊姬就不吃肉了，如此楚庄王才改过自新，勤于国事。有一天，楚庄王上朝的时间很长，耽误了吃饭。樊姬迎接他说：“是什么重要的事情，竟然让您经常这样废寝忘食？”楚庄王高兴地说：“和贤能的忠臣说话，真是不知道什么是饥饿和疲倦。”樊姬又问：“您说的是哪一位贤能忠臣呢？”楚庄王不假思索地说：“是虞邱子。”听了楚庄王的回答，樊姬禁不住捂住嘴巴，大笑起来。楚庄王很奇怪，于是问：“夫人为何大笑？”樊姬很严肃认真地说：“如果说虞邱子是聪明的人倒还勉强，但他未必算是一个忠臣。”楚庄王听后十分疑惑，就问道：“为什么这样说呢？”樊姬看着满脸疑惑的楚庄王，回答说：“我服侍君王您，算起来有十一年了。我曾经派人到郑国、卫国访求品貌都很好的女子，献给您。比我好的有两个人，和我同等的也有七个人。我何尝不想独占您的宠爱呢？但是我不能以私蔽公，只考虑个人的得失，而是想大王您可以多见识一下，以知道别人的贤能。现在虞邱子做楚国的宰相，已十多年了。他所推荐的不是其子弟，便是其宗族亲戚，没有听说他推荐过贤能的人和罢免不贤的人，这是蒙蔽君王而堵塞贤人之路。知道贤能的人不推荐，是不忠；不知道有贤能的人，是不智。我之所笑，不也可以吗？”楚庄王听后非常高兴。

第二天，楚庄王将樊姬所说的话告诉虞邱子，虞邱子赶紧离开坐席，不知回答什么好。下朝以后，他躲在家里不敢出来，并派人迎接孙叔敖，推荐给楚庄王。楚庄王于是任孙叔敖为宰相。治理楚国三年之后，孙叔敖以其贤能辅佐楚庄王称霸。所以，楚国的史书上说：“楚庄王称霸，是得樊姬之力。”

从这里我们可以看出，樊姬贤明在三个地方：第一，她能够劝谏楚庄王勤于国事，并且用自己不吃肉的方法，使楚庄王不好打猎游玩。第二，她能够心中“无我”，不嫉妒其他美人，并主动帮楚庄王物色贤德的女子。第三，她能够深刻认识到虞邱子堵塞贤人之路，并迫使虞邱子让位而推荐贤能的孙叔敖为宰相，为楚国的强大做出了决定性的贡献。因此，西汉经学家、文学家刘向歌颂她说：**“樊姬谦让，靡有嫉妒，荐进美人，与己同处，非刺虞丘，蔽贤之路，楚庄用焉，功业遂伯。”**

樊姬之贤明也影响到后世，成为贤明女子的楷模。如西汉成帝时，皇太后曾夸赞成帝的婕妤班氏，就将其比作樊姬。《汉书·外戚传》载，有一次，汉成帝在后花园游玩，想和班婕妤坐同一辆车子。当时班婕妤正受宠幸，但她辞谢说：“我看到古代留下的图画，圣贤之君的旁边都是名臣，而夏、商、周三代的末主夏桀、商纣、周幽王的旁边才是宠妃。您如果和我同车，不就跟他们很相似吗？”汉成帝很赞赏她的话。皇太后听说后非常高兴地说：“古有樊姬，今有班婕妤。”可见这个樊姬名声确实不小，隔了几百年，还有人提及她。明朝大学者吕坤的《闺范》也高度评价樊姬：**“国家得不到好的治理，这是妒忌贤能的人造成的。樊姬在后宫不妒忌，从而推广使国家大治，只是因为没有自私的心。所以自私心太强的人不能容纳别人。到了最后，自己反而没有容身之地。然而嫉妒的人最终也不能醒悟。令人感叹呀！樊姬真是女子的楷模，可以作为准则了。”**

在中国历史上，像樊姬这么贤明的女人也还有不少。我们从历史上的明君身上可以发现：贤明的帝王背后，大多会有一个贤明的皇后。这里列举十例：

一是舜帝的二妃娥皇、女英。舜帝成为与尧帝并称的圣王，很大程度上得力于背后两位贤德妻子的协助。《史记·五帝本纪》载，尧帝为了考察舜，将自己的两个女儿嫁给了舜。这两个女儿不以显贵傲慢对待公婆、小叔子，而是谨守妇道。刘向的《列女传·母仪传》中的第一则讲，有虞（即舜帝）的二妃即尧帝的两个女儿，长女名叫娥皇，次女名叫女英。娥皇、女英嫁给舜之后，她们姐妹陪同舜一同在田间劳作，不因为自己是帝王之女而骄奢怠慢，仍然谦虚恭俭，尽妇道。舜的父亲瞽叟与弟弟象想谋杀舜，姐妹俩还多次救了舜。比如，瞽叟让舜去修粮仓，当舜爬上梯子登上房顶时，瞽叟突然放火烧粮仓，舜就手持姐妹俩为他准备好的两个大斗笠，从空而降，有惊无险。又如象和父母设计让舜挖井，姐妹俩告诉舜在挖井时要在旁边挖一条通道，结果当象将井填上时，舜就从旁边通道逃了出来。再如瞽叟又设计让舜饮酒，打算在他酒醉后将他杀死，舜再次告诉两位妻子，两姐妹先让舜在药中沐浴，然后才去，于是舜能终日饮酒而不醉。不久，尧帝又任用舜处理政务，有重大事情时，舜常常与两位妻子商量。舜即位后，封娥皇为后，女英为妃。天下都称赞二妃聪明贞仁，后来舜帝年老出巡时死于苍梧，二妃也不独活，追随至江湘之间而逝，人们称她们为“湘君”。君子说：“二妃德纯而行笃。”

二是周朝的太姜、太任、太姒。我们称妻子为“太太”，来源就在于周朝的“三太”，太姜是周文王的祖母、王季的母亲、周太王的王后；太任是周文王的母亲、王季的王后；太姒是周文王的王后，是周武王、周公的母亲。《列女传·母仪传》载，太姜“贞顺率导，靡有过失”，“广于德教”，她所生的三个儿子太伯、仲雍、季历都非常贤德，而且周太王遇到狄人强占土地、打算迁徙等大事，都与她商量。太任“端一诚庄”，品行高洁，注重修行善德。她在胎教上很有心得，“目不视恶色，耳不听淫声，口不出傲言”，所以文王一出生，就很聪明，后来成为大圣人。太姒“仁而明道”，文王非常欣赏她，亲自到渭水迎娶，她嫁给文王后，对太姜、太任都精勤侍奉，以尽妇道。她生了十个儿子，都悉心教导，其中有两个儿子成为圣人，即周武王和周公。这三太为周朝的兴盛做出了巨大贡献。

三是周宣王的皇后姜氏。周宣王也是周朝一位贤王，执政的时间也很长，大约五十多年，在他的治理下，周朝出现了中兴的局面。大家要知道，凡是谥号为“宣”的帝王都不简单，都是有作为的帝王，如汉宣帝、唐宣宗、明宣宗。周宣王的皇后姜氏贤惠而又有品德。周宣王曾经有一段时间早睡晚起，姜皇后便摘去头上的首饰，在皇宫中的永巷里等候治罪，同时让她的傅母向宣王传言禀报说：“**臣妾无才又无德，导致大王您丢失早朝的礼数，很晚才去上朝，给人留下了好色而忘德的形象。一旦迷恋于女色，就会穷奢极欲，疏于朝政，这是出现大乱的原因**。臣妾斗胆请大王治罪。”宣王说：“寡人品德有缺憾，这实在是我自己犯的过错，不是夫人的错。”宣王受姜皇后激励，便勤勉于国家政事，每天早出晚归，继承周文王、周武王治理国家的方法，成就了西周王朝的中兴大业。明朝大学士张居正编撰的《帝鉴图说》也记载了这件事。

四是齐宣王的王后钟离春。钟离春即“无盐女”，中国古代著名的丑女之一，是齐宣王的王后。刘向《列女传》第六卷“辩通传”载，钟离春，是齐国无盐邑的女子，长相极丑：大额头，深眼窝，长手指，大骨节，朝天鼻，有喉结，粗脖子，头发少，腰部弯，鸡胸，皮肤像涂漆一样黑。所以，年已四十岁了，还嫁不出去。有一天，她求见齐宣王，对守门的侍卫说：“我就是齐国那个嫁不出去的女子，听说大王德行高尚，愿意到后宫当妃子。”侍卫将此事报告给齐宣王，齐宣王召见后，她用隐身之法引起了齐宣王的浓厚兴趣，借此机会提出了齐宣王面临的“四大危险”，她说：“现在大王治理的国家，西边有实行连横政策的秦国这个忧患，南有强大的楚国这个敌人。外部有这两个国家的忧患，内部聚集了一大批奸臣，民心离散。而且大王四十岁了，却不立太子，不关心百姓却关心嫔妃。看重自己喜爱的人而轻忽自己应该依靠的人，一旦大王御驾归天，国家必然大乱，**这是第一个危险**。您下令筑起来的渐台高达五层，用的是黄金白玉、翡翠珠玑等贵重的装饰品，而百姓已疲惫不堪，**这是第二个危险**。贤能之士都隐藏在山林之中，阿谀奉承之徒伴随在大王身边，奸邪虚伪的人在朝中任职，要进忠言的人却进不来，**这是第三个危险**。您整日沉迷于饮酒作乐，夜以继日，和舞女、乐师、艺人在一起嬉戏。对外不设法与诸侯联络感情，对内不关心国家的治理，**这是第四个危险**。”宣王听后非常感慨，立刻下令拆掉渐台，斥退女乐，罢免小人，抛弃珠宝装饰，操练兵马，充实仓库，打开宫门欢迎进谏，门第很低者也在提拔重用之列。又选择吉日良辰立太子，拜无盐女为王后。此后齐国安定兴旺，这都是钟离春的功劳。

五是汉光武帝的皇后阴丽华。《汉书·皇后纪》载，阴丽华是南阳新野人，人长得非常漂亮，光武帝刘秀在未发迹时就暗中喜欢她，他曾感叹“仕宦当作执金吾，娶妻当得阴丽华”，在更始元年（公元23年）终于娶阴丽华为妻，更始二年又娶郭圣通为妻。刘秀称帝后，认为她素来宽厚仁爱，想封她为皇后，但她坚决推辞，认为郭圣通已生了儿子，始终不肯当皇后，所以光武帝才立郭圣通为皇后。建武四年（公元28年），阴丽华生下汉明帝刘庄。建武九年，光武帝诏令大司空说：“我在微贱的时候娶阴氏为妻，因为长期作战，各自相别离，幸而得以保全。因为阴贵人有母仪天下的美德，应当立她为皇后，可是她坚决推辞不敢承当，我赞赏她重义谦让。”建武十七年，光武帝立阴丽华为皇后。史书评价说，阴皇后在位谦恭节俭，嗜好和玩乐都不多，也不喜欢开玩笑，性情仁厚孝悌，端庄慈爱。

六是汉明帝的皇后马氏。《汉书·皇后纪》载，汉明帝的皇后马氏，也称明德马皇后，是伏波将军马援的小女儿，十三岁时因堂兄马严上书而选入到太子（即后来的汉明帝）宫里做了嫔妃。她非常注重礼数，使后宫上下都相处和睦。明帝即位后，封其为贵人，因其没有生养儿子，明帝将儿子即后来的章帝交给她抚养，马贵人尽心抚育，操劳胜过对待亲生的孩子。马贵人因为明帝儿子不多，每每心怀忧虑而叹息，推荐左右嫔妃侍寝，如果有多次被宠爱召幸的，就待她更好。永平三年（公元60年）春，大臣奏请册立皇后，明帝没有明确表态，皇太后阴丽华说：“马贵人的品德为后宫第一，她就是合适的人选。”于是立她为皇后。立为皇后以后，她更加谦恭，她还能诵《易经》，爱读《春秋》、《楚辞》，尤其喜欢《周礼》和《董仲舒书》。平常身穿粗布衣服，穿着没有装饰的裙子。汉明帝曾几次去苑囿游玩，她总是关心地说注意不要感受风寒。当时，楚王刘英的案子多年没有决断，囚犯的证词互相作证牵连，因而株连下狱的人很多，马皇后深怀恻隐之心，劝告汉明帝不要牵连太多无辜的人。汉明帝最终宽恕了不少人。而且，马皇后很有见识，汉明帝也多次同她讨论公卿难以决断的事情，她的分析很有道理，并推断出真实的情况。她在陪侍汉明帝时，谈论政事，对汉明帝多有帮助，却从未因为马家的私事提出请求。因此，汉明帝对她宠爱日益加深，始终不衰。

七是唐太宗的皇后长孙氏。《新唐书·卷七十六·后妃传》载，唐太宗李世民的文德长孙皇后，爱好读书和传记，将古往今来的善恶之事作为自己的借鉴，言行严格遵守礼法规矩。长孙皇后生性节俭朴素，对于食用物品以够用为原则，对于儿子也是这样要求。有次太子李承乾的乳母请求增添东宫用的器物，长孙皇后说：“**作为太子，应当担心德不立，名不扬，何必担心没有器物呢！**”她对下人极为仁慈，后宫中一旦有犯了错要被处罚的人，她会等到太宗怒气缓解时，为其解释，不让人受冤屈；有嫔妃生下豫章公主死去，她待豫章公主视如己出；若有身边人生病，她将自己服用的饮食、药品赐给她们，因此，下人都感怀她的恩德。《资治通鉴·唐纪十》也记载了长孙皇后几件事：**一则是奖励并保护魏徵**。说的是，长孙皇后的亲生女儿长乐公主出嫁，唐太宗令陪嫁的东西比皇姑永嘉长公主多一倍，魏徵以汉明帝分封皇子采邑时所说的“我的儿子怎么能和先帝的儿子相比”为类比劝谏唐太宗，唐太宗觉得有理，进宫中告知长孙皇后，长孙皇后感慨地说：“**我与陛下是多年的结发夫妻，多蒙恩宠礼遇，每次讲话还都要察言观色，不敢轻易冒犯您的威严。何况大臣与陛下较为疏远，还能如此直言强谏，真是皇上的栋梁大臣。**”于是长孙皇后请求唐太宗派宦官去魏徵家中，赏赐给四百缗钱，四百匹绢。还有一次，唐太宗退朝后回到内宫，很生气地说：“一定要杀了这个乡巴佬。”长孙皇后问是谁，唐太宗说：“魏徵总是当众羞辱我。”皇后退了出去，换上正式朝服说：“**我听说君主开明则臣下正直，如今魏徵正直敢言，是因为陛下的开明，我怎能不向陛下祝贺呢！**”太宗这才转怒为喜。**二则是临终劝谏唐太宗**。长孙皇后临终之时，正值房玄龄因被谴责遭免职回家，长孙皇后说：“房玄龄长期侍奉陛下，参与大政方针，如果不是大的过错，请不要抛弃他。我们长孙宗族蒙恩泽进入宫廷，无德行而享有俸禄，容易导致灾祸，请不要授予大权，以外戚身份朝见皇上就足够了。我生前无益于人，不可以死后因厚葬而害人，希望不要建造陵墓，只需要瓦木之类的器具。仍旧愿陛下亲近君子、远离小人，纳忠谏之言、摒弃谗言，减少劳役、停止游猎，这样我就死而无憾了！”她还取出衣服中的毒药说：“我准备于陛下百年之后，誓死相从，决不当吕后！”**三则是作《女则》三十卷**。长孙皇后曾编著《女则》三十卷，唐太宗看了之后十分悲痛，并给近臣们看，说道：“皇后这本书，足以垂范百世！”并称自己“失一良佐”。《资治通鉴·唐纪十》还评价说“长孙皇后性仁孝俭素，好读书，常与上从容商略古事，因而献替，裨益弘多”。我们看，长孙皇后不仅保护了唐太宗两位重要大臣（魏徵和房玄龄），而且自身贤德有才，向唐太宗提出了有益的建议。所以，唐朝有“贞观之治”，长孙皇后是做出很大贡献的。

八是宋仁宗的皇后曹氏。宋仁宗是北宋第四代君主，是北宋在位时间最长的一位君主，他在位的四十年，是北宋人才最鼎盛、社会最繁荣的时期。这位皇帝的背后也有一位贤德的皇后，这就是宋朝第一良将曹彬的孙女慈圣光宪曹皇后。《宋史·卷二四二·后妃传》载，景祐元年（公元1034年）九月，曹氏被立为皇后。她禀性慈和，生活俭朴，重视农事，常在宫苑中种植谷物，养蚕织布。庆历八年（公元1048年）的闰正月，守卫宫廷的一些士卒作乱，乘夜翻墙越屋直奔皇帝的寝宫，十分危险，曹皇后迅速关闭宫中通道，召见都知王守忠率兵前来救护。她猜测贼人一定会乘乱放火，派人提水准备，贼人一放火即被浇灭。当天晚上，凡是派出去的宦官侍卫，她都亲自用剪刀将他们的头发剪下来作为论功行赏的证据，因此这些人都奋不顾身，贼人很快就捕获了。所以，是她靠自己的智慧救了宋仁宗。宋仁宗无子，后来的宋英宗被选为皇子时年仅四岁，在宫中抚养，也是她一手操持，尽心尽力。宋英宗即位后不久便身患重病，请求她暂时协同处理军国大事，但她与大臣们商议时，从不独断专行。曹皇后熟悉经史，常常援引供裁决大事之用，每天处理的奏疏几十份，都能有条不紊，井井有条。对待外戚以及身边侍从，也能严格要求，不讲情面，没有人敢假借声势，为非作歹。宋英宗身体恢复后，她便下令还政。宋神宗即位时，尊她为太皇太后，她曾劝阻宋神宗企图收复燕云十六州之事，说："此事不可不谨慎，得到北边之地，最大的好处就是契丹入朝拜贺，但是万一失败，就会国家动荡，生灵涂炭，种种祸乱，难以言表。"另外，她还在病中拯救了被人诬陷关押在御史台监狱的苏轼，她对宋神宗说："我想起当年仁宗举行殿试，得到苏轼兄弟高兴地说：'我为子孙找到两位宰相'。现在听说苏轼因为写诗被定罪，应该不是遭到仇人的诬陷中伤吧？我病情严重，你不要因为制造冤狱、滥杀无辜伤害天地中和之气。"苏轼因此得救。这里还提及一个人，就是她的外甥女高皇后（高琼的曾孙女，曹皇后姐姐的女儿），也受到她的教诲，后来与宋英宗成婚，是宋神宗的母亲，在宋哲宗时高后宣召司马光、吕公著入朝为相，做了很多好事，被时人称为"女中尧舜"。

九是明太祖的皇后马氏。大家都知道，明太祖虽然杀功臣、贪官很多，但是他对百姓很有感情，这主要是因为他生长于民间，深知百姓之疾苦。所以他对百姓能行宽仁之政，明朝之所以能存续二百七十六年，太祖的恩泽功不可没。明太祖之所以能够如此，也离不开一位贤德皇后的辅助，这就是孝慈皇后马氏。《明史·卷一百十三·后妃传》载，马氏仁慈而且才识很高，爱好书史。朱元璋与陈友谅争雄时，每天都有战事，马氏亲自缝制士兵的衣服鞋子帮助军队，她还将宫中的金帛全部拿出来犒劳将士。她曾经对朱元璋说：“**平定天下以不杀人为根本**。”朱元璋即位后，封其为皇后。朱元璋常常对大臣讲述皇后的贤德，说她与唐代长孙皇后一样。马皇后在内宫中，闲暇时就讲古代训言，因为宋代多贤后，于是命女史抄写她们的家法，早晚查看阅览。有人说宋代过于仁厚，马皇后说：“**过于仁厚，不是要胜过刻薄吗**？”她生活节俭，平时穿粗糙的、洗过多次的衣服，虽然破旧也不忍换掉。遇到大旱之年，就率领宫人吃粗茶淡饭，协助祈祷；收成不好的年份，则安排吃麦饭野羹。她还说：“**赈济抚恤不如事先储备积蓄**。”上述几件事，说明马皇后确实很有见识。马皇后还非常尊重老师和人才。有次太子的老师、学士宋濂因为孙子宋慎有罪被连坐，判处死刑。她对明太祖朱元璋说：“**百姓家为子弟请师傅，尚且始终以礼相待，何况天子呢**？况且宋濂住在家里，必然不知情。”太祖不听，恰巧她与太祖吃饭，便不进献酒肉，太祖询问原因，她回答说：“妾为宋先生祈福。”朱元璋神情悲伤，放下筷子离座，第二天便赦免了宋濂，安置于茂州。有次她启奏太祖说：“**君主自己的供养要简单，供养贤士应当丰厚**。”她还设立红板仓，积蓄粮食赐予各位太学生的家人，所以太学生家中有粮食供应是从马皇后开始的。诸将攻占元朝大都后，缴获很多宝玉。她说：“元朝就是因为有这个而不能守住天下，大概帝王自有宝物吧！”太祖回答说：“我知道皇后所说的宝物就是得到贤能的人。”她拜谢说：“妾与陛下从贫贱起家，直到今天，**常常害怕骄纵生于奢侈，危亡出现于细小事情，所以希望得到贤能的人共同治理天下**。”又说：“**法令屡次更改必然被破坏，法令破坏则奸邪产生；百姓屡次被侵扰必然困苦，百姓困苦则祸乱产生**。”太祖十分称赞说：“这是至理名言啊！”并命令女史记在书册上。洪武十五年（公元1382年），马皇后病危，太祖问她想说什么，她说：“希望陛下求贤纳谏，始终谨慎，子孙都贤德，大臣和百姓各自得到所需。”她去世后，太祖悲伤痛哭，并不再立皇后，宫人十分怀念，作歌谣唱道：“我们的皇后圣德仁慈，教化施行于家邦。抚慰我养育我，怀念美德难以忘记。怀念美德难以忘记，直到万年。”

十是明成祖的皇后徐氏。在中国历史上，明成祖永乐皇帝朱棣是极有作为的皇帝，在文治上，他在位时由翰林学士解缙任总纂官编纂的《永乐大典》是中国百科全书式的文献，全书共三亿七千万多字，汇集了古今图书七八千种，在数量上远超唐代的《艺文类聚》和宋代的《太平御览》、《册府元龟》及清代的《四库全书》，是一部集大成的瑰宝，《不列颠百科全书》称之为“世界有史以来最大的百科全书”。在武功上，《明史·成祖本纪》中讲，他率大军多次出征，平定了大漠以北的战乱，到晚年他的威严和德行远播，四方服从，前来朝见的国家将近三十个。国家幅员辽阔，远超汉唐。著名的“郑和下西洋”也是他派遣的。明成祖之所以取得如此成就，也与他的贤内助仁孝皇后徐氏是分不开的。《明史·卷一百十三·后妃传》载，徐皇后，是明太祖开国元勋中山王徐达的长女，年幼时端庄娴静，喜欢读书，被称为女秀才。太祖听说她很贤淑，与徐达结为姻亲。徐氏非常孝顺，太祖马皇后非常喜欢她，马皇后去世后，她为马皇后守丧三年，粗茶淡饭，谨守礼仪。朱棣当皇帝后，册封她为皇后，她对朱棣说：“**南北每年都有战事，军队和百姓都疲惫不堪，应当休养生息。**”还说：“**当今贤能的人都是太祖皇帝留下的，您不应该因为新旧而有所亲疏。**”又说：“**尧帝施行仁政是从亲人开始的。**”永乐五年（公元1407年），她在病危时只劝皇帝爱惜百姓，广求贤才，礼遇宗室，不要骄纵外戚。她去世后，成祖皇帝非常悲伤，于灵谷、天禧二寺为她祭祀斋戒，并不再立皇后。最值得一提的是，**徐皇后曾经收集《女宪》、《女诫》，编写《内训》二十篇（被列入“女四书”），又分类编录古人的美好言辞、善良之举，编成《劝善书》，颁行天下**。这在中国历史上也是相当了不得的成就。

从以上所列举的贤后，我们可知道，**大凡历史上处于治世之时，不仅有明君贤臣，而且还有贤德女子相助。而大凡历史上处于衰世或末世之时，往往不仅君主昏庸，而且还有不贤良的皇后王妃败坏朝纲**。像刘向的《列女传》第七卷“孽嬖传”所列举的夏桀的妃子末喜，虽然“美于色”，却“薄于德，乱孽无道”，她还“女子行丈夫心，佩剑带冠”，夏桀对她是“听用其言，错乱失道”，并建酒池，日夜与宫女饮酒，没有休止；商纣的妃子妲己虽然长得很美，内心却十分毒辣，像忠臣比干的心就是她请纣王挖出来的，纣王迷恋她的美色，对她言听计从，“妲己之所誉贵之，妲己之所憎诛之”，并建酒池肉林和炮烙之刑；周幽王的妃子褒姒也非常惑人，周幽王饮食起居均与她在一起，不理国事，褒姒不爱笑，周幽王为博之一笑，不惜“烽火戏诸侯”，最后被犬戎所灭。**历史上还有晋献公时**

的骊姬、汉成帝时的赵飞燕、唐玄宗时的杨玉环，虽然没有造成亡国之祸，却造成了国家衰败。所以，真正有德行、有智慧的王后，是国家之福啊！

那么，从樊姬等贤明的王后身上，我们应当学习什么样的“夫妇之道”呢？《易经》中有一个卦叫“家人卦”，与“夫妇之道”密切相关。这个卦讲“家人，利女贞”，这告诉我们，自古家道的成败，无不从妇人开始。女性属阴，容易流于阴险狠毒；女性质柔，容易溺于褊狭和私昵。闺门不严谨的祸害，有导致失败、灭亡而不可挽救的，所以家人卦首重的是女贞。紧接着，《彖传》讲家人卦时说：“**女正位乎内，男正位乎外，男女正，天地之大义也。**”所谓“女正位乎内，男正位乎外”，这就讲明了男女之间的大体分工。《尚书·牧誓》载周武王引述古人的话说：“牝鸡无晨，牝鸡之晨，惟家之索。”意思是，母鸡没有早晨鸣叫的，如果母鸡早晨鸣叫，那么这个家就要衰败了。当然这只是一个比喻，但也说明了只有男女的定位正了，才是天地的大义。如果一个家里，做父亲的、做儿子的、做兄长的、做弟弟的、做丈夫的、做妻子的都能够做到符合自己身份的样子，这样家道就正了。每个家都正了，则天下就安定了。

儒家经典《中庸》中讲：“**君子之道，造端乎夫妇。**”男女夫妇之道是人类文明最基本之道，值得每个人重视。**在一个家庭内部，女人的地位又是居于核心的，她的品德是否贤良直接影响到男人在外的事业，直接关系到家庭的兴衰**。近代民间教育家王凤仪曾说，**女人有三妇：悍妇、弱妇、媳妇**。女人刚暴，管着男人，精神上欺压男人，说话像打雷一样，非常强悍，一手遮天，叫悍妇。这种家庭阴盛阳衰，丈夫会未老先衰，甚至夭亡，生下来的小孩也不中用。女人什么事也不做，全部依赖丈夫、依赖父母，叫弱妇。悍妇和弱妇都不是媳妇。媳妇的意思是平息一家的不和，做和睦一家的吉祥使者，使人人平等、和气，齐满一家的福气。媳妇为一家的喜星，上孝父母，中和妯娌，下慈儿女，能助夫成德。使丈夫无内顾之忧，能报效社会，立身行道，扬名显亲。这样才能家道长久，福禄长享。所以，当媳妇的做一个王老善人所说的“媳妇”，像春秋时的楚庄王的媳妇樊姬那样贤明，就会兴家乃至兴国，因为“国之本在于家”，家兴，国也就会兴。

第十六讲　延陵季子挂剑重信三让王位

春秋时期，最具有名士君子风度的莫如延陵季子。这个延陵季子就是著名的吴国公子季札，是“春秋四贤”之一（另外三贤是子产、晏婴、叔向），因其封地在延陵（今江苏常州），故称延陵季子。司马迁称赞说“延陵季子之仁心、慕义无穷，见微而知清浊”（《史记·吴太伯世家第一》），并称其是“闳览博物君子”，即视野广阔、知识渊博的君子。这位延陵季子事迹有不少，特别是其“挂剑重信”、“三让王位”的风范让后世之人仰慕不已。

我们先介绍一下这位名士君子。延陵季子，生于鲁成公十五年（公元前576年），比圣人孔子大二十五岁，逝于鲁哀公十年（公元前485年），享年九十二岁，非常长寿。根据《左传》、《礼记》和《史记·吴太伯世家第一》记载，我们可用“三个家”来概括他：

一是外交家。他多次奉吴王之命出使中原诸侯国。据《左传》载，鲁襄公二十九年（公元前544年），他奉命出使鲁、齐、郑、卫、晋五国，在鲁国他与叔孙穆子（即提出“立德、立功、立言，三不朽”的叔孙豹）交好，在齐国他与晏子关系也不错，在郑国他与子产一见如故，在卫国时他会见了许多知名人士如蘧瑗、史鳅等，在晋国时他与赵文子、韩宣子、魏献子及叔向也处得很好。还有一次出使是在公元前514年，《史记》载，吴王僚借楚国有国丧之机而攻伐楚国，派公子盖余、烛庸带兵包围楚国两个城邑，并派季札出使晋国，观察诸侯的动静。此外，他还平息了一场战争，体现了外交家的高超水平。《左传·鲁哀公十年》载，公元前485年，楚将子期伐陈，延陵季子救陈，这时他已九十二岁。他对子期说：“吴楚两个国家的君王都不讲道德，为了自己的霸权争抢陈国这些小国，但这些国家的百姓有什么罪过呢？我请求你退兵，这样可以成全你有德而爱民的美名。”随后，季札和子期先后撤离战场。所以，他的这个功德很大，挽救了很多无辜的百姓。

二是礼乐家。他非常精通礼，《礼记·檀弓下》载，延陵季子（此时他六十三岁）在出使齐国返回的路上，他的长子死了，葬在齐国的嬴、博之间的地方。孔子说：“延陵季子，是吴国熟习礼的人。”便前去看他安葬儿子。只见墓坑的深度不到地下的泉水处，入殓时用的是当时穿的衣服，下葬后封土起坟，坟的长度和宽度正好够掩住墓坑，高度当人蹲下时可用手按住坟。坟垒好后，袒露左臂，向右绕坟，一边哭喊了三遍，说："骨肉回归到土中，这是命啊！至于灵魂精气就无所不往了，无所不往了。"接着就离去了。孔子说："延陵季子所做的很符合礼啊！"当然，他还非常精通乐。《左传·襄公二十九年》和《史记·吴太伯世家第一》均记载，公元前544年，延陵季子（此时他三十三岁）奉命出使鲁国时，请求欣赏周朝的音乐。鲁国乐工为他演唱《周南》和《召南》，他听后说："美啊，从音乐中听出周朝王业基础已打好，还未获得最后成功。但曲中虽体现辛劳而无怨言。"乐工演唱《郑风》，他说："歌声过于琐碎，百姓难以忍受，恐怕要率先灭亡吧？"又演唱《齐风》，他说："美啊，曲调宏大，有大国之风。堪为东海之表，这是太公的国家吧！国家的前程不可限量！"当演唱《小雅》时，他说："美啊，虽然有忧思而无叛离之意，虽有怨恨之情而不说，这是周德衰微时的乐曲吧？但还有先王的遗民在啊！"演唱《大雅》时，他说："乐曲宽广啊，曲折优美但本体仍刚直，这是周文王美德的象征吧？"又演唱《颂》，他说："达到音乐的极致了。曲调刚直却无倨傲之意，婉曲优美却无曲折之感，节奏紧密时却无逼迫之嫌，节奏舒缓时却不散漫……五声和谐，八音协调，节拍有尺度，乐器交相鸣奏而有秩序，象征着盛德之人的共同风度啊！"另外，他还精通舞蹈，舞和乐是紧密联系在一起的，是乐的一部分。也就是在这次出使鲁国时，他看到乐工表演的《大武》（周武王之乐舞）时，说："很美啊，周朝的兴盛就像这样吧！"看到《韶濩》（《史记》中作"韶护"，商汤之乐舞），说："这象征了圣人的宏大之德，还有惭愧之心，可见圣人之难啊。"看到《大夏》，说："很美啊，辛勤劳苦而不以有德于民而自居，除了大禹谁还能达到呢？"看到《韶箾》（《史记》中作"招箾"，舜帝之乐舞），说："美德之至，伟大啊，如上天无所不覆盖，如大地无所不承载，再好的德行，也不会比这乐舞所象征的美德更高了。观乐就到此为止，如还有别的音乐，我不敢再欣赏了。"这就是著名的"季札观乐"，这也是中国文化史上的盛襄之举。

三是预言家。延陵季子除了精通礼乐外，还能预言。他预言时年龄并不大，只有三十三岁，都发生在公元前544年他奉命出使鲁、齐、郑、卫、晋期间。如他出使鲁国听乐官演唱《秦风》时，他说："这就是华夏的声音。能够华夏化的必然宏大，而且会宏大到极点，这大概是周王室旧地的乐曲吧！”这就是秦国必然强盛宏大而且会宏大到极点的预言，三百多年后秦统一中国，这个神奇的预言得到了验证。他还有一项独特的本领，就是“见微而知清浊”，能从一些细节中看出事物的发展变化，从而作出准确的预测。《左传・襄公二十九年》载：他出使鲁国时，见到叔孙穆子，很喜欢他，便对他说：“你恐怕不得善终吧！你喜欢行善但不懂得选择善人。我听说君子应当致力于选择善人。你担任鲁国的宗卿，而承担国政，不慎重选拔善人，怎么能维持下去？祸患必定会降临到你的身上。”后来，叔孙穆子果然因为不善于识人，最后因生病被自己的儿子竖牛（一说，其子名叫牛，充任竖这种小官）饿死。他出使齐国时，对齐相晏婴说：“你赶快把封地和官职交出来，否则你会有危难。”晏子听从他的话，就避免了在栾施、高强二人相攻中的祸难。他出使晋国时，告诉赵文子、韩宣子、魏献子说：“晋国的国政将要落到你们三家吧！”当时有范氏、中行氏、智氏、韩氏、赵氏、魏氏六家掌握晋国国政，几十年后，到了赵襄子、韩康子、魏桓子时就“三家分晋”了。他出使郑国时，见到子产，如见故人，对子产说：“郑国掌握政权的人奢纵欺人，大难将临，政权定落于你身上。你执政时，要小心地以礼治国，否则郑国将要衰败！”后来果然子产在郑国执政。他出使卫国时，非常欣赏蘧瑗、史狗、史鳅、公子荆、公叔发、公子朝，说：“卫国君子很多，因此国家无患。”我们看，卫国虽然不是战国七雄，但因为君子多，在诸侯国中存在时间最长（孔子周游列国时待的时间最久的也是卫国），历时八百多年，直到公元前209年秦二世时才灭亡。从以上可以看出，延陵季子的预言极其精准，可谓“言则必中”。

可见，延陵季子是春秋时期了不得的人物。孔子对他非常尊敬，在他去世后手书“呜呼有吴延陵君子之墓”（据宋代常州知州朱彦的《季子墓碑后记》记载，其墓碑上的字是孔子所书），称其为“君子”。根据《礼记・曲礼》中“**博闻强识而让，敦善行而不怠，谓之君子**”的解释，所谓君子就是见闻广博、记忆力强而又谦让，敦行善事而不懈怠的人。我们这里重点讲他“挂剑重信”、“三让王位”之事。这两件事，是体现他君子品德、圣贤风范的。

我们先讲他“挂剑重信”之事。这件事发生在公元前544年。《史记・吴太伯世家第一》载，季札奉吴王之命出使鲁、齐、郑、卫、晋等国，途中经过徐国。徐国国君看中了他的宝剑，但是不好开口要，但季札看出来了，心里明白徐国国君的意思，由于外交场合需要佩剑，且还没完成出使之任务，所以季札当时就没有将这把宝剑献给徐国国君，但是心里已决定要把这把宝剑赠送给他。可惜的是等季札出使完各国，返回到徐国时，徐国国君已去世了。季札便作出一个一直被后人追思的举动，他将这把宝剑挂在徐国国君坟墓旁边的树上。他身边的人说："徐国国君已去世，还能给谁呢?"他说："不然，开始我心里已经答应给他，岂能因为他去世而违背我的心呢?"西汉经学家、文学家刘向的《新序·节士第七》也记载了这件事，不过稍有不同的是，延陵季子完成出使晋国的使命后，当知道徐国国君已死，他将宝剑交给继位的国君，他身边的从者劝他说："这是吴国的宝物，不能赠给他人。"他说："我不是用来送人的，此前我来徐国，徐君观赏我的剑，虽没说出来但是神色流露想要的意思，我因为还要到中原大国去出访，就没有献给他，虽然如此，但是我心里已经决定给他。现在徐君去世，我却不给他剑，这是欺骗自己的内心。因为吝惜宝剑而欺骗自己的内心，正直的人是不会这样做的。"于是解下宝剑交给继位的国君，继位的国君说："先君没有遗命，我不敢接受宝剑。"延陵季子便把宝剑挂在徐国国君墓地旁边的树上就离开了。徐国人称赞他的这种行为，并歌之："延陵季子兮不忘故，脱千金之剑兮带丘墓。"

我们知道，**讲信用是有境界的。第一层境界是不欺言。因为对他人有所承诺，所以就有个约束力，一般来说还容易做到。第二层境界是不欺行。比如明确规定自己每天有什么行动，虽与他人无关，但别人可能知道，也会有一定的约束力，如果做到了，就是不欺行。第三层境界是不欺心。自己内心已有承诺，但他人不知道，完全没有约束力，在这种情况下，依然不违背自己的内心而履行信义**。你想想，这个世界上，有多少人能做到"不欺心"啊！延陵季子"挂剑重信"，就是不欺心，代表了信用的最高境界，可谓"中华诚信第一人"，因此也赢得了后人的追思和赞许，如唐代诗人李白有诗《陈情赠友人》："延陵有宝剑，价重千黄金。观风历上国，暗许故人深。归来挂坟松，万古知其心。懦夫感达节，壮士激青衿。"宋代名士唐肃有诗《季子挂剑歌》："季子让一国，视之敝屣然。宁当宝一剑，不为徐君悬。徐君虽亡骨未朽，剑挂坟前白杨柳。君知不知不足悲，我心许君终不移。"

大家都知道，信用是任何时代、任何地方都必须遵循的价值理念。否则，人和人之间、政府和百姓之间、国家和国家之间便难有秩序可言，也不可能和睦和谐。《易经·系辞上》讲：“**天之所助者，顺也；人之所助者，信也**。”也就是说，人们所帮助的，是那些讲信用的人。在孔子教弟子的“**文、行、忠、信**”四项内容中，信居其一。在《论语·为政》中，孔子还说：“**人而无信，不知其可也**。大车无輗，小车无軏，其何以行之哉？”意思是，一个人不讲信用，是根本不可以的，就好像大车没有輗、小车没有軏一样，它靠什么行走呢？可见，信用是人在社会上的立身之本。

上面我们讲了延陵季子“挂剑重信”的故事。接着讲延陵季子“三让王位”。《史记·吴太伯世家第一》载，吴王寿梦有四个儿子，长子叫诸樊，次子叫馀祭，三子叫馀昧，四子叫季札，就是延陵季子。季札贤能，吴王寿梦非常喜欢他，有意要将国君之位传给他，但是季札不肯。于是立长子诸樊，代理执掌国政。吴王寿梦去世后，长子诸樊服丧期满，要把君位让给季札。季札推辞说：“曹宣公死后，各国诸侯和曹国之人都认为新立的曹君不义，想要立贤能的子臧为国君，但子臧拒绝了，为了坚守臣民们的忠义并打消国人拥立的念头，子臧离开了曹国，以成全曹君继续在位。君子评论子臧说他‘能遵守节义’。您作为长子本是合理的继位人，谁敢侵犯您呢！当国君，不是我应有之节。我虽无能，也愿效仿子臧那样的义举。”吴国人坚持要立季札，他便抛弃了家室去耕作，吴人只好放弃了。公元前548年，吴王诸樊在位十三年去世，留下遗命把君位传给其弟馀祭，目的是想按次序以兄传弟，一定要把国位最后传至季札为止，来满足先王寿梦的遗愿。而且兄弟们都赞赏季札之义，都想把国君之位依次渐渐传到季札。季札被封在延陵，因此号为延陵季子。公元前531年，吴王馀祭去世，其弟馀昧继位。公元前527年，吴王馀昧去世，想传位于其弟季札。季札避让而逃离。这就是延陵季子“三让君位”的故事。首先是父亲吴王寿梦想传位他，他辞让不接受，这是第一让；大哥吴王诸樊想让位给他，他又辞让不接受，这是第二让；三哥吴王馀昧想传位给他，他再次辞让不接受，这是第三让。

在中国历史上，像延陵季子这样“让王位”的人并不多，在他之前有三例。**第一例是伯夷、叔齐兄弟俩**。《史记·伯夷列传》载，伯夷、叔齐是商朝时孤竹君的两个儿子，伯夷是老大，叔齐是老三，但父亲想要立叔齐为国君，等到父亲死了，叔齐要把君位让给伯夷。伯夷说：“这是父亲的遗命啊！”于是逃走了。叔齐也不肯继承君位逃走了。国人只好拥立孤竹君的次子。**第二例是吴太伯、仲雍**。这两位是周文王的大伯、二伯，是延陵季子的祖先。太伯至吴王寿梦是第十九世，至延陵季子是第二十世。《史记·吴太伯世家第一》载，吴太伯与其弟仲雍，均为周太王之子，季历之兄。季历十分贤能，又有一个具有圣德的儿子姬昌（即周文王），太王想立季历以便传位给姬昌，因此太伯、仲雍二人就逃往荆蛮，像当地蛮人一样身上刺满花纹、剪断头发，以示不再继位，把继承权让给季历。季历继位，就是王季，姬昌后来也成为文王。太伯逃至荆蛮后，自称“句吴”。荆蛮人认为他很有节义，追随他的有一千余户，尊立他为吴太伯。司马迁作《史记》时，因“嘉伯之让”（《史记·太史公自序》），也就是嘉许吴太伯让国，而作吴太伯世家第一。孔子也高度称赞“泰伯可谓至德矣，三以天下让，民无得而称焉”（《论语·泰伯》，泰伯即太伯）。**第三例是曹国的子臧**。子臧即公子喜，是曹宣公的儿子。西汉经学家、文学家刘向《新序·节士第七》载，曹宣公和其他诸侯征伐秦国，死于军中。曹国派子臧接回宣公的灵柩，公子负刍和太子留守，结果公子负刍杀了太子自立为君。宣公安葬后，子臧便逃亡，结果国人都要跟随他。负刍立为国君后，称作曹成公，他看到这种情形很害怕，就承认罪过，并且请求子臧回到曹国，于是子臧回国。后来晋国国君与诸侯会盟，逮捕了曹成公，送往都城洛邑，准备推荐子臧给周天子立他为曹国国君。子臧说：“古书上说，圣人能够做到进退合乎节义，次一等的人能坚守节义，再次一等的人不失基本的节义。当国君，不符合我的节义。我虽然达不到圣人的境界，但怎敢失去节义呢?”于是逃到宋国，国人便请求晋厉公。晋厉公对子臧说：“您回到曹国，我就归还你们的国君。”于是子臧回到曹国，晋侯禀告周天子后就把成公送回了曹国。所以，子臧辞让国君之位，《春秋》称赞他的贤德。

延陵季子“三让王位”，正是效仿他们，要换成他人早就当仁不让了。他的两个侄子就上演了兄弟相残而争夺王位的一出戏。当吴王馀昧去世而延陵季子又避让君位时，吴国人说：“先王有令，兄死弟继，一定传国给季子。季子现在逃脱君位，那么吴王馀昧成为兄弟中最后一个当国君的人。现在他死了，其子应代其为王。”于是立馀昧的儿子僚为吴王。吴王僚是季子三哥馀昧的儿子，而公子光是季子大哥诸樊的儿子，公子光认为，其父亲兄弟四人，当传位至季子，季子不当国君，其父亲先立，即不传季子，则应当立他。因此，公子光暗中纳贤士，准备袭击吴王僚。所以他与投奔他的伍子胥请了一位刺客专诸，将鱼肠剑放在鱼肚子里借机刺杀了吴王僚，这就是历史上著名的“专诸刺王僚”，这个专诸也成为历史上有名的“四大刺客之一”（另三位是要离、聂政、荆轲）。公子光于是自立为吴王，这就是吴王阖闾。当时，延陵季子正在外出使，他回到吴国后，说：“只要对先君的祭祀不废止，百姓不至于没有国君，社稷之神得到奉祀，那就是我的国君。我敢怨责谁呢？我只有哀悼死者，事奉生者，来对待天命安排。祸乱不是自己制造，就应听从新立之君，这是先人的原则啊。”于是季子到吴王僚的墓上，汇报了自己完成外交任务的经过，痛哭吴王僚一番，之后回到朝廷中自己的位置等待新君之命。这就是真正的名士君子的风度，非常有礼有节！据《春秋公羊传·襄公二十九年》载，吴王阖闾在延陵季子回来后，准备将国家君位交给他。季子坚决不受，说：“你杀了我的君主，我若接受王位，是我和你同谋篡位。你杀我兄长（在《春秋公羊传》中，吴王僚是吴王寿梦的长庶子，季札的庶兄），我又杀你，这将会陷入父子兄弟相残的局面。”于是回到延陵，终身不入吴国。这比《史记》所载的还多了一让。

延陵季子“三让王位”，得到了后人的高度称赞。孔子称赞他比他的祖先吴太伯还要高尚，孔子说：“**延陵季子，其天民乎**？”（《上博楚简·弟子问》）孔子将他比作是天上的人。北宋大文豪苏轼也称赞他：“泰伯之德，种于先生。弃国如遗，委蜕而行。坐阅春秋，几五之二。古之真人，有化无死。”这是说他跟祖先泰伯一样有德，不把权位当回事，并将他比作有化无死的“真人”。的确，**一个人可以做到绝色美女面前不动心，可以做到亿万金钱面前不动心，甚至可以做到将相权位面前不动心，但是在王位面前不动心的古今来没有几个，因为有了王位就基本上什么都有了**。我们看，历史上杀父杀兄想当皇帝的太多了，如隋炀帝杨广处心积虑谋害自己的兄长原太子杨勇，谋夺太子之位，最后还弑父；宋太宗赵光义也是如此，他哥哥宋太祖赵匡胤暴死与他有极大关系，留下了“柱斧烛影”的历史悬案。一代明君唐太宗李世民也免不了通过发动“玄武门之变”杀兄长太子李建成夺位，因此也遭到了后人的诟病。

延陵季子挂剑重信、三让王位的故事，千古传颂。人类几千年的文明表明，**信用是人类在社会生活中和谐共处的美德，礼让是人类在社会生活中避免争斗的美德**。我们要领略延陵季子道德风采，学做一个守信、礼让的人，使我们在共同的社会生活中感受互信互让的真诚，感受互信互让的和谐，感受互信互让的温暖。

第十七讲　孔子作《春秋》

在我们中国有一副著名的对联，叫做“俯仰无愧天地，褒贬自有春秋”。上联出自孟子所说的“君子有三乐”中的第二乐“仰不愧于天，俯不怍于人”（《孟子·尽心上》），下联的“春秋”，就来自孔子所作的《春秋》，引申为历史，寓含着褒贬。孔子作《春秋》是中国历史上一件极其重要的事，开创了以历史来评判行为的先河，其所作的《春秋》被宋朝史学家胡安国誉为“**传心要典**”。

大家都知道，孔子称自己是“述而不作，信而好古”（《论语·述而》），所谓述和作，按照朱熹《四书集注》的解释，“**述，是传旧而已；作，则创始也**”，也就是说，述是阐述前人学说，作则是创作的意思。孔子对《易》、《诗》、《书》、《礼》、《乐》这五经都是删述，至于《春秋》则是作，因为《春秋》包含着他对历史事件的观点和看法。因为《春秋》是他在鲁史《春秋》的基础上修订的，所以也称为“修《春秋》”，如《隋书·经籍志》便说：“孔丘以大圣之才，当倾颓之运，叹凤鸟之不至，惜将坠于斯文，乃述《易》道而删《诗》、《书》，修《春秋》而正《雅》、《颂》。”

我们先解释一下《春秋》。在中国古代，农耕是主要生产方式，春、秋两季一个是播种的季节，一个是收获的季节，就成为最重要的两季。所以，用“春秋”来指代一年，比如古人问年龄就是问“春秋几何”。同时，这两季温度最适中，东汉许慎《说文解字》又有“史”字的解释：“史，记事者也。从又，持中。中，正也。”所以，史是中正之道。从这个角度讲，春、秋这两个季节是符合中正之道的。而从历史的本身来说，既要体现时间，又要体现中正之道，春秋就符合这两个条件，所以后世也以“春秋”代指历史。当然，《春秋》作为史书的代名词，更重要的原因在于孔子作《春秋》。而春秋作为一个历史时期，也是缘于这部《春秋》，时间是从鲁隐公元年（公元前 722 年）至鲁哀公十四年（公元前 481 年），共二百四十二年的历史。后来为了方便记述，春秋时期是从周平王元年（公元前 770 年）东周立国开始，至周敬王四十四年（公元前 476 年）为止。

关于孔子作《春秋》，我们重点讲述孔子在什么时候作《春秋》、孔子为什么作《春秋》、孔子以什么形式作《春秋》、孔子作《春秋》有什么重大意义及孔子作《春秋》对后世的影响等几个问题。

首先，我们来讲孔子是在什么时候作《春秋》的。根据史料记载，有两种观点：

第一种观点认为，《春秋》是在孔子周游列国“厄陈蔡”时所作的。《史记·太史公自序》中载，“孔子厄陈蔡，作《春秋》”。也就是说，《春秋》是孔子处在陈蔡期间的逆境中所作。《史记·孔子世家》载，孔子到蔡国的第三年，吴国攻打陈国，楚国救援陈国，军队驻扎在城父。楚昭王听说孔子住在陈国和蔡国的边境上，便派人去聘请孔子。孔子准备前往拜见接受聘请，陈国、蔡国的大夫害怕孔子在楚国得到任用，对陈、蔡两国执政的大夫们不利，就派了一些服劳役的人把孔子围困在野外。孔子和他的弟子想走却走不了，粮食也吃完了。跟从的弟子饿病了，站不起来。后来，孔子派子贡向楚昭王报告情况，楚昭王派兵来迎接孔子，孔子及众弟子才摆脱困境。这就是孔子“厄陈蔡”的经过。孔子因为经历了这次困境，所以感慨良多，因此而作《春秋》。

第二种观点认为，《春秋》是在孔子周游列国后回到鲁国作的。《史记·儒林列传》载，太史公感叹：由于世道污浊，政治混乱，无人任用孔子，因此孔子周游列国拜访七十多位国君，都得不到知遇。他感慨地说：“如果有人肯用我，一年之内就可以治理出成效了。”后来，鲁哀公猎获了麒麟，孔子闻知后叹息说“我的志向不能实现了”，于是他根据鲁国已有的历史记录而作《春秋》，用它来体现天子的王法，其文辞精约但含义丰富，后代学者很多人都学习记录它。在这里，司马迁告诉我们，孔子周游列国之后，因为无人赏识，所以后来作《春秋》。而作《春秋》的时间是在鲁哀公猎获麒麟时，据《春秋》记载，鲁哀公猎获麒麟是在其即位的第十四年的春天，也就是公元前481年，这时孔子已七十一岁，离去世时仅两年。《说苑·卷五·贵德》也记载此事，说法与《史记·儒林列传》一致。

从以上两个观点可以看出，太史公《史记》记载孔子作《春秋》的时间似乎有矛盾。实际上，也可以说不矛盾。因为孔子作《春秋》是需要花时间的，有一个长期的过程。《春秋》可能酝酿于孔子“厄陈蔡”之时，鲁哀公西狩获麟之际动笔，在离世前的这两年完成。

那么，孔子为何要作《春秋》呢？根据史料记载，大约有以下三种原因：

一是为了给后世留下好名声。《史记·孔子世家》载，孔子说："不行啊，不行啊！君子最担忧的就是死后没有留下好的名声（原文是'君子病没世而名不称焉'）。我的主张不能实行，那我用什么给后世留下好名声呢？"于是就根据鲁国的史书作了《春秋》，上起鲁隐公元年（公元前722年），下止鲁哀公十四年（公元前481年），共包括鲁国十二个国君。以鲁国为中心记述，尊奉周王室为正统，以殷商之旧为借鉴，传承夏、商、周之法统。也就是说，孔子作《春秋》，一个很重要的原因就是要留下一个好名声，以对得起后世。

二是为了彰显王道大法。所谓王道，就是夏商周三王之道，主要是仁义中正之道；所谓大法，主要是指君臣父子之伦。《史记·十二诸侯年表序》载："是以孔子明王道，干七十馀君，莫能用，故西观周室，论史记旧闻，兴於鲁而次春秋，上记隐，下至哀之获麟，约其辞文，去其烦重，以制义法，王道备，人事浃。"意思是，孔子针对当时周王室衰微、礼崩乐坏的形势，为彰显王道，拜访七十几位诸侯国君，却没有得到任用。于是孔子西行到周王室之地考察，讨论史籍记载和旧事传说，回到鲁国编撰《春秋》，记载上至鲁隐公，下至鲁哀公猎获麒麟时的史事。简约文字，精炼语句，去其繁冗，以定修史的大义和法则，以至王道齐备，人事周全。在《史记·太史公自序》中，司马迁则讲："**夫《春秋》，上明三王之道，下辨人事之纪，别嫌疑，明是非，定犹豫，善善恶恶，贤贤贱不肖，存亡国，继绝世，补敝起废，王道之大者也**。"即是说，《春秋》一书，上能阐明三王之道，下能分辨人事的伦理纲常，判别嫌疑明辨是非，定断犹豫难决之事，表彰善良，贬斥丑恶，尊重贤能者，贱视不肖之徒，使已灭亡的国家和世系继续存在，振衰兴废，这些都是王道的大要。宋明理学的开山人物周敦颐讲得更为直白："**《春秋》，正王道，明大法也。孔子为后世王者而修也**。"（《通书·孔子上第三十八》）另一开山人物程颐作《春秋传序》时说："夫子当周之末，以圣人不复作也，顺天应时之治不复有也，于是作《春秋》，为百王不易之大法。"（《宋史·道学列传·程颐》）意思是，孔子生于礼崩乐坏的西周末年，因为当时圣人不复兴起，顺天应时的治世也不复存在，于是作《春秋》，为后世的百王建立不能变易的大经大法。他还批评说，后世将它看作史书，认为不过是为了褒善贬恶，至于其中蕴含的经世大法，则是全然不知。明代大学士张居正等编撰的《四书直解》在讲解孟子“王者之迹熄而《诗》亡，《诗》亡然后《春秋》作”（《孟子·离娄下》）这句话时说，在当时周天子政教号令不及于诸侯、“王者之迹熄而《诗》亡”的天下大乱、名分颠倒之际，孔子甚是忧虑，于是作《春秋》，详述二百四十二年之事，以明一王（而不是多王）之大法，使王者之政即使不得行于当时，还可以昭示后来者，这就是孔子之所以作《春秋》的原因。可见，司马迁、周敦颐、程颐、张居正等人皆认为，孔子作《春秋》是为了彰显王道大法。大家还要知道，**孔子之所以被称为“素王”（即具有王者之德而未能居王者之位），正因为他作《春秋》为后世王者立法**。东汉学者王充就说过：“孔子作《春秋》以示王意，然则孔子之《春秋》，素王之业也；诸子之传书，素相之事也。”（《论衡·超奇》）

三是为了使乱臣贼子有所畏惧。《孟子·滕文公下》载，孟子说：“世衰道微，邪说暴行有作，臣弑其君者有之，子弑其父者有之。孔子惧，作《春秋》。《春秋》，天子之事也。是故孔子曰：‘知我者其惟《春秋》乎！罪我者其惟《春秋》乎！’……昔者禹抑洪水而天下平，周公兼夷狄、驱猛兽而百姓宁，孔子成《春秋》而乱臣贼子惧。”孟子这段话告诉我们，在世道衰微之时，荒谬的学说、暴虐的行为开始出现了，有臣子杀君主的，有儿子杀父亲的。孔子感到忧惧，于是作《春秋》。《春秋》，这是天子的职权（因为行赏善罚恶之法就是天子之事）。所以孔子说：“了解我的，恐怕就在于这部《春秋》吧！怪罪我的，恐怕也就在于这部《春秋》吧！”（这主要是因为了解他的会明白孔子是为了明王道大法而作此书；怪罪他的会认为他以匹夫之位而借天子之权，将赏罚之事托于此书。）明朝大学士张居正等编撰的《四书直解》讲解孟子这段话说，周朝自平王东迁之后，国运渐渐衰败而不振，王道也湮没而不彰显，从这以后纲纪紊乱，风俗变坏，邪说暴行也乘势而产生，以至于臣子杀君主的、儿子杀父亲的都有，这是天理灭绝、人伦破坏，是一个大乱之世。孔子生长在这个时期，既然没有君主之位，不操赏罚之权，深深为世道人心而忧虑担心，因此借助《鲁史》旧文，作《春秋》之书，以教后世。所以，孔子作《春秋》是为了明大义于当时，垂法戒于来世，而使乱臣贼子有所畏惧而不敢为恶。

现在我们再谈谈孔子是以什么形式作《春秋》的？其实就四个字，

"微言大义"。《史记·孔子世家》说，孔子作《春秋》，文辞简约而旨意广博。所以吴、楚的国自称为王的，在《春秋》中仍贬称为子爵；晋文公在践土与诸侯会盟，实际上是召周襄王入会的，而《春秋》中却避讳说"周天子巡狩来到河阳"。依此类推，《春秋》就是用这一原则，来褒贬当时的各种事件，后有的国君加以推广开来，使《春秋》的大义在天下通行，天下那些乱臣奸贼就会都害怕起来。《史记·孔子世家》还说，孔子任司寇审理诉讼案件时，文辞上有可与别人商量的时候，他从不独自决断。到了写《春秋》时就不同了，应该写的一定写上去，应当删的一定删掉（原文是'笔则笔，削则削'），就连子夏这些长于文字的弟子，都一句话也不能给他增删。这就是著名的"**春秋笔法**"。这笔削之间，都有一定的道理，存在"**一字褒贬**"。比如《春秋》上讲的"郑伯克段于鄢"，《左传》解释，共叔段不守做弟弟的本分，所以不称"弟"；兄弟间似乎两个国君，所以称之为"克"；称呼"郑伯"，是讥讽郑庄公没教导好弟弟，是说这样的结果正是郑庄公的意愿。不说"出奔"，是史官下笔有为难之处。《公羊传》解释，克是什么意思？是杀的意思。杀，为什么说成是克？是强调郑庄公的恶。为什么强调郑庄公的恶？母亲想要立段，自己却把段杀了，不如不给他地盘算了。段是什么人？是郑庄公的弟弟。为什么不称弟弟？是因为他与国为敌。写明地点是为什么？是因为与国为敌。从《左传》和《公羊传》中，我们可以看到，《春秋》中的每个字都可能是具有深意的。清代学者皮锡瑞在《经学通论》中也讲："《春秋》有大义，有微言。""微言大义"就是《春秋》的独特之处。

但是"微言"也有个不利之处，就是容易造成后世在理解方面有偏差。后世的宋朝大儒程颐在《春秋传序》中讲："《春秋》大义数十，其义虽大，炳如日星，乃易见也。惟其微辞隐义、时措从宜者，为难知也。"（《宋史·道学列传·程颐》）。因此，自孔子作《春秋》之后，又出现了专门解释《春秋》的著作。《汉书·艺文志》说："昔仲尼没而微言绝，七十子丧而大义乖。故《春秋》分为五，《诗》分为四，《易》有数家之传。"这里面讲，孔子去世后，他的精微要妙之言就断绝了；他的弟子七十二贤人离世后则大义就违背了。因此，《春秋》分为五家，《诗经》分为四家，《易经》则有数家。其中，《春秋》分为五家，是指分为《左氏》、《公羊》、《穀梁》、《邹氏》、《夹氏》。《史记·十二诸侯年表·序》说："七十子之徒口受其传指，为有所刺讥褒讳，挹损之文辞不可以书见也。鲁君子左丘明惧弟子人人异端，各安其意，失其真，故因孔子史记具论其语，成《左氏春秋》。”也就是说，《左传》是很接近孔子的《春秋》真义的。《汉书·艺文志》还载：“《春秋》所贬损大人当世君臣，有威权势力，其事实皆形于传，是以隐其书而不宣，所以免时难也。及末世口说流行，故有公羊、穀梁、邹、夹之传。四家之中，公羊、穀梁立于学官，邹氏无师，夹氏未有书。”《隋书·经籍志》也讲：“《春秋》者，鲁史策书之名。昔成周微弱，典章沦废，鲁以周公之故，遗制尚存。仲尼因其旧史，裁而正之，或婉而成章，以存大顺，或直书其事，以示首恶。故有求名而亡，欲盖而彰，乱臣贼子，于是大惧。其所褒贬，不可具书，皆口授弟子。弟子退而异说，左丘明恐失其真，乃为之传。遭秦灭学，口说尚存。汉初，有公羊、穀梁、邹氏、夹氏，四家并行。”从《汉书·艺文志》、《隋书·经籍志》中可知，《春秋》所贬损的当代君臣，有威权势力，为了避免遭到当时的灾难，于是对他们的褒贬不直接书写，都是口授弟子。弟子们各有不同的理解，左丘明恐怕《春秋》的真义失传，于是为之作传。后来秦始皇“焚书坑儒”，毁损了很多典籍，但是口说还存在。到了汉朝初年，就有公羊、穀梁、邹、夹这四家。这四家之中，公羊、穀梁两家被列在官立学校讲解，邹氏没有老师，夹氏没有书。后来，邹氏、夹氏失传了。

所以，流传到后世的解释《春秋》之作，最有名的就是“春秋三传”（晋朝张华《博物志》卷四载“圣人制作曰经，贤者著述曰传”），即《左传》、《公羊传》、《穀梁传》。又由于《汉书·艺文志》将左丘明撰写的《国语》纳入“《春秋》之书”这一类中，《隋书·经籍志》也直接称“春秋外传《国语》”。因此，我们也常常将《左传》作为“春秋内传”，《国语》作为“春秋外传”。“春秋三传”都被列入“儒家十三经”，《公羊传》、《穀梁传》和《春秋》一样只记载到鲁哀公十四年（公元前481年），而《左传》引用的经文，比《春秋》多出两年，即鲁哀公十六年（孔子去世时），记事则到鲁哀公二十七年。它们还各有特点，宋代史学家胡安国（他花三十年写成的《春秋传》，被定为元、明时期科举考试的范本）曾说：**“其事莫备于《左氏》，例莫明于《公羊》，义莫精于《穀梁》。”**朱熹说：“**《左传》是史家，《公羊传》、《穀梁传》是经学。史学者记得事却详，于道理上便差；经学者于义理上有功，然记事多误。**”（《朱子语类》）清代学者皮锡瑞说：“**惟《公羊》兼传大义、微言。《穀**

梁》不传微言，但传大义。《左氏》并不传义，特以记事详赡有可以证《春秋》之义者。故‘三传’并行不废。”（《经学通论》）总体来说，《左传》长于记事、以事喻义，《公羊传》和《穀梁传》长于讲义理。而《公羊传》和《穀梁传》在传大义方面，也有所不同。比如，《公羊传》开头就提出“大一统”（即天下诸侯统一于周天子），结尾则提出“拨乱世，反诸正”，它还阐释了“善善、恶恶”及君臣父子之义，所以它在“三传”之中最早立于学官（《公羊传》在汉景帝时，《穀梁传》在汉宣帝时，《左传》在汉平帝时）；《穀梁传》更加注重礼义伦理，开篇就讲“《春秋》成人之美，不成人之恶。……《春秋》贵义而不贵惠，信道而不信邪。孝子扬父之美，不扬父之恶”。也就是说，《春秋》要成全人们的美德善事，却不成全人们的邪恶行为。《春秋》是以符合国家利益的道义为贵的，却不推崇私人之间的小恩小惠，是伸张正当道义的，却不主张宣扬邪恶行为。一个孝敬长辈的儿子，应当显扬父亲的美德，不能传播父亲的恶行。所以，这“春秋三传”不可偏废，都非常有利于我们理解孔子《春秋》的真义。

孔子作《春秋》，对后世有非常大的影响，这可以概括为三个方面：

第一，极大地增强了著史者的使命感和积极性。众所周知，我国是一个历史悠久的国家，历史向来在我国学术上占有重要位置，除了正史“二十四史”和《资治通鉴》等外，还有大量的杂史、别史、野史和稗史，书目举不胜举。近代著名学者、史学家梁启超说：“**中国于各种学问中，惟史学最发达。史学在世界各国中，惟中国最发达**。”德国著名哲学家黑格尔的《历史哲学》讲：“**中国历史作家的层出不穷，继续不断，实在是任何民族所比不上的**。”之所以出现这一现象，就在于孔子作《春秋》极大增强了著史者的使命感和积极性。像太史公司马迁就是著史者的典范，《史记·太史公自序》载，司马迁说：“我的父亲说过‘从周公死后五百年而有孔子，从孔子到现在又五百年了，到了继承并光大孔子的事业，修正《易传》，续作《春秋》，根据《诗》、《书》、《礼》、《乐》衡量一切的时候了’。意思就在于此吧！意思就在于此吧！我怎敢推辞呢！”我们可以看出，司马迁是在孔子作《春秋》的激励下作《史记》的。又如司马光，七岁时就喜欢《左传》，以后更是手不释卷，入仕后一直没有放弃。他想编写一部从战国到五代的简明完整的通史。后来历时十九年写成了《资治通鉴》，对历代王朝的兴衰治乱进行了总结，不仅为帝王提供了治政之道，也为读书人学习历史提供了优秀教材。我们看，**史界的“两司马”都是因为《春秋》而受激励各自写成不朽史著的**。再如中国历史上还有一位著名的史学家万斯同，在康熙年间以布衣身份参与编修《明史》，前后十九年，不署衔，不受俸，写成明史稿五百卷，堪为中国史官的楷模。他的老师黄宗羲觉得修《明史》，事关善恶忠奸评判和子孙后世的大业，正是基于这个使命感，才动员他去的。此外，在中国历史上还有一个皇帝极为重视著史，这就是唐太宗，他诏令宰相监修六朝国史，开创了历史上以宰相监修国史的先河，当时首任监修官为房玄龄、魏徵，令狐德棻、岑文本修《周书》，李百药修《齐书》，姚思廉修《梁书》、《陈书》，魏徵、颜师古、孔颖达修《隋书》，后来又诏重修《晋书》，这六部史书，加上史学家李延寿私撰的《南史》、《北史》，共八部，也就是说**“二十四史”有三分之一是在唐太宗时编撰的**。当时的贞观年间，史学出现空前盛况，而且历朝历代均无此成绩。

第二，使有权有势者更加敬畏历史。如果说，孔子作《春秋》使乱臣贼子畏惧，那么后来的有权有势者就怕像《春秋》这样的历史。中国的史官确实又很负责任，有不怕死的传统，从春秋时齐太史、晋国董狐开始就是秉笔直书的，他们“记功司过、彰善瘅恶”是毫不含糊的。所以，过去有权有势者最怕的就是历史的记载，如果留下千古骂名，不但自己名声不好，而且还会使子孙受辱。特别是皇帝，一言一行，是贤德还是昏庸，是雄才还是无能，皆被记录在“起居注”中，而且皇帝还不能亲自观看。在中国历史上，唐太宗李世民、宋太祖赵匡胤均是极为敬畏历史的。《资治通鉴·唐纪十二》载，唐太宗对谏议大夫褚遂良说：“你还在兼管起居注的事，朕可以看看都记了些什么吗?”褚遂良答道：“史官记载君主言行，详细记录善恶诸事，这样君主才不敢胡作非为，我未听说君主可以亲自看记录的。”唐太宗说：“朕有不妥当的事，你也记下了吗?”褚遂良回答道：“我的职责在于秉笔直书，不敢不记。”黄门侍郎刘洎说：“假使褚遂良不记载下来，全国也都会记下来。”这是讲唐太宗。北宋史学家司马光的笔记《涑水纪闻》则记载了宋太祖赵匡胤之事，讲的是宋太祖曾经在皇宫的后园弹捕鸟雀，有个臣子说有急事求见，宋太祖急忙召见了他，但他上奏的是普通事情，于是宋太祖非常生气，责问是什么原因，他说：“臣认为这些事情比弹捕鸟雀要紧急。”宋太祖更生气了，举起斧子撞落了这个臣子的两颗牙齿，臣子慢慢地捡起牙齿，宋太祖骂他：“你捡牙齿干什么，难道想告我不成?”臣子回答说：“臣不敢告陛下，然而自当有史官记录这件事。”宋太祖既害怕又高兴，于是赐金帛慰劳这个臣子。另外，《读书镜》也记载：“宋太祖一日罢朝，俯首不言，久之，内侍王继恩问故。上曰：‘早来前殿指挥一事，偶有误失，史官必书之，故不乐也。’”这是讲，宋太祖因为担心史官记录自己的失误而闷闷不乐。可见，中国著史的传统确实是有大用的，在制约有权有势者方面有时比一些监督机制还管用。

第三，为平民百姓立下善恶忠奸等道德标准。由于孔子作《春秋》立下了褒善贬恶标准，所以，我们中国人对历史人物的爱憎是非常分明的，谁是好人、谁是坏人，谁是忠良、谁是奸人，都在百姓心中。这也是我们中华民族一大优秀传统。北宋大文豪苏轼的笔记《东坡志林》有一篇叫《涂巷小儿听说三国语》载，街头巷尾的平民百姓聚集一起听民间评书，到了说三国的历史事迹时，听到刘玄德失败时，便有的皱着眉头，忧愁不乐，有的还流下眼泪。听到曹操失败时，就高兴地唱起来。因此知道君子和小人的影响是百代都在的，君子是百代之后被人传颂怀念，而小人是百代之后仍然留下骂名。我们可以看到，“尊刘抑曹”并不是在元末明初罗贯中《三国演义》中才有的，而是在北宋之时就有。又如南宋时“精忠报国”的岳飞和“卖国大奸”的秦桧，也是给平民百姓留下了深刻印象，从杭州岳王庙坐在椅子上的岳飞的浩气之像和用白铁铸造的秦桧等四位“奸臣”的跪像，以及铸刻的楹联“青山有幸埋忠骨，白铁无辜铸佞臣”，可以看出，古往今来世人对待善恶忠奸的态度是极其分明的。据清代钱咏《履园丛话》记载，清朝乾隆年间，学士秦涧泉，是秦桧的后代子孙，常侍从乾隆皇帝左右，乾隆皇帝有一次问他：“你是秦桧之后吗?”秦涧泉没有正面回答，而是答道：“一朝天子一朝臣。”意思是有宋高宗赵构这样的昏君，就有秦桧这样的奸臣。还有一次，秦涧泉与袁枚同游西湖，在岳飞墓前，面对先祖秦桧的跪像，他羞愧难言，写下“人从宋后少名桧，我到坟前愧姓秦”这副对联。就是因为出了秦桧这个奸臣，所以宋代以后，世人的名字中很少有取“桧”字的，怕别人想到这个奸臣的名字，而作为秦桧的子孙，因为祖上出了这么一个让人唾弃的大奸臣，感到特别惭愧。可见，我们中国人是正邪分辨、忠奸分明、善恶分开的。

特别值得一提的是，**孔子所作的《春秋》，还成为万世权衡之典**。像宋代史学家胡安国在《春秋传》的序中讲：“《春秋》见诸行事，非空言比也。公好恶，则发乎《诗》之情；酌古今，则贯乎《书》之事；兴常典，则体乎《礼》之经；本忠恕，则导乎《乐》之和；著权制，则尽乎《易》之变。**百王之法度，万世之绳准，皆在此书。故君子以谓“五经”之有《春秋》，犹法律之有断例也**。学是经者，信穷理之要矣；不学是经，而处大事、决大疑能不惑者，鲜矣。”明代大学士张居正等编撰的《四书直解》讲解《孟子·离娄下》之“王者之迹熄而《诗》亡，《诗》亡然后《春秋》作”等句时更是明确指出：“**《春秋》之作，不止一代之典章，真万世之权衡也。**”我们看，孔子所作的《春秋》极大地影响了中国人的权衡。在中国历史上有个著名的“**春秋决狱**”，就是用《春秋》经义作为司法中断案的权衡，是西汉大儒董仲舒提出来的，主要是“论心定罪”（《盐铁论·刑德第五十五》也载“故《春秋》之治狱，论心定罪”），即根据案件的事实追查犯罪人的动机来判案，成为中国古代司法中的一种特殊审判方式，并在中国法制史上存在八九百年，这是相当了不起的。董仲舒等人还提倡凡是法律中没有规定的，司法官就以《春秋》经义作为裁判的依据；凡是法律条文与《春秋》经义相违背的，则以《春秋》经义为准。有关的案例还被汇编成《春秋决事比》，成为后来的判例法。所以，孔子作《春秋》，确实成了万世权衡之典。

从以上可以看出，孔子所作的《春秋》对我们中华民族精神的塑造有着相当大的作用。所以，我们每个人作为中华民族的一分子，都应当知道《春秋》的大义。司马迁在《史记·太史公自序》中说：“**有国者不可以不知《春秋》，前有谗而弗见，后有贼而不知。为人臣者不可以不知《春秋》，守经事而不知其宜，遭变事而不知其权。为人君父而不通于《春秋》之义者，必蒙首恶之名。为人臣子而不通于《春秋》之义者，必陷篡弑之诛，死罪之名**。其实皆以为善，为之不知其义，被之空言而不敢辞。”意思是说，做国君的不能不通晓《春秋》，否则前面有进谗言的看不见，后面有奸贼作乱也不知道。作人臣的不能不通晓《春秋》，否则就不知道日常事务怎么处理才得当，遇到突变就不能采取权宜之计去应对。作人君、人父的，不能通晓《春秋》大义，一定会蒙上首恶的罪名。作人臣、人子的，不通晓《春秋》大义，一定会陷于篡弑的罪名而被诛杀。实际上他们都以为是在做好事，却因为不知其道义所在，以致被加上空洞的罪名也不能推掉。司马迁接着还指出，不通礼义就会导致君臣父子之间出现混乱。由于不通晓礼义的宗旨，就会弄到君主不像君主、臣子不像臣子、父亲不像父亲、儿子不像儿子的地步。君主不像君主，就会受到臣下的侵犯，臣子不像臣子，就会被诛杀，父亲不像父亲，就没有人伦之道，儿子不像儿子，就会忤逆不孝，这四种行为是天下最大的罪过。把天下最大的罪名加在他们头上，他们也只能接受而不能推辞。所以说，《春秋》**是礼义的根本。礼义的作用是禁绝坏事的发生，法律的作用是在坏事发生之后进行制裁；法律所起的作用显而易见，而礼义所起的防止作用却不易被人了解。如果我们学了孔子的《春秋》，就可事先预防坏事的发生，所以不可以不知《春秋》**。

人活在世上，必须有所敬畏，才不敢肆意妄为。像《**春秋**》**等史书让人敬畏，起了“准宗教”的作用，它让所有的人都有一个礼义善恶的标准，知道什么事可为、什么事不可为，是在道德、法律之外的第三种制约力量**。所以，我们要感谢圣人孔子作了《春秋》，它使我们这个民族知道敬畏。另外，我们也还要感谢圣人孔子作了《春秋》，它使我们这个民族重视历史的作用，极大地丰富了历史典籍，为我们大到治国理政、小到做人做事提供了很多值得借鉴的经验。大家都知道，历史是人类的宝贵财富，它几乎可以对人类生活的各个领域产生影响。清代文学家龚自珍说“欲知大道，必先为史”，并在《古史钩沉论二》中写道：“灭人之国，必先去其史。”恩格斯就曾说过：“现代唯物主义把历史看作人类发展的过程。”恩格斯还在《英国状况》一文中说：“**历史就是我们的一切**。”意大利历史哲学家克罗齐也说“**一切历史都是当代史**”，意思是历史上发生的一切，都可作为当代的借鉴，当代发生的一切，都可从历史上找到影子，所以现在是活着的过去，看过去就是看现在。毛泽东在《中国共产党在民族战争中的地位》一文中特别指出：“**从孔夫子到孙中山，我们应当给以总结，承继这一份珍贵的遗产**。”因此，我们要学好中华民族的历史，使自己成为一个知道敬畏的人，成为一个懂得礼义的人，成为一个深具智慧的人。

第十八讲　宓子贱治理单父民不忍欺

治理是任何一个政府都必须面对的问题，中华民族早在几千年前就形成了一套治理体系。早在春秋时期就有“民不忍欺（德治）、民不能欺（察治）、民不敢欺（威治）”三种层次的治理。这其中，宓子贱治理单父（今山东单县）时，就达到了民不忍欺的境界，其治理智慧值得后世执政者学习。

我们先简要介绍一下宓子贱。宓子贱是孔子的弟子，春秋鲁国人。《史记·仲尼弟子列传》载，宓不齐，字子贱，比孔子小三十岁。孔子谈论宓子贱，说：“子贱真是个君子啊！假如鲁国没有君子，这个人又从哪儿学到这种好品德呢?”子贱出任单父地方长官，回来向孔子报告，说：“这个地方有五个人比我贤能，他们教给我施政治民的方法。”孔子说：“可惜呀！宓不齐治理的地方太小了，要是治理的地方大还差不多。”《史记》对宓子贱的刻画很简单，但透露了两个信号：一个是他人品好，所以孔子称赞他是个君子；另一个是他治理水平高，所以孔子认为他治理的地方太小了，不足以施展他的才能。

关于宓子贱治理单父，根据《孔子家语》、《吕氏春秋》、《王函山房辑佚书·宓子》等记载，有这样几件事：

一是掣肘谏君。《孔子家语·屈节解第三十七》、《吕氏春秋·审应览·具备》载，宓子贱被任命为单父（《吕氏春秋·审应览·具备》中作“亶父”）最高长官，担心鲁国国君听信谗言，使自己不能施政。于是当他向国君告辞赴任时，请求国君身边的亲近官吏一同赴任。到达单父后，官吏都来朝见，宓子贱为了训诫他们，便让鲁国国君身边的两个官吏起草文书。当这两位官吏书写时，宓子贱从旁边不时地摇动他们的胳膊肘，导致这两位官吏字写得很不好，宓子贱为此而发怒，两位官吏非常害怕，就请求回去。两个官吏回去以后向鲁国君主禀报说：“宓子贱让我们起草文书，却不时地摇动我们的胳膊肘，写得不好又大发脾气，单父的官吏都嘲笑我们。这就是我们要告辞离开的原因。”鲁国国君长叹道：“宓子贱是用这种方式对我的缺点进行劝谏啊。我扰乱宓子贱，使宓子贱不能实行自己的施政主张，这样的事一定多次发生过了。”于是，就派自己所宠信的官吏到单父告诉宓子贱说："从今以后，单父不归我直接管辖，一切听任您去治理。有对单父有利的事情，请您自己决断吧。五年以后向我报告施政的情况。"宓子贱恭敬地接受鲁国国君的话，这才得以在单父实行自己的治理方略。《孔子家语·屈节解第三十七》还记载了鲁国国君就宓子贱掣肘两位官吏的这件事求教于孔子，孔子说："宓子贱是个君子。他有辅佐君王之才，现在降低身份去治理单父，只不过是考验自己的才能。就这件事而言，其意不过是借此向您进谏罢了。"

二是尊贤受教。《孔子家语·辩政第十四》载，孔子对宓子贱说："你治理单父这个地方，百姓很高兴，你是用什么办法做到的？你告诉我百姓高兴的原因？"宓子贱回答："我治理时，让父亲怜悯儿子，让儿子同情所有的孤儿而哀痛父亲。"孔子说："好，这是小节，使老百姓归附了，但这还不够吧！"宓子贱说："我在那里，像父亲那样侍奉的有三个人，像兄长那样侍奉的有五个人，像朋友那样对待的有十一个人。"孔子说："像父亲那样来侍奉的，可以教百姓以孝道；像兄长那样来侍奉的，可以教百姓悌道；像朋友那样来对待的，可以教百姓友善。这是中节，有中等品德和才能的人会来归附你，但这还不够吧！"宓子贱说："这里的百姓中比我贤能的有五个人，我侍奉他们并从他们那里求教，他们都以道传教给我。"孔子感叹说："大节就在于此啊！从前尧舜治理天下，致力于访求贤人来辅佐自己。那些贤能的人是百福之宗，是神明之主。可惜，子贱治理的地方太小了。"这段对话告诉我们，宓子贱治理单父时，最受孔子肯定的是尊贤受教。

三是注重风俗。《孔子家语·屈节解第三十七》载，齐国军队攻打鲁国，取道单父。单父的父老们请求说："麦子已经成熟了，现在齐国的军队来了，不如让百姓收割了麦子。请您下令让百姓收割城郊的麦子，以增加百姓的口粮，不要让齐军得到粮食。"多次请求均未得到宓子贱允许。不久齐国军队收割了城郊的麦子。鲁国大夫季孙听了这件事非常生气，派人责备宓子贱说："百姓辛劳，却得不到口粮，这难道不悲哀吗？如果你不知道还可以原谅，但别人告诉你了，你却不听，这不该是为民着想的人所做的。"宓子贱回答说："今年单父的麦子是损失了，但明年还可以种植。如果使那些没有耕耘的百姓获得粮食，就会使百姓乐于敌寇入侵。何况，即使得到单父一年的麦子，也不会使鲁国更加强大；丢失单父一年的麦子，也不会使鲁国更加弱小。但是如果让百姓有自取之心，不仅滋长了不劳而获的奢望，而且也难以共同对敌，这可不是几年能够消除的。”季孙听说后，知道自己只是从小处着眼，而没有从长远考虑，非常惭愧地说：“如果可以入地的话，我哪里还有脸见宓子贱呢?”实际上，**一个国家、一个地区的风俗关系到治乱兴亡，经济衰退不过十年就可恢复，而风俗坏了，则要几倍的时间才能慢慢扭转**。所以，宓子贱在淳朴的风俗和一季的麦子之间的抉择，无疑是非常正确的。

四是鸣琴而治。《吕氏春秋·开春论·察贤》载，宓子贱治理单父，每天在堂上静坐弹琴，单父就治理得很好。大概由于琴声曲调悠扬，歌声委婉动听，使得单父的乡亲们都乐于来到台下，听那悦耳的音乐，从中受到熏陶，这当是儒家礼乐教化中的“乐教”。而巫马期（孔子另一弟子，也作巫马旗）披星戴月，早朝晚退，昼夜不闲，亲自处理各种政务，单父也治理得很好。巫马期向宓子贱询问其中的缘故。宓子贱说：“**我之谓在人，子之谓在力。任力者劳，任人者逸。**”意思是，我的做法叫用人，你的做法叫用力。用力的人当然劳苦，用人的人当然安逸。宓子贱确实厉害，四肢安逸，耳目保全，心气平和，而官府的各种事务都能处理得很好。巫马期却不是这样，他损伤生命，耗费精气，手足疲劳，教令烦琐，尽管也治理得不错，但还未达到最高境界。所以两相比较，可看出宓子贱的治理水平更高一筹。实际上，**领导者主要应该抓思想、用好人。抓思想，就是推行教化，但不是空洞地说教，而是借助百姓喜欢的媒介如音乐等来进行陶冶。用好人，就是用贤能的人才。这样，领导者才能无为而治。**

五是远离“阳桥”。《王函山房辑佚书·宓子》载，宓子贱被任命为单父的长官，经过阳昼这里，向他请教：“您有什么经验可以送我吗?”阳昼说：“我从小地位卑贱，不懂得治理百姓的办法。但是我有两条钓鱼之道，请求以此送给您。”宓子贱说：“你的钓鱼之道是什么?”阳昼说：“钓鱼时，垂下钓丝，安好钓饵，马上迎过来吞食的便是‘阳桥’，这种鱼肉薄而味不美；还有一种鱼，绕着钓饵游来游去，若存若亡、若食若不食的便是鲂鱼，这种鱼肉肥厚而味又美。”宓子贱领悟了其中的道理，说：“好。”宓子贱去上任，还没到单父，“冠盖迎之者交接于道”。宓子贱连忙催促手下人说：“快赶路，快赶路！这些人便是阳昼所说的‘阳桥’。”到了单父，他请出那些年高德重又有才能的人与他共同治理单父。实际上，似“阳桥”这种鱼的人很多，他们是靠主动贴近领导来为自己赢得资本的。但是一些领导吃这一套，觉得很受用，所以不知不觉地就以为他们忠诚于自己，至于那些品行高洁、真正有本事的可能就错过了。其实，越是品行高洁、越有本事的人越不出世，就像当年诸葛亮躬耕南阳一样，不求闻达于诸侯。刘备三顾茅庐他才出山。所以，这也告诉我们的领导者，**访求真正的人才，不可求之于奔竞钻营者之中，不可求之于阿谀谄媚者之中，而宜于清静淡泊者中求之，并需像周文王、燕昭王、信陵君、刘备那样礼贤下士方可得其为己所用。**

从这五件事可以看出宓子贱治理单父的水平确实很高。高到了什么程度呢？就是前面所说的“民不忍欺”。如何体现的呢？《孔子家语·屈节解第三十七》、《吕氏春秋·审应览·具备》、《淮南子·道应训》均记载了孔子派弟子巫马期前去暗访宓子贱治理单父政事的故事。说的是，宓子贱治理单父三年后，孔子派弟子巫马期前去考察，巫马期暗中脱掉华丽的衣服，穿上粗劣的麻布衣，化装前去察访，进入单父地界。看见有人晚上捕鱼，但捕到鱼后又放回水中去，就上前询问：“你之所以来捕鱼，是为了捕到鱼。今天你将捕到的鱼又放回，这是为什么呢？”渔夫回答说：“宓子贱不希望人们捕捉那些没长成的小鱼。我刚才之所以将捕到的鱼都放回河中，是因为捕捉的都是小鱼。”巫马期回去将此事报告给孔子：“宓子贱的道德修养达到这么好的程度，他能让人暗中做事都不敢乱来，就像刑法放在他身边一样。他是怎样达到这种效果的呢？”孔子说：“我曾经询问过宓子贱的治政方法，他告诉我‘**诚于此者刑于彼**’，宓子贱一定是将这种方法运用到治理单父上了。”**“能让他人暗中做事都不敢乱来”，是真正的大本事，没有多少领导者能做到。这是因为他的“诚”，化到百姓心中，变成了“刑”。**

宓子贱治理单父确实非常出色，所以得到了孔子的高度评价，认为他治理的单父太小了，用现在的话来说是屈才了。孔子不光是理论家，也是实践家。他在鲁国任过中都宰（即中都这个地方的最高长官）、司寇、代理宰相，有着丰富的治政经验。《孔子家语·相鲁第一》载，早先，鲁国有一个贩羊的沈犹氏，他经常在早上用水把羊灌饱增加重量欺诈买羊的人。有一个叫公慎氏的人，他的妻子与别人通奸也管不了。还有一个叫慎溃氏的人，生活豪华奢侈，逾越了礼制规定的限度。还有鲁国贩卖牲口的商人，在牲口身上装饰以抬高价格。到孔子当政之时，沈犹氏不敢在早上卖羊前给羊灌水，公慎氏休了他的妻子，慎溃氏逃出国境迁居到别国去了。过了三个月，贩牛马的商人不敢乱开价，卖牲口的商人也不敢搞装饰来谋取不当利益。男女走在路上，根据礼法各走各边；路上遗失的东西，没有人私自拾起占为己有。男子崇尚忠诚信义，女子崇尚贞洁温顺。四方的客商到鲁国城邑，不用请求主管商贸的官员，就好像回到自己家一样安全方便。《史记·孔子世家》也载，孔子“与闻国政三月，粥（同“鬻”，卖的意思）羔豚者弗饰贾；男女行者别于途；途不拾遗；四方之客至乎邑者，不求有司，皆予之以归”。所以，孔子的治理水平是极高的，只不过他的文教更有名，成为万世先师，掩盖了他的治政才干。

宓子贱治理单父不仅得到了老师孔子的高度评价，也得到了历史的高度评价。《史记·滑稽列传》说，传曰：“**子产治郑，民不能欺；子贱治单父，民不忍欺；西门豹治邺，民不敢欺**。”意思是，经传说：“子产治理郑国，百姓不能欺骗他；宓子贱治理单父，百姓不忍心欺骗他；西门豹治理邺县，百姓不敢欺骗他。”在中国历史上，与宓子贱一样，得到史家称誉为“民不忍欺”的治理名家，还有汉宣帝时治理左冯翊的韩延寿，恩信周遍二十四县，“**推其至诚，吏民不忍欺**”（《汉书·韩延寿传》、《资治通鉴·汉纪十八》），以及被东汉光武帝刘秀封为太傅的卓茂，他治理密县时，“**视民如子，举善而教，口无恶言，吏民亲爱而不忍欺之**”，“数年，教化大行，道不拾遗”（《后汉书·卓茂列传》）。

《史记·滑稽列传》中讲了子产、宓子贱、西门豹三人不同的“民不欺”外，还抛出一个问题，说：“三子之才能，谁最贤哉？辨治者当能别之。”意思是，他们三个人到底谁最贤能呢？明智的人自然能够分辨出来。讲到这里，我们先谈谈《史记·滑稽列传》提到的“子产治郑，民不能欺”和“西门豹治邺，民不敢欺”之事，然后再进行比较。

先说子产。孔子对子产评价很高，称子产“**有君子之道四焉：其行己也恭，其事上也敬，其养民也惠，其使民也义**”（《论语·公冶长》），又称子产“惠人也”（《论语·宪问》）。《史记·郑世家》载，子产是郑成公的小儿子，“为人仁爱人，事君忠厚”，孔子曾经路过郑国，与子产亲如兄弟。郑声公五年（公元前496年），郑国国相子产去世，郑人都哭泣，悲悼他如同失去自己的亲人。听到子产去世的消息，孔子悲哭说：“古之遗爱也!”讲述子产事迹最详细的莫过于《左传》。《左传》中用了大量的篇幅介绍子产，这也大概因为子产是左丘明非常赞赏的人物。比如《左传·襄公二十四年》记载了“子产告范宣子轻币”的故事，说的是晋国范宣子主持政事，诸侯朝见晋国的贡品很重，子产写信给范宣子，说："您治理晋国，四邻的诸侯不听说您的美德，而听说要很重的贡品，我对此感到迷惑。我听说君子治理国家，不是担心没有财礼，而是担心没有好名声。诸侯的财货聚集在国君的宗室里，诸侯就会离心。如果您把这个作为利己之物，晋国人就会离心。诸侯离心，晋国就受到损害。晋国人离心，您的家室就受到损害。为什么那么糊涂呢！那时哪里还需要财货？美名，是传播德行的工具；德行，是国家和家族的基础。有基础才不至于毁坏，您不也应该致力于这件事吗？有了德行就快乐，快乐了就能长久。用宽恕来发扬德行，那么好的名声就自然会传布天下，因此远方的人会仰慕而来，近处的人也会获得安宁。**您是宁可使人对您说'您确实养活了我'，还是说'您榨取了我，来养活自己'呢**？大象因为有了象牙而毁了自己，这是由于象牙值钱的缘故。"范宣子听了子产的这番道理之后，就减轻了诸侯朝见晋国的贡品。这段故事对执政者是非常有借鉴意义的。《左传·襄公三十一年》还记载了子产善于选贤任能、不毁乡校、反对子皮任用尹何治理封邑。（子皮说："尹何这个人谨慎善良，我喜欢他，他不会背叛我的，让他去学习如何治理。"子产说："**喜欢一个人，总是希望对这个人有利。现在您喜欢一个人却把政事交给他，这好像一个人不会用刀而让他去割东西，多半是要损伤他自己的。您喜欢他，不过是伤害他罢了**。"）此外，《左传·昭公六年》记载了子产铸刑法于鼎之事，《左传·昭公二十年》记载了子产论为政宽猛之事，其他的从襄公二十五年到昭公二十年之间还记载了他作为外交家及处理政事的风采，这里均不赘述。

子产治郑，对百姓真正有影响的举措记载在《左传·襄公三十年》和《史记·循吏列传》里面。《左传·襄公三十年》载，子产执政，让城市和乡村有所区别，上下尊卑各有职责，田土四界有水沟，庐舍和耕地能互相适应。对卿大夫中忠诚俭朴的，听从他，亲近他；骄傲奢侈的，则推翻他。子产参与政事一年，人们歌唱道："计算我的家产而收财物税，丈量我的耕地而征收田税。谁杀死子产，我就帮助他。"到了三年，却歌唱道："我有子弟，子产教诲；我有土田，子产使之增产。万一子产去世，谁来接替他呢？"《史记·循吏列传》载，子产执政一年，浪荡子不再轻浮嬉戏，老年人不必手提负重，儿童也不用下田耕种。两年之后，市场上买卖公平，不卖高价。三年过去，人们夜不闭户，路不拾遗。四年后，农民收工不必把农具带回家。五年后，男子无需服兵役，遇有丧事则自觉敬执丧葬之礼。子产治理郑国二十六年，去世时青壮年痛哭失声，老人像孩童一样哭泣，说："子产离开我们了，百姓将来依靠谁来安生呢！"

从上述《左传》及《史记》所载来看，子产确实能够洞察形势，善于把握他人心理，而且仁而精明，深受百姓爱戴。这大概就是《史记·滑稽列传》提到的"子产治郑，民不能欺"的情形。

我们再来讲西门豹。《史记·滑稽列传》载，战国魏文侯时，西门豹做邺县的县令。他到了邺县，召集年高而有名望的人，询问民间最感痛苦的事情。老人们回答说："苦于替河伯娶亲，由于这个原因百姓都弄得穷困。"西门豹问其原因，老人们回答说："邺地的三老（掌管教化的乡官）、廷掾（县府的官吏）每年向百姓征收的钱财达几百万，他们拿其中的二三十万为河伯娶亲，再同庙祝、巫婆一同私分其余的钱。每到河伯娶亲的时候，巫婆四处巡视，见到贫苦人家的女儿中长得好看的，就说这应该做河神的媳妇，说完就下聘礼将人带走。十多天后，他们准备好装饰，像女子出嫁的床帐枕席一样，让这姑娘坐在上面，放到河中漂行。开始还漂着，漂出几十里就沉没了。那些有漂亮姑娘的人家，都害怕被巫婆们选上，因此大多带着女儿远远地逃离了。所以城里的人越来越少，留下来的也更加贫穷了。这种风俗已经形成很久了，民俗都这样说：'假如不给河伯娶亲，河水就会冲来淹没田产，淹死这里的老百姓。'"西门豹说："等到为河伯娶亲时，请三老、巫婆、父老们到河边去送新娘。也希望来告诉我，我也要去送新娘。"大家都说："是。"到了那一天，西门豹到河边同大家相会。这时，三老、官吏、豪绅以及各村的乡亲父老们都到了，连同观看的百姓共两三千人。那个大巫婆七十来岁，随从的女弟子有十多个，都穿着丝制的单衣，站在大巫婆后面。西门豹说："请河神的媳妇过来，看看她美不美。"巫婆们就将新娘从帐子里扶出，来到西门豹面前。西门豹看了看，回头对三老、庙祝、巫婆及父老们说："这个姑娘长得不美，烦劳大巫婆到河中报告河神，需要调换一个漂亮姑娘，后天送她来。"就让士兵把大巫婆扔进河里。过了一会儿，西门豹说："大巫婆怎么一去这么久，还不回来呢？去一个徒弟催她一下。"又把一个徒弟扔进河中。过了一会儿，又说："徒弟怎么一去这么久不回来呢？再派一个人去催一下！"又把一个徒弟扔进河里。总共扔了三个徒弟。西门豹说："巫婆、徒弟是女人，不会禀告事由，烦劳三老替我进去禀告。"又把三老投进河里。西门豹面对河水恭敬地站了很长时间。这时乡里的长老、官吏和旁观者都非常害怕。西门豹回头说："巫婆、三老不回来，怎么办？"想再派廷掾和一个豪绅进去催促他们。廷掾和豪绅都跪在地上磕头，把头都磕破了，血流在地上，脸色如死灰一样。西门豹说："好吧，那就再等一会儿。"过了一会儿，西门豹说："起来吧，看情况是河神想留他们多待一下，你们都各自回去吧。"邺县的官吏、百姓都非常惊恐，从此以后，不敢再说为河伯娶媳妇了。

西门豹随即征发百姓开凿了十二道沟渠，引漳河水浇灌农田，农田都得到了灌溉。开始时百姓开渠难免有些劳苦，不太愿意干。西门豹说："可以同百姓共享其成，却不可以事先同他们商量。现在父老子弟虽然埋怨我给他们带来辛苦，但是百年以后，希望让父老子孙们再想想我所说的话。"邺县的人都得到了西门豹治水的好处，百姓因此富裕起来。这十二道沟渠横穿后来秦始皇时所修的驰道，到汉朝建立时，地方官吏认为十二道沟渠彼此相距很近，想要合并，把流经驰道的三条渠水合为一条，只架一桥。邺地的百姓不肯听从地方官吏的意见，认为那些沟渠是西门豹所建造的，"贤君之法式不可更也"，地方官吏最终听取了大家的意见。所以西门豹为邺县县令，"**名闻天下，泽流后世，无绝已时**"，难道能说他不是贤大夫吗？可见，西门豹是以威化治，并为民多干实事，所以《史记·滑稽列传》说"西门豹治邺，民不敢欺"。

宓子贱、子产、西门豹这三人，虽然爱民之心是一致的，但治政方法却不相同。三者比较起来，到底谁的境界最高呢？这个问题也引起了后世执政者的高度重视。南朝宋时史学家裴骃的《史记集解》在"三不欺"后面加注说，魏文帝曹丕问群臣："三种不被欺骗的情况，对君主来说哪种德行更优？"太尉钟繇、司徒华歆、司空王朗回答说："臣认为，君主凭借高尚品德行事，臣下就会感于道义而不忍欺；君主凭借明察秋毫来行事，臣下就会敬畏而不能欺；君主凭借刑罚法律来行事，臣下就会畏惧有罪而不敢欺（原文是'君任德，则臣感义而不忍欺；君任察，则臣畏觉而不能欺；君任刑，则臣畏罪而不敢欺'）。凭借品德，臣下感于道义，与'导德齐礼，有耻且格'等趋同；而凭借明察、凭借刑法，则与'导政齐刑，免而无耻'相同。孔子说：'为政以德，譬如北辰，居其所而众星共之。'考察这句话，分析它的含义，臣等以为是不忍欺、不能欺为优。而且优劣在于权衡，不是只在高低之差，而是'钧铢之觉'（一钧等于三十斤，一铢等于一两的二十四分之一，'钧铢之觉'指差距很大）。"同时，三位大臣还按照儒家“**仁者安仁，智者利仁，畏罪者强仁**”的观点，指出“**安仁者，性善者也；利仁者，力行者也；强仁者，不得已者也**”。**并把“三不欺”的三种形式依次比为“安仁”（不忍欺）、“利仁”（不能欺）、“强仁”（不敢欺），三仁相比，则安仁最优**。唐代史学家司马贞所撰的《史记索隐》“三不欺”后面的按语说：“此三不欺自古传记先达共所称述，今褚先生因记西门豹而称之以成说也。循吏传记子产相郑，仁而且明，故人不能欺之也。子贱为政清净，唯弹琴，三年不下堂而化，是人见思，故不忍欺之。豹以威化御俗，故人不敢欺。其德优劣，钟、华之评实为允当也。”在这一段话中，司马贞认为钟繇、华歆等的评论是公允恰当的。清朝也有类似的“三不欺”，即有人评价说“彭公（即彭雪麟）威猛，人不敢欺；李公（即李鸿章）精明，人不能欺；曾公（即曾国藩）仁德，人不忍欺”。不难看出，**三者之中以民不忍欺为最优，民不能欺为其次，民不敢欺为最次**。我们也试分析一下：

第一种民不忍欺实质上体现的是德治。这种治理，注重的是教化、风俗和尊贤。这是从人的内心去改变一个人，颇像佛家之“明心见性，直抵人心”，让人受到感化，变成善良之人。这样治理下的百姓做任何事，都会从内心的良知出发。所以，这也是孔子所说的“仁者安仁”（《论语·里仁》）。英国小说家菲尔丁曾说：“**纵使在一个法纪最松弛的国家里，一个品德高尚的人也不会胡作非为的，他们会为自己订立出立法者所忘记的法律**。”大家要知道，百姓出于善良天性，出于人心之自然，人人成为有觉悟的仁者，这种治理是多么大的功德！

第二种民不能欺实质上体现的是察治。这种治理，注重的是明察秋毫，精明能干（有点类似法家的申不害）。这要求执政者能够洞悉人性，有非常强的洞察力和观察力，并且能分析他人的利害关系，让他人自觉地按照执政者所说的去做。这样的结果，是让百姓知道行仁是有利的，是有好处的。所以在这种治理下，百姓都会变得很精明，变成一个智者。这种层次也是孔子所说的“智者利仁”（《论语·里仁》）。但这种治理下的百姓做好事，不是出于善良天性，而是出于功利算计。

第三种民不敢欺实质上体现的是威治。这种治理，注重的是威权，不是靠说服教育，而是依靠法律和刑罚。在这种治理下，百姓是因为害怕法律和刑罚的惩处，而不敢欺骗，只好勉强行仁，不得已才这样做。这样的结果也和第二种一样，没有深入到人的内心深处，一旦没有法律和刑罚的惩处，就会把人性恶的一面显露出来。而且，执政者推行威治如果久了，还会积怨于百姓，给自己带来麻烦。

在中国历史上，执政者往往不是单纯用一种方法治理，而是综合运用、杂用这其中的两种或三种，像汉宣帝就说过要“霸王道杂之”（《汉书·元帝纪》）。但就单纯某一种来说，我们中华文化大抵是崇尚德治即王道的，因为威治处理不好，会导致极端的后果。比如《史记·商君列传》记载了赵良评论秦国宰相百里奚（秦穆公时的贤相）和商鞅的治理方法和后果的事。当时商鞅为相十年，秦国宗室、贵戚多有怨言。一个有名望的叫赵良的人，劝说商鞅。商鞅问赵良：“我自信对秦国的发展做出了很大贡献，依你看来，我和五羖大夫百里奚在治秦的功绩上，哪一个更贤明呢?”赵良说：“五羖大夫百里奚出身低微，但他的努力也使秦国称霸西戎，深受诸侯敬重。他为相时，劳动而不坐车，夏天炎热而不张盖。他不摆场面，不让马车开道，不随便动武，**功名藏于府库，德行施于后世**。因此他去世时，**秦国百姓不论男女都伤心落泪，童子不唱歌，舂米者不相杵。这都是感怀他的恩德**。先生虽对秦国有很大功劳，但急着建立豪华宫殿，而不曾将恩德施给百姓。**上至太子的师傅，下至普通百姓，都用严刑峻法处罚，秦国上下都怕你，这是积怨蓄祸**。现在您又南面称孤，敢用法律之绳捆绑秦国的贵公子。这样并非载福保命之道。您何不归还封给您的十五座城池，劝秦孝公采取措施使隐士显名，赡养老人，抚恤孤儿，让百姓敬重父兄，使长幼有序，同时尊敬有德行的人，这样才能稍稍安全。如果您还贪图商、於两地之富，继续实施严刑峻法，积怨于百姓，那么您就很危险了。”从赵良的分析可以看出，**秦国的百姓更喜欢百里奚的德治，而怨恨商鞅的威治**。事实也证明，威治不能长久。像后来秦统一六国后，也纯用威治，结果不过十多年就灭亡了。

值得注意的是，西方治理文化和中华治理文化有些不同。比如意大利政治思想家马基雅维利的《君王论》就提出**“为民所惧要远远比为民所爱更安全”**的观点，并阐述说：“人们冒犯一个自己所爱的人比冒犯一个自己畏惧的人较少顾忌。因为爱是靠恩义这条纽带维系的。然而由于人性的卑劣，在任何时候，只要对自己有利，人们便把这条纽带一刀两断了，可是畏惧却由于害怕受到绝不会放弃的惩罚而永远维系着，因而就难以失去其功效。”《君王论》中还提到：“君王若要使人们畏惧自己，就应当做到，即使自己不能赢得人们的爱，也要避免自己为人们所憎恨。一个被人畏惧同时又不为人们所憎恨的君王，就是一个成功的君王。最要紧的是，他务必不要对他人的财产虎视眈眈，因为人们忘记父亲之死比忘记遗产的丧失还来得快些。”显然，**马基雅维利是从“人性恶”这个原点出发得出以上结论的。中华治理文化，不仅考虑了“人性恶”，而且更多的是考虑了“人性善”。这也是中西治理文化的一个重要区别。**

治理是世界上所有政府面临的一个共同课题。能否让国家长治久安、让社会和谐稳定、让百姓善良幸福，是考量治理智慧的根本所在。宓子贱治理单父以德化民而民不忍欺，为我们立足中华民族特性、提升治理水平指出了一个很好的方向。

第十九讲　曾子修身每日三省

现代人经常讲自我反省，这个自我反省是从哪里来的呢？是从孔子的学生曾子那里来的。曾子道德学问都很好，之所以被后世称为“宗圣”，很大程度上归功于他的修身功夫，这就是众所周知的“吾日三省吾身”，即每天都反省自身。

我们先简要介绍一下曾子。曾子名曾参，《史记·仲尼弟子列传》载：“曾参，南武城人，字子舆。少孔子四十六岁。”在孔子弟子中，他是比较小的。他还比较愚钝，但勤奋好学，颇得孔子真传。事实也证明，学问是要下愚钝功夫的，能做到“人一能之，己百能之；人十能之，己千之”，就会“虽愚必明，虽柔必强”（《中庸》）。而聪明人往往不愿意这样多次做，所以聪明人往往未必学问做得好。曾子对孔子学说的传播有很大贡献，他继承了孔子的学说，将其传授给孔子的孙子子思，子思又传给孟子。他有很多思想值得后人关注，比如“慎终追远，民德归厚”，还有“士不可以不弘毅，任重而道远”，“可以托六尺之孤，可以寄百里之命，临大节而不可夺也”，等等，这些都记载在《论语》里面。曾子以孝著称，《史记·仲尼弟子列传》称“孔子以为能通孝道，故授之业，作《孝经》”。《二十四孝》记载了关于他“啮指痛心”的故事，说的是他事母至孝。有一天，他入山打柴。家里来了客人，母亲不知所措，就用牙咬自己的手指。曾子忽然觉得心疼，知道母亲在呼唤自己，便背着柴迅速返回家中。母亲说：“有客人忽然到来，我咬手指让你知道。”如果孝没有达到一定程度，是不会有这样感应的。另外，相传《礼记》中《大学》也是曾子所作。可见曾子这个人很不简单。

我们来讲曾子修身每日三省。《论语·学而》载，曾子曰：“吾日三省吾身：为人谋而不忠乎？与朋友交而不信乎？传不习乎？”意思是，曾子说：“我每天在三方面反省自身：替别人办事是否尽心尽力？与朋友交往是否守信用？老师传授的学问是否精熟？”**忠，就是尽心尽力，朱熹《论语集注》中解释“尽己之谓忠”，这才是忠的本意。后来讲的“忠”意思已经演变了“人身依附”关系，变成了“我是你的人”之意。实际上忠于君主，应当是为君主尽心尽力办好事，做好本职工作，这就是忠，**

没有尽到自己的责任才是不忠。比如说，现实中，上级领导或主管某项决策不正确、某个行为不合理，你尽自己的责任帮他指出来，这就是忠，他采不采纳是他的事。你如果明知不对还迎合他、附和他，就是不忠。同样的，忠于国家、忠于人民，也是尽心尽力、完成责任的意思。在历代思想家中，孟子对“忠”解释最为独特，他说“**教人以善谓之忠**”（《孟子·滕文公上》），意思是以善言善行教人称之为忠，这个解释独树一帜。信，就是讲信义，不搞虚假，朱熹《论语集注》中解释“以实之谓信”，这是讲要实心，实在。传，朱熹《论语集注》中解释，“传，谓受之于师”，从老师那里获得道德学问。韩愈《师说》中讲：“师者，传道、授业、解惑也。”传道是老师最重要的职责。**人生代代相传，最重要的是传道**。习，就是研习熟知的意思，朱熹《论语集注》中解释：“习，谓熟之于己。”结合上文，就是说老师传授的道德学问要熟记于心。朱熹《论语集注》还有个总体评价，他说：“曾子以此三者日省其身，有则改之，无则加勉，其自治诚切如此，可谓得为学之本矣。而三者之序，则又以忠信为传习之本也。”意思是，曾子“三省吾身”，是为学之根本。过去讲的这个“学”不只是单纯的知识，而且是道德学问。而在忠、信、传习三个方面，忠信是传习的根本。所以，**将道德置于学问之上，这也是我们中华民族的一个优良传统**。

曾子的“吾日三省吾身”，简言之就是自我反省。**自我反省很重要的一点，就是能让人看清楚自己。我们很多人实际上都没能看清楚自己，特别是取得成功后容易飘飘然，不清楚自己是谁**。老子曾说：“知人者智，自知者明。”英国著名诗人乔叟说：“自知的人是最聪明的。”但是要做到自知并不容易。古希腊神话中的光明之神阿波罗就刻了“人啊，认识你自己吧”这条箴言，古希腊哲学家苏格拉底把“认识自己”看作哲学的最终目标和生活的最高原则，他使希腊哲学的传统从认识世界转向了认识人自己。认识自己，最重要的方法就是自我反省。所以，自我反省是增长智慧的绝佳途径。人不可避免会犯错，中国古话说得好：“人非圣贤，孰能无过？”但是有过错能及时改正，就善莫大焉。有了过错而不改正，那才是真正的过错。如何发现自身的过错呢？从外在上说，要靠别人点拨；从内在上说，靠的就是“三省吾身”。而且内在反省更为关键。如果自己不反省，别人不可能时刻点拨啊！所以，从这个角度来讲，**自我反省是一种很好的纠错方法，而且是我们常用的纠错方法**。

自我反省，历来是中国圣贤极为重视的基本修养功夫。孔子就说过："见贤思齐，见不贤而内自省。"（《论语·里仁篇》）意思是，看到德行好的人要向他学习，向他看齐；看到德行不好的人，要自我反省，看自己是否也有这样的表现。在孔子这里，自我反省不仅是反省自身，而且还要善于吸取别人的经验教训，把别人的教训当作自己的教训来反省，这是一种极高的智慧，也是成本最低的。孟子对"自我反省"的见解更为独特，他说："爱人不亲，反其仁；治人不治，反其智；礼人不答，反其敬。行有不得者，皆反求诸己，其身正而天下归之。"（《孟子·离娄上》）这段话是讲，爱护别人却得不到别人的亲近，那就应反问自己是否做到仁；治理民众却不能够治理好，那就应反问自己是否做到智；礼待别人却得不到别人的回应，那就应反问自己是否做到敬。凡是行为得不到预期的效果，都应该返回来从自身寻找原因，自身行为端正了，天下的人自然就会归往。"这段话中，孟子提出了一个很重要的观点，就是**"行有不得，反求诸己"**。这也是一种反躬自省。很多人遇到挫折，或人际关系紧张时，往往是从别人身上找原因，从客观上找原因，而孟子的做法是自我反省，从自己身上找原因。

在中国历史上，唐太宗是善于反省的典范，**他有一个著名的"三镜论"，即"以铜为镜，可以正衣冠；以古为镜，可以知兴替；以人为镜，可以明得失"**。他还说："朕常得此三镜，以防己过。"（《旧唐书·魏徵列传》）唐太宗讲的"三镜"，主要目的在于防止自己的过失，这是他反省自己的重要方法。明朝大儒王阳明在教学中有一个方法，是教学生反省的。《传习录·卷中·教约》载，每天清晨，学生行参揖礼完毕后，教师依次询问每个学生，要求他们反省自己在过去的一天中，在家里是否有"爱亲敬畏之心"、在校内是否"温凊定省之仪"、在街上是否"放荡未能谨饬"等等，一切行为与心术是否"欺妄非僻未能忠信笃敬"，要各以实对，有则改之，无则加勉。然后教师再针对学生的个体情况加以勉励或训诫。这是将自我反省直接运用到教学上。

自我反省，西方一些国家也极为重视。犹太王国的国王所罗门的《箴言》中就讲：**"义人常检讨自己的行为，邪恶人往往执迷不悟。"**义人，相当于我们中国人讲的"君子"。君子之所以成为君子，就在于经常反省自己，检讨自己。邪恶的人之所以成为邪恶的人，往往就是有错不改，不爱反省。当然，不能从根本上反省自己错误的人，往往就是自以为是的人、性格固执的人，这种人不仅缺乏与人相处的能力，而且也难以取得成就。像犹太民族中有一位非常注重自我反省的商人，名叫洛德尔，专门有一个“**蠢事备忘录**”。他有时通过口述的方式让秘书帮他记录下来，但有些事因为做得非常愚蠢，他不好意思让秘书帮他记录，就自己写下来。当他拿出这个“蠢事备忘录”时，都要看一遍他对自己的批评，这样就能使他不断反省自己的错误，从而更好地完善自己。

那么，我们如何自我反省，或者说从哪里入手进行反省呢？曾子讲了“忠、信、传习”这三个方面。我们这里也重点讲三个方面，这三个方面就是言语、行为、意念。这与我们每个普通人息息相关。

第一，在言语上自我反省。我们人活在世上，说话是少不了的，除非天生无法说话。**说话太重要了，大则关乎国家社稷，所谓“一言兴邦，一言丧邦”，像过去的纵横家苏秦、张仪、公孙衍等都是靠口才影响了战国的格局。小则关乎个人祸福，所谓“病从口入，祸从口出”，话说得不好，得罪人了，就给自己种下祸根，甚至会因此而丢掉性命**。像元朝许名奎所著《劝忍百箴》中共有“一百种忍”，其中“言之忍”是作为第一的，并提到“乱之所生也，则言语以为阶；口三五之门，祸由此来”。强调动乱的产生，是以言语作为阶梯的，口是用来记载日、月、星三辰和宣扬五行的，一些灾祸都是由说坏话引起的。所以说话要谨慎，必须要经常反省。佛家修行中的“五戒”其中之一便是“不妄语”，即不说欺诳迷惑的话。所罗门《箴言》中也讲：“多言多语难免犯罪，约束嘴巴便是智慧。”我国的古籍中对言语讲得也非常多。比如《尚书·大禹谟》中讲“惟口好出兴戎”，《尚书·说命中》还说“惟口起羞”（即口是招致羞辱的）。《论语·里仁》载孔子说“君子欲讷于言而敏于行”，明确告诉我们说话应该谨慎，做事则行动敏捷。**《论语·学而》中载孔子说“巧言令色鲜于仁”，《论语·卫灵公》中讲“巧言乱德”，都是说花言巧语的，必定缺少仁德**。

在中国古代，还有个“金人铭”，很能让我们警醒。《孔子家语·观周》载，孔子曾经到周都洛邑拜访老子，还参观了周朝的祖庙，在后稷太庙的台阶前，有个金人，三缄其口（即嘴巴上被贴了三层封条），背上还有著名的“金人铭”，大意是：古代慎重说话的人，警戒啊！不要多讲话，多讲话多败事；不要多生事，多生事多祸患。身处安乐之中一定要防备造成灾祸所带来的悔恨。不要以为哪里会有什么损伤，它的祸害会不断地滋长；不要以为哪里会有什么残害，它的祸患会很大；不要以为说话没有人会听到，神灵会在暗中监视人。小小的火苗不及时扑灭，就会变成熊熊的大火；细小的溪流没有阻塞，最终将汇成江河。绵绵的丝线如不弄断，将来可能结成罗网；细小的恶苗不及时拔掉，将来只有用斧头来清除。确实能够谨慎，才是幸福的根源。乱讲话会带来怎样的伤害呢？就如同走到灾祸的门口。凶暴、强横的人是没有好结果的，争强好胜的人最终将碰到竞争对手。包藏盗心的歹人无不嫉妒拥有财富的主人，人们有怨恨往往归咎于上面的人。君子知道普天之下谁都不愿别人处在自己上边，所以能屈身在下；知道天下的人都不喜欢别人超过自己，所以甘心居后。待人和气恭敬、做事谨慎，以减少自己德行的缺失，最终得到人们的爱戴和仰慕。常常保持柔弱谦卑的人，就没有人能超越你了。人们常常争名逐利，我独守此道；人们往往变动不定，我却独自不移。智慧和技能深藏内心不显露炫耀，我虽处在尊贵的高位，人们也不会嫉妒伤害我了。有谁能做到这样呢？江河虽然地势卑下，而能以宽大的胸怀容纳百川，是因为它处在低下的地位。天道悠远，无亲无私，人们的所有无不来自它的恩赐，而天却能让人处在它的下面。一定要时刻警戒啊！所以，孔子看到这篇《金人铭》，心里受到很大触动，回头对弟子们说："你们要记住铭文！这些话内涵丰富，很合乎事理，真实而且值得相信。《诗经》上说：'战战兢兢小心谨慎，就像临近深渊一样，就像行走在薄冰上一般。'一个人立身处世能这样子，难道还会因为说话遭遇祸患吗？"

另外，在言语上深刻反省的一个重要方面，就是不能泄密。《周易·系辞上》载孔子所说：**"君不密则失臣，臣不密则失身，几事不密则害成，是以君子慎密而不出也。"**就是说，君主不注意保密就会失去臣子，臣子不注意保密就会失去身家性命，做事不注意保密就会影响成功，因此君子非常慎重地保守秘密而不让他泄露出去。所以，哪怕是好朋友，也不要轻易讲秘密。特别是觉得无话可说时，也不要因为找话题，而把秘密泄露出来，否则会引来祸患。

言语还是判别一个人是什么样的人的重要途径。《易经·系辞下》中讲："将判者，其辞惭。中心疑者，其辞枝。**吉人之辞寡，躁人之辞多。**诬善之人，其辞游；失其守者，其辞屈。"意思是说，吉祥的人言辞少，浮躁的人言辞多。比如《世说新语》记载了一个故事，讲的是黄门侍郎王子猷兄弟三人（均是王羲之的儿子），有一天同去拜访谢安，子猷和子重大多说些日常事情，子敬不过寒暄几句罢了。三人走了以后，在座的客人问谢安："刚才那三位贤士谁较好？"谢安说："小的最好。"客人说："这是怎么知道的呢？"谢安说："贤明的人言辞少，急躁的人言辞多，由此推断出来。"所以，你是吉人，还是躁人呢？从言语上就可以看出来。明朝学者陈继儒《小窗幽记》还说：**"神人之言微，圣人之言简，贤人之言明，众人之言多，小人之言妄。"**因此，你是什么样的人呢？从你说话怎样就可判定。所以言语是我们首先要注意的。

第二，在行为上自我反省。哪些行为是应当做的？凡是善的行为就应当做。哪些行为是应当杜绝的？凡是恶的行为就应当杜绝。比如佛教讲的"十不善"就是杀生、偷盗、邪淫、妄语、绮语、恶口、两舌、贪、嗔、痴。其中杀生、偷盗、邪淫就属于行为上的不善。西方基督教中"摩西十诫"则有"不可杀人；不可奸淫；不可偷盗；不可作假见证陷害人；不可贪恋人的房屋，也不可贪恋人的妻子、仆婢、牛驴，并他一切所有"等内容。**东西方宗教告诉我们，人类在行为上最基本的底线都大致相同，都是禁止杀、盗、淫**。东西方的圣人都是如此教导众生的。在行为上反省有两个很典型的例子。一个是北宋的"铁面御史"赵抃，《宋史·赵抃传》载，到了晚上，赵抃一定穿了礼服，在露天里烧香把白天所做的事禀告上天。有不可禀告的事，他就不敢去做。这是一个修行极好的官员，宰相韩琦称他是"世人标表"。另一个是元朝的理学家许衡，《元史·许衡传》载，许衡早年"家贫躬耕，粟熟则食，粟不熟则食糠核菜茹，处之泰然"。他"尝暑中过河阳，道有梨，众争取啖之，衡独危坐树下自若。或问之，曰：'非其有而取之，不可也。'人曰：'世乱，此无主。'曰：'梨无主，吾心独无主乎？'"仍坚决不吃无主之梨。这是真正的"不偷盗"。后来，他钱财有多，就分给族人及贫困的读书人。别人给他的，不合理的，哪怕一文一毫也不接受。

但是，人性有个弱点，就是因为自爱而缺乏自省，批评起别人的缺点和行为，洞若观火；谈到自己则自我感觉良好，稍微有点自知之明的也容易大而化小，总之是觉得很不错，即使是有一些缺点也觉得没什么大不了。所以，多少自认为清正廉洁的人，在面对金钱诱惑时还是忍不住拿了；多少自认为作风正派的人，在面对美色的诱惑时把持不住自己。**有些人吹嘘自己多么的好，实际上是因为条件的限制，没有机会受到诱惑，只有经受住了考验，而且是一辈子的考验，才能盖棺定论。所以，在行为上**

做到没有亏欠，绝不是一件容易的事。只有不断地反省，不能做的，哪怕一丝一毫也不放过，只有这样才能在关键时刻或面临诱惑时不出差错。

第三，在意念上自我反省。所谓意念，就是人内心的想法念头。我们每个人，每天的念头实在太多了。有善的念头，有恶的念头，也有不善不恶的念头。当意念初起时，发现不正，就应该及时纠正克服。《尚书·多方》中讲："惟圣罔念作狂，惟狂克念作圣。"意思是聪明睿智的人没有善念会变得狂悖，狂悖的人能够思虑善念也会变得聪明睿智。佛家中也特别注重意念的自我反省，将"贪、嗔、痴"视为"三毒"。另外还有"慢、疑"等意念也需要克服。在意念中自我反省，最需要注意的是防止一念之差。只有平时不断修炼，不断产生善念，杜绝恶念，即使有恶念，也要刹那间将它灭掉，时时保持善念，并使善念能够念念相继，这样才能在关键时刻不至于出现一念之差。对普通百姓来说，有些违法犯罪往往就是一念之差造成的。有的人违法犯罪了，熟悉他的人都不相信：平时还不错的人怎么就走上了违法犯罪道路呢？实际上，这就是一念之差造成的。对于执政者来说，许多重大事情，由于一念之差，可能铸成大错，给国家和百姓带来很大的灾难。所以"一念之差"特别重要，决不可忽视。像清朝康熙皇帝就十分重视一念之差。《庭训格言》载，他说："**人心一念之微，不在天理，便在人欲。是故心存私便是放，不必逐物驰骛然后为放也。心一放就是私，不待纵情肆欲然后为私也。**"意思是，人心的一念的微小之处，不属于天理，就属于私欲。因此，存私念便是放纵，不一定追求物欲奔走才算是放纵。心一放纵就是私欲，不待纵情肆意追求私欲才算是私。他还引用古语说："**人生一善念，善虽未为，而吉神已随之；人生一恶念，恶虽未为，而凶神已随之。**"所以，人修养身心应在平时一念之微处用功夫。念头的正与不正，只在顷刻之间。如果一念不正，就立即改正它，这样收效甚大。

在西方，被戴尔·卡耐基、拿破仑·希尔所尊崇，并被誉为近现代"人生哲学之父"的英国作家詹姆士·艾伦在其著作中讲："我们心中的思想，造出今天的个性，**一念之间往往决定一生的命运**。如果人心包藏歪念，痛苦就会接踵而至，犹如车轮一样碾过……如果心诚意正，快乐便如影相随，永远陪伴左右。"这句"一念之间往往决定一生的命运"极富哲理。他还说："人们外在的言行举止都是由内心隐藏的思想种子萌芽而来的，无论是自然的行为，还是刻意而为之，这样的过程毫无例外"，"高尚人格的形成不是凭借着个人的爱好和机遇，而是保持纯正思想的自然结果，是长期心存正念的报偿。同样的道理，卑鄙蛮横的人格可以说是心怀不轨长久积累的结果。”这说明，**高尚人格和卑鄙人格之所以不同，实际上是长期心存正念或心怀不轨的结果。所以，我们一定得重视一念的修行，因为这不仅关系到我们的命运，而且也关系到我们的人格。**

上面，我们讲了自我反省需要注意的三个方面。那么，一个人通过了言语、行为、意念的反省，他在身心上有哪些反映呢？

一是行事上光明。这方面，北宋历史学家司马光是个典型。《宋史·司马光传》载：“司马光自少至老，语未尝妄，自言：‘吾无过人者，但平生所为，未尝有不可对人言者耳。’”这句话的意思是，司马光从小到老，说话未曾妄语，他自己说：“我生平没有什么过人之处，但值得安慰的是，我不曾有任何事不可对别人讲。”这个“**平生所为无不可对人言**”的境界，就是一种行事光明的境界，想必很多人达不到。一般人的内心都有一些不可告人的秘密，但是司马光能够做到一生光明磊落，很不简单。《宋史·司马光传》还说他“诚心自然，天下敬信，陕、洛间皆化其德，有不善，曰：‘君实得无知之乎？’”（君实是司马光的字）这点出了他靠的是一颗诚心，这颗诚心是面对自己，不是做给别人看的。这个诚，如果不是每天反省自己的行为，是做不到的。正因为他不违背正道，所以他敢讲这句话。司马光确实了不起，也得到了天下人的尊敬和信任，陕西、洛阳一带都受到其德行的教化。行有不善的都担心他知道。这就是自我反省带来的行事光明的效果。

二是隐微处慎独。能隐微处慎独的人，一定是修养极高的人。古人极为重视慎独。《大学》中讲“诚意”时两次提到“慎独”，第一次说：“所谓诚其意者，毋自欺也。如恶恶臭，好好色，此之谓自谦，故君子必慎其独也。”意思是，所谓使意念真诚，就是不要自己欺骗自己。要像厌恶腐臭的气味一样，要像喜爱美色一样，这就叫一切发自内心。所以，君子哪怕是在一个人独处的时候，也一定要谨慎。第二次说：“小人闲居为不善，无所不至；见君子而后厌然，掩其不善，而著其善。人之视己，如见其肺肝然则何益矣。此谓诚于中，形于外，故君子必慎其独也。”意思是小人独处时无恶不作，一见到君子便躲躲闪闪，掩盖坏事而吹嘘好事。其实，别人看你自己，就像能看见你的心肺肝脏一样清楚，掩盖有什么益处呢？这就叫内心有什么，外面就表现什么。所以，君子哪怕是在一个人独处的时候，也一定要谨慎地严格要求自己。《中庸》也提到“慎独”：“**是故君子戒慎乎其所不睹，恐惧乎其所不闻。莫见乎隐，莫显乎微，故君子慎其独也**。”这次是明确提出要在“隐微处慎独”，就是君子在那些别人看不见的地方也要自我戒慎，在那些别人听不到的地方也要自我恐惧。越是隐秘的地方越是容易显露，越是细微的地方越是容易显现，因此君子在独处的时候要谨慎。对这两篇经典所谈的“慎独”，康熙皇帝有个认识，他说：“《大学》、《中庸》都讲慎独的道理。这是为圣为贤第一重要环节。后人扩展这个说法称之为‘暗室不欺’。所谓暗室，有两层意思，一是在私居独处之时，一是在内心深处隐微的地方。私居独处，就是别人看不见的地方；内心深处隐微之处，就是别人不知道的地方。君子在这个时候，一举一动必定很严谨！战战兢兢，小心谨慎，不动而心敬，不言说而诚信，这实在是不愧屋漏的正人君子了！”（《庭训格言》）他提到的八个字“**暗室不欺，屋漏不愧**”，就靠我们慎独的功夫。东汉的杨震是在隐微处慎独的典型，他道德学问很高，人称“关西孔子”，《后汉书·杨震传》载，当他从荆州刺史迁为东莱太守时，路过昌邑县，县令王密，是他过去举荐的荆州秀才。为了感谢当初的荐举，王密在深夜怀十斤黄金送给杨震。杨震坚定地拒绝说：“老朋友了解你，你却不了解老朋友我啊！”王密说：“深夜不会有人知道。”杨震说：“天知、神知、我知、子知。何谓无知。”王密惭愧而出。这就是著名的“四知”。**我们有些人暗中做了坏事，希望“神不知鬼不觉”，而在明处做了点好事，则希望“地球人都知道”，这种心理是极为不好的**。所谓“**举头三尺有神明**”，“**人在做，天在看**”，**不要以为我们做了什么，别人不会知道，实际上只要做了，就赖不掉**。所以，人能慎独，可以对天地、质鬼神。

三是内心中无愧。古人说：“岂能尽如人意，但求无愧我心。”做到问心无愧，那是做人的最高境界，也是自我反省取得成效的最终体现。曾经有一个人问智者：“人生的最高境界是什么？”智者说：“无损于人。”当他第二次问智者人生的最高境界是什么时，智者说：“无求于人。”当他第三次问智者人生的最高境界是什么时，智者说：“无愧于人。”此人疑惑不解，智者回答：“你三次来问我时的情况不一样。第一次来时，你身上还有许多魔障，贪念很多，一不留神就会做出损害他人的事情，所以你得先保证自己是一个好人，即使不能有益于他人，至少也不要有损于人。第二次来的时候，你还不能自食其力，凡事经常求助于他人，一心为自己盘算，这不仅会造成他人的负担，也会给你造成心理压力，不当社会的包袱还不够，你还得想一想，自己是不是社会的祸害。第三次来时，你已经丰衣足食，而且可以帮助别人了，但自大自得会使你对成败得失耿耿于怀，面对他人的急难如果袖手旁观，你会受到良心的谴责，所以第三次我说最高境界是无愧于人。”这里讲了三种不同的情形，说了三种不同的境界。实际上，**“无愧于人”才是最高境界，因为它包含了上述的“无损于人”、“无求于人”**。像孟子说过“君子有三乐”，其中之一就是“仰不愧于天，俯不怍于人”（《孟子·尽心上》）。曾国藩在《同治十年十一月谕纪泽、纪鸿》中教育儿子说：“人无一内愧之事，则天君泰然，此心常快足宽平，是人生第一自强，第一寻乐之方，守身之先务也。”（古人称心为天君，《荀子·天论》中说“心居中虚，以治五官，夫是之谓天君”）意思是，人内心无愧，则心地泰然，这是人生第一自强、第一寻乐之方，也是守身最先的要务。因此，**人这一辈子，要想活得快乐，就必须内心无愧；要想死得十分安然，生前必须做到内心无愧**。

内心无愧的体现就是“三不欺”，即不欺天、不欺人、不欺己。清朝金缨《格言联璧》中讲：“**心不妄念，身不妄动，口不妄言，君子所以存诚**。**内不欺己，外不欺人，上不欺天，君子所以慎独**。**不愧父母，不愧兄弟，不愧妻子，君子所以宜家**。**不负天子，不负生民，不负所学，君子所以用世**。”这里面就讲了“三不欺”，另外“三不妄、三不愧、三不负”，也非常值得我们铭记。实际上，我们大多数人一辈子就干三件事：自欺、欺人、被人欺。自欺，如自己明明有不少缺陷，对外却要标榜自己如何完美；欺人，如对别人说冠冕堂皇的理由，来掩盖自己的私心和企图，达到自己的目的，更有甚者设陷阱、设机谋来欺骗别人；被人欺，如有的人因为一些欲望，像贪便宜、想捡天上掉下来的“馅饼”，被别人给利用了，有的人则是被人捧而放松警惕，最后就被别人给欺骗了。我们不少人都会这样，当然这也体现了人性的弱点。我们反省自己就是要将“三欺”转化为“三不欺”，即不欺天、不欺人、不欺己。**不欺天，就是不违反天道规则行事，不干欺骗自己良心的事；不欺人，就是对别人真诚友善，做到问心无愧，别人欺骗我，那是别人的事；不欺己，就是还自己本来面目，对自己的优点继续保持，对自己的缺点则加以改进，不隐瞒，不搞表里不一**。

自省是通向美德的基本途径，对于一个人的成长是极为重要的。人生在世，不可不修身，修身不可不反省。**我们应当把自省作为我们修身的“金科玉律”，作为自己每天的必修课，特别是在安静时要好好反思自己的过失，将自己心灵上的灰尘清除干净**。也只有这样，才能在做人做事上更加完善，向圣贤更加靠近。法国牧师纳德·兰塞姆墓碑上刻着一段文字：“**假如时光可以倒流，世界上将有一半的人可以成为伟人。**”他想说明的是，如果人能够在年轻时候就注意不断自我反省，将有机会成为了不起的伟人。这也告诉我们，自我反省是成为伟人的重要条件。所以，一个人成为伟人绝不是偶然的，背后的自我反省是绝对不可少的。曾子“吾日三省吾身”无疑为我们提供了很好的榜样，这是我们每个人应当牢记的。这里，还要请大家留意的是，**《易经》中震卦讲“恐惧修省”，益卦讲“迁善改过”，这是我们自我反省的八字方针，也是每位志在圣贤的修行者所必须注意的。**

第二十讲　齐威王齐宣王聚贤稷下学宫

说起中华文化的大繁荣，大家一定会对春秋战国时的“百家争鸣”赞不绝口，而齐国的稷下学宫对“百家争鸣”局面的形成，起了有力的促进作用。当时的齐威王、齐宣王在稷下学宫延揽天下贤士和学者，聚徒讲学，著书立说，议论政事，互相辩论，在中华文化发展史上谱写了一段最炫目的乐章，具有极其重要的里程碑意义。

我们先简要介绍一下齐威王和齐宣王父子。齐威王姓田，名因齐，他在位时齐国国富兵强，特别是齐威王四年（公元前353年），齐国在桂陵大败魏国后，“齐最强于诸侯，自称为王，以令天下”（《史记·田敬仲完世家》），也就是说在齐威王时，齐国是当时各诸侯国中最强大的国家。据《史记·田敬仲完世家》载，齐威王有三个明显特点：**第一是赏罚严明**。齐威王刚即位时，和春秋时的楚庄王一样不理国事，把政事交给卿大夫办理，九年之间，诸侯都来讨伐他。于是，齐威王召见即墨大夫，对他说：“自从先生治理即墨，诽谤之言每天都有。可是我派人察看即墨，田地得到开垦，百姓生活富足，官府没有公事积压，齐国的东方因而得到安宁。这是由于先生不会讨好我的左右以求得赞扬啊！”于是，封给即墨大夫一万户食邑。齐威王又召见阿城大夫，对他说：“自从你治理阿地以来，赞扬你的话每天都能听到。可是我派人视察阿城，田野荒废，百姓生活贫苦。过去赵军进攻甄城，你未能援救。卫国攻占薛陵，你也不知道。这是你用财物贿赂我的左右来求得赞扬。”当天就烹杀了阿城大夫，并把左右曾经吹捧过他的人也都一起烹杀了。于是齐国全国震惊，“人人不敢饰非，务尽其诚，齐国大治”，诸侯听说以后，有二十多年不敢对齐国用兵。**第二是善于纳谏**。驺忌子由于善弹琴而进见齐威王，威王很喜欢他，并让他住在宫内的右室。没多久，威王弹起琴，驺忌子推门进来说：“琴弹得真好啊！”齐威王不高兴地说：“先生还没有认真观察，怎么知道弹得好呢？”驺忌子说：“大弦宽厚并且温和，这是象征国君；小弦高亢明快并且清亮，象征宰相；手指勾弦用力，放开舒缓，象征政令；发出的琴声和谐，大小配合很好，不正之音不相干扰，象征四时。我由此能知道您弹得好。”驺忌子还说：“何止是谈论音乐，治理国家和安抚人民都在其中啊！

弹琴时反复而且不乱，是由于治理昌明；左右连贯而轻快，是由于保全而不致灭亡。所以说，琴音协调和谐，然后国家就得到治理。治理国家和安抚人民，没有比五音的道理更相像的了。”威王说：“好极了。”**第三是重用贤才**。齐威王二十四年（公元前333年），齐威王与魏惠王在郊外一起打猎，两人论宝。魏惠王以夜明珠为宝，而齐威王以贤才为宝。

继齐威王之后的齐宣王，名叫田辟疆，他最出名的是两件事：**第一件事是复兴稷下学宫**。《史记·田敬仲世家》载：“宣王喜文学游说之士，自如驺衍、淳于髡、田骈、接子、慎到、环渊之徒七十六人，皆赐列第，为上大夫，不治而议论，是以齐稷下学士复盛，且数百千人。”就是说，宣王喜爱文学和善于游说的士人，像驺衍、淳于髡、田骈、接子、慎到、环渊等七十六人，都赐给府第，封为上大夫，让他们不处理政事而专门议论学术。因此齐国的稷下学士重新兴盛起来，将近数百以至上千人。**第二件事是娶齐国丑女钟离春为后，在她的辅佐下治理齐国，使齐国安定兴旺**。这在历史上也成为美谈。

齐威王、齐宣王都是贤君。《逸周书·谥法解》载，“强毅信正曰威”，“圣善周闻曰宣”，意思是，坚强刚毅以伸张正义的谥号为“威”，睿智善良、广泛听闻则谥号为“宣”。所以，这对父子的谥号都是不错的，这也是对他们一生的评价。**这对父子有一个共同的特征就是非常好贤，礼遇有才学的士人，他们在位的时候共同做了一件大事，就是聚贤于稷下学宫**。《史记·孟子荀卿列传》载，齐国“开第康庄之衢，高门大屋，尊崇之。览天下诸侯宾客，言齐能致天下贤士也”。**他们所做的这件大事，推动了中华文化的第一次大繁荣，这在中国乃至世界历史上都是极有影响的**。

我们现在来谈一谈稷下学宫的历史兴衰。稷下学宫创建于齐桓公田午（不是春秋五霸时的齐桓公姜小白）时期。齐桓公田午是田氏齐国的第三代君主，是齐太公田和的孙子。齐桓公田午最大的功绩便是在国都临淄的稷下设置学宫，这就是著名的“稷下学宫”。“建安七子”之一的徐幹有篇著作叫《中论》，其中的“亡国篇第十八”讲：“昔齐桓公立稷下之官，设大夫之号，招致贤人而尊宠之，自孟轲之徒皆游于齐。”这就是齐桓公田午创建“稷下学宫”的记载。

稷下学宫兴盛于齐威王、齐宣王时期。齐威王刚即位时，面临严重的危机，就是各诸侯国都来欺负齐国，攻占齐国的土地。但是，危机也蕴藏着机遇。**正是诸侯国的攻伐，逼得齐威王大兴稷下学宫，引来了六国精英学者，使齐成为强国。（历史常有相似性，其后的秦孝公也是这样，正是当年诸侯欺负秦国，秦国不敢出函谷关，逼得秦孝公发出求贤令，引来了商鞅，后来在秦国变法，使秦成为强国。）**东汉学者应劭《风俗通义·穷通》中说："齐威、宣王时，聚集天下贤士于稷下尊崇之，若邹衍、田骈、淳于髡之属甚众，号曰列大夫，皆世所称，咸作书刺世。"西汉桓宽《盐铁论·论儒》中讲："齐威宣之时，显贤进士，国家富强，威行敌国。"又说："齐宣王褒儒尊学，孟轲、淳于髡之徒受上大夫之禄，不任职而论国事，盖齐稷下先生千有余人。"意思是讲，齐威王、齐宣王时，重用儒生，提拔贤士，国家富强，威力直抵敌国。而齐宣王时，褒扬儒学，尊重学者，孟轲、淳于髡等人，享受上大夫的俸禄，不担任具体职务，却议论国家政事，当时聚集在齐国稷下的儒生有一千多人。

稷下学宫在齐湣王时没落。西汉桓宽《盐铁论·论儒》中讲，到了齐湣王，继承先前两代遗留下的功业，南边攻克楚国的淮北，并吞强大的宋国，囊括十二个小诸侯国，西边挫败韩、赵、魏三晋之国，击退秦国，燕、赵、韩、魏、楚五国归顺，邹国、鲁国的君主，泗水边的诸侯都前来称臣。他夸耀战功，不肯休兵，百姓不堪忍受。许多儒生劝谏而不听从，便各自分散。慎到、捷子逃离，田骈到达薛地，荀卿奔往楚国。这直接导致了稷下学宫的衰落。后来燕国乐毅率领五国之兵伐齐，七十余城仅剩下莒、即墨两座城池，而在临淄的稷下学宫被占领五年，直到田单复国。

齐湣王死后，齐国立襄王。齐襄王经历了国破家亡，也想有所作为，于是他也着力复兴稷下学宫。《史记·孟子荀卿列传》载："田骈之属皆已死，齐襄王时，而荀卿最为老师。齐尚修列大夫之缺，而荀卿三为祭酒焉。"也就是说齐襄王恢复稷下先生为列大夫的传统，而荀子三次当选为祭酒，主管学宫事务。到了齐王建的四十年里，秦国广招天下贤士，大批人才流向秦国。而稷下学宫的人才也纷纷出走，如荀子就到了楚国，被春申君任为兰陵令。不久，齐国被秦国所灭，稷下学宫也就不复存在。

稷下学宫从创建到消亡，历时一百五十多年。它的最主要职能有两项：**一个是学术研究**。根据《汉书·艺文志》载，《孙卿子》（即《荀子》）、《田子》、《邹子》、《慎子》、《尹文子》、《公孙龙子》、《宋子》、《邹奭子》等著作就是在稷下学宫完成的，像《管子》一书虽托名管仲所著，实则为稷下先生所汇总，被《汉书·艺文志》列为道家著作。著名的

《司马法》也是奉齐威王之命整理的。当时各家还对天、地、人之间的大问题进行争辩，如著名的天人之辩、义利之辩、王霸之辩、人性之辩、名实之辩等，真正体现了“百家争鸣”。**另一个是服务政治**。《史记·孟子荀卿列传》载：“自邹衍与齐之稷下先生，如淳于髡、慎到、环渊、接子、田骈、邹奭之徒，各著书言治乱之事，以干世主，岂可胜道哉。”除了以学术思想影响齐国的政治外，齐国政府还从稷下先生中选拔卿相。如《说苑·尊贤》载，齐国“立淳于髡为上卿。赐之千金，革车百乘，与平诸侯之事。”西汉经学家、文学家刘向的《战国策·齐策三》载，淳于髡一天之内向齐宣王引荐七个人。《战国策·齐策四》载，齐宣王在稷下先生王斗的劝说下，“举士五人任官，齐国大治”。

稷下学宫之所以成为“百家争鸣”的重要场所，与它的运行方式有很大关系。虽然它是由齐国政府主办，但是学术活动却是非常自由的。据《荀子·正论》载，当时淳于髡诸弟子有三千人，孟子的从者有数百人，田骈有徒弟百人，宋钘、尹文则率其群徒，辩其谈说。也就是在当时的稷下学宫，各种学术门派均非常自由。当时齐国的当政者接受的主要是黄老之学，黄老之学以道家学说为基础，吸收百家之长，较其他学派有明显的优势，慎到、田骈、接子、环渊“皆学黄老道德之术，因发明序其指意”（《史记·孟子荀卿列传》），但这并不妨碍其他学派的自由发展，所以当时在稷下学宫，道家、儒家、法家、名家、阴阳家、墨家、农家、杂家等均得到了自由的发展。这也体现了《中庸》里面所说的“万物并育而不相害，道并行而不悖”。而且稷下学宫的主管即“祭酒”，也不是政府任命的，而是由师生推选，像出身家奴、齐国的上门女婿淳于髡就当过“祭酒”，大学者荀子三次任“祭酒”。**这种“政府投资主办，私人自由办学”的独特运行方式，即使与现代教育体制相比也毫不逊色**。

在自由宽松的运行方式下，稷下学宫涌现了很多学术人物。这些学术人物虽然不一定都是开山祖师，但至少是领军人物。如儒家中的代表人物孟子和荀子，在稷下学宫都是三十年以上。《史记·儒林列传》中讲，战国时期天下群雄并争，儒学已经受到排斥，但是独独在齐国和鲁国一带，学习研究它的人不曾放弃。在齐威王、齐宣王当政时期，孟子、荀子等人，都继承了孔子的事业，使之发扬光大，凭自己的学说显名于当世。而且，我们从《孟子》的《梁惠王下》、《离娄下》、《万章下》、《公孙丑下》等篇章中可以看到，孟子在齐宣王时特别受尊敬，并多次与齐宣王论政。大学者荀子，既是儒家人物，又是法家代表人物韩非子、李斯的老师，三次主持稷下学宫事务。淳于髡是当时出场较多的稷下先生，是著名的“隐语”大师。《史记·滑稽列传》载，齐威王刚即位时，好彻夜宴饮，逸乐无度，不管政事，把政事委托给卿大夫。文武百官荒淫放纵，各国都来侵犯，国家危在旦夕。齐威王左右近臣都不敢进谏。淳于髡用隐语来讽谏齐威王，说：“国中有只大鸟，落在了大王的庭院里，三年不飞又不叫，不知道这只鸟是为什么?”齐威王说：“这只鸟‘不飞则已，一飞冲天；不鸣则已，一鸣惊人’。”于是就诏令全国七十二个县的长官全来入朝奏事，奖赏一人（即前面所述的即墨大夫），诛杀一人（即前面所述的阿城大夫）；又发兵御敌，诸侯十分惊恐，都把侵占的土地归还齐国。另外道家人物也较多，如宋钘、尹文、慎到（也被认为是法家人物）、田骈、接子、环渊等人。再如驺衍是阴阳家的代表，公孙龙子是名家的代表。可以说，当时稷下学宫中的学术人物基本上涵盖了各大学派。当时齐国人还称赞说：“善于谈天说地的是驺衍，长于修饰文章的是驺奭，智慧无穷的是淳于髡。”（《史记·孟子荀卿列传》）

稷下学宫有功于战国时代文化的大融合，促进了“百家争鸣”的黄金时代的到来。据《汉书·艺文志》载，诸子百家较为著名的有儒家、道家、阴阳家、法家、名家、墨家、纵横家、杂家、农家、小说家等十家。另外还有诗赋家、兵家、天文家、数术家、方技家等各家。稷下学宫作为战国时期诸子百家荟萃的中心，促进了中华学术文化的大繁荣。当时的学术人物还相互间展开辩论，创造了中国历史上最为生动的“百家争鸣”。在这里面有几个著名的辩论，体现了中华文化的重要特色。

第一个著名的辩论是天人之辩。天道、人道以及天与人之间的关系，是中国哲学史上极其重要的范畴。稷下各学派进行了辩论。孟子认为，天是人的主宰，也是义理之天。他沿着传统的“天人合一”的路子，认为人的心性可与天命相通，提出了“尽心、知性、知天”的思维模式，他说：“尽其心者，知其性也。知其性，则知天矣。存其心，养其性，所以事天也。夭寿不贰，修身以俟之，所以立命也。”（《孟子·尽心上》）荀子则认为天是自然界的天，他认为“天行有常，不为尧存，不为桀亡”，并提出“明于天人之分”、“制天命而用之”（《荀子·天论》），也就是说，天运行是有规律的，且天人是相分的，人可以改造天命。同时，稷下学者汇编的《管子》中的《形势》、《霸言》等篇，还强调人对天道的遵从。

第二个著名的辩论是万物本源之辩。稷下道家代表宋钘、尹文，将作为世界本源的“道”解释为“气”，认为“气”是组成万物的基本要素。稷下学者汇编的《管子》中的《水地篇》则强调“地者，万物之本原，诸生之根菀也，美恶、贤不肖、愚俊之所生也。水者，地之血气，如筋脉之通流者也”，意思是大地是万物的本源，是所有生命的根本，美与恶、贤与不肖、愚蠢与俊美都是从这里产生的。水是大地的血气，如同筋脉流通于人体一样。又说“水者何也？万物之本源也，诸生之宗室也，美恶、贤不肖、愚俊之所产也”，也就是说水也是万物的本源。儒家大学者荀子则认为天地是万物之本，他说：“天地合而万物生，阴阳接而变化起。”（《荀子·礼论》）

第三个著名的辩论是王霸之辩。儒家的孟子认为，“以力假仁者霸，以德行仁者王”，“以力服人者，非心服也”，“以德服人者，中心悦而诚服也”（《孟子·公孙丑上》）。也就是说，王道是施行仁政，以德服人；霸道是假行仁义凭借武力服人。孟子尊崇王道，反对霸道。荀子虽然崇尚王道，以王道为本，但不排斥霸道，承认霸道的威慑作用，他还认为：“隆礼尊贤而王，重法爱民而霸。”（《荀子·天论》）稷下学者汇编的《管子》则认为：“强国众，合强以攻弱，以图霸；强国少，合小以攻大，以图王。强国众，而言王势者，愚人之智也；强国少，而施霸道者，败事之谋也。”（《管子·霸言》）意思是，强国众多，便联合强国进攻弱国，以成就霸业；强国较少，便联合小国进攻大国，以成就王业。强国众多，而谈论成就王业，这是愚人的智慧；强国较少，还要称霸天下，这是败事的谋略。从这里可以看出，管子认为实行王道还是实行霸道，要看时势，要根据具体情况。

第四个著名的辩论是人性善恶之辩。孟子是“性善论”者，他认为人的本性是善的，“人性之善也，犹水之就下也”，“恻隐之心，人皆有之；羞恶之心，人皆有之；辞让之心，人皆有之；是非之心，人皆有之。恻隐之心，仁也；羞恶之心，义也；恭敬之心，礼也；是非之心，智也。仁义礼智，非由外铄也，我固有之也。”告子持“性无善无不善”论，他认为“人性之无分于善不善也”，“食色，性也”。孟子的弟子公都子引述他人的话时还讲了两种人性论，即“性可以为善，可以为不善”，“有性善，有性不善”。（《孟子·告子上》）大学者荀子则认为“人性恶”（《荀子·性恶》），他的这个观点直接影响到他的学生韩非子，所以法家也持“人性恶”论。但荀子主张“化性起伪”，提出了“涂之人可以为禹”（《荀子·性恶》）的观点，也就是人通过改造可以成为像大禹那样贤明的人。西方基督教主张原罪，也是“性恶论”，认为人要靠救赎才能成为上帝的选民。

第五个著名的辩论是义利之辩。儒家的孟子认为，义高于利。《孟子·梁惠王上》载，当梁惠王问他“不远千里而来，亦将有以利吾国”时，孟子回答说：“王！何必曰利？亦有仁义而已矣。”《史记·孟子荀卿列传》载，太史公司马迁说：“我读《孟子》，每当读到梁惠王问‘怎样才对我的国家有利’时，总不免放下书本而有所感叹地说‘唉，**利是一切祸乱的开始呀！孔子极少讲利的问题，其原因就是经常防备这个祸乱的根源**。所以孔子讲，依据个人的利益而行动，会招致很多怨恨（《论语·里仁》）。上自天子，下至平民，好利的弊病都存在，有什么不同呢?”大学者荀子则认为，人们对利的追求是生来所具有的，他说：“饥而欲食，寒而欲暖，劳而欲息，好利而恶害，是人之所生而有也。”（《荀子·非相》）但他也认为不能放纵逐利，否则会导致混乱纷争，因此他又主张“制礼义以分之”（《荀子·王制》），即用礼义来制约。到了西汉时，**司马迁的《史记·货殖列传》还讲过一句名言即“天下熙熙，皆为利来；天下攘攘，皆为利往”，明确提出了“经济人”的观点，比英国经济学家亚当·斯密早一千八百多年**。实际上，利在人们生活中的重要性不可否认，但不能见利忘义，而要义利兼和。**《易经·乾卦·文言》上讲“利者，义之和也”，准确地表达了义利之间的关系，说明利和义并不是完全对立的，并不是截然矛盾的，这值得大家特别留意。**

在稷下学宫还有德治法治之辩、名实之辩等，这里就不一一列举了。总的来说，稷下学宫所涉及的思想内容博大精深，学术研究成果极其丰硕。所以，司马光在《稷下赋》中评价稷下学宫说：“**致千里之奇士，总百家之伟说**。”在同时代的西方，特别是**被誉为“欧洲文明的摇篮”的古希腊，出现过柏拉图建立的阿卡德米学园（即科学园之意）**，也称为雅典学院，是西方第一所集高等教育和学术研究为一体的学院，柏拉图著作《理想国》也是在此完成的。欧洲文艺复兴时期拉斐尔曾经画过一幅《雅典学派》，成为世界名画，就是以此为主题，全画穿越时空，所画的学院大厅上汇集着不同时代、不同地域、不同学派的著名学者，他们在自由地讨论，体现了对智慧和真理的追求。后来古希腊还有亚里士多德建立的吕克昂学园、芝诺建立的斯多葛学园。但它们都只是一家之园，不像稷下学宫那样是各派学术活动的场所，规模和影响力都不如稷下学宫。

所以，**齐威王、齐宣王聚贤稷下学宫，真正是中国史乃至世界史上名垂后世的大举措，造就了一个伟大的“思想自由，兼容并包”的时代，使中华文化升华到一个难以逾越的高度，成为世界上极优秀的文化**。在中国历史上，除了齐威王、齐宣王聚贤稷下学宫外，我们还要关注推动中华文化繁荣的几件大事：

第一是魏文侯扶持子夏西河讲学。魏文侯是战国初期有名的贤王，他在位时魏国在列国中最强大。他一生中最光辉的事件就是尊崇子夏为师，并大力扶持子夏在西河讲学，任用子夏的弟子为将相。战国时的西河，在魏国境内，而西河讲学的主角就是孔子的弟子子夏。《史记·仲尼弟子列传》载：“孔子既没，子夏居西河教授，为魏文侯师。”《史记·儒林列传》也载，自孔子逝世后，他的七十余名优秀学生纷纷四散去交游诸侯，成就大的当了诸侯国君的老师和卿相，成就小的结交、教导士大夫，有的则隐居不仕。所以子路在卫国做官，子张在陈国做官，澹台子羽住在楚国，子夏在西河教授，子贡终老于齐。像田子方、段干木、吴起、禽滑釐这些人，都曾受业于子夏之辈，然后当了诸侯国君的老师。所以，子夏是中国历史上了不得的人物。他教的几个学生都成为魏国的一等人才，被魏文侯尊为老师的有之，任为将相的有之。魏文侯正是任用子夏在西河教授的人才，使魏国成为战国初期的第一强国。在这里要特别指出的是，**子夏的弟子李克（虽然《汉书·艺文志》将李克列为儒家，将李悝列为法家，但据考证李克与李悝实为同一人），为魏文侯相，在魏国实行变法，他变法的思想还直接影响了秦国乃至中国两千多年的政局（毛泽东《七律·读封建论》中说“百代多行秦政治”），因为商鞅在秦国变法正是以他的《法经》为底本**。另外，子夏在西河讲学时，还有两个著名的弟子，一个是公羊高（《春秋公羊传》的作者），一个是穀梁赤（《春秋穀梁传》的作者）。这两个人的著作都属著名的“春秋”三传。**特别是《春秋公羊传》宣扬“大一统”和“拨乱反正”，后来其传人西汉大儒董仲舒建议汉武帝“独尊儒术，罢黜百家”，直接影响了中国两千多年的统治思想**。

第二是唐太宗设立弘文馆。唐太宗李世民是自三代以来最负盛名的几个贤明帝王之一，他武功一流，毛泽东称赞他“自古能军无出李世民之右者”，也就是说自古以来用兵打仗没有超过李世民的。但他在文治上取得了更加卓越的成就，所以又被称为唐文皇。《资治通鉴·唐纪五》载，早在他任秦王时的公元621年，他就设立了文学馆，邀杜如晦、房玄龄、虞世南、褚亮、姚思廉、李玄道、蔡允恭、薛元敬、颜相时、苏勖、于志宁、苏世长、薛收、李守素、陆德明、孔颖达、盖文达、许敬宗，以本官兼文学馆学士，号称“十八学士”，唐太宗对他们恩礼优厚，常常与他们讨论文籍。当时将被唐太宗选入文学馆称为“登瀛洲”，是十分荣耀的事。《资治通鉴·唐纪八》载，公元626年，唐太宗即位后第二个月，于弘文殿聚藏经史子集四部书二十余万卷，并于殿旁设置弘文馆。遴选虞世南、褚亮、姚思廉、欧阳询、蔡允恭、萧德言等国内精通学术之人，以原职兼任弘文馆学士，让他们轮流值宿，皇上在听政之暇，领他们进入内殿，讲论先哲言行，商讨政事，有时要到午夜时分才结束。又选取三品以上官员的子孙充任弘文馆学生。在这个弘文馆的学士中，像虞世南、褚亮、姚思廉、蔡允恭等原本就是他任秦王时的文学馆学士。《贞观政要·崇儒学》又载，弘文馆学士主要是从全国通晓儒学的人中精选出来的，他们享用五品以上高官的珍贵饮食。这个弘文馆虽然规模不太大，但在这里编撰了一批重要书籍。**像一代政书《群书治要》就是在弘文馆编撰的。这部书是一本集大成的书，采撷晋代以前的经、史、诸子中有关治心、修身、齐家、治国、平天下之精华，共计五十多万字，这部书确实堪称治世宝典，流传到日本后被皇室和大臣奉为圭臬**。可见，唐太宗开设弘文馆，整理和编撰了一批著作，吸收和培养了大批人才，不仅对开创“贞观之治”的盛世具有极大的推动作用，而且为大唐文化的繁荣做出了积极贡献。

第三是宋太祖誓不杀士大夫。宋太祖赵匡胤是中国古代杰出的帝王之一。毛泽东曾在《沁园春·雪》中说：“惜秦皇汉武，略输文采；唐宗宋祖，稍逊风骚；一代天骄，成吉思汗，只识弯弓射大雕。”他提到的五个帝王中就有宋太祖。宋太祖最突出的贡献，就是创建了帝制时代最开明的王朝。衡量一个王朝是否开明的标志，主要是看知识分子的处境好坏和言论是否自由，在赵匡胤开创的宋朝，知识分子绝不会被杀头。明末清初大学者王夫之的《宋论》“太祖篇”载：“太祖勒石，锁置殿中，使嗣君即位，入而跪读。其戒有三：**一、保全柴氏子孙；二、不杀士大夫；三、不加农田之赋**。呜呼！若此三者，不谓之盛德也不能。”所谓勒石，就是在石头上刻字，也即立碑。这段话的意思说，宋太祖曾经立碑，锁到殿中，让刚刚即位的皇帝进入里面跪读。这碑上刻的字有三条戒令：一是保全柴氏子孙（因为，周世宗柴荣的功业为宋朝所继，且赵匡胤帝位是从孤儿寡母手中夺过来的，所以厚待柴氏子孙），二是不杀士大夫，三是不增加农田之税赋。哎呀！像这样三条，不称为盛德也不可能啊！另宋人笔记《避暑漫抄》载，建隆三年（公元962年），赵匡胤曾叫人密刻一碑，立于寝殿的夹室，称为“誓碑”。他亲自告谕誓碑不可以随意示众，遇祭祀大典和以后新皇即位时，必须跪读誓词。当时的群臣都只能站在远处，因此都不知道誓词内容。直到金兵入侵，汴京沦陷，它的真实面目才得以展露。誓碑上只有三行字：“一云柴氏子孙有罪不得加刑，纵犯谋逆之罪，只于狱中赐尽，不得市曹刑戮，亦不准连坐支属；一云不得杀士大夫及上书言事人；一云子孙须谨遵此誓，有违犯者，天必殛之。”这三条中与王夫之《宋论》所载大致相同的是前两条，这里面的第三条则是为保证前两条的实施而提出的。这其中的第二条确实为知识分子营造了极好的环境。**自秦朝以来，没有一个帝王敢承诺不杀士大夫和上书言事者。而赵匡胤是第一个敢这样保证的，而且整个宋朝也确实没有杀过一个“士大夫及上书言事者”**。王夫之《宋论》“太祖篇”载，“自太祖勒不杀士大夫之誓以诏子孙，终宋之世，文臣无欧刀之辟。”大家都知道，**自秦以来，几乎每个王朝在言论上都有限制。言论不自由，莫过于秦朝的“焚书坑儒”、明清时的“文字狱”。而宋朝的知识分子则可以畅所欲言，不用害怕杀头**。所以，在宋代也出现类似稷下学宫这样的文化高潮，如二程（程颢、程颐）和朱熹的程朱理学、张载的关学、陆九渊的心学、司马光的朔学、苏轼的蜀学、王安石的新学、陈亮的事功学等。近代史学家陈寅恪先生在《金明馆丛稿二编》中称赞说：“**华夏民族之文化，历数千年之演变，造极于赵宋之世**。”这个大功当归于宋太祖。

从齐威王、齐宣王聚贤稷下学宫及魏文侯扶持子夏西河讲学，唐太宗设立弘文馆，赵匡胤誓不杀士大夫及上书言事者等历史事件中，我们可以看到，**一国的学术与政治至关重要，凡是尊重贤才，重视学术，这个国家也一定会强大。而且学术可以为政治服务，提供有益的经世致用之策，并可为国家储蓄人才**。当然，如果只有学术外壳，没有实质的内容，则是无用的摆设。

德国哲学家费希特在其著作《论学者的使命》中说：“**学者的进步决定着人类发展的一切其他领域的进步。他应该永远走在其他领域的前头，以便为他们开辟道路**。”因此，执政一方乃至一国的领导者当学习借鉴齐威王、齐宣王聚贤稷下学宫的做法，为学者创造良好的条件，营造“百花齐放、百家争鸣”的文化氛围，使执政的一方乃至一国成为学者云集之地、学风大盛之地、人才荟萃之地，这样才能创造璀璨的文化、培育优秀的人才、建设强大的国家。

第二十一讲　廉颇蔺相如将相和

在中国古代，将和相的地位十分重要，他们关系国家的治乱安危。司马迁在《史记·匈奴列传》中讲：“**欲兴圣统，唯在择任将相哉！唯在择任将相哉！**”意思是，要振兴发扬圣人之道统，只在于选择任用将相啊！只在于选择任用将相啊！司马迁的这个慨叹是对历史兴衰成败的一个重要总结。而在将相之间，他们的和睦又尤为重要，可谓“将相和则国兴，将相不和则国衰”。战国时，赵国的大将廉颇和卿相蔺相如便上演了一段将相和的故事，流芳百世。

我们先简要介绍一下廉颇和蔺相如。关于廉颇，最为人熟知的有三个方面：**一是赵国良将**。《史记·廉颇蔺相如列传》载，廉颇是赵国良将，赵惠文王十六年（公元前283年），廉颇率领赵军攻打齐国，大败齐军，夺取了阳晋，被任命为上卿，以勇气闻名于诸侯。后来，他多次率赵军进攻齐国、魏国，皆取得胜利，攻占了齐国和魏国的几座城邑。赵孝成王七年（公元前259年），秦军与赵军在长平对阵，这时名将赵奢已死，蔺相如也病危，于是赵王派廉颇为将，秦军几次打败赵军，廉颇便采取守势，坚守营垒，秦军毫无办法。秦国于是派间谍散布谣言，导致赵王任用赵括为将，不用老成的廉颇，结果长平之战赵国惨败。此后，燕国听取相国栗腹之言，趁火打劫攻打赵国，赵王任用廉颇为将，大败燕军，并包围燕国都城，燕国割让五座城求和，赵王因廉颇之功而封其为信平君。可以说，廉颇为赵国是立下汗马功劳的，战功显赫。**二是负荆请罪**。这说的是廉颇“肉袒负荆”，向蔺相如谢罪的事。（详见下面“将相和”的故事。）这也体现了廉颇知错就改的一面。**三是廉颇老矣**。说的是赵孝成王去世后，新任的赵悼襄王对他并不信任，派乐乘接替廉颇。廉颇十分生气，攻打乐乘。由于此举违反了赵王之命，廉颇于是逃奔魏国的大梁。但魏国对他也不信任重用。这时，赵国因为多次被秦兵围困，赵王想重新任用廉颇为将，廉颇也想回赵国。赵王派使者去探望廉颇，廉颇的仇人郭开便用重金贿赂使者，让使者说廉颇的坏话。赵国使者见到廉颇后，廉颇当他的面一顿饭吃了一斗米、十斤肉，又披甲上马，表示自己还可以被任用。可是，赵国使者回去向赵王报告说：“廉将军虽然已老，饭量还很不错，但陪我坐着时，一会儿就上了三次厕所。”赵王认为廉颇老了，就不再召回他。后来廉颇老死于楚国的寿春。后来南宋词人辛弃疾有首词题为《永遇乐·京口北固亭怀古》，这首词的最后一句就是“**廉颇老矣，尚能饭否**”。这句话也一直为人们所传诵，比喻年龄虽老，但是还能为国效力。

关于蔺相如，《史记·廉颇蔺相如列传》记载的故事有三个最为后人熟知：**一是劝阻缪贤**。蔺相如是赵国人，是赵国宦者令缪贤的门客。当时，秦昭王要用十五座城换取赵国拥有的和氏璧，赵惠文王因此而犯难，想找一个合适的人出使秦国。这时宦者令缪贤说：“我的门客蔺相如可以派去。”赵王问：“你怎么知道他可以呢？”缪贤就说了蔺相如曾劝阻他的一件事。说的是，缪贤曾经犯过罪，因此私下打算逃亡到燕国去，蔺相如阻拦说：“您了解燕王吗？”缪贤说：“我曾随大王在边境上会见燕王，燕王私下握住我的手说愿意和我交个朋友。因此我想往他那里去。”蔺相如说：“赵国强，燕国弱，而您受宠于赵王，所以燕王想要和您结交。如今您是从赵国逃到燕国，燕国害怕赵国，那时燕王不但不敢收留您，而且还会把您捆绑起来送回赵国。您不如向大王请罪，这样也许会被赦免。”于是缪贤听从了蔺相如的意见，赵王也赦免了缪贤。**二是完璧归赵**。这个故事，大家都非常熟悉，这里就不多讲了。明代文学家王世贞写过一篇《蔺相如完璧归赵论》，对此评论说“蔺相如之获全于璧也，天也”，意思是老天站在蔺相如一边，帮助他完璧归赵。实际上王世贞的观点并不对，因为当时的形势是秦强赵弱，应当由强国先做出举动，即秦国先割城，赵国再奉璧，这也符合保护弱国的常理。而且秦国确实也没有诚意，《史记·廉颇蔺相如列传》最后也说，蔺相如回国后，“秦亦不以城予赵，赵亦终不予秦璧”。**三是渑池之会**。这个故事大家也非常熟悉。在渑池会上，我们可以见识到蔺相如毫不畏死，且有胆有识，在气势上都能压倒秦国，为赵国赢得了尊严，不愧是外交家的典范。除了这三个故事及蔺相如与廉颇将相和的故事外，《史记·廉颇蔺相如列传》还提及蔺相如领兵攻齐，一直打到平邑，并在长平之战前夕（此时他已病危），劝谏赵王不要用赵括代替廉颇为将，他说：“大王只凭名声来任用赵括，就好像用胶把调弦的柱粘死再去弹瑟那样不知变通。赵括只会读他父亲留下的书，不懂得灵活应变。”但赵王还是命赵括为将，结果长平一战，赵军惨败，元气大伤。这是成语“胶柱鼓瑟”的出处。

我们现在讲述廉颇、蔺相如著名的“将相和”的故事。渑池之会蔺相如立了大功，被赵王封为上卿，位在廉颇之上。廉颇说："我是赵国将军，有攻城野战之功，而蔺相如只不过靠能说会道立了点功，可是他的地位却在我之上，况且相如本来是卑贱之人，我感到羞耻。"并且扬言说："我若碰到蔺相如，一定要羞辱他。"蔺相如听到后，不肯和他相会。蔺相如每到上朝时，常推说有病。没过多久，蔺相如外出，远远看到廉颇，就掉转车子回避。于是蔺相如的门客就说："我们离开亲人来侍奉您，就是仰慕您高尚的节义呀。如今您与廉颇同列，他口出恶言，而您却害怕躲避他，怕得也过分了，平庸的人尚且感到羞耻，何况是身为将相的人呢！我们这些人没出息，请让我们告辞吧！"蔺相如坚决地挽留他们，说："诸位认为廉将军和秦王相比谁厉害？"回答说："廉将军比不了秦王。"蔺相如说："以秦王的威势，我都敢在朝廷上呵斥他，羞辱他的群臣，我蔺相如虽然无能，难道会怕廉将军吗？但是我想到，强秦之所以不敢对赵国用兵，就是因为有我们两人在呀，如今两虎相斗，势必不能共存。我之所以这样忍让，就是**先国家之急而后私仇**。"廉颇听说了这些话，就脱去上衣，露出上身，背着荆条，由宾客带引，来到蔺相如的门前请罪。他说："我是个粗野卑贱的人，想不到将军您是如此的宽厚啊！"二人相互和好，成为刎颈之交。司马迁十分赞赏蔺相如的勇敢和谦让，在《史记·廉颇蔺相如列传》中说："知死必勇，非死者难也，处死者难。方蔺相如引璧睨柱，及叱秦王左右，势不过诛，然士或怯懦而不敢发。相如一奋其气，威信敌国，退而让颇，名重太山，其处智勇，可谓兼之矣！"意思是，知道将死而不害怕，必定是很有勇气；死并非难事，对待死才是难事。当蔺相如手举宝璧斜视庭柱，以及呵斥秦王侍从的时候，就面对的形势来说，最多不过是被杀，然而一般士人往往因为胆小懦弱而不敢如此表现。相如一旦振奋起他的勇气，其威力就伸张出来压倒敌国。后来又对廉颇谦逊退让，他的声誉比泰山还重，他处事中表现的智慧和勇气，可以说是兼而有之啊！

上面我们介绍了"将相和"的故事。我们接着讲述中国古代将相的职责、来源和特质，以便于我们更加深刻地理解"将相和"的重要性。

对于宰相，有三句话值得注意：

第一句是陈平说的"宰相者，上佐天子理阴阳，顺四时，下育万物之宜，外镇抚四夷诸侯，内亲附百姓，使卿大夫各得任其职焉"。这句话讲的是宰相的职责。《史记·陈丞相世家》载，汉文帝即位后一段时间，渐渐熟悉了国家大事，有一次在朝廷上问右丞相周勃说："天下一年中判决的案件有多少？”周勃谢罪说：“不知道。”汉文帝又问：“天下一年中钱粮的开支收入有多少？”周勃又谢罪说不知道，急得汗流浃背，惭愧自己不能回答。于是汉文帝又问左丞相陈平，陈平说：“有主管的人。”汉文帝说：“主管的人又是谁？”陈平说：“陛下若问判决案件的情况，可询问廷尉；问钱粮收支的情况，可询问治粟内史。”汉文帝说：“如果各自有主管的人，那么你又主管什么事呢？”陈平谢罪说：“陛下不知我才智低劣，使我勉强担任宰相的职位。宰相一职，对上辅佐天子调理阴阳、顺应四时，对下抚育万物顺时生长，对外镇抚四夷和诸侯，对内爱护团结百姓，使公卿大夫各自能够胜任他们的职责。”汉文帝于是夸赞他回答得好。在汉宣帝时，还有一个“丙吉问牛”的故事，也讲了宰相的一个重要职责是“理阴阳，顺四时”。《汉书·魏相丙吉传》载，丞相丙吉有一次外出，路上看到一大群人斗殴，他说不要管；后来碰上有人正在赶牛，那牛气喘吁吁，热得吐出舌头，丙吉让人停下车子，让手下去问赶牛人：“赶牛走了几里了？”手下都很奇怪，说：“丞相该问的不问，不该问的却问，那么多人打架你不管，却过问一头牛？”丙吉说：“百姓互相争斗，死伤了人，这当由京兆尹去管，我的职责是考察他们的政绩。现在是早春，不应该出现很热的天气，可是牛没跑多远就喘气吐舌，这说明时令节气反常，恐怕于农事不利。作为三公的丞相，正是要掌管调和阴阳之事啊！”于是手下人都很佩服，认为丙吉是个识大体的人。

第二句是韩非子说的“宰相必起于州部”。在《韩非子·显学》中，韩非子提出了“宰相必起于州部，猛将必发于卒伍”的主张。关于“猛将必发于卒伍”，我们后面会讲，先讲前一句“宰相必起于州部”。这句话说明了宰相的来源。历史上不少有名的宰相都是从基层选拔起来的。东晋名相桓温任过荆州刺史，谢安任过吴郡太守。十六国时第一流的贤相王猛任过始平县令、京兆尹。唐宋时期的名相基本都有地方工作经历。唐朝名相姚崇任过同州刺史，宋璟任过广州都督，狄仁杰任过汴州参军、宁州刺史、江南巡抚使、豫州刺史、复州刺史、洛州司马等官，张柬之任过合蜀二州刺史、荆州长史、洛州司马等职，韩休任过虢州刺史，裴度任过河阴尉。北宋名相王旦任过郑州、濠州通判，富弼任过绛州通判、开封府推官，吕端在定州、洪州、蔡州、开封等地当过官，寇准当过多次地方官后又任过青州知府，文彦博任过翼城、绛州的地方官，范仲淹任过亳州集庆军节度推官、兴化县令、陕西经略安抚招讨副使，韩琦任过淄州通判、开封府推官、陕西安抚使、陕西经略安抚招讨副使，王安石历任扬州签书判官、鄞县知县、舒州通判、常州知州，司马光先后在华州、苏州、河南、郓州、并州等地当过官。宰相为什么要有基层经历？这是因为宰相职责地位十分重要，掌握国家之大事，只有“接地气”，在基层历练过，才能熟悉基层生活、了解民情，这样当了宰相后才能制定符合基层、符合民情的政策法令，不会因高高在上而脱离实际。

第三句是赵匡胤说的“宰相须用读书人”。清朝毕沅编撰的《续资治通鉴·宋纪四》载，乾德年初，赵匡胤曾命宰相研究议定年号，明确新议定的年号不得沿袭前代的年号。平定后蜀后，蜀宫内有被赵匡胤选入作嫔妃的，赵匡胤观看其梳妆的奁具，得到一面旧的妆镜，背后刻有“乾德四年铸”五字，不觉惊疑道：“现在乾德才刚开始，怎么会有乾德四年铸的镜子？”赵匡胤于是将妆镜送给宰相看，宰相都回答不出来，于是召见学士陶谷、窦仪询问，窦仪说：“前蜀王衍当政时，曾用乾德年号，此镜必是来自蜀中。”赵匡胤感叹道：“看来，宰相须用读书人。”于是更加重视儒臣。“宰相须用读书人”，本是赵匡胤的一句感叹，后来却成了他和他的子孙后代选拔宰相的原则。赵匡胤本打算拜窦仪为相，但没多久窦仪染病身亡，赵匡胤很是痛惜。后来，赵匡胤又任用了读书人卢多逊为参知政事（副宰相）。到了宋仁宗后，宰相完全是读书人，如晏殊、吕夷简、范仲淹、韩琦、富弼、文彦博、曾公亮、王安石、司马光、吕公著、范纯仁、苏辙等。宋朝蒙学课本《神童诗》更是进一步宣扬：“学乃身之宝，儒为席上珍。君看为宰相，必用读书人。”在中国古代，宰相是朝廷的枢纽，处于核心位置，应当具备非同一般的学识。而读书人博古通今，能知治乱之大体，更适合治国平天下，所以“宰相须用读书人”讲明了宰相的特质，颇有道理。

对于将军，也有三句话值得注意：

第一句是黄石公所说的“将者，国之命也”。黄石公是汉朝留侯张良的老师，即“圯上老人”。在《黄石公三略》的“上略”中，黄石公明确提出“将者，国之命也”的观点，把将军视作国家命运的掌握者。在他之前的姜太公则说：“兵者，国之大事，存亡之道，命在于将。将者，国之辅，先王之所重也。”（《六韬·龙韬·论将第十九》）孙武也说：“将者，国之辅也，辅周则国必强，辅隙则国必弱。”（《孙子兵法·谋攻第三》）也就是说，将军是国家的辅佐，辅佐周全则国家一定会强盛，辅佐出现空隙疏漏则国家一定会衰弱。但孙武也说过："知兵之将，民之司命，国家安危之主也。"（《孙子兵法·作战第二》）也就是说，精通用兵作战之道的将军，是民众命运的掌握者，是国家安危的主宰者。从这可以看出，对将军的重要性和职责，黄石公看得比姜太公、孙武更重一点。从人类的历史来看，国与国之间难免发生战争，将军的地位极其重要，的确关系一国之命运，生与灭都在于将军能否指挥得当。所以，对将军的地位怎么强调也不过分。

第二句是韩非子所说的"猛将必发于卒伍"。我国古代高级将领多是由文职转任的。如春秋时是以卿统领军队的。到战国时代文武分开后，一些名将大多出身行伍。秦国名将白起、王翦都是因战功卓著而升为大将的。汉初樊哙、周勃、夏侯婴、灌婴来自下层社会，都是以勇猛善战博取军功而成为将军的。汉武帝时最著名的"飞将军"李广，是从弓箭手而逐步升为大将的。三国时魏延、吕蒙、甘宁等名将也出身于卒伍。两晋时名将刘牢之，唐朝名将薛仁贵、李晟，宋朝名将狄青（原是禁军中的士兵）、岳飞、韩世忠，明初名将徐达、常遇春，等等，都是出身于卒伍。直到明清时，行伍出身的将军仍然是主体。不仅我国的将军大多出身卒伍，来自基层，西方不少国家也是如此，如以色列的所有将军都被要求必须有做过班长的履历。行伍是培养将军的摇篮，只有当兵历练，才能汲取实践的智慧，才有利于掌握战争的客观规律，所以"猛将"须有这方面的经历。

第三句是孙武所说的"将者，智、信、仁、勇、严"。《孙子兵法·始计第一》中对将的要求就是"智、信、仁、勇、严"这五个字，即将军要有智慧才能、要赏罚有信、要宽厚仁爱、要勇敢无畏、要执法严明。《六韬·龙韬·论将第十九》中姜太公讲"将有五材"，即"勇、智、仁、信、忠"，也大体类似。后世论将之道，还有很多。比如诸葛亮《将苑》提出了"将材"（分为仁将、义将、礼将、智将、信将、步将、骑将、猛将、大将）、"将器"（分为十夫之将、百夫之将、千夫之将、万夫之将、十万人之将、天下之将）的观点。再如民国时蔡锷将军所编的《曾胡治兵语录》（即晚清名臣曾国藩、胡林翼的治兵语录，黄埔军校教材）第一章"将材"讲"**带兵之人，第一要才堪治民；第二要不怕死；第三要不汲汲名利；第四要耐受辛苦**"（曾语），"兵事不外奇正二字，而将材不外智勇二字"（胡语），但两人都强调为将要"有良心，有血性"。蔡锷评论说，曾、胡二公本是一介书生，却带兵打仗，并得到这样的功名，创建伟业，正在于他们的“良心血性”超出常人。

从上面所说的将相的职责、来源和特质来看，将和相的地位都十分重要，在一国当中居于核心位置，而且对他们素质和经历的要求也与其他官员有很大不同。将相为什么要和呢？这是由他们的地位所决定的。文治在于宰相，武备在于将军。将相和，天下就会太平，即使有动乱也会迅速平定。将相不和，即使当时天下太平，日久也会生乱。

在中国历史上，除了廉颇和蔺相如外，将相和而推动国家兴盛的典型例子有两个：

一个是汉代的陈平和周勃平定诸吕之乱。《史记·郦生陆贾列传》载，吕太后时，立吕氏诸人为王，诸吕专揽大权，欲劫持少主，危及刘氏政权。右丞相陈平对此很是担忧，但是自己不敢力争，害怕祸及自己，因此常常安居家中反复思考。有一次，陆贾到陈平家，直接到陈平身边坐下，这时陈平正在深思。陆贾问道：“您为什么如此忧虑呢？”陈平说：“你猜我究竟忧虑什么？”陆贾说：“足下位居右丞相之职，是食有三万户的列侯，可以说富贵之极，应该说是没有这方面的欲望了。然而若是说您有忧虑的话，那只不过是担忧诸吕和幼主而已。”陈平说：“对，但是该怎么办呢？”陆贾说：“天下太平时，要特别关注宰相；天下危乱时，要特别关注将军。如果将军和丞相和睦，那么士人就会归附；士人归附，那么天下即使有意外的事情发生，国家的大权也不会分散。为国家社稷考虑，这事情都在您和太尉周勃两个人掌握之中罢了。我常常想把这些话对周勃讲明白，但是他对我的话不太重视。您为什么不和周勃交好，建立起亲密的联系？”接着，陆贾又为陈平筹划出几种对付吕氏的办法。陈平就按他的筹划，拿出五百金来为周勃祝寿，并且准备盛大的宴会来招待；而太尉周勃也以同样的方式来回报陈平。这样，陈平、周勃二人关系就很密切。公元前180年，吕后病死。丞相陈平与太尉周勃审时度势，联合朱虚侯刘章一举将吕氏一族诛灭，迎立汉文帝。在平定诸吕之乱的事件中，陆贾功不可没。**他提出的“天下安，注意相；天下危，注意将”的观点极有见地，如果没有他这一高明的策略，光靠丞相陈平或太尉周勃单方面的力量难以顺利铲除诸吕势力。**铲除诸吕势力后，迎立的汉文帝乃是一代明君，后来与其子景帝开创了历史上著名的“文景之治”。

另一个是唐代的裴度、李愬平定淮西叛乱。《旧唐书·裴度传》载，因为讨伐叛军打了一次大败仗，宰相李逢吉等认为在淮西用兵劳师弊赋，力主罢兵。裴度认为根本的祸患不及时除掉，终将酿成大祸；不除淮西的腹心之患，两河的贼寇，也将效法淮西逆贼，与朝廷一争高下。于是坚决请求讨伐，宪宗十分倾心信赖裴度，因此言听计从毫不犹疑。裴度接受讨伐任务后，奉召在延英殿对答皇帝的策问，他动情地说："君主忧愁是臣子的耻辱，理当赴义捐生献必死之力。如果逆贼被灭，则臣有朝见天子之日；逆贼若在，则臣将无返回朝廷之期。"宪宗为之感动流泪。元和十二年（公元817年）八月，裴度前往淮西，唐宪宗诏令神策军派三百名骑士随从护卫，并亲至通化门慰勉他。裴度在城楼下含泪辞别，宪宗赐给他帝王佩用的通天犀角腰带。唐宪宗因宰相李逢吉与裴度不和，于是免了李逢吉职务，将他调出朝廷任剑南东川节度使。裴度以宰相领淮西节度使、淮西宣慰招讨处置使的身份，巡视抚慰诸军，极大振奋了士气。当时各路军队均派有宦官监军，军队的进退不由主将。取胜时，监军的宦官便抢先向朝廷报捷；受挫时，便对主将百般凌辱。裴度到行营后，奏请朝廷将所有监军宦官一并撤掉，兵权由主将掌握行使，众军将领都十分高兴。十月，名将李晟之子李愬雪夜入蔡州，生擒叛军首领吴元济。次日，裴度前往，李愬身着戎装以军礼迎接裴度，两人非常和好。裴度于是减省蔡州以前的刑法，明令："除盗贼斗杀外，其余旧法一概取消，相互往来，不再以白天、夜晚作为限制。"到这时归降的蔡州人，才知道有人生的欢乐。他还用蔡州的士卒担任署府卫兵，有人提出异议，裴度笑着回答说："叛逆的元凶已经被擒，蔡州的百姓就是本朝的百姓了。"蔡州的父老乡亲听说后，无不感激涕零。申州、光州的百姓也立即安定下来。我们看，在平定淮西叛乱中，既有文的一面，也有武的一面，文的一面是作为相的裴度发挥了作用，武的一面是作为将的李愬发挥了作用，此后不久河北震慑，诸藩相继归顺。两人一文一武，联手为历史上的"元和中兴"创造了良好条件。

将相不和而导致国家衰亡的典型例子，我们也举出两个：

一个是春秋时吴国的伯嚭与伍子胥不和导致吴国最后灭亡。伍子胥在吴王阖闾时，备受信任。因伯嚭在楚国的遭遇和伍子胥相似，其父也遭迫害，便逃离楚国，出于同病相怜，伍子胥将他推荐给吴王阖闾，伯嚭受到任用。到了吴王阖闾去世，继位的吴王夫差不像他父亲那样器重伍子胥，但非常信任伯嚭，并任其为太宰。可是伯嚭却是个忘恩负义、内心凶残的人。他不仅贪图财色、卖国求荣，接受即将亡国的越国贿赂他的美女和珠宝，使吴王夫差最终答应了越国的求和；而且他还残害忠良，恩将仇报，时不时向吴王夫差进谗言，最后导致一代名将伍子胥被吴王夫差赐死。将相之不和，导致吴国最后被越国所灭，吴王夫差临死也非常后悔，当然奸臣伯嚭下场也很惨，不仅自己被杀，全家也被杀。

另一个是唐朝时的哥舒翰与杨国忠不和导致盛唐走向衰落。《旧唐书·哥舒翰传》载，哥舒翰能读《左氏春秋》、《汉书》，颇得士兵拥戴，后以军功进封西平郡王，拜太子太保。安史之乱时，因名将封常清、高仙芝受诬被杀，唐玄宗命哥舒翰代替高仙芝守潼关。哥舒翰认为，安禄山虽然占据了河北广大地区，但手下尽是番将胡人，所到之处烧杀抢掠，百姓决不会归心。如果唐军坚守潼关，叛军久攻不下，一定会军心涣散，众叛亲离，到时趁势出击，大局可定。于是制定了坚守不战之策。这时，哥舒翰的部下王思礼劝说哥舒翰："安禄山造反，是以清除杨国忠为借口，您如果留三万兵驻守潼关，其余精锐回师京城，诛杀杨国忠，安禄山的进兵就没了借口，这是西汉挫败七国的计策，您认为怎么样？"哥舒翰也有此意，但后来改变主意，没有采纳王思礼的意见。但是，有人将其谋划泄露给杨国忠，杨国忠非常恐惧，这一将一相之间便出现了猜忌。这时，各地形势也好转，唐玄宗便想与叛军决战，宰相杨国忠担心哥舒翰谋害自己，多次上奏要求出兵。唐玄宗听信杨国忠的谗言，不断催促哥舒翰开战，哥舒翰再三表奏不要落入叛军的圈套，可是唐玄宗已听不进去了。天宝十五年（公元 756 年）六月，哥舒翰被迫开关与崔乾祐一战。出征前，哥舒翰知此行必败，"恸哭出关"，结果全军覆没。由于哥舒翰与杨国忠将相不和，经此一战后，唐玄宗放弃长安，向蜀中逃命，从此唐王朝由盛转衰。

将相不和，并不一定都导致衰亡，但一定会导致国家的政治、军事、外交等方面遭受损失。比如唐德宗时的名将李晟与宰相张延赏在国家出现六年的动乱时表现突出，李晟平息了河北田悦等藩镇的叛乱，又收复京城长安，又平息了朱泚称帝的叛乱，可谓功劳卓著；张延赏时任剑南节度使，为唐王朝收复中原输送大批军需，也立下了汗马功劳，后被唐德宗任命为宰相。但后来两人交恶，使国家蒙受了重大损失，主要原因在于宰相张延赏器量狭小。《旧唐书·张延赏传》、《新唐书·张延赏传》载，吐蕃侵犯四川剑南，李晟率神策军守卫并凯旋。因为李晟携带了一名官妓，当时张延赏为剑南节度使，听说后大怒，令人将官妓追还。李晟因此对他产生了不满。贞元元年（公元 785 年），张延赏被任命为宰相，这时李晟镇守凤翔，唐德宗非常倚重，李晟对张延赏任宰相一事表达了自己的遗憾，唐德宗只好改任张延赏为尚书左仆射，但是心中还是决定用他为宰相，因李晟是韩滉所推荐，于是请韩滉做工作，韩滉成功地促使李晟上表推荐张延赏为宰相。唐德宗在宫殿中宴请他们，为他们和解。李晟满腔诚意，并为自己的儿子向张延赏请婚，约为亲家，可是张延赏缺乏宰相的风度，竟然拒绝了。李晟说："我们武夫即使有旧恶，杯酒之间就可消解。儒者难以计较，外表和睦而内心含怒，现在不答应请婚，是没有忘记过去的怨恨。"此后，李晟多次遭到张延赏的打压，并被罢免兵权，导致唐朝对吐蕃的军事斗争非常被动，出现了军心涣散的局面。同时张延赏还利用唐蕃会盟来攻击李晟，结果吐蕃劫盟悔约，导致唐朝损兵折将，城池失陷，遭受了巨大的损失。《旧唐书·张延赏传》中贬斥张延赏"以私害公，罢李晟兵柄，使武臣不陈其力矣……实小人哉"，并评价说："**君民足则国富，将相和则国安**。"

以上一正一反两方面的例子，足以说明将相和的重要性。将相作为国家柱石，一文一武，皆系一国之命脉，掌万民之生死。天下太平时，宰相发挥的作用比较大；天下危乱时，将军发挥的作用比较大。但不管何时，将相同心同德，可使国家的内政、军事力量大大增强，更能产生无比的威力。战国时的廉颇、蔺相如将相和为后世提供了很好的榜样，可学可鉴！

第二十二讲　汉高祖过鲁祀圣

汉高祖刘邦是夏商周三代以后第一位由平民登上帝位之人（此前的舜帝是第一位因孝闻天下而由平民登上帝位之人），他是中国历史上具有盛名的帝王。他曾经到山东祭祀圣人孔子，是中国历史上第一个亲临祭孔的帝王，开创了帝王祭祀圣人的先例，在中华历史上写下了光辉一笔。

我们先介绍一下汉高祖刘邦。他最为人所称道的性格是仁爱好施、豁达宽容，《史记·高祖本纪》说他“仁而爱人，喜施，意豁如也，常有大度”；最伟大的功绩是真正结束了从东周至秦朝长达五百多年的天下纷争战乱的局面（此间虽然秦始皇统一了中国，但是时间短暂，百姓还是生活在水深火热中），开创了一个政府轻徭薄赋、百姓休养生息的长时间和平时代，对汉民族和汉文化的发展有突出的贡献，他所缔造的汉朝也成为中华民族最骄傲的时代之一。英国历史学家汤因比展望未来时以刘邦为楷模，他说：“**将来统一世界的人，就要像中国这位第二个取得更大成功的统一者（指刘邦）一样，要具有世界主义思想。同时也要有达到最终目的所需的干练才能。……在人们能够居住或交往的整个地球，必定要实现统一的未来政治家的原始楷模就是汉朝的刘邦。**”（英国汤因比、日本池田大作著，《展望二十一世纪——汤因比与池田大作对话录》第二编“政治与世界”第四章，荀春生、朱继征、陈国梁译，国际文化出版公司，1985年11月第1版）

刘邦除了著名的“鸿门宴”、楚汉之争外，还有以下重要事迹：**一是他的感叹：“大丈夫当如此也”**。刘邦在任泗水亭长时，奉命押送徒役到秦都咸阳，有一天他看到秦始皇的车队经过，非常威风、壮观，他禁不住感叹：“大丈夫当如此也。”**二是他的纲领：“约法三章”**。这个“约法三章”堪称领导学、管理学之典范。因为，没有规矩是不行的，规矩太多也是不行的，“约法三章”既体现了规矩，又易知易行，所以当领导的、搞管理的，都要学习刘邦“约法三章”。**三是他的用人：“三不如”**。《史记·高祖本纪》载，刘邦总结楚汉战争中胜利的原因时说：“运筹策帷帐之中，决胜于千里之外，吾不如子房。镇国家，抚百姓，给馈饷，不绝粮道，吾不如萧何。连百万之军，战必胜，攻必取，吾不如韩信。”这就是著名的

“三不如”。他还说：“这三人都是人杰，我能任用，所以我能取得天下。项羽有一范增而不能用，所以归于失败。”实际上，除了这三个人之外，对其他人，他都知人善任，并开创了“布衣将相”格局，如王陵是市井小民，娄敬是挽车人，周勃是吹鼓手，陈平、樊哙是杀猪屠狗辈，等等。**四是他的诗歌：《大风歌》**。《史记·高祖本纪》载，汉高祖十二年（公元前195年），刘邦打败黥布后，率军归还，路过家乡沛县，摆设酒宴，把过去的朋友和父老子弟全部召集来纵情畅饮，并作了一首诗：“**大风起兮云飞扬，威加海内兮归故乡，安得猛士兮守四方！**”这就是著名的《大风歌》，堪称豪迈之绝唱。后来他的曾孙汉武帝刘彻也有一首《秋风辞》。不过，刘邦的《大风歌》唱的是雄浑之风，仿佛预示着汉朝将出现大治；刘彻的《秋风辞》叹的是悲凉之风，又仿佛预示着汉朝由盛世开始转向衰落。**五是他的预测：“汉后五十年东南有乱”**。《汉书·高帝纪》载，汉高祖十二年，刘邦下诏推议立吴王的人选。长沙王臣等推荐刘邦的侄子刘濞为吴王。加封后，刘邦召见刘濞说：“你的形状有反叛之相。”就以手抚其背，说：“汉后五十年东南有乱，难道应在你的身上吗？但现在是同姓一家，你切不可反叛。”刘濞惶恐叩首说：“不敢。”可是，汉景帝三年（公元前154年），吴王刘濞果然造反，这就是“七国之乱”。这时离汉初建国的公元前206年也就是五十二年，所以刘邦的预测很精准。

我们再来讲述刘邦过鲁祀圣之事。《汉书·高帝纪》载：“高祖十二年十一月，行自淮南还。过鲁，以太牢祀孔子。”也就是说，**在高祖十二年的十一月，刘邦击败淮南王黥布之后，得胜回还，经过山东，以太牢之礼祭祀孔子**。什么是太牢之礼呢？古代祭祀中，牛、羊、猪三牲全备为“太牢”，只备羊、猪二牲称之为“少牢”。《礼记·王制第五》载：“天子社稷皆大牢，诸侯社稷皆少牢。”所以，刘邦祭祀孔子是用天子祭祀社稷宗庙的礼节，这是非常高的规格。

大家都知道，刘邦一开始并不喜欢儒生，当郦食其见他时，他曾骂道：“竖儒。”（《史记·郦生陆贾列传》）叔孙通穿儒服，刘邦也不喜欢。（《史记·叔孙通列传》）那么，为什么后来刘邦对儒家的态度发生这么大的变化，在他即将去世的前半年（刘邦逝于高祖十三年的四月）以如此隆重的礼节祭祀儒家的圣人孔子呢？这里面至少有三个原因：

一是楚汉战争时鲁地坚守礼义。《史记·项羽本纪》载，刘邦在垓下击败项羽之后，西楚之地全部投降，只有鲁地继续抵抗。鲁地即山东，是圣人孔子的故乡。刘邦率大军攻击，大军抵达城下，见他们坚守礼义，为君主以死守节，就拿项羽的头给鲁城人看，鲁城父兄才投降了。他们的君主就是项羽，当初楚怀王曾封项羽为鲁公。所以等到项羽死了，鲁城才最后投降。刘邦也因此大为感动，并以鲁公之礼埋葬项羽，为他举哀哭泣才离开。

二是叔孙通制礼。《史记·刘敬叔孙通列传》载，汉高祖五年（公元前202年），天下已经统一，诸侯们在定陶共同尊汉王为皇帝。当时刘邦把秦朝的那些严苛的仪礼法规全部取消，只是定了一些简单易行的规矩。可是“群臣饮酒争功，醉或妄呼，拔剑击柱”，刘邦很头疼这件事。叔孙通知道后就对刘邦说：“儒者难与进取，可与守成。我希望征召鲁地的一些儒生，跟我的徒弟们一起制定朝廷上的礼仪。”叔孙通制礼后，刘邦觉得可以做到，便命令群臣都来学习。汉高祖七年，长乐宫已经建成，各诸侯王及朝廷群臣都来朝拜皇帝，参加大典。从朝见到宴会的全过程，没有一个敢大声说话和行动失当的人。大典之后，刘邦高兴地说：“我今天才知道当皇帝的尊贵啊！”于是授给叔孙通太常的官职，赏赐黄金五百斤。后来刘邦还让叔孙通当太子刘盈的老师。

三是陆贾常以儒家经典劝说刘邦。《史记·郦生陆贾列传》载，陆贾时常在刘邦面前谈论《诗经》、《尚书》等儒家经典。刘邦很不高兴，就骂他：“我的天下是靠马上打出来的，哪里用得着《诗》、《书》！”陆贾说：“您在马上可以取得天下，难道您也可以在马上治理天下吗？商汤和周武王，都是以武力征服天下，然后顺应形势以文治守成。文治武功并用，这才是国家长治久安的最好办法啊（**原文是‘居马上得之，宁可以马上治之乎？且汤武逆取而以顺守之，文武并用，长久之术也’**）。从前吴王夫差、智伯都是因极力炫耀武功而致使国家灭亡；秦朝也是专用严酷刑法而不知变更，最后导致自己的灭亡。假使秦朝统一天下之后，实行仁义之道，效法先圣，那么，陛下您又怎么能取得天下呢？”高帝听完之后，脸上露出惭愧之色，就对陆贾说：“那就请尝试着总结一下秦朝之所以失去天下、我之所以得到天下的原因，以及古代国家成功和失败的原因所在。”陆贾于是大略地论述了国家兴衰存亡的原因，一共写了十二篇。上奏的每一篇，刘邦都称赞不已，左右群臣也是齐呼万岁，于是将这十二篇文章编成一书，这部书就称为《新语》。

基于以上原因，再加上他连年平定诸侯之叛，他更深刻地认识到儒家在文治中的重要作用。所以他有祭祀圣人之举。在当时这还是刘邦个人的行为，没有形成制度，没有成为国家公祭，但这已经相当了不得了，因为这是首开帝王祭祀孔子之先河。后来的帝王如汉光武帝于公元 29 年过鲁地时派遣大司空祭祀孔子，汉明帝于公元 72 年、汉章帝于公元 85 年都到鲁地祭祀孔子及七十二弟子，北魏时的世祖皇帝拓跋焘于公元 450 年到鲁地以太牢之礼祭祀孔子，北魏孝文帝于公元 495 年到鲁城亲自祭祀孔子，等等。特别值得一提的是，**清朝康熙皇帝在即位的第二十二年祭祀孔子时行三跪九叩礼，在孔林祭酒三杯，然后行一跪三拜礼。他还亲笔写下“万世师表”四个字，颁发全国各学校**。乾隆皇帝也于公元 1757 年像他爷爷康熙皇帝那样亲自祭祀孔子，在孔庙行三跪九拜礼，在孔林敬酒行一跪三拜礼。此外，还有一些皇帝虽然未到山东孔庙，但是在太学、辟雍、国子监等地祭祀孔子，如三国时魏王曹芳曾派太常以太牢之礼祭祀孔子于辟雍，唐高祖李渊诏令立孔子庙于国子监，宋太祖赵匡胤三次到国学（即国子监）拜谒孔子庙，明太祖朱元璋也在国学（即国子监）以太牢之礼祭祀孔子并派人到山东曲阜致祭。

那么，为什么像刘邦等这么多帝王都去祭祀孔子呢？这里面有两个原因：**一个是孔子确实有他的人格魅力**。《史记·孔子世家》载，司马迁称颂孔子说：“《诗经》上讲：‘高山仰止，景行行止。’我虽然不能达到这种境界，但我的内心十分向往。我读孔子的书，就想见他的为人。”《孟子·公孙丑上》中孟子引述孔子学生的话，对孔子推崇备至。如宰我说“以予观于夫子，贤于尧舜远矣”，说孔子比尧舜还要优秀（这主要是因为尧舜虽然也是圣人，但是却没有建立起万世师表的精神体系）；子贡说“由百世之后，等百世之王，莫之能违也。**自生民以来，未有夫子也**”，就是说经过百世的时间，经过多少英雄之王，也没有能违背他的、能动摇他的，自从有人类以来，就没有超过孔子的人；有若说“**出于其类，拔乎其萃，自生民以来，未有盛于孔子也**”，也是和子贡一个意思。宋朝理学开山人物周敦颐对圣人孔子评价很高，认为“**道德高厚，教化无穷，实与天地参，与四时同，其惟孔子乎！**”（《通书·孔子下第三十九》）南宋大儒朱熹更说：“**天不生仲尼，万古如长夜。**”（《朱子语类》卷九十二）也就是说，孔子和日月一样照亮世界，有了孔子，人们才不会“无明”、愚痴。**另外一个就是基于政治的需要**。孟子曾说：“得民心者得天下。”在古代中国，上层的政治变更与老百姓的日常生活关系不大，朝代变更只是一家一姓的变更，只是“一朝天子一朝臣”。老百姓只要没有到不得已时候是不会造反的，他们之间的运行很大程度上是依靠儒家的文化，如基于宗法、血缘而建立的五伦关系。执政者尊重儒家文化，实际上就是对老百姓生活秩序的尊重，就是赢得民心的重要之举。

我们知道，孔子被尊称为圣人，是“万世师表”，历代帝王也是因为他是圣人才如此尊重他的。那么，什么样的人才能称为圣人呢？《孔子家语·五仪》中讲：“**所谓圣人**，必须达到自身的品德与宇宙的法则融为一体，智慧变通而没有固定的方式。对宇宙万物的起源和终结已经彻底参透。与天下的一切生灵，世间万象融洽无间，自然相处，把天道拓展入自己的性情，内心光明如日月，却如神明般在冥冥之中化育众生，凡夫俗子永远不能明白他的品德有多么崇高伟大，即使了解一点，也无法真正明白他精神的边际到底在哪里。达到这种境界的人才是圣人。”司马光《资治通鉴·周纪一》中讲“**才德全尽谓之圣人**”。在儒家中，公认的圣人有伏羲、神农氏、黄帝、颛顼、帝喾、尧、舜、禹、商汤、周文王、周武王、周公、孔子等，还有接近于圣人的如孟子，被称为“亚圣”。道家对圣人也有阐述，特别是《道德经》多次提到圣人，如“**圣人处无为之事，行不言之教**”，“**圣人之治也，虚其心，实其腹，弱其志，强其骨，恒使民无知无欲也**”，“**圣人常善救人，而无弃人；常善救物，而无弃物**”，“**圣人无心，以百姓心为心**”，“**圣人不积，既以为人己愈有，既以与人己愈多。天之道，利而不害。圣人之道，为而不争**”。《管子·乘马第五》中也讲：“**圣人之所以为圣人者，善分民也**。圣人不能分民，则犹百姓也，于己不足，安得名圣。是故有事则用，无事则归之于民，**唯圣人为善托业于民**。”意思是说，圣人之所以成为圣人，就是因为他善于分利于民。圣人不擅长分利于民，就同普通百姓一样了。自己总是贪而不足，怎么能算是圣人呢？所以，国家有事就取用于民，无事就藏富于民，只有圣人才善于把产业托于人民。这是儒家、道家及管子等对什么是圣人及圣人的一些特质的概述。在中国，圣人的标准比英雄的标准高多了，很多著名的英雄如秦始皇、汉武帝、成吉思汗，离圣人还差得很远。从中华传统文化上看，圣人主要有以下特质：

一、圣人是德才至善之人。《大学》中讲：“大学之道，在明明德，在亲民，在止于至善。”至善，就是圆满，就是最好的意思。圣人的标准就是德才最圆满。《孟子·离娄上》载，孟子曰：“圣人，人伦之至也。”

也就是说，圣人是人伦中做到极致的，是做人的最高典范。**人伦是最能体现德的，如父子有亲、君臣有义（现代社会是上下有义，即上级与下属有义）、夫妇有别、长幼有序、朋友有信，圣人在这方面是行之极其精当，合乎天理人情**。比如在父子有亲方面，也即孝道方面，做到极致的就是舜帝。孟子曾说，舜竭尽侍奉父母之道使父亲瞽叟感到欢乐，他使瞽叟欢乐的孝道感化了天下，为天下做父子的树立了孝道的榜样，这就叫做大孝。（《孟子·离娄上》）本来父慈，子也容易做到孝，可是舜的父亲却是一个对舜极端不好的人，几次想谋害他，但是舜依然没有怨恨，还是竭尽全力让父亲高兴，后来因孝闻天下而被举荐当了尧帝的接班人，其德教加于四海，并化民成俗，让天下的父子关系都和睦，做到《大学》中所讲的“为人父，止于慈；为人子，止于孝”。所以，孔孟皆称舜帝为大孝（孔子称舜帝为大孝，见于《中庸》）。**圣人之才，也是无与伦比的。他的才能不光是体现在治国理政上，更重要的是能预见未来**。至善之才就是预见未来、管理未来。如《韩诗外传》第十篇第二十五章讲，太公望与周公接受周武王分封为诸侯，两人见面，太公望问周公打算怎样治理鲁国。周公说：“尊敬长辈，亲近亲人。”（即“尊尊亲亲”）太公望说：“鲁国从现在起就走向衰弱了。”周公问太公望：“你打算怎样治理齐国？”太公望说：“选拔贤人，推崇有功劳的人。”（即“举贤尚功”）周公说：“齐国后代一定有被臣子威逼和杀死的君主。”后来，齐国一天比一天强大，以至成为诸侯中的霸主，到了第二十四代齐康公的时候，国家被田和篡夺。鲁国国力一天比一天弱，到了第三十四代鲁顷公的时候，被楚国所灭。所以，只有圣人，才能够看清遥远的未来，这也是圣人之才的体现。

二、圣人是纯乎天理之人。明代大儒王阳明提出了一个很重要的观点，就是“圣人是纯乎天理之人”。《传习录·薛侃录》载，圣人之所以是圣人，只因为他们的心中没有掺杂人欲而至纯至精为天理，好比纯金之所以是纯金，是因为其成色足而没有一点铜铅等杂质。人心至纯为天理才是圣人，金到成色十足时才是纯金。不过圣人的才智也有大小差异，好比金的分量有轻重。尧、舜就像是万镒的纯金，文王、孔子就像是九千镒，大禹、商汤、武王则为七八千镒，伯夷、伊尹则重四五千镒。他们的才智虽不同，但在心纯为天理方面是相同的，都可以称之为圣人。好比虽然分量不同，但成色十足，都是纯金。伯夷、伊尹与尧帝、孔子同为圣人，他们的心都纯为天理。所以纯金是看其成色而不是分量，圣人是在于心纯为天理而不在于才力大小。因此，即使是普通人，只要肯学习，使己心纯为天理，也可以成为圣人。这好比重一两的金子，与重万镒的金子分量相差悬殊，但其成色十足时，也无愧于纯金的美名。孟子说“人皆可以为尧舜”的原因就在于此。学习圣人，不过是清除私欲存养天理，就好比炼金使其成色十足。**王阳明的这段话非常重要，后世无论是做学问还是做人，皆当留意。从这段话也可以知道，“圣人是肯作功夫的凡人，凡人是不肯作功夫的圣人”，这个功夫就在于清除私欲存养天理**。王阳明还特别指出，后世的一些人之所以没有成为圣人，是不知道成为圣人的根本在于存养己心到纯为天理，却想专门在知识上努力成为圣人，认为圣人无所不知，无所不能，必须把圣人的许多知识才能一一掌握才能成为圣人，所以不在存养天理上用功。他们殚精竭虑从书本上钻研，结果他们的知识越广博，私欲就越多，才智越高，天理越被蒙蔽（原文是“知识愈广而人欲愈滋，才力愈多而天理愈蔽”）。正如看见别人有万镒纯金，却不冶炼自己的金子使其成色与别人的相比毫无逊色，而只妄想使自己金子的分量与人家的一样重，把锡、铅、铜、铁等杂质一起掺进去冶炼，重量越增成色越低，结果炼到最后就不再是金子了。这段话说得也很深刻，我们要好好对照检查，是否存在阳明先生所说的这种弊病。

三、圣人是教化天下之人。如果说，天的职责是覆盖，地的职责是承载，日月的职责是照耀，那么圣人的职责就是教化。天地一覆一载，为万物生长提供空间；日月普照大地，为万物生长提供光明；而圣人则主要负责实施教化，使万物和谐地成长、有序地成长。在上古时代，圣王舜帝就是善于教化百姓的典型。他早年在雷泽的时候，看到渔藏丰富的静水深潭都被年轻力壮的渔人争相占取，而老弱渔人只能在急流浅滩等鱼少的地方，深感伤心和怜悯，于是他也到那里捕鱼。舜看到喜欢争抢的人，不是当面指责，而是先隐藏他们的过失不说，见到有人肯谦让，舜就称赞表扬他，而且拿他做榜样，向他学习。一年之后，没有人再争抢深潭厚泽的地方，而是把这些地方让给别人。**以舜这样的大智慧，深明义理，哪里不能说一句有道理的话来教导大家呢？所以，从舜帝身上我们可以得到启示，即舜施教的方法是“隐恶扬善”（这四个字非常重要，很多人不善于隐恶，导致教化不起作用，所以过去还有一句话叫“规过于私室，扬善于公庭”，也就是批评人要在私下里没人时，表扬人要在大庭广众之下），而且他不用言教来开导大家，而是用身教来转变人心。身教比言教更重要，所**

以我们常常讲要修行，没有说要修言，专门在言语上做文章的人，就容易变成孔子所说的“巧言令色”。圣人是如何影响天下之人的呢？《孟子·尽心下》载，孟子曰：“**圣人，百世之师也**，伯夷、柳下惠是也。故闻伯夷之风者，贪夫廉，懦夫有立志；闻柳下惠之风者，薄夫敦，鄙夫宽。奋乎百世之上，百世之下闻者莫不兴起也。非圣人而能若是乎？而况于亲炙之者乎。”也就是说，圣人是百代人的师表，伯夷、柳下惠就是这样的人。所以，听说过伯夷的道德风范，贪婪的人会变廉洁，懦弱的人会有立志的决心；听说过柳下惠的道德风范，刻薄的人会变得厚道，狭隘的人会变得心胸宽广。百代之前奋发有为，百代之后听说过他们事迹的人，没有不振作奋发的。不是圣人能这样吗？百代以后的影响尚且这样，更何况当时亲身受过他们熏陶的人呢。在这里，孟子讲的是伯夷、柳下惠的教化作用。孔子的教化对后世影响就更大了。比如《金史·熙宗纪》载，皇统元年（公元1141年）二月，金熙宗亲自到孔庙祭拜孔子，面北隆重两拜。从庙里退出来对侍臣说：“朕年轻的时候悠闲安逸，不知道立志学习，时间流逝，现在十分后悔。孔子虽无权位，但他的思想值得尊敬，为万世所景仰。但凡做善事，不可以不勉励。”自此，金熙宗非常重视读《尚书》、《论语》等书，有时甚至夜以继日地读书。这也是孔子的风范起到了教化金熙宗的作用。

四、圣人是塑造世界之人。塑造世界主要体现在物质和精神两个方面。**在物质上，圣人创造发明有用的器物，为百姓衣食住行等方面提供便利，让百姓安居乐业**。《易经·系辞上》讲：“**备物致用，立成器以为天下利，莫大于圣人**。”意思是，备置实物让百姓使用，创造成器具以利天下，没有比圣人更伟大的。《易经·系辞下》更记载了三皇五帝等圣人发明的器物，比如包牺氏（即伏羲氏）仰观天象、俯察地理而制八卦，使人能够探知天地变化的规律，并教民结网捕鱼；神农氏教百姓制作耒耜，耕田播种，以尽地力；黄帝、尧帝、舜帝都各有发明。船、牛马车、杵臼、弓箭、房屋、棺椁、书契等，也都是圣人所发明的。《易经·系辞下》没有提及的，还有燧人氏钻木取火，教民熟食，为人类带来了光明。所以，**在物质上，圣人发明器物，以解决百姓衣食住行之需。在精神上，圣人则通过其思想和学说塑造世界**。英国历史学家汤因比《人类与大地母亲》第二十五章“开启精神生活的新里程（约公元前600—前480年）”中讲，在这一百二十年的跨度里，**人类出现了五位伟大的先知。这五人中最早**

的一位是伊朗先知琐罗亚斯德，对当代的直接影响，只限于帕西人（印度的伊朗移民），但今天仍对犹太教、基督教和伊斯兰教，以及它们自身的信徒，发挥着间接的影响。他的思想中有一些最具宗教影响力的观念——不朽、最后审判以及主神通过圣灵进行活动的思想。**第二位是“以赛亚第二”**，他对今天的影响除了犹太人之外，还扩及基督教徒。**第三位是佛陀**，我们这一代人中，半数以上人受到佛陀的直接影响。**第四位是孔子**，我们这一代人中，有三分之一以上的人受到孔子的影响。**第五位是毕达哥拉斯**。可能除了毕达哥拉斯之外，这些公元前6世纪的先知们直至今日仍对人类发挥着直接或间接的影响，其影响力远远超过生活在今天的任何人。由于这五位先觉者的同时代性，他们所共同生活的这个时期，被卡尔·雅斯贝斯称作**“轴心时代”，即一个人类历史在此发生转折的时代**。直至今天，这些楷模不断地影响着人类自身，并且还会同样地影响未来。我们可以看到，汤因比先生列举的五位先知在很大程度上影响了全人类，特别是前四位起了更大的影响世界、改变世界和塑造世界的作用。

五、圣人是流芳百世之人。圣人的影响是超时空的，可以影响百代，甚至千代、万代。民国伦理学教授杨昌济先生《达化斋日记》中有这样一段话：“民所归往者，谓之王。天子，有位之王也；圣人，无位之王也。**天子一代帝王也，圣人百代帝王也。**”意思是，百姓所归附的人，称之为王。天子是有权位的王，圣人是没有权位的王。天子是一代帝王，圣人则是百代帝王。这段话真实地、简明地道出了天子和圣人的区别。**当然，将两者统一起来，就更值得称道，它相当于西方著名思想家柏拉图所主张的理想国的方式：“哲学王”，即统治者是哲学家或哲学家是统治者**。我们可以看到，从上古的黄帝到清朝的宣统帝，中国几千年来的帝王总计有三百多位，至今为普通百姓所记住和传颂的并不多，大多数是“你方唱罢我登场”，只是当了一代的帝王。而圣人则不一样，百代之后他仍然被传颂。由此可见，天子无论怎么强大，也只能建功业于当时，并在岁月中渐渐被淡化，直至完全消失。而圣人的思想和精神却永垂不朽，可历久弥新。法国著名政治家拿破仑也说过：**“世界上两种强大的力量即刀剑和思想，但刀剑最终总是被思想战胜。**”所以说，帝王统治人们不过一朝一代而已，而圣人却能穿越时空延至几千年或更远。当代国学大师南怀瑾先生也说：**“有许多事业，是一时的成功，短暂的光耀，只能保持三十年、五十年，最多保持一百年便过去了。所以只有少数人做的是千秋事业，像孔子，像**

那些宗教的教主们，除非没有人类，除非太阳不再出来，否则的话，他们是永远存在的。”（南怀瑾讲述，《孟子与公孙丑》，东方出版社，2011 年 8 月第一版，第 127 页）

从圣人的特质中，我们可以看到，成为圣人是不容易的。事实上，对圣人个人来说，更不容易，因为他们常常是孤独寂寞的。唐代诗人李白《将进酒》里面有一句就讲“**古来圣贤皆寂寞**”。为什么圣人常常会孤独寂寞呢？因为圣人的思想意识具有超前性，超出了同时代的人的心智，当时的人们不能理解他，不赞同他的看法，所以圣人与同时代的人有一段距离，而这种距离决定了圣人必然是孤独寂寞的。这正如德国哲学家叔本华《论名声》中所说：“**一个人愈是为后人所拥有，换言之，他愈属于人类，那么他便愈易为他的同时代人所不容。**”同时，圣贤的这种命运也包含在他的性格和使命之中，他真诚热情的性格，他对人生独特的感受，他济世安民的使命，注定了他必然孤独寂寞。叔本华还说了一句：“**伟大人物不是时代的儿子，而是它的前妻之子。**”也正说明了圣人往往在其生前并不得志，并不被当时的人所接受，像老子、孔子、孟子等圣人就是如此。

也正因为圣人的特质非常人所能有、圣人的孤独非常人所能堪，所以圣人是不世出的，古往今来能称上圣人的不过凤毛麟角，但是称得上英雄豪杰的却多如过江之鲫。在中国，圣人是天然的英雄豪杰，而且比英雄豪杰人格更高大，但英雄豪杰未必是圣人。明末清初大学者王夫之《俟解》中讲：“**有豪杰而不圣贤者，未有圣贤而不豪杰者。**”杨昌济先生《达化斋日记》中讲：“**有办事之人，有传教之人。前者如诸葛武侯、范希文，后者如孔、孟、朱、陆、王阳明等是也。**”就是说，世界上有建功立业的人，有传播思想的人，前者如诸葛亮、范仲淹，后者如孔子、孟子、朱熹、陆九渊、王阳明等人。英雄豪杰说到底也是“办事之人”，只有功业，没有思想。圣贤则属于“传教之人”，有思想，也有功业（他们的功业体现在教化学生、教化百姓之中所取得的成就）。他还谈到：“**宋韩范并称，清曾左并称。然韩左办事之人也，范曾办事而兼传教之人也。**”意即，宋朝韩琦、范仲淹并称，清朝曾国藩、左宗棠并称，然而韩琦、左宗棠是建功立业之人，范仲淹、曾国藩是建功立业与传播思想兼有之人。显然，圣贤比英雄豪杰的成就更高。而在西方，英雄的内涵比圣贤更大，它包括圣贤在内，也即圣贤是英雄的一种。英国历史学家卡莱尔在《论英雄、英雄崇拜和历史上的英雄业绩》中将英雄分为六类：**第一类，神灵英雄，如奥**

丁；第二类，先知英雄，如穆罕默德；第三类，诗人英雄，如但丁、莎士比亚；第四类，教士英雄，如马丁·路德、约翰·诺克斯；第五类，文人英雄，如约翰逊、卢梭、彭斯；第六类，君主英雄，如克伦威尔、拿破仑。这里面称得上圣人的就是神灵英雄奥丁和先知英雄穆罕默德。这是将圣人作为英雄的一种。对圣人和英雄的不同划分，这也是中西方文化的一个区别吧。

上面我们讲了，圣人与英雄豪杰有区分，那么圣人自身是否也能分类?《孟子·离娄下》载，孟子说："**先圣后圣，其揆一也**。"就是说，无论是在先的圣人还是在后的圣人，他们的准则是相同的、没有差别的。虽然孟子这么讲，但是孟子对圣人也还是作了区分。《孟子·万章下》载，孟子将圣人分为四种类型，**第一种类型是圣之清，如伯夷；第二种类型是圣之任，如伊尹；第三种类型是圣之和，如柳下惠；第四种类型是圣之时，如孔子**。

他对"圣之清"伯夷评价说："伯夷，目不视恶色，耳不听恶声。不是他乐意的君主不去侍奉，不是他乐意的百姓不去使唤。社会太平就入朝做官，社会混乱就辞官隐居。暴政施行的国家，强民居住的地方，他不忍居住。他觉得与粗鄙的人相处，就好像穿着礼服戴着礼帽坐在泥土炭灰上。在纣王当政时，他隐居在北海边，等待天下太平。所以听说伯夷之风范的，贪心的人变廉洁了，懦弱的人能立志了。"

他对"圣之任"伊尹评价说："伊尹说'可以侍奉不好的君主，可以治理不好的百姓'。世道太平做官，世道混乱也做官，并说'上天之所以生民，是要使先知的人帮助后知的人觉悟，先觉的人帮助后觉的人觉悟。我是上天所生民众中的先觉者，我将用尧舜之道使这些民众觉悟起来'。每当想到天下民众中的匹夫匹妇还没有受到尧舜之恩泽，他就觉得是自己把他们推入了山沟似的。他自己把天下的重任扛下来。"

他对"圣之和"柳下惠评价说："柳下惠不以侍奉道德败坏、心地不善的君主为羞耻，不以自己官职卑微为低下；进而事君，不曾隐藏别人的贤德，且必定按自己的原则办事。即使遭到遗弃也不会埋怨，困于贫穷而不忧愁。他说：'你是你，我是我，清者自清，浊者自浊。纵然赤身裸体地站在我旁边，又怎么能玷污我呢?'因此听闻柳下惠风尚的人，狭隘的变得宽广了，刻薄的变得敦厚了。"

他对"圣之时"孔子评价说："孔子离开齐国的时候，不等生火做饭，捞起淘的米就上路；离开鲁国时却说‘我要慢慢地走啊，这是离开祖国的态度’。该快点儿离开就快点儿离开，该久留就久留，该闲居就闲居，该做官就做官，这就是孔子。”他特别强调“孔子之谓集大成”。古代奏乐时，一种音独奏一遍叫作一成，八种音合奏一遍叫作大成。孔子是大成至圣，集合了伯夷之清、伊尹之任、柳下惠之和，既有智慧，又有圣德，智圣兼全。

《孟子·公孙丑上》还载，公孙丑问：“伯夷、伊尹怎么样？”孟子回答：“他们的道德不相同。”孟子指出：“伯夷、伊尹、孔子这几个人都是古代的圣人，我没能实行他们的道德。但是我内心的愿望是学孔子。”公孙丑又问：“伯夷、伊尹与孔子是否属于同一层次？”孟子认为，伯夷、伊尹不能与孔子同列，他说：“自有百姓以来，从未有过孔子那样的人（原文是‘自有生民以来，未有孔子也’）。”可见，**在孟子等人眼中，孔子是中华民族居于第一位的圣人，甚至连圣王尧舜都不能和孔子相比，这大概是因为尧舜以道治天下，其功业在于一时；孔子推其道而删述六经，垂教万世，其功业在于万世**。所以，岁月是无情的，一般的功业都会随着时间的流逝而被淡忘，只有教化人的道德精神上的功业才能万世不朽。

惩恶扬善和挽世道、救人心，这是圣人的事业，是我们这个世界上最有价值的事业。孔子之所以成为万世景仰的圣人，就是因为他以惩恶扬善和挽世道、救人心为毕生事业，其闪烁的思想光芒照亮了人性的阴暗面，他主张建立人类共同的标准、人类共同的底线、人类共同的秩序，让人与人之间、人与社会之间、人与自然之间、人与自身之间和谐。而**以调动人欲，激发人追求名利、渴望成功为主要目的的学说，会挑起人与人之间的争斗以及人与自然的不和谐（因为人的欲望扩张会向大自然索取，导致资源耗尽），则是世界上最卑鄙的事业**。如中国的法家商鞅，虽然他的某些观点有可取之处，但他主要是调动人欲，使人成为耕种和战争的机器。又如西方的功利主义、动机论也是如此。英国历史学家卡莱尔曾经批判边沁“功利主义”（其统治力量是引力作用和私欲的渴求）的根本错误在于“无视宇宙的奥秘，只看到宇宙中的机械性，认识不到别的一切”。他说：“把神性从人们的宇宙观中排除掉，正是人们所犯的最严重错误。”他还批判“动机论”（这种论点指出，人世不过是或多或少地乔装起来的可鄙的贪图享乐，畏避苦难，人生基本的行为就是对声誉、金钱和各种生活必需品的渴望），说“这种人生观是使人成了精神上的麻痹者”。（《论英雄、英雄崇拜和历史上的英雄业绩》第五讲“文人英雄——约翰逊、卢梭、彭斯”，周祖达译，商务印书馆，2005 年 3 月第 1 版，第 194—196 页）

孔子的事业大有功于中华文化，大有功于中华民族，因此他受到后世的尊敬。而汉高祖刘邦非常有远见卓识，亲临山东且以社稷宗庙的祭礼祭祀圣人孔子，彰显了对圣人事业的推崇。后世的历代帝王非常尊重孔子，也是从汉高祖刘邦开始的。这也表明了我们中华民族在道统、君统之间更加重视道统，道统比君统的地位更高。实际上，**尊重孔子，就是尊重中华优秀传统文化**（虽然孔子并不是中华优秀传统文化的唯一代表，但是在相当程度上塑造了中华民族的精神）；**尊重中华优秀传统文化，就是尊重百姓的精神信仰**（儒家虽没有上升为宗教，但可以说是一种精神信仰）**和百姓的生活方式；尊重百姓的精神信仰和百姓的生活方式，就是让百姓安居乐业、让天下太平的最重要举措。所以我们中华民族严格来说并不是单纯的政治立国，而是以文化立国，以文化凝聚人心**。让我们为汉高祖刘邦祭祀圣人之举“点个赞”，因为他开了中华民族推崇圣人、推崇道统、推崇文化的先河。

第二十三讲　汉文帝躬俭爱民

汉文帝刘恒是中国历史上最著名的节俭帝王，也是一个极为爱民的帝王。《汉书·食货志》中讲："汉文帝即位，躬修俭节，思安百姓。"**他在位时极能克制一己之欲，为天下节财、为天下守财、为天下用财，厉行节约，勤俭兴国，并注意与民休息，轻徭薄赋，藏富于民，少取多予，开创了中国帝制时代的第一个盛世"文景之治"**，后来的汉武帝能够开疆拓土，实赖汉文帝打下的坚实基础（民心基础和物质基础）。所以，汉文帝躬俭爱民，培养国家元气血脉，实为后世执政者之典范。

我们先简要介绍一下汉文帝。汉文帝刘恒是汉高祖刘邦的中子，在做代王的第十七年时，丞相陈平、太尉周勃等大臣，在平定诸吕之乱后将其立为皇帝。因汉代崇尚孝治，所以汉代的皇帝除了汉高祖外，历代皇帝的庙号前都有一个"孝"字，所以也叫孝文皇帝。他在位二十三年，崇尚黄老之学，实行无为而治，慈惠爱民，尤其推行《道德经》中所说的"三宝"中的"二宝"（慈和俭）。他一生所为，正如汉景帝下诏御史时所讲的"孝文皇帝临天下，通关梁，不异远方。除诽谤，去肉刑，赏赐长老，收恤孤独，以育群生。减嗜欲，不受献，不私其利也。罪人不帑，不诛无罪。除刑，出美人，重绝人之世。……此皆上古之所不及，而孝文皇帝亲行之。德厚侔天地，利泽施四海，靡不获福焉"（《史记·孝文本纪》）。也就是说他君临天下，使关塞畅通无阻，远近平等对待。废除诽谤罪，去除肉刑，赏赐老人，收养照顾孤儿和老而无子的人，抚育众生。减少嗜欲，不接受进贡的物品，不私自占有这些利益。犯罪的人，不株连他的家人，不诛杀无罪的人。废除宫刑，放出后宫美人，把绝人后嗣看成是十分严重的事。……这些事情都是上古帝王所做不到的，而孝文皇帝却亲自做到了。圣德的浩大如同天地，惠泽遍及四海，没有不获福的。特别值得一提的是，《史记·孝文本纪》说他"**专务以德化民，是以海内殷富，兴于礼义**"，即专心致力于用道德教化百姓，因此四海之内不仅殷实富足，而且社会兴起讲礼义的风气。这的确是圣贤所做之事。汉景帝的丞相申徒嘉也称"**功莫大于高皇帝，德莫盛于孝文皇帝**"。史家对汉文帝评价非常高，《史记·孝文本纪》、《汉书·文帝纪》皆称其为"仁"。历史学家钱穆先生在《政学私言》（九州出版社，2010 年 5 月第 1 版）“政治家与政治风度”中讲：“**汉文帝最号贤君，其私行恭俭，良可嘉善。然大政治家之风度，贵乎高明而不贵阴柔，贵乎大气斡旋，而不贵玄默自处。文帝终自有道家退婴之气，与理想上大政治家之风度尚有辨。然西汉二百四十年深仁厚泽，皆由文帝浚其源，我们若用另一标准论之，则文帝洵国史上第一好皇帝。**”

我们先说汉文帝的躬行节俭之事。据《史记·孝文本纪》等史书记载，主要有以下几件事：

第一，在衣食住行等方面节俭。《史记·孝文本纪》中讲，文帝从代国来到都城，在位二十三年，宫室、苑囿、狗马、服饰、用具，没有增加过什么，有对百姓不方便的地方，就进行改易，以利百姓。有一次，想修建露台，便叫工匠计算一下费用，大概需要黄金一百斤。文帝说：“一百斤黄金相当于中等百姓十家的产业，我奉守先帝的宫室，常常担心给它带来羞辱，何必要修建这个露台呢！”文帝经常穿着粗丝衣服，他所宠爱的慎夫人，也不准衣服拖到地面，帏帐不得织文绣锦，以此表示敦厚质朴，率先为天下做表率。

第二，在修筑自己的陵园上节俭。过去帝王对修筑自己的陵园是极为重视的，像秦始皇修建骊山陵园时，征集了七八十万人，修筑时间长达三十八年，工程十分浩大，创历代帝王奢侈厚葬之最。然而秦始皇死后不到几年，秦朝便崩塌了。而汉文帝则从爱护百姓的角度出发，力求节俭，爱惜民力，《史记·孝文本纪》中讲“**治霸陵皆以瓦器，不得以金银铜锡为饰，不治坟，欲为省，毋烦民**”。也就是说，汉文帝派人修建霸陵，全部采用瓦器，不许使用金、银、铜、锡作装饰，不修高大的坟墓，想要节省一些，不去烦扰百姓。事实上，这是极其明智的选择。因为，帝王死后陪葬大量的金银珠宝，会使他们死后不得安宁，自古帝王陵墓鲜有不被盗者。《后汉书·刘玄刘盆子列传》载，赤眉军攻占长安后，发掘西汉帝王诸陵坟墓，窃取墓中宝物，连吕后的遗体也遭到污辱。所以，三国时魏文帝曹丕说：“**自古及今，未有不亡之国，亦无不掘之墓也。……祸由乎厚葬封树。**”（《三国志·魏书·文帝纪》）像后世的宋代帝陵、清代帝陵也遭到同样的命运，近代“东陵大盗”的故事，讲的就是国民革命军第十二军军长孙殿英派兵挖掘了乾隆帝的裕陵与慈禧太后的东陵，将陵内随葬的贵重物品洗劫一空。

第三，在遗诏中明确葬礼节俭。《史记·孝文本纪》载，汉文帝在未央宫去世，临终前留有遗诏。这个遗诏也是十分有名的，后世的一些帝王立遗诏多效仿他，如汉光武帝、曹操等。这个遗诏开头便说："朕闻盖天下万物之萌生，靡不有死。死者天地之理，物之自然者，奚可甚哀。"意思是，**我听说天下万物生长，没有不死亡的。死亡是天地间的常理，万物的自然现象，何必过分悲哀**。**这对于生死之理把握得非常好**。接着他在遗诏中明确了几件事：一是反对当时社会的厚葬风气。他说，当今的世人都嘉生恶死，大量财物用于安葬以致倾家荡产，长期服丧以致伤害身体，这些做法我是不赞成的。二是不要因为他的逝世，而让百姓服丧很长时间，避免扰民。他说，我生前不德，无益于百姓，如今死了，又让人们长期哭吊，经历寒暑的变化，使人家的父子悲哀，损伤老幼的心灵，减少饮食，断绝对鬼神的祭祀，这是加重我的不德，怎么能对得起天下百姓呢！向天下官吏和百姓下达命令，命令到达后哭丧三天，然后全部脱掉丧服。不要禁止娶妻嫁女、祭祀鬼神和饮酒食肉。三是明确一些丧礼。比如：应该服丧哭吊的人，都不要穿斩衰的丧服，绖带之围不要超过三寸；不要陈设战车和兵器；不要发动男女民众到宫殿里哭丧；宫中应当哭丧的人，在每天的早晨和晚上各哭十五声，尽礼之后就停止；不是早晨和晚上哭丧的时候，不许擅自哭泣；下葬以后，穿大功丧服十五天，小功丧服十四天，细布丧服七天，然后脱去丧服。四是布告天下，让百姓都知道他的意思。五是霸陵地方的山川保持原样，不要有所改变。六是后宫夫人以下至少使，都遣散回家。这几件事都体现了他的人性化光彩。**自古以来，对生死之事处理得很好的人，都是了不得的人**。汉文帝当然是了不得的人。

我们从汉文帝的这几件事之中可以看出，他的节俭不是为了个人，也不是为了作秀，而是为了天下、为了苍生而克制自己的欲望，是寓爱民于节俭中，是真正地为天下守财。东汉安帝时的尚书翟酺对汉文帝为天下守财看得很真切，他劝安帝不要滥封赏赐外戚，要以汉文帝为榜样。他上疏说，恭行俭德，关系国家政权的存亡。因此，汉文帝不舍得花费百金修露台，用包装的黑色布袋制作帷帐，有人讥笑他过于节俭，汉文帝说："我是为天下守财，怎么能随便乱用呢?"所以后来百姓富裕、国家也富裕，仓库的谷物储存太多以至腐烂了，铜钱积攒太多以至中间的绳子也朽烂了。如今陛下亲政以来，时间不长，赏赐用的费用却不可计算。**聚敛天下之财，积蓄在对国家没有功劳的人家，致使国库空虚、民生凋敝**。**一旦发**

生意想不到的事，又会向百姓征收重税，这就会让百姓产生怨恨背叛之心，危险和大乱就会到来。（《后汉书·杨李翟应霍爰徐列传》）这段话，深刻揭示了节俭关系到国家政权存亡的道理。

在中国历史上，能认识到节俭关系国家政权建设，并为天下守财的贤明帝王也有几位，这里列举三位：

一个是汉光武帝刘秀。汉光武帝起自民间，深知民间疾苦，自己也十分节俭。据《后汉书·光武帝纪》载，他在很多事上都效仿汉文帝。比如他也明确反对厚葬，建武七年（公元31年），他下诏说："世人丧葬以丰厚为德，俭薄为鄙。以致富豪过度奢侈，穷人耗尽财物，法令不能禁止，礼义不能限制，一遇乱世，才知厚葬的害处。今布告天下，让忠臣、孝子、慈兄、悌弟晓得薄葬送终的好处。"他在修建自己的陵园（即寿陵）时也十分节俭，他说："古时帝王的陪葬，都是陶人瓦器，木车茅马，使后世的人不知它的处所。文帝了解生死大义，景帝能遵从孝道，历天下变乱，唯独文帝的霸陵完好无损，难道不是好事吗？现在所规划的地不过二三顷，不起山陵，陂池能散水就行了。"中元二年（公元57年），光武帝去世，遗诏说："我无益于百姓，后事都遵照孝文皇帝制度，务必俭省。刺史、二千石长吏都不要离开自己所在的城邑，不要派官员或通过驿传邮寄唁函吊唁。"可见，汉文帝对光武帝的影响非常大。

另一个是唐太宗李世民。元代史学家戈直评论《贞观政要·政体第二》时讲，唐太宗"君人之大德有三：**一曰谦虚纳谏，二曰知人善任，三曰恭俭爱民**，后世人君之德未有过焉者也"。在唐太宗的三个大德之中，恭俭爱民就是其中之一。《贞观政要·俭约第十八》载，贞观元年（公元627年），唐太宗对身边的大臣们说："自古以来凡是帝王要兴建工程，必须重视顺应民心。从前大禹开凿九州的大山，疏浚天下的江河，耗费人力非常多，却没有痛恨埋怨他的人，是因为百姓希望他这样做，他和大家想法一样的缘故。秦始皇营造宫殿，很多人指责批评，是因为他为了满足个人的私欲，不和民心一致的缘故。我最近想建一个宫殿，材料都准备好了，但想起过去秦始皇的事情，就不再建了。古人曾经说，'不要做无益的事去损害有益的事'，'不要表现出谋求私欲的愿望，就可使民心不乱'。由此可知，**如果表现出谋求私欲的愿望，民心就会混乱。至于像各种精雕细刻的贵重器具，珠宝美玉奇服珍玩，如果放纵骄奢享用，那么国家危亡的日子就会马上到来。**从王公以下，住宅、车服、婚嫁、丧葬等各种事情，凡是和他的官职品级不相称的，应该一律停止。”由于唐太宗如此倡导和下令，因此“**由是二十年间，风俗简朴，衣无锦绣，财帛富饶，无饥寒之弊**”。也就是说贞观时二十年间，社会的风俗简朴，人们不追求华丽，所以非常富裕，没有饥寒之苦。

再一个是宋太祖赵匡胤。《宋史·太祖纪》载，宋太祖“性孝友节俭，质任自然，不事矫饰”，生活非常俭朴，皇宫中的苇帘，用青布包边，经常穿的衣服，洗过多次还在穿。看见孟昶用珠宝装饰的小便器具，就把它捣毁打碎，说：“你用七种宝石装饰便器，那么应该用什么器皿来盛放食物？你这样的所作所为，不亡国还等什么？”关于宋太祖节俭之事，《宋史》记载不多，但是清代毕沅所编撰的《续资治通鉴》记载较详实。比如，有一次他的弟弟、时任开封府尹的赵光义（即后来的宋太宗）和他一起在宫中吃饭，说他吃穿太草率了，赵匡胤就严肃地说：“你忘记了以前住在夹马营中的艰苦生活了吗？”（《续资治通鉴·宋纪四》）又如，开宝五年（公元972年），他的女儿永庆公主出嫁右卫将军、驸马都尉魏咸信。永庆公主曾经穿戴装饰有翠鸟羽毛的衣服入宫，宋太祖看见了说：“从此以后不要穿戴这样的衣服。”公主笑着说：“这些用不了多少翠羽！”帝曰：“不是这样，**公主这样穿戴，宫闱及亲戚乡里必然会仿效**。**京城翠羽价格高，百姓追逐利益，就会辗转贩卖，就会损害民生**。**你生长富贵，应当常念惜福，怎么能造这种恶业之开端呢！**”公主听后，非常惭愧地拜谢。又有一次，皇后问他：“陛下做天子这么久了，怎么不坐一个好的轿子，并用金银装饰一下，乘着出入呢？”赵匡胤说：“我以四海之富，就是用金银装饰宫殿也可办得到。但是我念及为百姓守财，怎么能随便用呢？**古时称，以一人治理天下，而不以天下奉养一人**。**如果以奉养自己为念，百姓将仰仗谁啊！**”（《续资治通鉴·宋纪七》）看，赵匡胤这句话就体现了真正的帝王之学。

上述三位帝王，一位开创了“光武中兴”，一位开创了“贞观之治”，一位是大宋三百年的开国之君，在恭行节俭、为天下守财方面皆是一致的。节俭确实与一个家庭、一个国家的盛衰有极大关系。如果一个社会以节俭为耻，以奢侈为荣，那么用不了多久社会风气就会堕落。西晋傅玄的《傅子》中还特别提到：“**天下之害，莫甚于女饰**。”意思是，**天下危害最大的莫过于女人的装饰**。**因为女性的装饰如黄金首饰、玉器手镯、化妆品、高级衣服，很多都是奢侈品，要耗费千金之资，而且女人之间容易攀**

比，如果这种追求浮华之风兴起，对社会的危害是很大的。傅玄还提到，汉灵帝之所以失去民心，正因为当时的奢侈无止境，百姓受其殃毒很深。从历史上看，**一个国家的灭亡虽然是多种原因合力导致的，但是仅奢侈一项就足以让一个国家衰败**。法国启蒙思想家孟德斯鸠的《罗马帝国盛衰原因论》指出，**罗马帝国的扩张带来了巨大的财富，不仅国家聚集了大量的财富，而且社会上的个人也有很多的财富，正是因为这些财富引起了空前的奢华和浪费，不仅上层社会穷奢极欲、挥霍无度，而且整个社会都沾染了这一习气，纵情于享受，变得堕落**。**而堕落是最容易滋生罪恶的，最后罗马帝国很快衰亡**。所以，唐朝大诗人李商隐《咏史》中说“历览前贤国与家，成由勤俭败由奢”是非常有道理的。春秋时的御孙也说过：“俭，德之共也；侈，恶之大也。”（《左传·庄公二十四年》）意思是，节俭是善行中的大德；奢侈是邪恶中的大恶。因为，**节俭是起家兴国之道，奢侈是败家亡国之因**。

我们再来讲汉文帝爱民之事。根据《史记》、《汉书》记载，主要有以下几件事：

第一，让百姓免受战争之苦。汉文帝在位时，不好大喜功，决不主动开启战事，终其一生，只是两次派兵抗击匈奴，因匈奴迅速撤离逃走，并没有发生太大的人员伤亡。还有一次是讨伐济北王刘兴居的叛乱。最令人称道的是，他对匈奴、南越皆采取和平政策。《史记·孝文本纪》载，汉文帝后元二年（公元前 162 年）六月，他下诏与匈奴和亲。四年后，匈奴侵犯上郡、云中，在被侵犯的情况下，汉文帝也不迟疑地派令勉、苏意、张武、周亚夫、刘礼、徐厉为将，共同防备匈奴，匈奴便撤走了。在处理南越的问题上，他只靠一封信、选对一个人（这个人就是陆贾），就化干戈为玉帛，这封信记载在《汉书·西南夷两粤朝鲜传》中，值得一看。民国历史学家蔡东藩写的二十四史通俗演义中的《前汉演义》第四十七回有首诗：“武力何如文教优，御夷有道在怀柔。诏书一纸蛮王拜，伏地甘心五体投。”就是称赞汉文帝怀柔南越的。

第二，让百姓免受株连之苦。秦代的法律规定，罪人的父母、兄弟、姐妹、妻子和子女都要连坐，重者处死，轻者入官府为奴，称为“收孥相坐律”。《史记·孝文本纪》载，汉文帝即位第一年（公元前 179 年）的十二月，便下诏废除了秦代以来的“收孥相坐律令”，让百姓免受了株连之苦。这也体现了现代刑法中的“罪刑相适应”的原则。与《史记》记载稍有不同的是，《汉书·刑法志》所载的明确废除时间是在文帝即位的第二年（《汉书·文帝纪》与《史记》记载相同），主管官员则明确是左右丞相周勃、陈平。

第三，让百姓免受肉刑之苦。《史记·孝文本纪》载，汉文帝即位的第十三年（公元前167年）五月，齐国的太仓令淳于公犯有罪行，应当遭受刑罚，诏狱把他逮捕后拘系在长安。太仓公没有男孩子，有五个女儿。太仓公被捕临走时，骂他的女儿说："生孩子而没有生男的，紧要关头一点用处也没有！"他的小女儿缇萦上书汉文帝说："我父亲为官，齐国地区的人都称赞他廉洁公平，如今犯法应当受刑。我悲伤已经死去的人不能复活，身受刑罚的人不能再把肢体连接起来，虽然想改过自新，也无路可走。我愿意被收入官府为奴婢，来抵赎父亲的刑罪，使父亲能改过自新。"汉文帝为她的孝心所感动，同时也考虑道德教化和社会生产的需要，就下诏废除了肉刑。

第四，废除诽谤妖言之罪。在古代，诽谤，不同于今天"诽谤"的意思，它是指议论评价别人的过失特别是朝廷的过失，而今天是指恶意地攻击、诋毁别人。《史记·孝文本纪》载，汉文帝即位的第三年（公元前177年）三月，下令废除诽谤妖言之罪名。汉文帝这项举措是很伟大的，因为在这以前的秦代，百姓是不敢议论朝政的，否则就会被杀头，而且在秦始皇时还发生过"焚书坑儒"的事件。所以，废除诽谤妖言之罪，既解放了百姓的言论自由，也大开了言路。

第五，赈济鳏寡孤独及穷困者。我们在前面多次说过，赈济鳏寡孤独及穷困者，乃是真正的德政。周文王施行仁政，首要的也是在于此。汉文帝也是这样做的。《汉书·文帝纪》则记载得很详细，说的是汉文帝颁布了"**振贷诏**"、"**养老诏**"两份诏书。前一份诏书要求对百姓中鳏寡孤独穷困的人进行赈济，借贷给他们。后一个诏书要求派人看望老人，赐一些布帛酒肉，并具体制定法令。诏书下发后，有关官吏通知各县、道，对八十岁以上的老人，赐每人每月米一石、肉二十斤、酒五斗。对于九十岁以上的老人，又增加每人帛二匹、絮三斤。赏赐财物以及应当发给粥米的老人，长官要检查，财物则由县丞及县尉去送。对于不满九十岁的老人，由啬夫、令史送交。高层官员要派有德行的官吏巡查，对不执行诏令的要予以处罚。但有个例外，就是已被判刑及犯有将判二年以上刑罚的老人，不适用此令。

第六，轻徭薄赋。《汉书·文帝纪》载，汉文帝即位的第三年（公元前177年）正月，下诏说："百姓欠交、欠还县署种子与粮食的，都予以赦免。"这一年的九月，又下诏说："今年免除天下百姓应纳田租的一半。"在即位的第十三年（公元前167年）三月，下诏说："今年免除农民一半的租税。"紧接着在这一年的六月，汉文帝又下诏说："农业是天下的根本，没有比这更重要的事了。现在辛勤从事农业生产的人，却要负担租税，这就是本末没有差别，不符合奖励农耕的原则。现在免除农田租税，赐天下孤寡者布帛、丝絮若干。"从上面，我们也可以看到，汉文帝对待百姓做到了轻徭薄赋，他两次"除田租税之半"，即税率从十五税一减至三十税一，并曾免除民田租税。

此外，在爱民方面，《汉书·文帝纪》载，在汉文帝即位第十三年（公元前167年）的二月，他遣散孝惠皇帝后宫美人，命她们可以自行婚配。汉文帝后元四年（公元前160年）的五月，他下令释放官家奴婢为平民。汉文帝后元六年，因全国发生了旱灾，蝗虫为害，汉文帝下诏让诸侯不要向朝廷进贡，解除对开采山泽的禁令，减少皇室的服饰、用具和游玩的狗马，裁减郎官的员数，打开粮仓赈济穷困百姓。这些也是很重要的爱民措施。

为什么像汉文帝等贤明的帝王如此爱民呢？清代学者唐甄《潜书·明鉴》中讲得好："国无民，岂有四政？封疆，民固之；府库，民充之；朝廷，民尊之；官职，民养之。"军队、衣食、制度、赏罚这四项，如果没有百姓怎么行呢？边疆，是百姓保卫的；府库，是百姓充实的；朝廷，是百姓尊崇的；官职，是百姓供养的。所以，爱护百姓是执政的根本。在爱护百姓方面，中国有两句古话，是值得为政者学习的。

一句是大禹训诫的"民惟邦本，本固邦宁"。这句话出自《尚书·五子之歌》。《五子之歌》记载了大禹的两条重要训诫。第一个训诫就是"民可近，不可下。民惟邦本，本固邦宁"。意思是，民众只可以亲近，不可以疏远。民众是国家的根本，根本坚固国家才能安宁。第二个训诫也说得非常好："在内迷惑于女色，在外迷恋于游猎，沉湎于美酒音乐，建设高大的宫殿、绘饰宫墙。这几种情况如果染上一种，没有不亡国的。"很多执政者往往犯了第二个训诫所说的迷惑于女色、美酒、游猎，住高大的宫殿等，而将第一个训诫也忘记了。《韩非子·外储说右上》还记载了一个例子。说的是，齐景公出访晋国，晋国君主宴请他，晋国的贤人师旷作陪。景公向师旷请教如何治理国事。师旷说："您一定要向民众施恩惠。"酒喝到一半，景公又问师旷治理国家的事。师旷说："您一定要向民众施恩惠。"宴会结束后，师旷送景公，景公又一次向师旷请教。师旷回答的还是那句话："您一定要向民众施恩惠。"回到馆舍，景公一直琢磨这个问题，酒虽然还没有醒，但已经明白了师旷话中所指。原来景公有两个弟弟，一个叫公子尾，一个叫公子夏，他们很会笼络百姓。他俩地位高，又很富有，很受民众欢迎，已经威胁到景公的位置。师旷建议他向民众施恩惠，就是要他与两个弟弟争夺民心。景公回到齐国后，打开仓库把粮食分给民众，把财物赐给孤寡之人，直到仓库里没有了积压的粮食，没有了多余的财物。他还把没有临幸过的宫女嫁出去，定期供给七十岁以上的老人口粮。过了两年，两个弟弟逃走了。从这个故事中可以看出，只有爱护百姓，政权才能巩固。

另一句是刘备所说的"济大事必以人为本"。《管子·霸言》中说："**夫霸王之所始也，以人为本。本理则国固，本乱则国危。**"意思是，霸王的事业起始于以人为本。这个本理顺了，国家政权才能巩固，这个本搞乱了，国家政权则很危险。而刘备这句话，是在非常危急的情况下说的。《三国志·蜀书·先主传》载，当时，曹操举兵进攻荆州，刘表的次子刘琮投降，刘备后来才知道，有人建议他，乘这个时机攻打刘琮，夺取荆州。刘备不忍心这样做，于是带领部下离樊城而走，大多数荆州百姓都自愿跟着刘备，待到当阳县时已经聚集有十多万人，运输辎重的车数千辆，因为还要保护老百姓，一天只能行军十几里。此时，曹操追兵很急，于是有人建议刘备放弃百姓，迅速行军，保卫江陵，否则曹操追兵到了就无法抵挡。但刘备回答说："**夫济大事必以人为本！**今人归吾，吾何忍弃去！"意思说，凡成就大事业的，必须以人为本。如今百姓跟随我，拥护我，我怎能忍心丢弃他们。所以，刘备之所以是一代英雄，是有其深刻原因的。为什么这么多人愿意跟着他干，就是因为他能不顾自己的安危，考虑百姓的生命财产安全。有志于干大事的一定要牢记刘备这句话，这才是将事业做大、做强、做久之道啊！对"以人为本"，西方的学者也有很高深的看法，比如古希腊哲学家普罗泰格拉说："**人是万物的尺度。**"这是一个很著名的命题。又如古罗马政治家、哲学家西塞罗说："**人民的安危应当是至高无上的法律。**"这些话其实也都是对"以人为本"的很好的诠释。

上面，我们讲了汉文帝躬俭爱民及历史上一些执政者节俭爱民的例子。实际上，人类社会发展到今天，节俭和爱民仍然是每个国家的执政之基，这一点始终没有变。就节俭来说，现在我们人类的力量虽然很大，可以从大自然中取得很多资源。但是，人类如果不节制贪欲，不注重节俭，那么人类将会遭受大自然的惩罚，必将自取灭亡。英国历史学家汤因比认为，在共同贫困的年代，节俭被看作美德，奢侈被看作恶习。但是工业革命之后，节俭使得生产者的产品缺乏市场，结果又反过来使工人失业，因此，从生产者和雇佣者的角度看，消费者的节俭就不再是美德，而成了恶行。但是他强调，**为保存地球有限的资源，停止环境污染，人类要把抑制贪欲、厉行节俭放在第一位，否则就会走向自我灭亡**。（《展望二十一世纪》第一篇第二章“人类周围的环境”）就爱民来说，现代社会虽是民主法治社会，即使在口号上不再提爱民（因为是由人民自己做主），但是政府施政仍然要以民为本、以人为本。

为政者，当效仿汉文帝恭俭爱民，以节俭为善德，以爱民为核心，着眼于长远，注重培植国家元气，在考虑问题、制定措施、决策施政等方面要以民为本、以人为本，要在解决民生上下功夫，致力于百姓的幸福与和平，才能为实现国家大治打下深厚的基础。这样，即使没有表面上的轰轰烈烈的功业，也会长留在百姓心中。

第二十四讲　黄霸狱中求道

孔子曾说："朝闻道，夕死可矣。"（《论语·里仁》）这句话的意思是说，早上听闻大道（这个道，一说指世界本源，一说指孔子所说的仁），即使晚上死了也无遗憾。（另一种说法是早晨听闻大道，晚上就要死心塌地地固守，今采用传统解释）四百多年后的汉朝，有一位叫黄霸的人在监狱中待死时就引用了孔子的这句话，并孜孜求道，体现了我们中华民族即使面临生命之危仍然不忘追求大道、追求真理、追求智慧的品格。

我们先介绍一下黄霸。据《汉书·循吏传》载，黄霸，字次公，是西汉有名的循吏，与龚遂并称，号称"龚黄"。他在治民方面主要有以下几个特点：

一是廉洁公平。黄霸年轻时学习法令，汉武帝末年以待诏的身份因捐钱而被赏给官职，补任为侍郎谒者，因兄弟有罪受牵连被弹劾罢免。后来又因捐献粮食而被补任为左冯翊二百石的卒史。左冯翊因为黄霸是交纳钱财才担任官职的，没有让他担任高职，让他负责管理郡里的钱粮出入之数。黄霸记账不隐瞒，以廉洁著称，被察举后升任河东郡均输长，又因廉洁升任河南郡太守丞。黄霸善于观察，思维敏捷，又通晓法令，待人温和善良又能谦让，足智多谋，善于领导众人。他做太守丞时，处事议政都符合法度，顺应人心，太守非常信任他，百姓都尊敬爱戴他。汉宣帝即位后，听说黄霸执法公平，征召黄霸担任廷尉正，黄霸多次裁决疑难案件，廷尉府中都称赞黄霸判得公平。

二是宽和精明。自汉武帝末年开始，使用法律开始严厉起来。汉昭帝年幼即位，大将军霍光辅政，大臣之间争权夺利，上官桀等人与燕王合谋作乱，霍光杀掉他们之后仍遵守武帝时代的法度，以严厉的刑罚约束臣民。因此一些粗俗的官吏便以执法严酷为本事，而唯独黄霸以宽容温和而著名。黄霸虽然宽和，但不失精明。黄霸善于发现问题，他接见官吏和百姓，注意从交谈中寻找线索，通过思考、核查，把握事情真相，并以此来考察他人。比如他任颍川太守时，曾经想调查一件事，选派一位年老的廉吏前往访察，并让他不要泄露机密。这位廉吏为了保密，途中不敢住在驿亭，饿了便躲在路边悄悄地吃些食物，这时有一只乌鸦飞来叼走了他手里拿的肉。正好有一个百姓要到郡府陈报事情，看到了这一情况，便与黄霸讲了此事。后来廉吏回来拜见黄霸，黄霸慰劳他说："太辛苦了！在路边吃饭还被乌鸦叼走了肉。"廉吏大惊，以为黄霸对他外出的起居情况都全部知道，所以对黄霸问及的调查结果不敢有丝毫隐瞒。还有，郡中若有鳏寡孤独的人死了没钱安葬的，由乡吏上书报知，黄霸都能为他们分别妥善处理，告知其某处有棵大树可以做棺材，某亭有头小猪可以做祭祀之用，乡吏按他说的去看，果然都像黄霸所说的一样。由于他聪明多识，属吏和百姓都不知道他用什么方法来知道这么多事情，大家都认为他如神明一般，不敢有丝毫欺瞒。郡中的奸邪之人纷纷转移到别的郡中，所以颍川地区的盗贼也日渐减少。

三是重视教化。当时的汉宣帝正专心于治理天下，多次下达有利于百姓的诏书，但有的官吏却不让百姓知道。时任颍川太守的黄霸专门选择优秀的吏员，分配到各处去发布皇帝的诏令，让百姓都能知道皇帝的旨意。他还让邮亭、乡官都养上鸡和猪，以赡养鳏寡贫穷的人。然后又制定了条令，设置父老、师帅和伍长等，由其颁行于民间，劝勉百姓做善事，严防奸盗，并专心于农耕蚕桑，节约费用、增加资财，种植树木、蓄养牲畜，不再饲养吃粮食的马匹。黄霸对待下属官吏都是首先施行教化，对确实不遵从的，才施以刑罚，力求成全和保护他们。汉宣帝对黄霸在颍川郡推行教化给予高度肯定，于是颁布诏书说："颍川太守黄霸，对各项诏令都能明确宣示，大力推行，境内百姓向往礼义教化，孝顺父母的子女、相互友爱的兄弟、保持贞节的妇女、尊敬老人的子孙日益增多；在田地耕作的人互相谦让田界，在大道上行走的人不捡拾别人的遗失物品，供养探望鳏寡老人，赡养帮助贫苦穷人；监狱中有时连续八年没有重罪囚犯，官吏百姓向往教化，热衷于做好事，真可说是贤人君子啊。《尚书》中不是这样说吗？'股肱大臣品行优良啊！'赐黄霸爵号关内侯，黄金百斤，俸禄二千石。"黄霸任颍川太守前后八年，很得官吏和百姓之心，政绩被评为全国第一。后来，汉宣帝征召黄霸为太子太傅，又调任御史大夫。最后还接替丙吉任丞相。当了丞相之后，声誉比作郡守时有所下降，但是"**自汉兴，言治民吏，以霸为首**"，也就是说，自汉朝建立以来，在治理百姓和官吏方面，应推黄霸居第一位。

我们这里所讲的"黄霸狱中求道"，在《汉书·循吏传》中只讲了几句。说他担任丞相长史时，在一次公卿的高级会议中，因明知长信少府

（掌管皇太后宫内之官）夏侯胜有非议皇帝诏书的言行而不举报，与夏侯胜一起以死罪关入监狱。黄霸由此而在狱中跟着夏侯胜学习了《尚书》。过了两个冬天到第三年才出狱，其详细事迹见于《汉书·夏侯胜传》。

《汉书·夏侯胜传》载，汉宣帝刚即位，想褒扬汉武帝的功业，下诏丞相御史说："孝武皇帝躬行仁义而威武，北上征讨匈奴，单于逃得远远的，南下平定氐羌、昆明、瓯骆两越，向东平定了薉、貉、朝鲜，开拓疆土，设立郡县，各个蛮夷之国也都臣服，通好的使臣不请自至，珍贵的贡物陈列在宗庙中；协调音律，改造乐府之歌，荐享上帝，封泰山，建立明堂，改以建寅之月为岁首，变更服色；明开圣绪，尊贤显功，兴灭继绝，褒周之后，备天地之礼，广道术之路，上天对他也有报答赏赐，各种吉符和祥瑞一起得到应验。功德是那么的广大，不能一齐说出，然而他的庙乐却与此盛功伟业不符，我实在为此而感到难过。所以把这件事提出而与列侯、二千石、博士们商议。"于是群臣就在廷中讨论起来，都说："应该像诏书那样。"这时唯独夏侯胜说："武帝虽然确实有打败四夷、开拓疆土的功绩，但是他杀了许多大臣和百姓，使老百姓的财力穷竭，奢侈无度，天下已被消耗得很虚弱，百姓流离失所，死去的人超过一半。蝗灾四起，赤地数千里，甚至发生人吃人的惨剧，原先的储备积累至今还未恢复。所以武帝对老百姓没有恩泽，不应当替他选立庙乐。"公卿一起责难夏侯胜说："这是皇帝下的诏书啊。"夏侯胜说："此诏书不可以用。为人臣之大义，应该直言进谏，持论公正，而不能曲意逢迎。我想说的已经说了，即使死也不后悔。"于是丞相、御史大夫弹劾夏侯胜非议诏书，诋毁先帝，大逆不道，而且丞相长史黄霸也纵容而不弹劾夏侯胜，因此两个人都被投进了监狱。于是主事的官吏就请把武帝庙尊为世宗庙，进行《盛德》、《文始》、《五行》的乐舞表演，以后世世供奉，以彰明盛德。而武帝所巡行过的四十九个郡国也都立了庙，就像高祖、太宗（即汉文帝）一样。

夏侯胜、黄霸两人在狱中的时间很长了，黄霸想跟夏侯胜学习《尚书》，夏侯胜是一个十分有学问的人，精通儒家经典《尚书》和《洪范五行传》。于是黄霸请求拜夏侯胜为师，夏侯胜以犯下死罪为由推辞。黄霸引用孔子的话说："朝闻道，夕死可矣，现在学也不晚啊！"夏侯胜很赞赏他的话，便教他《尚书》。在监狱里又过了一个冬天，一直讲论不停。

公元前70年，关东四十九个郡国同一天发生地震或山崩，城墙房屋倒塌，死了六千多人。宣帝穿着素服，不在正殿上朝，派遣大臣慰问官员和百姓，并赐给死者入棺的费用。下诏书说："发生灾异，是天地对我们的警戒。我承继祖上的功业，在士民之上，却没有让他们好好地生活。从前北海、琅琊发生地震，损坏宗庙，我也很是畏惧，诸位列侯和中二千石的博学之士们，如果能有办法应付灾变、弥补我的缺漏的，不要有忌讳。"于是大赦天下，并释放夏侯胜和黄霸。此时，他们已在狱中待了三年。汉宣帝于是封夏侯胜为谏大夫、给事中，黄霸为扬州刺史。夏侯胜后来又被任命为长信少府，并升为太子太傅，九十岁时去世，太后因此赐钱二百万，并为夏侯胜穿了五天的丧服，以报答师傅之恩，读书人都以他为荣。而黄霸任扬州刺史后，过了三年被任命为颍川太守，并一直做到了丞相，他一直坚持学习，为官清廉，深得百姓的爱戴。

这就是黄霸狱中求道的起因、经过和结果。黄霸的这种行为是对孔子"朝闻道，夕死可矣"的亲身实践，体现了中华民族热爱学习、热爱智慧的精神。在中国历史上，像黄霸这样在狱中仍然孜孜求道的，也还有几例：

第一个是西伯侯狱中推演《周易》。《史记·周本纪》载，周文王姬昌当初受封为西伯侯时，遵守祖先后稷、公刘之业（即农耕种植），效仿祖父古公、父亲公季之法，"笃仁、敬老、慈少"。而且礼贤下士，为了接待天下贤士，他经常忙到中午都没有时间吃饭，天下的士人因此多来投奔他。孤竹国的伯夷、叔齐兄弟俩听说西伯侯善养老，就一起前往投奔。太颠、闳夭、散宜生、鬻子、辛甲大夫等人都一起归顺西伯侯。这时，商朝的大臣崇侯虎就把西伯的情况告诉商纣王，他对纣王说："西伯积德行善，诸侯都归向他，这对您不利呀！"商纣王得知以后十分恼怒，就把西伯侯抓了起来，囚禁在羑里（今河南汤阴）。后来闳夭等人积极营救，求得美女、宝马等，通过纣王喜欢的嬖臣费仲献上，纣王便赦免了西伯侯。西伯侯在羑里被囚禁了七年，这七年中他不断推演周易，《史记·周本纪》说他"其囚羑里，盖益《易》之八卦为六十四卦"，也就是说，《易经》的六十四卦是西伯侯在狱中推演出来的，因为以乾卦为首卦，取万物周而复始之义，故称《周易》。**《易经》是经过了几个大圣人之手才完备的，一个是伏羲画先天八卦，一个是周文王推演六十四卦并作卦辞（其子周公为六十四卦的每个爻作爻辞），一个是孔子作《易传》**。《易经》非常了不得，宇宙间天、地、人及万事万物的变化皆归纳其中，所以，《易经·系辞上》讲"《易》与天地准，故能弥纶天地之道"，《易经·系辞下》讲

“《易》之为书也，广大悉备：有天道焉，有人道焉，有地道焉”。在过去，《易经》被视为帝王之学、宰相之学，也有的说是平民之学。实际上，**《易经》是圣人之学（也可称为君子之学，因为大多数卦的象传都提到“君子”），《尚书》是帝王之学，《中庸》是领导之学，《大学》是修身之学，《春秋》是史官之学，《孟子》是士人之学**。为什么说《易经》是圣人之学？因为孔子多次提到，比如《易经·系辞上》载，子曰：“《易》其至矣乎！**夫《易》，圣人所以崇德而广业也**。知崇礼卑，崇效天，卑法地。天地设位而《易》行乎其中矣。”这是说，圣人要依据《易经》而效法天地，从而崇高其德，广大其业。又如《易经·系辞上》载，子曰：“夫《易》何为者也？**夫《易》开物成务，冒天下之道，如斯而已者也，是故圣人以通天下之志，以定天下之业，以断天下之疑**。”这是说《易》的作用可以开创事物，成就大业。再如《易经·系辞上》载，子曰：“**《易》有圣人之道四焉**：以言者尚其辞，以动者尚其变，以制器者尚其象，以卜筮者尚其占”，“**夫《易》，圣人之所以极深而研几也**。唯深也，故能通天下之志；唯几也，故能成天下之务；唯神也，故不疾而速，不行而至。”所以，《易经》是圣人之学，是中华民族经典之中的经典，瑰宝中的瑰宝，其中周文王起了关键性作用，这与他在狱中孜孜求道有极大关系。

第二个是文天祥狱中作《正气歌》。公元1278年，南宋名臣文天祥在潮阳五坡岭兵败被俘后，于次年十月被解至元都大都，关在一个幽暗的小土牢里。他虽然身处恶劣的环境，却心如坚石，多次拒绝元朝的诱降，他认为支持他的精神力量就是正气。公元1281年的夏天，被囚两年的他在牢房中写下了千古传诵的《正气歌》。在《正气歌》的序言中，他写道，“当此夏日，诸气萃然”，主要有七气：雨天满地水，浮动床几，是水气；半个屋子的涂泥，蒸发后泥浪翻滚，是土气；天气突然晴朗暴热，室内不透风，是日气；屋檐下烧火做饭，助长炎热，是火气；仓中的粮食积压陈久，腐烂变质，是米气；两人拥挤一室，腥臊污垢，是人气；屎尿、死尸、腐鼠等杂在一起，是秽气。七气相袭，然而身体孱弱的文天祥却没有生病，活得好好的。他说，他养成了孟子所说的“浩然之气”（《孟子·公孙丑上》），所以能以一敌七。在《正气歌》中，孟子的至大至刚的“浩然之气”被文天祥发展为无坚不摧、英勇无畏的“天地正气”。《正气歌》写道：“**天地有正气，杂然赋流形**。**下则为河岳，上则为日星**。于人

曰浩然，沛然塞苍冥。皇路当清夷，含和吐明庭。时穷节乃见，一一垂丹青：在齐太史简，在晋董狐笔，在秦张良椎，在汉苏武节；为严将军头，为嵇侍中血，为张睢阳齿，为颜常山舌；或为辽东帽，清操厉冰雪；或为《出师表》，鬼神泣壮烈；或为渡江楫，慷慨吞胡羯；或为击贼笏，逆竖头破裂。是气所磅礴，凛烈万古存。当其贯日月，生死安足论！”意思是：天地之间有一种正气，分别表现为各种物体。在地面，则为奔流浩瀚的长江大河，巍峨雄峙的岱宗华岳；在天上，则为光明的日月，璀璨的星辰；在人的身上，则为浩然之气。这种正气，充塞于天地之间。当国家清明而安定时，禀有正气的人，平和地表露在圣明的朝廷上；当国家遇到危难之时，禀有正气的人则表现得有气节，在史册上留下万世英名。这些正气表现在：齐国太史（因直书“崔杼弑其君”而被权臣崔杼所杀，但其两个弟弟不屈不挠，前仆后继，崔杼慑于这种秉笔直书的正气而放下屠刀）的简书，晋国董狐（不畏权贵，“书法不隐”，记下“赵盾弑其君”，被孔子称为“古之良史”）的直笔，秦朝张良（曾募力士沧海君用一百二十斤的铁椎狙击秦始皇于博浪沙）的铁椎，西汉苏武（曾出使匈奴，持汉节十九年，坚贞不屈，受尽了磨难）的杖节；东汉严颜（刘璋命他守巴郡，张飞俘虏了他，要他投降，他说：“但有断头将军，无降将军。”）的头颅，西晋嵇绍（嵇康之子，曾任晋惠帝侍中，从惠帝战于荡阴，以身掩蔽惠帝，中箭而死，血溅惠帝衣，后来左右要洗衣，惠帝说：“这是嵇侍中血，不要洗掉!”）的热血，唐朝张巡（安史之乱时，他守睢阳，每与叛贼战，眦裂流血，齿牙皆碎。后来他被俘时说：“吾欲气吞逆贼，但力不遂耳!”）的牙齿，颜杲卿（安史之乱时，他与颜真卿起兵二十万，牵制了安禄山的大部分兵力，为郭子仪、李光弼等赢得了时间，后来兵败被俘，骂贼不绝，结果被钩断舌头，肢解而死）的舌头；或为管宁（东汉末年曾避乱江东，着皂帽耕田，自励清操终身不仕）的皂帽，清操自励；或为诸葛亮的《出师表》，“鞠躬尽瘁，死而后已”，惊天地而泣鬼神；或为祖逖（东晋元帝时为奋威将军，统兵北伐，渡江时中流击楫发誓要收复中原）渡江的舟楫，誓复中原；或为段秀实（唐德宗时，朱泚谋反，太尉段秀实以笏击叛贼，后遇害）的朝笏，血染逆庭。文天祥在《正气歌》中举出历史上十二名忠义之士的壮烈事迹，说明了他们之所以能做到忠义，所依赖的是正气。他们所展现的天地正气和坚贞气节，激励了许多后世的志士仁人。

第三个是薛瑄狱中学习《易经》。《明史·列传第一百七十·儒林一》载，薛瑄，字德温，生性聪颖，小时便熟习而能背诵《诗经》、《尚书》，十二岁时写的诗赋就让当时的监司称奇。后来其父薛贞听说山东高密的魏希文、浙江海宁的范汝舟在理学方面有很深的造诣，于是礼聘他们为薛瑄的老师。从此，薛瑄将主要精力用于研读程朱理学，到了废寝忘食的地步。明成祖永乐十八年（公元1420年），薛瑄参加科举考试，河南乡试第一，第二年中进士。明宣宗时，升任御史。明英宗正统年间，在尚书郭琎的荐举下担任山东提学佥事。他于是在朱熹的白鹿洞讲学，深受学生欢迎，“才者乐其宽，而不才者惮其严”，都称他为“薛夫子”。后来，宦官王振把持朝政，问当时的内阁大学士“三杨”（即杨荣、杨士奇、杨溥）：“吾乡谁可为京卿者?”“三杨”推荐了薛瑄，于是薛瑄被任命为大理寺少卿。因为任用薛瑄是出于自王振之意，“三杨”想要薛瑄去拜见他，当时李贤告诉他时，他正色回答道：“拜爵公朝，谢恩私室，吾不为也。”其后群臣到东阁议事，公卿们见了王振都行拜礼，只有薛瑄屹立不动。王振于是向他作揖，薛瑄也不加礼，从此王振对他就更怀恨在心了。薛瑄上任后，在办案中遇到一起案件，当时锦衣卫有个军官去世，他的妾长得美貌风流，王振的侄儿王山想娶她，但军官的妻子不肯，妾便诬告妻毒杀了自己的丈夫。于是军官的妻子被交由都察院审讯判成死罪，薛瑄及同事发现其中有冤，多次要求平反。都察院都御史王文根据王振的意思，诬陷薛瑄及左、右少卿贺祖嗣、顾惟敬等人，王振还请言官弹劾薛瑄等人受贿，并将他们下狱。薛瑄被定为死罪，等待处决，但是他泰然自若，仍专心致志地研读《易经》。等到行刑时，王振的老仆人也为之痛哭，王振问他为什么哭，老仆人流着泪悲伤地说：“听说薛夫子今天将要行刑。”于是王振大为感动。刚好进行死刑三复奏，兵部侍郎王伟也极力申救，王振才免除薛瑄死刑，将他削职为民。明景帝即位后，薛瑄被起用为大理寺丞，后来又任南京大理寺卿。明英宗复辟，拜礼部右侍郎兼翰林院学士，入内阁参与机务。不久，他见石亨、曹吉祥乱政，便辞职退休。明穆宗时，从祀先圣庙庭。所以，我们看到，薛瑄虽然被冤屈，但是还能平静地对待死亡，没有任何畏惧，仍然研读《易经》，他确实以自身的品行感动了很多人，包括王振的老仆人，因而最终免于一死，后来受到重用，并入祀孔庙，得到了儒者的最高荣誉。

以上几个是中国的圣贤在狱中孜孜求道的典型，在西方国家也有这样的人。比如**当代政治家、南非前总统纳尔逊·曼德拉，自19世纪60年代初入狱起，在长达二十七年的铁窗岁月里，他一直在罗本岛狱中坚持学习**。曼德拉说："我二十多年在罗本岛狱中生活的精神支柱来自中国！"他还说，他在牢房里坚持看书，妻子温妮应他的要求捎来《毛泽东选集》（英文版），他如饥似渴地从头到尾认真研读，并把中国的长征和国庆看作是对自己的鼓舞。出狱后，他曾说过："当我走出囚室迈向通往自由的大门时，我已经清楚，自己若不能把痛苦与怨恨留在身后，那么其实我仍在狱中。"后来没有多久，他成为南非历史上第一位黑人总统，标志南非结束了种族主义的统治。可以说，曼德拉也是一位在狱中孜孜求道的典型，他求的是民族解放之道，并将目光投向中国，学习中国共产党领袖毛泽东的著作，这也证明了中国文化的影响力。

追求大道、追求真理、追求智慧是人类共同的高尚品性。因为，大道、真理、智慧是人类的指路明灯。《颜氏家训·勉学篇》中说："自古明王圣帝，犹须勤学，况凡庶乎！"并指出曾参十七岁才学习，而名闻天下；荀卿五十岁才来游学，还成为儒家大师；公孙弘四十多岁才读《春秋》，凭此就当上丞相；朱云也到四十岁才学《易经》、《论语》，皇甫谧二十岁才学《孝经》、《论语》，这几个人都非常勤学，最终成为儒学大师，为世人提供了求道的榜样。在西方国家，犹太国的圣王所罗门不为自己求长寿、求财富，只求智慧。《圣经·旧约》记载，所罗门献祭，夜间梦到上帝耶和华对他说："你愿我赐你什么？"所罗门说："求您赐给我智慧，可以判断您的民，能辨别是非。不然，谁能判断这众多的民呢？"上帝对他说："你既然求这事，不为自己求寿、求富，也不求灭绝你仇敌的性命，单求智慧可以听讼，我就应允你所求，赐给你聪明智慧，在你以前没有像你这样的，在你以后也没有像你这样的。你所没有求的我也赐给你，就是富足、尊荣，使你在世的日子，列王中没有一个能比上你的。"所罗门也凭着智慧，成为犹太民族历史上最伟大的君王，至今仍然是犹太人智慧和财富的象征。可见，无论中西，对大道、真理、智慧的渴求都是一样的。

当然，最了不得的，就是像黄霸等人这样，即使在监狱中面临死亡时，也仍然不忘记追求大道、追求真理、追求智慧，这体现了我们中华民族的宝贵精神，那些身处自由的、没有遇到死亡威胁的人更要好好追寻大道和真理，因为，大道、真理和智慧是揭示宇宙规律、真正让人觉悟的瑰宝。

第二十五讲　汉明帝尊师

在人类社会发展中，教师的地位极其重要。教师的职业最功德无量，最造福于人，因而也被称为**“太阳底下最光辉的职业”**（这是17世纪捷克教育家夸美纽斯所说）。现代文明国家无不提倡尊师重教。而一千九百多年前的东汉明帝，极为尊师，成为后世的典范。

我们先介绍一下汉明帝。汉明帝是光武帝刘秀和皇后阴丽华的儿子，名叫刘庄，在中国历史上虽不算很著名，但也是一位贤明的帝王。他在位时，有几件事特别值得大家关注：

一是求佛立寺。《后汉书·西域传》讲“天竺国”时载，世传汉明帝梦见金人，身材高大，头顶放光，就向大臣们询问。有人说：“西方有位神仙，名叫佛，佛的形象高一丈六尺，而且是金黄色的。”汉明帝于是派使者到天竺（即印度）了解佛教教义，自此在中原画了佛的形象。《魏书·释老志》则载，汉明帝有次夜晚梦见一个金人，颈上有日光，飞行于殿庭。于是问群臣，大臣傅毅说：“这是西方的圣人，是佛。”汉明帝便派郎中蔡愔、博士弟子秦景等出使天竺，抄写佛陀的经书。蔡愔与沙门（即僧人）摄摩腾、竺法兰后来回到洛阳，从此中国有了沙门及跪拜之法。蔡愔请得佛经《四十二章经》及释迦牟尼佛的佛像。汉明帝又下令画工画佛像，安放在清凉台及显节陵上。蔡愔等人，是用白马背负佛经而回的，所以汉明帝在洛阳立白马寺，这是中国第一个佛寺。佛教传入中国是从汉明帝开始的，这是中国历史上极其重要的大事。因为自从佛教传入中国后，就在中国发扬光大，并直接影响了中华民族的精神，成为中华文化的三大主干（儒、道、佛）之一。

二是关怀弱势群体。《后汉书·显宗孝明帝纪》载，汉明帝多次赈济鳏、寡、孤、独等弱势群体。建武中元二年（公元57年），三十岁的汉明帝刚刚即位没多久，就下诏对鳏、寡、孤、独、患绝症的，每人发粟米十斛。永平二年（公元59年），汉明帝下诏赐天下三老每人酒一石、肉四十斤，并要求官员们问候抚慰老人、怜恤孤儿，施惠于鳏寡。永平三年，汉明帝下诏对鳏、寡、孤、独、患绝症的、穷得无法生存的，每人发粟米五斛。永平九年，他下诏郡国要赏赐公田给贫民。永平十二年、永平十七年、永平十八年，三次下诏对鳏、寡、孤、独、患绝症的、穷得难以生存的，每人发粟米三斛。永平十三年，下诏要求刺史、太守详察刑狱，理清冤案，慰问鳏、寡、孤、独。也就是说，汉明帝在位十八年，平均每隔两三年就要下诏关怀弱势群体。

三是重视经义。《后汉书·显宗孝明帝纪》载，汉明帝十岁能通《春秋》，光武帝因此“奇之”。建武十九年（公元43年），他被立为皇太子，拜博士桓荣为师，学通《尚书》。永平九年（公元66年），他为外戚樊、郭、阴、马四姓子弟开立学校，设置讲述“五经”的老师。永平十五年，祭祀孔子及七十二弟子，并亲自到讲堂，叫皇太子、诸王陈说经义。《后汉书·桓荣丁鸿列传》还载，永平二年（公元59年），汉明帝到辟雍（即后来的国子监）举行养老礼，礼毕后，就请老师桓荣和弟子们升堂，讲述经义。除此之外，汉明帝还有许多值得称道的，比如史家说他“善刑理，法令分明”，对受到冤屈的都能处理好，而且“断狱得情，号居前代十二”，也就是说他断案合乎情理，案件仅及前代十分之二。

我们这里主要讲的是汉明帝尊师之事。《后汉书·桓荣丁鸿列传》载，建武十九年（公元43年），桓荣六十多岁，被授职大司徒府。当时汉明帝刚被立为太子，光武帝刘秀选求明经，便提升桓荣的学生何汤为虎贲中郎将，用《尚书》教太子。光武帝问何汤的老师是谁，何汤回答说：“我的老师是沛国桓荣。”光武帝于是征召桓荣，命令他讲述《尚书》，觉得非常好。便拜桓荣为议郎，赐钱十万，让他入宫教太子。每逢朝会时，常叫桓荣在公卿面前讲解经书。光武帝非常肯定他，并说：“得到先生太晚了！”后来拜桓荣为博士。由于桓荣温良恭敬，辨明经义，每以礼让相服，不用言词胜人，“儒者莫之及”。光武帝非常敬重厚待他，常叫他住宿在太子宫中。这一呆就是五年。有次，桓荣生病，太子早晚派人问病，赐以美食、帷帐、奴婢等，并对他说：“如果有什么三长两短，不必为家室担忧。”后来病愈了，又进宫侍讲。建武二十八年，光武帝问谁可做太子的师傅？群臣都说太子的舅父执金吾原鹿侯阴识可以。博士张佚严肃地说：“今陛下立太子，是为阴氏呢，还是为天下？如果为阴氏，那么阴侯可以；如为天下，就应用天下之贤才。”光武帝认为讲得好，于是拜张佚为太子太傅，以桓荣为少傅。经过桓荣九年的悉心教导，太子成了当时出色的经学家之一。桓荣认为太子博学，经学已经完成，便上疏辞谢。太子则给桓荣回复了一封信，说明“五经”广大，自己虽学道九年，但还是无所晓识，恳请老师不要辞别，并愿他注意饮食起居，保重身体。

汉明帝即位后，尊桓荣以师礼，对他十分亲近和尊重。桓荣年过八十，自认为衰老，几次上书请求退休，每次都得到赏赐。汉明帝曾经到太常府，以师礼拜见桓荣，让桓荣坐东面，并为桓荣设置几案和手杖，集合文武百官和桓荣的学生数百人，而他仍坐在原来当学生的位置，自己亲手拿着经书听讲。儒生们有离开座位向汉明帝提出问题的，汉明帝便谦虚地说："有老师在这里，我怎能讲解呢？"永平二年（公元59年），三雍（明堂、灵台、辟雍三宫）建成，拜桓荣为五更养老，封桓荣为关内侯，食邑五千户。桓荣每次生病，汉明帝都派使者慰问，太官、太医络绎不绝。后来病重，桓荣上疏谢恩，请求奉还爵位和封地。汉明帝亲临他家问安，入街下车，捧着经书上前，手抚桓荣，流着眼泪，赐给桓荣床垫、帷帐、刀剑、衣服、被褥，停留许久才走。从此以后，前来探病的诸侯、将军、大夫们不敢再乘车到门口，都拜倒在床下。桓荣去世后，汉明帝亲自改换丧服吊唁送葬，在首山之南赐给桓荣一块墓地。同时，任命其子桓郁为侍中，桓荣兄长之子也得到加封，其余门徒多数做到公卿。

这就是汉明帝尊师的故事。实际上，自古以来明王圣主，莫不尊师贵道，像汉明帝这样尊师的例子还有很多。著名的有以下几则：

第一则是魏文侯尊师。《资治通鉴·周纪一》载，"魏文侯以卜子夏、田子方为师。每过段干木之庐必式。四方贤士多归之。"也就是说，魏文侯以子夏、田子方为师，他每次经过名士段干木的住宅，都要在车上俯首行礼。四方的贤士很多前来归附他。最有意思的是，魏文侯选宰相的故事。《资治通鉴·周纪一》载，当时，魏文侯问李克："先生曾经说过：'家贫思贤妻，国乱思贤相。'现在我选相不是魏成就是翟璜，这两人怎么样？"李克说道："居视其所亲（平居时观察他所亲近的），富视其所与（富裕时观察他所给予的），达视其所举（显达时观察他所推荐的），穷视其所不为（困窘时观察他所不做的），贫视其所不取（贫穷时观察他所不取的），这五个方面就可以定了。"魏文侯说："我的国相已经选定了。"李克离去，遇到翟璜。翟璜问："听说今天国君召您去征求宰相人选，到底定了谁呢？"李克说："魏成。"翟璜很不高兴，但李克说："我所以推断国君肯定会选中魏成为相，是因为魏成享有千钟的俸禄，十分之九都用在外面，只有十分之一留作己用，所以访到了卜子夏、田子方、段干木。这三个人，国君都奉他们为老师；而你所举荐的五人，国君都任用为臣属。你怎么能和魏成比呢!”大家看，魏成推荐的卜子夏、田子方、段干木这三个人成为魏文侯的老师，而翟璜推荐的吴起、乐羊等人，虽有功劳，却是魏文侯的臣子，最后魏文侯就定了魏成为丞相。这也反映了，在魏文侯心中，老师的地位是高于功臣的。

第二则是汉章帝尊师。汉章帝即汉明帝之子，受其父影响，也非常尊师。《后汉书·袁张韩周列传》载，张酺曾用《尚书》教授门徒，后来汉明帝让他入宫教授太子（即汉章帝）。张酺为人质朴正直，遵守经义，侍讲之余，多次有匡正过失之辞，其严肃使人害怕。等到太子即位后，便提升老师张酺做侍中、虎贲中郎将。没几个月，又任他为东郡太守。元和二年（公元85年），汉章帝到东郡，张酺作为太守来迎接，汉章帝让张酺和他的门生及郡县的官员在庭中聚集，并说：“今天我们相见，应当先行师生之礼。”于是让张酺坐上座，自己坐下座，请张酺讲《尚书》一篇。然后再改行君臣之礼，还给了张酺很丰厚的赏赐。这位汉章帝也是了不起的皇帝，对百姓很是仁慈，他在位时还颁布过“养胎谷”令，这是世界上最早的对胎儿进行养护的法令。著名的《白虎通》记载的就是他在白虎观裁决大夫、博士、议郎、郎官及儒生们辩论“五经”异同的内容。他刚刚即位时，还下诏：“守文之主，必建师傅之官。”（《后汉书·肃宗孝章帝纪》）

第三则是唐太宗尊师。一代明君唐太宗非常尊师，他尊高僧玄奘为国师，对其极为尊重。他还专门下诏书规定了对待老师的礼遇，并训诫皇子们见师如见父。《贞观政要·卷四·尊敬师傅》载，贞观三年（公元629年），太子少师李纲患有脚痛的疾病，不能穿鞋走路。于是唐太宗赏赐给他一辆代步的车子，并命令侍卫抬他进入东宫，还下诏命令皇太子亲自迎接他上殿，亲自行礼作揖，以表示对他的敬重。贞观六年，唐太宗下诏说：“我近来研读经史知道：古代英明的帝王何尝没有师傅呢？前段时间，所进的待批诏令未设三师之位，我认为这样不好，为什么呢？从前，黄帝向大颠求教，颛顼向录图问学，尧以尹寿为师，此外，舜向成昭学习，禹在西王国求学，汤学威子伯，文王学子期，武王学虢叔。前代圣明的君王，如果没有遇到这些名师的指点，他们的功业就不能显著于天下，声名也不能载入史册。何况我在百王之后，才智与圣人有所差别，要是没有师傅，怎么能够统领天下之民呢？《诗经》上不是说‘要想不犯错误不忘教训，都必须从旧的规章制度入手’（原文是‘不愆不忘，率由旧章’）吗？

不学习，就不能明白古时治国的道理。没有老师教导就能得到太平的，还不曾有。应马上发布命令，设立三师的职位。”

上述所举的都是帝王尊师的例子。在平民百姓和读书人中，更有许多尊师的感人事例。这里也举三则例子：

第一个是子贡。子贡，在孔子弟子中最富有，被认为是“儒商始祖”。他也是尊师的楷模。孔子去世后，其他弟子皆服丧三年而去，只有子贡结庐墓旁，守墓六年。而且孔子之所以名扬天下，子贡有十分重要的贡献。《史记·货殖列传》中讲：“夫使孔子名布扬于天下者，子贡先后之也。”当有人说他比老师更贤能或诋毁老师时，他的回答非常精彩。《论语·子张》载，鲁国大夫叔孙武叔在朝廷上对大夫们说：“子贡比仲尼更贤。”子服景伯把这一番话告诉了子贡。子贡说：“拿围墙来做比喻，我家的围墙只有齐肩高，老师家的围墙却有几仞高。”叔孙武叔又毁谤孔子，子贡说：“没有用的！仲尼是毁谤不了的。别人的贤德好比丘陵，还可超越过去，仲尼的贤德好比太阳和月亮，是无法超越的。”（原文是‘他人之贤者，丘陵也，犹可逾也；仲尼，日月也，无得而逾焉’）陈子禽对子贡说：“你是谦恭了，仲尼怎么能比你更贤良呢?”子贡说：“夫子的高不可及，正像天是不能够顺着梯子爬上去一样。（原文是‘夫子之不可及也，犹天之不可阶而升也’）夫子如果得国而为诸侯或得到采邑而为卿大夫，那就会像人们说的那样：教百姓立于礼，百姓就会立于礼；要引导百姓，百姓就会跟着走；安抚百姓，百姓就会归顺；动员百姓，百姓就会齐心协力。他活着是十分荣耀的，他死了是极其可惜的。我怎么能赶得上他呢?”可以说，子贡有这样尊师的言行，不愧为圣人孔子的学生。

第二个是魏昭。《资治通鉴·汉纪四十七》载，郭泰学问渊博，善于言谈议论，深受当时河南尹李膺敬重，李膺认为很少有人能与他相比。郭泰的名声也因此震动京城洛阳。郭泰善于识别人的贤愚善恶，喜欢奖励和教导读书人，足迹遍布四方。有一次，陈国少年魏昭请求郭泰说：“教授经书的老师容易遇到，但传授做人道理的老师却难遇到（原文是‘经师易遇，人师难遭’，这是我们常讲的一句名言）。我愿意跟随您，给您洒扫房屋和庭院。”郭泰应允。后来，郭泰因身体不适，命魏昭给他煮稀饭。稀饭煮好以后，魏昭端给郭泰，郭泰大声呵斥魏昭说：“你给长辈煮稀饭，不存敬意，使我不能进食。”还将杯子扔到地上。魏昭又重新煮好稀饭，再次端给郭泰，郭泰又呵斥他。这样一连三次，魏昭的态度和脸色始终没有改变。于是郭泰说："我开始只看到你的表面，从今以后，我知道你的内心了！"就把魏昭当作好友，善意对待。魏昭虽然受了三次委屈，但是没有申辩，是真正出于敬意对待老师的，所以郭泰也非常看重他。

第三个是杨时。《宋史·道学传二》载，杨时，字中立，剑南将乐人。他小时候就很聪颖，善写文章。年纪稍长就潜心学习经史，宋熙宁九年（公元1076年）中进士。当时理学家程颢和弟弟程颐讲授孔子、孟子的绝学，河洛一带的读书人都拜他们为师，杨时连做官都不去赴任，在颍昌以学生礼节拜程颢为师，师生相处得很好。杨时回家的时候，程颢目送他说："我的学说将向南方传播了。"又过了四年，程颢去世了，杨时听说以后，在卧室设了程颢的灵位哭祭，又用书信讣告同学。程颢去世后，杨时又到洛阳拜程颐为师，这时杨时已四十岁了。有一天拜见程颐，来到程颐家时，恰逢程颐坐在炉旁闭目养神，杨时与同学游酢不敢惊动打扰老师，就恭恭敬敬侍立在门外，等候程颐醒来。等程颐察觉的时候，那门外的雪已经一尺多深了。这就是著名的"程门立雪"的故事。

上面我们介绍了古代的帝王、平民百姓和读书人尊师的一些例子。在我们中国，师道由来已久。比如《尚书·泰誓》载，周武王在孟津大会诸侯时提出"**天佑下民，作之君，作之师**"（唐朝经学家孔颖达《尚书正义》解释："**治民之谓君，教民之谓师**。君既治之，师又教之，故言作之君，作之师"）。西周时，还设有大司徒、大乐正、小乐正、大胥、小胥、太傅、少傅、师氏、保氏、乡师、少师等官师合一的官职。在中国历史上，最提倡师道的人是战国时期的大学者荀子，他强调："国将兴，必贵师而重傅，贵师而重傅则法度存。国将衰，必贱师而轻傅，贱师而轻傅则人有快，人有快则法度坏。"（《荀子·大略》）**他还第一次将老师与天地君亲并列起来，到后世成为敬重"天地君亲师"的传统（民国时因废除了帝制，改为"天地国亲师"）**。他说："**礼有三本：天地者，生之本也；先祖者，类之本也；君师者，治之本也**。无天地恶生？无先祖恶出？无君师恶治？三者偏亡焉，无安人。故礼上事天，下事地，尊先祖而隆君师，是礼之三本也。"（《荀子·礼论》）意思是，礼有三个根本：天地是一切生命的根本，祖先是族类的根本，君主和老师是国家得以治理的根本。没有天地，怎么会有生命？没有祖先，怎么会有族类？没有君主和老师，怎么会有国家的大治？此三者失其一，百姓则无法安宁。因此，礼是上敬天，下奉地，尊崇祖先、君主和老师。这就是我们中华传统敬奉"天地君亲师”的由来。

在我们中国，老师可分为两种，一种是职业的老师，就是在学校教育学生的老师。另外一种是我们传统文化中所尊崇的老师。这里重点讲述传统文化中所尊崇的老师。这些老师有哪些呢？

一是天人师。天人师即是指佛。佛的尊号有十种，即如来、应供、正遍知、明行足、善逝、世间解、无上士、调御丈夫、天人师、世尊。天人师就是其中的一种尊号。关于佛的记载，《周书异记》中说，周昭王二十六年四月初八，正值释迦牟尼佛出生，当时太阳光明遍照四方，宫殿震动，河井之水猛涨。周昭王叫太史苏由占卜，得乾卦九五爻，说：“这是西方圣人诞生之相，千年之后，教法将传到我国。”据《列子·仲尼》记载，孔子称佛为大圣人。当时商太宰问孔子：“你是圣人吗？”孔子说：“我怎么敢称为圣人，我只是博学多识。”商太宰又问三王（指大禹、商汤、周武王）、五帝、三皇是不是圣人，孔子均没有指明。商太宰大为惊讶，问孔子：“到底什么样的人可称为圣人？”孔子说：“我听说西方有大圣人（即指释迦牟尼佛），不用治理则天下太平，不用劝说而自有信仰，不用教化而自然实行。”《文昌帝君阴骘文广义节录》也载，文昌帝君说：我在朝廷时，听到修道人说，西方的国家（指印度），有位大圣人（即释迦牟尼佛），不用言语就能自然感化众生，不用法律就能自然治理国家。我们从释迦牟尼佛的传记中可以知道，**释迦牟尼佛本来可以做统领四天下的圣君（即转轮法王），但是他却选择了出家，开启众生解脱的大道，成为天人之师**。那么佛为什么称为天人师呢？按道理，佛是普度一切众生的，无有分别，应当是众生之师，何以单说是天人师呢？根据《大智度论·卷二·释初品中婆伽婆》载，主要有以下原因：佛度天道、人道多，度其他道的少；人道中的人易生厌世心，天道中的人智慧较利，所以容易得道；说天表示统摄一切天，说人表示统摄一切地上所生；人中行乐因多，天中乐报多，而善法是乐因，乐是善法报；等等。因此以天、人为代表，称佛为“天人师”。

二是万世师。万世师一般指孔子。在历代中国儒家圣贤之中，孔子的学说影响最大，流传万世而被后世尊崇，所以孔子被称为“万世师”。《史记·孔子世家》载，司马迁赞颂孔子说：“**天下的君王，以至于历代的贤人，实在太多了，他们在世时则十分荣耀，死了之后就没有什么影响了。孔子的身份，不过是布衣平民，然而他的学说却流传了许多代，读书**

人都推崇他。上至天子王侯，下到中国研究六经的人，都以孔子的学说为标准，孔子真可以说是至高无上的圣人啊。”《三国志·魏书·文帝纪》载，黄初二年（公元221年），魏文帝曹丕下诏说：“昔仲尼资大圣之才，怀帝王之器……修素王之事，因鲁史而制春秋……俾千载之后，莫不宗其文以述作，仰其圣以成谋。咨！可谓命世之大圣，亿载之师表者也。”这是历史上首次提出孔子是“命世之大圣，亿载之师表”。他还封孔子后人孔羡为宗圣侯，邑百户，奉孔子祀，并下令鲁郡修孔子庙，置百户吏卒守护。以后历代对孔子还屡有加封，特别是元代大德十一年（公元1307年），加孔子号为“大成至圣文宣王”，成为后世沿袭的称呼。朝廷下诏说：“**盖闻先孔子而圣者，非孔子无以明；后孔子而圣者，非孔子无以法。所谓祖述尧舜，宪章文武，仪范百王，师表万世者也**。”意思是说，在孔子之前的圣人如尧、舜、禹、汤、文、武、周公等，没有孔子则得不到彰显；在孔子之后的圣人如曾子、孟子等，没有孔子则没有效法的榜样。这个诏书写得非常精彩，对孔子评价极高。**清朝康熙皇帝则在即位的第二十二年亲笔写下“万世师表”四个字，颁发各学校**。（《清史稿·礼志》）所以，孔子成为中国公认的万世师。

三是帝王师。成为帝王师是过去读书人的理想，很多读书人都有“帝王师”的情结。因为，当了帝王师，就十分尊荣，就可以得君行道。古代著名的帝王师，有商朝的伊尹、周朝的姜尚、春秋时的管仲、汉朝的张良、明朝的张居正。唐朝诗人李白有一首题为《赠钱征君少阳》的诗写道：“白玉一杯酒，绿杨三月时。春风余几日，两鬓各成丝。秉烛唯须饮，投竿也未迟。如逢渭水猎，犹可帝王师。”这个帝王师就是指姜尚。在帝王师中，最为后人传颂的是张良。《史记·留侯世家》载，张良是韩国贵族，秦灭六国后，张良与大力士在博浪沙椎击秦始皇，误中副车。秦始皇大怒，大肆搜捕他。张良于是改换姓名，逃到下邳躲藏起来。有一次，张良因帮黄石老人捡鞋穿鞋，得老人传授兵法。当时老人拿出一部书，说：“读了这部书就可以做帝王师了，十年以后就会发迹。十三年后你到济北见我，谷城山下的黄石就是我。”说完便走了，从此再也没有见到这位神奇的老人。天亮时，张良一看老人送的书，原来是《太公兵法》。张良因而觉得这部书非同寻常，经常学习、诵读它。后来，张良多次根据《太公兵法》向刘邦献策，在鸿门宴、烧栈道、抚韩信、灭项羽、都关中等事件中都立下了极大功劳，刘邦称赞他“运筹帷幄之中，决胜千里之外”，封他为留侯。张良曾说：“我家世代相韩，到韩国灭亡，不惜万金家财，替韩国向强秦报仇，天下为此震动，如今凭借三寸之舌为帝王师，封邑万户，位居列侯，这对一个平民是至高无上的荣誉，我已经非常满足。我愿弃人间事，跟随赤松子去遨游。”**北宋文学家王安石的《张良》一诗称赞他“汉业存亡俯仰中，留侯当此每从容”。他虽然有大功，但始终不贪富贵，所以能够从容。在汉朝的英雄人物如萧何、韩信、陈平、周勃等人中，刘邦始终敬重的人就是张良。**所以，这个帝王师也常被后人屡屡提起，因为他一生太富于传奇色彩。

那么，为什么我们中国的帝王和平民百姓、读书人会如此尊师呢？除了上述所说的三种老师的特殊魅力外，还在于老师承担着以下职责：

第一，传道授业解惑。唐代著名文学家韩愈《师说》中讲：“古之学者必有师。师者，所以传道受业解惑也。人非生而知之者，孰能无惑？惑而不从师，其为惑也，终不解矣。生乎吾前，其闻道也固先乎吾，吾从而师之；生乎吾后，其闻道也亦先乎吾，吾从而师之。吾师道也，夫庸知其年之先后生于吾乎？是故无贵无贱，无长无少，道之所存，师之所存也。”这段话告诉我们，老师的功能在于传道、授业、解惑。特别是“传道”更重要，所谓“道之所存，师之所存也”，这也是老师的首要职责，这个道就是圣人之道。而授业主要是指传授知识和能力方面的学问，解惑则是帮助学生解决各个方面遇到的困惑。

第二，培养天下人才。孟子曾说过“得天下英才而教育之”是人生三大乐事之一。《礼记·学记》中讲：“**玉不琢，不成器；人不学，不知道。是故古之王者，建国君民，教学为先。**”教学为先，一个是教，一个是学。教的职责在于老师，学的职责在于学生。只有教学抓好了，才能培养好人才。《礼记·学记》中还讲了很多具体的培养人才之道：“一年视离经辨志，三年视敬业乐群，五年视博习亲师，七年视论学取友，谓之小成；九年知类通达，强立而不反，谓之大成。夫然后足以化民易俗，近者说服，而远者怀之。”意思是，入学一年之后，考经文的句读，辨别志向所趋；三年考察学生是否敬重专注于学业，乐于与人群相处；五年考察学生是否博学笃行，亲近师长；七年时考察学生在学术上是否有独到的见解，及对朋友的选择，这时候可以称之为小成；九年时知识通达，能够触类旁通，遇事不惑而且不违背师训，就可以称之为大成。这时候才能够教化人民，移风易俗，然后附近的人都心悦诚服，远方的人也都来归附。

第三，长善而救失。《礼记·学记》中讲：“**教也者，长善而救其失者也。**”也就是说，老师教育的职责在于增长学生的善心（好的方面）而补救其过失（不好的一面），真正完善学生的人格。《吕氏春秋·卷四·尊师》载，子张原是鲁国的鄙俗小人，颜涿聚原是梁父的大盗，他们都拜在孔子门下学习。段干木，原是晋国的大商人，拜在孔子学生子夏的门下学习。高何、县子石原是齐国的暴徒，他们的行为被家乡人所指斥，后来拜在墨子门下学习。索庐参原是东方的大骗子，后拜在墨子的学生禽滑厘门下学习。这六个人，原本是该杀的可耻人物，但因拜人为师而成为天下的著名之士和显赫人物，享尽天年，王公显贵追随他们、尊敬他们，这都得力于老师的教导。

另外，中国的帝王和平民百姓、读书人尊师，还有一个重要的原因在于“道统”高于“治统”。什么叫道统，什么叫治统呢？明末清初大学者王夫之《读通鉴论·卷十三》中讲：“**天下所极重而不可窃者二：天子之位也，是谓治统；圣人之教也，是谓道统。**”也就是说，天下极为重要的而不可被私窃的有两个：**一个是天子之位，即以帝王为核心的政治权力系统，就是“治统”（也被后人称为“政统”）；一个是圣人所教化的，圣人所传的文化系统，就是“道统”。**大家都知道，**我们有一个词，就是“传统”，意思是世代相传的精神、风俗、制度等。但我们拆开来看，传就是传承，统是什么呢？就是道统。我们中华传统，就是传承中华文化的道统。因为治统是经常会变的，而道统是不会变的。**像唐朝文学家韩愈标举出尧、舜、禹、商汤、周文王、周武王、周公、孔子、孟子为儒学之道统，而孟子之后道统便不传，战国末年至两汉只有荀子和扬雄，都想自己传承尧舜孔孟之道统。道统是谁来传承的？主要就是老师来传承的。上古及夏商周三代，即尧、舜、禹、商汤、周文王、周武王是君师合一的，也就是他们既是帝王，又是老师，道统与治统是合一的。而自周公、孔子、孟子之后，道统与治统分开了。分开后，谁的地位更高？战国末期大学者荀子说：“从道不从君，从义不从父。”（《荀子·子道》）而且他还认为：“道存则国存，道亡则国亡。”（《荀子·君道》）所以，我们过去讲，无道昏君的统治是不具有合法性的。董仲舒也说过：“有道伐无道，此天理也。”（《春秋繁露·尧舜不擅移汤武不专杀》）这表明，社会变革也以是否有道为标准。所以说，在中华文化中，道统是高于治统的。很多帝王见了儒道佛的圣人都要行礼跪拜，因为天下唯道最大，而道的代表就是圣人

（圣人的主要活动就是当老师、行教化）。这也是我们中华文化尊师的重要原因。

我们从历史上可以看到，汉明帝尊师，所以东汉的经学非常发达，因为经学发达，百姓就受到教化，风俗淳厚。北宋史学家司马光在《资治通鉴·汉纪六十》专门论及“教化风俗”，称赞道：“**明帝、章帝，遵循先志，亲临大学拜望老师，请教经学大道。自公卿、大夫直到郡县的官吏，都是选用熟悉经学、行为修好的人，虎贲卫士都熟读《孝经》，匈奴的子弟亦游太学，这就是教立于上、俗成于下。……自三代以来，教化风俗的美好，没有像东汉这样兴盛的**。”他还特别指出，东汉自和帝以来，社会黑暗，但汉朝并没有灭亡，还一直延续到汉献帝，就连曹操都始终不敢称帝，最主要的原因在于光武帝、明帝、章帝留传下的教化，使百姓仍是向往汉室的。这个教化是从什么开始的？就是从尊师开始的。所以，汉明帝尊师实可为后世学习效法。

尊师是重道的前提，只有尊师，重道才能落到实处。《礼记·学记》中讲：“**凡学之道，严师为难。师严然后道尊，道尊然后民知敬学**。……大学之礼，虽诏于天子，无北面，所以尊师也。”就是说，求学之道，尊敬老师是最难做到的。老师受到敬重，然后道才会受到敬重。道受到敬重，然后百姓才会敬重学习。大学的礼法规定，对天子授课时，老师不处于面朝北的臣位，就是为了表示尊师重道。史学家钱穆先生在《中国历史精神》“中国历史上的教育”中也指出：“西方社会最尊的是牧师，是耶稣。中国社会最尊的是‘先生’即师，是‘圣人’。孔子则被尊为‘至圣先师’。耶稣背后是上帝，孔子的背后则是中国人所谓的道。因此，中国人常说‘尊师重道’，历史上从来都如此。中国人看‘道’是高于一切的，因此从‘道’来看世界，则一切无分高下，都属平等。虽高贵如皇帝，亦要尊师重道。”所以，尊师作为我们中华民族的传统美德，无论什么时候都要保持和发扬。唯有将它保持和发扬，我们才会真正重道，才会真正形成善良风俗。

第二十六讲　刘备三顾茅庐

在中国历史上，有许多礼贤下士、遍求贤才的例子。这其中以刘备“三顾茅庐”为代表，成为千百年来的美谈。它是中国历史上一件有特殊意义的大事，突出体现了我们中华民族尊重人才的传统。

我们先介绍一下刘备。刘备，字玄德，虽然是汉景帝之子中山靖王刘胜之后，然而传到他时，却是一介草根。少年时父亲就去世，与母亲以“贩履织席”为生，过着艰苦的生活。然而，时势造英雄，他最后成为历史上鼎鼎有名的帝王。关于他的故事，除了“三顾茅庐”外，还有“桃园结义”（《三国志》中虽未讲他与关羽、张飞结义，但是说他们“恩若兄弟”）、“鞭打督邮”（《三国演义》写成是张飞）、“救徐州”、“借荆州”（实际上荆州并非借的）、“取益州”、“称王汉中”、“建蜀汉”、“战猇亭”、“白帝城托孤”等等。观刘备一生，他之所以能建功立业，三分天下而有其一，最主要的是他为人仁德，非常厚道。正如他自己所说：“**操以急，吾以宽；操以暴，吾以仁；操以谲，吾以忠。每与操相反，事乃可成**。”（《三国志·蜀书·先主传》注引《九州春秋》）

据《三国志·蜀书·先主传》载，刘备寡言少语，善待下人，喜怒不形于色，并喜欢结交豪侠之士，不少青少年都争相归附于他。中山人巨商张世平、苏双等，积蓄千金家财，见到刘备，认为他是非凡之人，于是馈赠他大笔钱财。他将钱财用来招兵买马。他在任平原县令、平原国相时，极为爱护百姓，“外御寇难，内丰财施”，对待下属与百姓，也不摆架子，“必与同席而坐，同簋而食”，于是“众多归焉”。不仅平原国的百姓爱戴他，而且其他国的百姓也很拥护他；不仅汉人跟随他，而且连幽州的乌桓人，也愿意跟着刘备，在刘备救陶谦的过程中，几千饥民自愿跟随，甘心赴死。当时有位叫刘平的人，派刺客前去刺杀刘备，刘备毫不知情，对刺客十分礼遇，刺客不忍下手，反而将实情告诉他。在刘备兵败樊城，到达当阳时，跟随他的军民达十多万人，所到之处竟有如此多的人为他倾倒，的确是他为人仁德的结果。正因为他为人仁德，属下才愿为他出生入死。《三国志·蜀书·先主传》注引《傅子》说：“**刘备宽仁有度，能得人死力**。”像关羽、张飞、赵云，跟随刘备，东奔西逃、出生入死，也毫无怨言。关羽曾被曹操俘虏过，曹操爱其英勇对他礼遇甚厚，赐他许多黄金，并封他为汉寿亭侯，但他不为爵禄动心，挂印封金，也要跟随刘备。诸葛亮乃三国最杰出的人才，也为刘备所用，清朝学者赵翼《二十二史札记》中说：“**亮第一流人，二国俱不能得，备独能得之，亦可见以诚待人之效矣**。”这说明，刘备确有英雄之器，能以诚待人、礼贤下士，所以曹操也称“今天下英雄，惟使君与操耳”（《三国志·蜀书·先主传》）。历史学家陈寿评价说：“**先主之弘毅宽厚，知人待士，盖有高祖之风，英雄之器焉。及其举国托孤于诸葛亮，而心神无贰，诚君臣之至公，古今之盛轨也**。”（《三国志·蜀书·先主传》）也就是说，刘备气度恢宏，性格果毅，为人宽厚，知人善任，礼贤下士，有汉高祖刘邦的风度，有英雄之器。特别是他把整个国家托付给诸葛亮，而不存半点疑心，这实在是君臣都大公至极，可谓古往今来的最佳楷模。此外，刘备有几句名言值得大家关注，一个是“济大事必以人为本”，一个是“勿以恶小而为之，勿以善小而不为”，还有一个是“惟贤惟德，能服于人”。

我们来讲刘备三顾茅庐之事。《三国志·蜀书·诸葛亮传》载，诸葛亮，字孔明，身高八尺，每自比为管仲、乐毅，时人都不这样认可。唯有博陵人崔州平、颍川人徐庶与诸葛亮交情很好，相信他具有管仲、乐毅的才能。这时，刘备正驻军新野，徐庶拜见刘备，刘备对他十分器重，徐庶对刘备说：“诸葛孔明这人，是‘卧龙’啊！将军愿不愿意见他?”刘备说：“你与他一起来吧！”徐庶说：“此人只能拜访他，不可随便召他来。将军您应该屈尊去看望他。”于是刘备亲自前往拜访诸葛亮，一连去了三次，才得以相见。可是，当时的另外两本史书《魏略》和《九州春秋》则讲，诸葛亮是自己见刘备的，并向刘备献策使刘备获得大量兵源，而刘备也因此知道诸葛亮有英略，于是以上客之礼相待。实际上，这个说法被裴松之在《三国志·蜀书·诸葛亮传》注引之后否定了。裴松之认为，诸葛亮的《出师表》中说：“先帝不以臣卑鄙，猥自枉屈，三顾臣于草庐之中，谘臣以当世之事”，因此不是诸葛亮先去拜见刘备，这是很明显的。并认为《魏略》的说法“乖背至是，亦良为可怪”，也就是说不足为信。后来，元末明初文学家罗贯中的《三国演义》更详细地描写了刘备三顾茅庐的经过。

刘备三顾茅庐是在建安十二年（公元207年），当时刘备是著名的天下英雄，虽然功业未成，却也是宜城亭侯、左将军、豫州牧，身份显赫，而且资历很深，年龄也有四十六岁（虚岁四十七岁），而诸葛亮只是一个农民而已，年龄也不大，只有二十六岁（虚岁二十七岁），不过毛头小伙子，但刘备就是这样虚心诚恳。当诸葛亮见刘备欲“复兴汉室”、“伸大义于天下”，便与他畅谈天下形势，这番对话便是历史上著名的“隆中对”。刘备听了之后茅塞顿开，对诸葛亮由衷地敬服，所以他对两个兄弟关羽、张飞说“**孤之有孔明，如鱼之有水**”。世人称颂刘备三顾茅庐，主要是称颂他礼贤下士，非常诚恳。因为，同时代的没有一个能做到，就连提出“唯才是举”、极其爱才的曹操也做不到。

自古以来，人才是领导者的第一资本，得人才者方可为人王。清代学者赵翼《二十二史札记·卷七·三国志晋书》“三国之主用人各不同”中说：“**人才莫盛于三国，亦惟三国之主各能用人，故得众力相扶，以成鼎足之势。而其用人亦各有不同者，大概曹操以权术相驭，刘备以性情相契，孙氏兄弟以意气相投**。后世尚可推见其心迹也。”赵翼分析曹操、刘备、孙权聚集人才各有特点：

在论“曹操以权术相驭”时讲，荀彧、程昱为曹操出谋划策，众人不知，曹操一一表明，绝不据为己有；刘备被吕布偷袭，投奔曹操，程昱认为刘备有英雄之才，劝曹操除掉刘备，曹操却说“现在正是收揽英雄之时，杀一人而失天下之心，不能这样做”；还有臧霸、毕谌、魏种等人都是先臣服于他，后来背叛他，但他在擒拿之后，一一弃嫌录用。这大概是因为曹操创业初起时，正想借众人之力以成事，因此能大度用人，但一旦削平群雄，势力地位已定，则孔融、许攸、娄圭等人，皆因为嫌忌而杀之，而荀彧向来是曹操的顶尖谋士，亦因为不同意曹操加九锡被胁迫而死。还有杨修向来为曹操所赏识提拔，崔琰向来为曹操所倚重信任，最后都被曹操所杀。所以，他以前之大度用人，只不过是出于虚伪，为了一时之用，这就是所谓“以权术相驭”。

在论“刘备以性情相契”时讲，刘备开始起事时，即为人心所向，少时结交豪杰，大家都愿意归附于他；中山富商张世平、苏双等，以大量的钱财资助他；在救陶谦时，陶谦即推荐他为豫州刺史，陶谦病危，也是以徐州让给刘备，刘备不敢当，陈登、孔融都劝他接受，后来徐州为吕布所攻破，投奔曹操，曹操也推荐他为左将军，礼待甚重；徐州之败后投奔袁谭，袁谭率步骑来迎接他，袁绍听说刘备到了，出邺城二百里来迎接；等到袁绍失败，刘备又投奔刘表，刘表又亲自到郊外迎接，待之以上宾之礼，荆州豪杰也多归附于他；曹操率兵征讨，刘备往江陵逃跑，荆州军民跟随他的有十多万人。程昱说“刘备很得人心”，诸葛亮对孙权也说“刘豫州为众士所慕仰，若水之归海”，这是当时的实情。还有关羽、张飞、赵云等人，跟着他即使四处奔逃，寄人篱下，无寸土可以立业，而这几个人患难相随，心无贰志，这固然是关羽、张飞、赵云等人忠义，但也是刘备使他们甘愿如此。至于托孤于诸葛亮，说“我的儿子可辅助，就辅助；不可辅助，则你可以自己来当国君”，千载之下仍然见其肝胆，难道这不是真性情流露吗？这就是所谓“以性情相契”。

在论“孙氏以意气相投”时讲，孙策生擒太史慈时，就给他松绑说“你是青州名士，但所托非人，我是你的知己，不要担心不如意”；孙策任用张昭为长史，北方士大夫来信，多称赞张昭，孙策知道后说“管仲相齐，一则仲父，二则仲父，而齐桓公为五霸之首，现在张昭贤能，我能用他，其功名不在我乎？”这是孙策之得士。孙权也是如此，比如周瑜推荐鲁肃，孙权即用鲁肃继周瑜为大都督；孙权很不喜欢甘宁粗暴，吕蒙说“斗将难得”，孙权即厚待甘宁；刘备讨伐东吴，有人说诸葛亮胞兄诸葛瑾已遣人到蜀国暗中通好，孙权说“我与诸葛瑾，有生死不易之操，诸葛瑾不负我，犹如我不负他”；等等。这就是所谓“以意气相投”。

从以上可以看出，刘备“以性情相契”，最能使人倾倒。所以，他三顾茅庐求诸葛亮出山，诸葛亮能不被他的诚意所感动吗？能不替他做事吗？所以，刘备是最会当领导的，大家都能感受到他的厚意，都不忍心离开他。的确，像刘备这样虚心求贤、屈身访贤、诚心用贤，在历史上是凤毛麟角，极其难得。

在中国历史上，求贤的方式不少，科举制度推行之前，帝王求贤主要有以下几种方式：

一是上门求贤。这是最古老的一种，也是最有诚意的一种。像刘备三顾茅庐就是这一种。在中国历史上，还有周文王访贤渭水边也是这一种。《史记·齐太公世家》载，吕尚（即姜尚）曾经穷困，年老时，以钓鱼的方式想见到西伯侯姬昌（即后来的周文王）。西伯侯姬昌将要出外狩猎时，占卜一卦，卦辞说：“所得猎物非龙非螭，非虎非熊；所得乃是成就霸王之业的辅臣。”于是西伯侯姬昌出猎，果然在渭河北岸遇到吕尚，与吕尚谈论后非常高兴地说：“自从我先君太公就说：‘定有圣人到周来，周会因他而兴旺。’说的就是您吧？我的太公盼望您已经很久了。”因此称吕尚为

“太公望”，二人一同乘车而归，拜为师辅之臣。关于吕尚归周还有别的说法，虽然说法有不同，但大都认为他是文王、武王之师。一般都认为，吕尚是周文王在渭水边访求来的。

二是下诏求贤。比如汉高祖在即位的第十一年（公元前196年）颁布过“求贤诏”。这个“求贤诏”见于《汉书·高帝纪下》，大致意思是，听说王者之中以周文王为最高，霸者之中以齐桓公为最高，他们都是依靠贤能的人而成名。天下贤人的智慧才能，难道只有古人才有吗？担忧君主不与贤人交往，贤士如何能进？现在我依靠上天的保佑和贤士大夫的帮助，平定拥有了天下，把天下统一为一家。想要使天下太平而长久存在，世世奉祀宗庙而不断绝。贤人已与我共同平定天下，而不与我共同分利，怎么行呢？贤士大夫有肯跟我交往的，我能够让他尊崇显贵。因此布告天下，使大家明白我的意思。这个诏书由御史大夫周昌传达给相国，相国酂侯萧何下达给各诸侯王，御史中执法下达给各郡长官，遇有德才之人，必须亲自去劝说，为他驾车，送到相国府，登记履历、相貌、年龄；有贤才而没有上报的，发现了要免职。年老有病的，不必遣送。

三是征聘求贤。所谓征聘，指的是皇帝征召聘用，在汉代还有官府征召，称为“辟”，两者合起来就是“征辟”。我们这里只讲帝王求贤，即只讲“征”。比如汉武帝即位之初的“蒲轮征贤”。《汉书·儒林列传》载，兰陵人王臧向申公学《诗经》之后，为汉景帝讲述《诗经》，当了太子少傅，后免官。汉武帝刚即位，王臧上书请求入宫值宿护卫，多次得到升迁，一年后做到郎中令。代国人赵绾也曾向申公学习《诗经》，为御史大夫。赵绾、王臧请立明堂用来召集诸侯举行朝会，他们不能做这件事，便举荐了老师申公。于是汉武帝派遣使臣携带贵重的礼物束帛和玉璧，安车以蒲轮（即用蒲草包住车轮，使车子行进时减少颠簸）驾着驷马去迎请申公，赵绾、王臧二位弟子则乘坐着普通的驿车随行。汉武帝见了申公之后，便向他询问治乱兴亡之事。申公已八十多岁，回答说：“执政的人不在于多说话，而在于力行。”（原文是“为治者不在多言，顾力行何如耳”）这时汉武帝正喜好文辞，见申公如此答对，便沉默不语。由于已经征召申公，就让他做了太中大夫，住在鲁邸，商议修建明堂的事宜。实际上，申公这句话很对，因为“空谈误国，实干兴邦”，与其托之空言，不如力行，行动是最有说服力的。另外，汉武帝还用“蒲轮”征召过文学家枚乘（枚乘的《七发》是汉赋名作），《汉书·贾山邹阳枚乘路温舒传》

中有记载。

上面我们讲了历史上求贤的方式。那么，为什么刘备等人会去民间求贤，或者发求贤诏向民间求贤呢？实际上，民间是有很多贤才的。诸葛亮曾在《便宜十六策·举措》中说，**梁柱以笔直之木为坚固，辅臣以正直之士为贤能。笔直之木出在幽深的山林，正直之士出在下层的社会。人君选举人才时，务必深入民间。因为，有的人有才德，不愿做官，宁愿和普通人在一起；有的人有高超卓绝的才能而不被征召；有的人忠贤孝悌，而乡里不举荐；有的人隐居以求自己的志向，践行道义以实现自己的理想；有的人对国君忠心耿耿，却遭朋党谗言。所以，许多正直有才之士流落在民间**。应该说，诸葛亮的分析是很有道理的。许多事实也证明了民间小地方出大才。如百里奚曾作为晋献公女儿伯姬陪嫁的奴隶，自感耻辱，后逃跑到楚国的一个小地方养牛，由于他饲养的牛特别肥大，楚成王曾召见他询问原因，他说："要把自己认同为牛，心与牛合一才行。"楚成王就任命他为养马官，派到南海牧马。可惜楚成王错过了这个贤才，百里奚后来辅佐秦穆公，使秦穆公成为"春秋五霸"之一。唐朝诗人窦庠《醉中赠符载》一诗说得好："白社会中尝共醉，青云路上未相逢。**时人莫小池中水，浅处无妨有卧龙**。"

在中国历史上，像刘备这样礼贤下士、向民间求贤的还有不少，这里也再举两则著名的例子：

一则是战国时的信陵君礼请隐士侯嬴。信陵君是战国时四大君子（即信陵君、孟尝君、平原君、春申君）之一，而且在四大君子中，他最礼贤下士，最为贤能，也最得人心。《史记·魏公子列传》载，魏公子无忌（即信陵君），是魏昭王的小儿子、魏安釐王异母弟，魏安釐王即位后，即封公子为信陵君。公子"**为人仁而下士，士无贤不肖皆谦而礼交之，不敢以其富贵骄士**"，因此方圆几千里的士人都争相归附于他，招来门客三千人。当时，诸侯各国因公子贤德，门客众多，"不敢加兵谋魏十余年"。魏国有个隐士叫侯嬴，七十岁，家境贫穷，是大梁城看门人。公子听说了这个人，就前去拜见，想赠送他厚礼，但是侯嬴不肯接受。公子随后就摆设酒席，宴请宾客。客人们坐定之后，公子驾着车马，空出车子上左边的座位，亲自到城门迎接侯先生。侯先生整理破旧的衣帽，就径直上了车子坐在上首位，丝毫不谦让，想借此观察一下公子。可是公子手握缰绳，更加恭敬，并为侯嬴驾车进入街市，会见他的朋友朱亥。侯嬴有意久站在那里，同他的朋友聊天，但公子的面色更加和悦。这个时候，魏国的将相、王族宗室以及宾客坐满堂上，正等着公子开宴。街市上的人都看到公子手握缰绳，替侯先生驾车。到公子家后，公子请侯先生坐到上座，并向全体宾客介绍侯先生，满堂宾客无不惊异。在这次宴会后，侯先生便成了公子的贵客。侯先生对公子说："我所拜访的屠夫朱亥，是个贤能的人，社会上的人不了解他，所以隐居在屠坊中。"公子便多次拜见朱亥，但朱亥故意不答谢，不回拜。公子对此感到很奇怪。后来，秦国在长平之战中大胜赵国，并进兵围邯郸，赵国的平原君是公子的姐夫，写信向魏安釐王和公子求救，魏安釐王派将军晋鄙率十万军救赵，被秦昭王威胁而不敢进军。这时，魏公子无忌听取侯嬴的建议，请魏安釐王的宠妃如姬窃取兵符，同时带朱亥前往，后来因遭到晋鄙怀疑，朱亥便取出藏在衣袖里的四十斤铁椎，击死晋鄙，公子于是统率晋鄙的军队，解救了赵国。魏安釐王三十年（公元前 247 年），公子率领五个诸侯国的军队在河外把秦军打得大败，秦将蒙骜败逃。进而乘胜追击直到函谷关，把秦军压在函谷关内，使他们不敢再出关，于是公子的声威震动天下。汉高祖刘邦地位低贱时，多次听别人说魏公子贤能，等到他称帝后，每次经过大梁，总是去祭祀公子。汉高祖十二年（公元前 195 年），他经过大梁时，为公子安置了五户人家看守他的坟墓，让他们世代每年按四季祭祀公子。司马迁在《史记·魏公子列传》中评价说，当时，天下诸多公子中也确有喜爱士人的，但只有信陵君能够亲近民间隐士，不以结交平民为耻辱。在《史记·太史公自序》中评价说："能以富贵下贫贱，贤能诎于不肖，唯信陵君为能行之。"

另一则是元末时的朱元璋礼请隐士朱升。朱元璋是自汉高祖刘邦之后又一位起自民间的帝王，他长自民间，深知民间有很多贤才，因此他非常重视向民间求贤。《明史·太祖本纪一》载，至正二十三年（公元 1363 年）五月，朱元璋专门修建礼贤馆。我们这里讲的是朱元璋礼请隐士朱升之事。《明史·列传第二十四》和《朱枫林集·学士朱升传》载，朱升字允升，徽州府休宁（今安徽休宁县）人，元末被乡举荐为池州学正，后因天下大乱，于是弃官隐居石门，他虽遭遇兵乱，但"未尝一日废学"，学者称枫林先生。公元 1358 年，朱元璋攻下徽州后，听大将邓愈说，这里有个隐士朱升，极为贤能，可比诸葛亮。朱元璋便微服到石门，亲临其室向他请教时务。当时朱元璋已占据了以集庆（即南京）为中心向周围辐射的大片土地，虽然势头发展良好，但扩张后与周围实力雄厚的陈友谅、张士诚等割据势力相冲突，且面临被夹击的危险。**朱升向朱元璋提出了一个重大战略：“高筑墙，广积粮，缓称王”（毛泽东称赞其为“九字国策定江山”，并在1972年针对当时的国内外形势，借鉴朱升的这句话提出“深挖洞，广积粮，不称霸”）**，朱元璋非常称善。“高筑墙”的战略，就是建立巩固的根据地。按照朱升的战略，朱元璋选择了应天（即集庆，被朱元璋改名）及其周围地区作为根据地来“高筑墙”。这个战略在公元1363年陈友谅围攻洪都时起了重要作用，当时驻防洪都的大将朱文正、邓愈在城墙多次遭到损坏的情况下，一边抗战一边筑墙，始终保持城墙的完好，坚持固守等到了朱元璋的援兵，为朱元璋集中兵力与陈友谅决战鄱阳湖赢得了时间。“广积粮”的战略，就是“自己动手，丰衣足食”。朱元璋任命元军降将康茂才为都水营田使，负责兴修水利。同时，实行且耕且战制度，命令将士屯田，开垦荒地，种植粮食。通过发展生产，推行军垦、农垦，收效甚大，部队很快摆脱了缺粮的困境，增强了经济实力。“缓称王”的战略，就是尽量避免四面树敌。在当时的情况下，谁称王，元朝就必定派大军前去镇压。如果朱元璋也称王称帝，便会成为元军重点打击目标。所以，朱元璋虽在事实上早已独立，但在名义上仍遥尊韩林儿为王，采用龙凤年号。这样一来，就降低了元朝的关注程度，有利于保存实力，积蓄力量。这九个字当中，“高筑墙”是抓军事，“广积粮”是抓经济，“缓称王”是抓政治。通过实施这三大战略，朱元璋得以灭亡元朝、尽削群雄，最终完成统一大业，建立了明朝。如果不是朱元璋礼请隐士朱升、虚心求贤，则不可能得到这九个字，当时天下鹿死谁手也未可知。

在西方也有帝王虚心求贤的例子。西班牙思想家巴尔塔沙·葛拉西安**《英雄宝镜》**载，瓦加斯有“卡斯提尔的战神”之誉，他前往赫雷斯，决定终老还乡。其人虽退隐，然而仍威震寰宇。阿芳索是新继位的国王，眼光极为深远，尤其善于鉴别那些非凡卓越之士，他仅带四名随从，乔装打扮四处寻访瓦加斯。国王来到瓦加斯住处，人不在家。瓦加斯往日习惯于攻城野战，正寄情于野外，消遣雅兴。国王遥遥望见瓦加斯，正镰刀在手，修剪葡萄。国王阿芳索下令停步，要从人躲开，自己下马，动手捡拾瓦加斯随手砍下的枝叶。瓦加斯耳闻异声，回头看见是当今国王，当即一跪：“陛下大驾，有何吩咐？”国王说：“请继续干活，瓦加斯。但愿我配得上为你捡这些枝叶。”此可谓卓绝极致！国王阿芳索为退隐的瓦加斯捡枝叶，还说但愿自己配得上，对贤才的崇敬之心溢于言表。

为什么古今中外的帝王都是如此礼贤下士，演绎出很多荡气回肠的故事呢？孟子曾提出“**贤才可拜不可召**”的观点。《孟子·公孙丑下》载，孟子说：“**将要大有作为的君主一定有他不能召唤的大臣，如果他有什么事情需要出谋划策，就亲自去拜访他们。这就叫尊重德行喜爱仁道，不这样，就不能够做到大有作为**。因此，商汤对于伊尹，先向伊尹学习，然后才以他为臣，于是不费大力气就统一了天下；齐桓公对于管仲，也是先向他学习，然后才以他为臣，于是不费大力气就称霸于诸侯。现在，天下各国的土地都差不多，君主的德行也不相上下，相互之间谁也不能高出一筹。没有别的原因，就是因为君主们只喜欢用听他们的话的人，而不喜欢用能够教导他们的人。商汤对于伊尹，齐桓公对于管仲就不敢召唤。管仲尚且不可以被召唤，更何况连管仲都不屑于做的人呢?”

孟子所说“贤才可拜不可召”的观点很明确，就是要求君王“尊德乐道”、礼贤下士，甚至拜贤才为老师，就像商汤对待伊尹、齐桓公对待管仲那样。《吕氏春秋·卷十五·慎大览第三·下贤》也载，尧不以帝王的身份接见有道之士善绻，而以臣子的身份向他请教。尧是天子，善绻是平民，为什么如此礼遇他呢？因为善绻是得道之人，对得道的人是不能傲慢的。尧知道自己的德行和见识都不如善绻，所以以臣子的身份向他请教。

唐朝文学家韩愈曾说过：“世有伯乐，然后有千里马。”（《杂说·之四》）这句话在今天仍不过时。**在民主法治社会，用制度选举出来的人并不能保证其贤能，有时还必须采取传统的方法去求贤才。而这方面，身居高位的伯乐起了很大的关键作用**。大凡伯乐才有英雄之气量，所以能重用千里马。可以说，**没有伯乐的远见卓识，就不可能有千里马的脱颖而出；没有伯乐的宽仁大度，就不可能有千里马的尽心尽力；没有伯乐的政治地位，就不可能有千里马的施展舞台**。历代君臣遇合如商汤与伊尹、武丁与傅说、周文王与姜尚、齐桓公与管仲、秦穆公与百里奚、秦孝公与商鞅、刘备与诸葛亮、苻坚与王猛、唐太宗与魏徵，似后者这样的贤臣每个时代都有，似前者这样的圣贤之君却并不是每个时代都有。

《易经·屯卦》上讲：“以尊贵的身份礼遇低贱的人，能够大得民心。”（原文是‘以贵下贱，大得民也’）《易经·益卦》上说：“地位高的人谦虚地对待地位低的人，他的道行大为光明。”（原文是‘自上下下，其道大光’）观刘备三顾茅庐而益信矣！千百年来这段故事一直传颂，可以说是已深得民心。在当今的时代，我们仍然需要面向民间求贤、面向社会求贤、面向世界求贤。作为领导者当效仿刘备三顾茅庐，按照孟子所说的“贤才可拜不可召”和《易经》上所说的“以贵下贱”、“自上下下”，礼敬贤人，方能得到贤人之真心，成就一番大事业。

第二十七讲　诸葛亮鞠躬尽瘁

在中国人心目中，诸葛亮是智慧的化身。他是三国时期最具盛名的思想家、政治家、军事家。他知名度极高，可谓“名垂宇宙”。特别是他为蜀汉竭忠尽智、鞠躬尽瘁的精神，成为历代贤相的典范，也更为后世津津乐道，是我们中华民族的道德人格丰碑。

关于诸葛亮，大家知道得很多，比如他的名言有“静以修身，俭以养德”、“非淡泊无以明志，非宁静无以致远”、“非学无以广才，非志无以成学”（以上出自《诫子书》），“志当存高远”（《诫外甥书》），“谋事在人，成事在天”（明朝范立本《明心宝鉴·天理篇》），“亲贤臣，远小人”（《前出师表》），“屋漏在下，止之在上，上漏不止，下不可居”（《便宜十六策·纳言第四》），“治国之道，务在举贤”、“为人择官者乱，为官择人者治”（《便宜十六策·举措第七》），“圣人之治理也，安其居，乐其业”（《将苑·不陈》），等等。他的事迹有隆中对、联吴抗曹、留守荆州、助取西川、以法治蜀、受命托孤、七擒孟获、六出祁山（《三国演义》则讲了更多）等等。他的发明有不少，他根据《易经》原理发明了八阵图，还发明了连弩，征讨孟获时发明了馒首（即今天的包子之类），北伐中原时发明了木牛流马运输粮食（《诸葛亮集》专门有“作木牛流马法”）。他的性格谨慎，清朝王永彬《围炉夜话》中讲：“**敦厚之人，始可托大事，故安刘氏者，必绛侯也。谨慎之人，方能成大功，故兴汉室者，必武侯也。**”毛泽东也曾说过“**诸葛一生惟谨慎，吕端大事不糊涂**”。

历代诗人和文人对诸葛亮大为称赞。唐代诗人杜甫有两首非常有名的歌咏诸葛亮的诗作，一首是《蜀相》：“丞相祠堂何处寻，锦官城外柏森森。映阶碧草自春色，隔叶黄鹂空好音。**三顾频烦天下计，两朝开济老臣心。出师未捷身先死，长使英雄泪满襟。**”这首诗是说，刘备三顾茅庐拜访诸葛亮，诸葛亮的隆中对预见天下三分，并为刘备制定了统一天下之策。出山之后，诸葛亮辅助刘备、刘禅两朝，体现了为国呕心沥血的耿耿忠心。可惜出师伐魏未捷而病亡军中，长使英雄们黯然泪下！还有一首是《咏怀古迹五首·其五》：“**诸葛大名垂宇宙，宗臣遗像肃清高。三分割据纡筹策，万古云霄一羽毛。伯仲之间见伊吕，指挥若定失萧曹。运移汉祚**

终难复，志决身歼军务劳。”这首诗讲，诸葛亮名满天地，万世不朽，他的遗像清高让人肃然起敬。筹划谋策而成三国鼎立之势，好比鸾凤高翔，独步青云，历代敬仰。与伊尹、吕尚难分伯仲，指挥镇定从容让萧何、曹参都为之失色。汉室运气转移难以复兴，但他意志坚决，因军务繁忙而鞠躬尽瘁。清代才子毛宗岗《读三国志法》中讲，“**吾以为三国有三奇，可称三绝：诸葛孔明一绝也，关云长一绝也，曹操亦一绝也**”，“**历稽载籍，贤相林立，而名高万古者莫如孔明**。其处而弹琴抱膝，居然隐士风流，出而羽扇纶巾，不改雅度。在草庐之中，而识三分天下，则达乎天时，承顾命之重，而至六出祁山，则尽乎人事。七擒八阵，木牛流马，既已疑鬼疑神之不测，**鞠躬尽瘁，志决身歼，仍是为臣为子之用心。比管、乐则过之，比伊、吕则兼之，是古今来贤相第一奇人**”。也就是说，三国有三绝，诸葛亮是一绝，而且历代贤相中知名度最高的莫如诸葛亮。他在草庐中知三分天下，这是通达天时；受刘备托孤之重，而六出祁山，这是尽力人事。他七擒孟获，发明八阵图和木牛流马，尤其是他鞠躬尽瘁、志决身歼，是一片忠臣孝子之心，超过了管仲、乐毅，和伊尹、吕尚差不多，是古今来贤相中第一奇人。

诸葛亮智慧卓异绝伦，在政治、军事、用刑等方面皆有独到之处：

第一，在政治方面独到。“隆中对”里面，诸葛亮有很明确的目标，那就是“复兴汉室”，这一点和刘备是一致的。当时，曹操虽名为汉相，实为汉贼，“挟天子以令诸侯”，汉献帝不过是一个傀儡而已；而孙权占领东吴，只是代表一个小集团的利益。其他如袁术等人都是想拥兵一方，为一己之私利。就当时来说，“复兴汉室”确实名正言顺，这在政治上是很独到的。另外，诸葛亮在施政时也非常独到，这个独到的地方就在于“开诚布公”、“集思广益”。陈寿在《三国志·蜀书·诸葛亮传》评价说诸葛亮“开诚心，布公道”。对这一点，历史学家钱穆先生在《政学私言》“政治家与政治风度”中讲：“**晚汉如诸葛亮，实为有大政治家之风度者。……诸葛亮曾谓：‘开诚心，布公道。’此六字即足括尽大政治家应有之风度。‘诚心’最为高风，‘公道’最为广度。**”而集思广益也是诸葛亮的一个重要工作方法，他说：“夫参署者，**集众思，广忠益也**。”（《三国志·蜀书·董和传》）实际上，集思广益在现代社会仍旧是很重要的领导方法和工作方法，就是要集中大家的思想和智慧，广泛吸收有益的意见和建议，不独断专行，不刚愎自用，体现了虚心和民主的风度。

第二，在军事方面独到。在魏、蜀、吴三国当中，蜀国的实力最弱，魏国的实力最强。然而在诸葛亮执政蜀国时，魏国多数时间是采取守势的，乃至司马懿“畏蜀如虎”（《三国志·蜀书·诸葛亮传》裴松之注引《汉晋春秋》）。这说明，诸葛亮在军事方面有独到之处。一方面，他的战略是“以攻为守”，蜀国本身实力最弱，如果不保持攻势，很快便会坐等灭亡。另一方面，他有很多用兵方法，体现在他的著作中，比如《便宜十六策》有专门的“治军篇”、“斩断篇”，另外他还有专著《将苑》，对将材、将器、将弊、将志、将善、将刚、将强等进行了阐述。裴松之在《三国志·蜀书·诸葛亮传》注中引“袁子曰”评价他：**“其用兵也，止如山，进退如风，兵出之日，天下震动，而人心不忧。”**《三国志·蜀书·诸葛亮传》还载，诸葛亮去世后，待蜀军撤走，司马懿巡视蜀军的驻扎营地，感叹诸葛亮说：**“天下奇才也！”**诸葛亮仅有的一次失败就是失街亭，主要原因也不怪他，是马谡自作主张，违背了诸葛亮的部署和调度。陈寿对诸葛亮军事方面的才能评价并不很高，认为他“于治戎为长，奇谋为短，理民之干，优于将略”。也就是说，诸葛亮的才干，长于整治训练军队，奇谋制敌方面却有所短缺。治理百姓之才干，强于他为将的谋略。实际上，这是陈寿一家之言。《晋书·陈寿列传》载，陈寿之父是马谡的参军，马谡被诸葛亮处死，陈寿的父亲也受牵连被处髡刑，诸葛亮之子诸葛瞻又看不起陈寿。因此，陈寿给诸葛亮写传时，说诸葛亮的军事谋略不高，没有应对敌人之才；说诸葛瞻只擅长书法，名过其实。不过，也有为陈寿鸣不平的，如清朝史学家赵翼在《二十二史札记·三国志·陈寿论诸葛亮》中就认为，《晋书·陈寿列传》讲陈寿其实是深深“折服于诸葛”，其评价是公允的。但是，**拿司马懿与诸葛亮相比，无论是德行还是军事才能，司马懿都差了不少，他不是赢在才能上，而是赢在身体上**。

第三，在用刑方面独到。诸葛亮用刑公正无私，主要有如下特点：**一是不偏袒权贵**，如对待托孤大臣李严（后来改名为李平）。李严督运粮草时没有及时供应给诸葛亮，怕自己失职，假传命令让诸葛亮退军，最后被废为平民，流放到梓潼郡。**二是法不阿亲**，如对待马谡。马谡是马良之弟，而马良与诸葛亮关系极好，在平定南中时，马谡劝诸葛亮要“攻心为上”，深受诸葛亮器重，后因失街亭，给蜀军造成很大被动，诸葛亮忍痛处斩马谡。**三是不搞株连**，如对待李严、马谡的儿子。在李严被罢黜后，诸葛亮仍然任用他的儿子李丰在相府中为官，而对马谡则“待其遗孤若平生”。**四是给人机会**，如对待李严、廖立。李严常常希望诸葛亮能够再次起用自己，能够弥补自己的过失，而诸葛亮死了后面的人是不会这样做的，自己就难以再有希望了，所以心情悲愤发病而死。(《三国志·蜀书·李严传》）长水校尉廖立因诽谤诋毁罪被诸葛亮罢为平民，放逐到汶山。听说诸葛亮死去的消息，流着泪说：“我终生要做野人了！”（《三国志·蜀书·廖立传》）意思是一直被流放，很难回去了。因为他知道，如果诸葛亮还活着，他还有希望被召回。**五是严于律己**，如失街亭后，诸葛亮自贬三等。直到平定武都、阴平二郡，后主下诏才恢复其丞相职位。陈寿在《三国志·蜀书·诸葛亮传》中评论说，**诸葛亮对尽忠职守、有益于当世的人，即使是仇人也必定会奖赏；对违反法令、懈怠傲慢的人，即使是亲人也必定会处罚；坦诚认罪并吐露真情的人，即使犯重罪也必定会为他开释；说话浮夸、巧言掩饰的人，即使只犯了轻罪也必定会戮罚；无论多么小的善行，没有不奖赏的；无论多么小的恶行，没有不贬斥的**。处理事务非常精明干练，管理事情看重它的本质，按照名称去寻找实际内容，使得名实相符尽到实职，对虚伪的人则不愿意提到，表示非常鄙视。结果蜀国境内人人都敬畏他、爱戴他，刑法政令虽然严厉却没有人怨恨他，因为他用心公平而且劝诫分明。《三国志·蜀书·李严传》裴松之注引晋朝习凿齿说，从前管仲夺了伯氏在骈地的采邑三百多家，伯氏终生没有怨言，圣人都认为是件难事。诸葛亮去世，使廖立流泪哭泣，李平发病而死，岂止是没有怨言而已！水和明镜之所以能使万物现原形而不招致怨恨，是由于它们无私。并称赞诸葛亮做到了仁爱无私，善于用刑，自从秦汉以来没有像他这样的（原文是“诸葛亮于是可谓能用刑矣，自秦、汉以来未之有也”)。后来的唐太宗在贞观二年（公元628年），对房玄龄等人说：“处理政务没有比大公无私更重要的了（**原文是‘为政莫若至公’**）。以前诸葛亮流放廖立、李严到南夷之地，诸葛亮死的时候，廖立悲痛万分，李严哀伤而死，如果不是大公无私能这样吗?”并让房玄龄等人效法诸葛亮。（《资治通鉴·唐纪八》）

特别值得一提的是，诸葛亮在蜀国非常得民心，百姓皆追思。这是非常了不得的，一个人最大的成就不在于官位多高、钱财多富、名声多大，而在于永远活在百姓心中。陈寿在《三国志·蜀书·诸葛亮传》中说：“其秋病卒，黎庶追思，以为口实。至今梁、益之民，咨述亮者，言犹在耳，虽甘棠之咏召公，郑人之歌子产，无以远譬也。孟轲有云，‘以逸道使民，虽劳不怨；以生道杀人，虽死不忿。’信矣！”意思是，以能使百姓休息安逸为目的而劳役他们，百姓即使劳苦也不会抱怨；以能使更多人生存为目的杀人，百姓即使因此丧命也没有愤恨。**在中国历史上，很多帝王都不是出于这个目的，像秦始皇修阿房宫，纯粹是为了个人，百姓当然会有怨言。仅有少数帝王做得到，像大禹治水，动用很多民力，甚至牺牲了一些人，但是百姓一点都不怨恨，因为百姓知道治水是为了百姓自己过上好日子**。诸葛亮掌管蜀国大政，做到了这一点，所以这是非常难得的。而且到了晋朝，梁州、益州的百姓赞美诸葛亮的话仍在耳边，即使《甘棠》颂扬召公、郑人歌颂子产，也不能与此种情形相比。裴松之在《三国志·蜀书·诸葛亮传》注中引“袁子曰”，对诸葛亮评价也是极高：“及其受六尺之孤，摄一国之政，事凡庸之君，专权而不失礼，行君事而国人不疑，如此即以为君臣百姓之心欣戴之矣。行法严而国人悦服，用民尽其力而下不怨。……亮死至今数十年，国人歌思，如周人之思召公也，孔子曰‘雍也可使南面’，诸葛亮有焉。”可见，**诸葛亮行君主之事，国人不疑，君臣百姓都很高兴并真心地拥戴他。这一点连圣人周公都没有做到，当年周公代成王摄政时，他的哥哥管叔和弟弟蔡叔，包括周成王都对他有疑心**。

诸葛亮不仅智慧绝伦，而且他的道德人格非常伟大，这体现在他“鞠躬尽瘁”的精神。“鞠躬尽瘁”，出自诸葛亮的《后出师表》（见《三国志·蜀书·诸葛亮传》裴松之注引《汉晋春秋》，《资治通鉴·魏纪三》也全文收录）。意思是恭敬谨慎，尽力劳苦，贡献一切，到死为止。在这篇表中，诸葛亮说：先帝（指刘备）忧虑汉朝，与曹贼誓不两立，不偏居一方而求自安，所以托付我讨伐曹贼。以先帝的英明，衡量我的才能，本来知道我才能低弱而曹贼势强。但是不去讨伐，帝王之业也要灭亡。与其坐待灭亡，还不如去讨伐，因而托臣讨伐而不迟疑。我从受命开始就寝不安席、食不甘味。考虑北征，应该先平定南方，所以五月渡过泸水，深入不毛之地，两天才吃上饭。我并不是不爱惜自己，只是顾虑帝王之业不能偏安，所以冒着危险来实现先帝的遗愿。他还谈到：战事是难以平息的。从前先帝兵败于楚地当阳，在这时候，曹操高兴地拍手，断言天下已经平定了。后来先帝联合东吴，西攻巴、蜀，兴兵北伐，夏侯渊被斩，这是曹操的失策，而汉室复兴的事业将要成功。然而后来东吴违背盟约，关羽失败而亡，我军在秭归又遭到失败，紧接着曹丕称帝。凡事难以预料。我只有**鞠躬尽瘁，死而后已，至于成败与否，也不是我能预见的**。

我们从“隆中对”开始，至“病逝五丈原”分三个阶段来介绍诸葛亮一生是怎样“鞠躬尽瘁”的。

第一阶段，从“隆中对”到“联吴抗曹”。“隆中对”充分显示了他的政治智慧，南北朝时的崔浩对他的批评有失偏颇。《三国志·蜀书·诸葛亮传》载，诸葛亮对刘备说：“自董卓之乱后，各路豪杰并起，军阀混战。曹操势力本来不如袁绍，而终于打败了袁绍，不仅仅是靠‘天时’，也是‘人谋’的结果，现在曹操已经拥有百万之众，挟天子以令诸侯，在政治上已占了优势，不能和他争夺；孙权占据江东，已经营三世，地势险要而民心归附，可以联盟而不可图。”在这些分析的基础上，诸葛亮给刘备指出了一条光明大道：北让曹操占“天时”，南让孙权占“地利”，刘备可占“人和”，先取刘表占领的荆州，后取刘璋统治的益州，作为自己的创业基地，以成鼎足之势。一旦天下有变，有机可乘，则两路夹击，攻占中原。一路从荆州，直指南阳、洛阳，一路从益州西出秦川。如此，则大业可成，“汉室可兴”。这就是著名的“隆中对”。大家还要知道**除了“隆中对”外，中国历史上还有两个“对”很有名，即“榻中对”（孙权与鲁肃，主角是鲁肃）、“汉中对”（刘邦与韩信，主角是韩信）**。“榻中对”与“隆中对”的主要思想差不多，都认为曹操难以争锋，都想占领荆州。不同的是，鲁肃认为“汉室不可复兴”。（《三国志·吴书·鲁肃传》）“汉中对”讲的是，韩信认为项羽虽勇猛，但是不能任用贤将，有的只是“妇人之仁”。而且项羽“有背义帝之约”，分封不公，诸侯愤愤不平，所攻打之地没有不横遭摧残毁灭的，天下的人大都怨恨，百姓不愿归附。虽然名义上是霸主，实际上却失去了天下的民心。所以说他的优势很容易转化为劣势。韩信还为刘邦分析关中的形势，他指出，项羽坑杀已投降的秦军二十多万人，唯独秦将章邯、司马欣和董翳得以留存且被封为王，秦地的父老兄弟对这三个人恨入骨髓。而刘邦进入武关，秋毫无犯，废除了秦朝的苛酷法令，与秦地百姓约法三章，秦地百姓没有不想要刘邦在秦地为王的。根据诸侯之约，刘邦理当在关中为王，关中的百姓都知道这件事，大王失掉了应得的爵位进入汉中，秦地百姓没有不怨恨的。如今大王发动军队向东挺进，三秦之地可“传檄而定”。刘邦大喜，自以为得韩信太晚。（《史记·淮阴侯列传》）“隆中对”、“榻中对”、“汉中对”，都是纵论天下形势的，分别体现了诸葛亮、鲁肃、韩信的战略智慧。

在“隆中对”之后，刘备不久当阳兵败，至于夏口时，诸葛亮说：

“事情危急，请让我奉您之命求救于孙权将军。”于是诸葛亮游说孙权说：“天下大乱，将军您起兵拥有江东，刘豫州（指刘备）也在汉南招集兵马，共同与曹操争夺天下。现在曹操平定内患，基本上稳定了北方，接着进军南取荆州，威势震慑天下。英雄无用武之地，故此刘豫州避逃到这里。希望将军您能根据自己的力量来考虑对策，如果能起用东吴的军队与中原的曹军相抗衡，就应该及早与曹操断绝关系；假若不能与之相抗衡，何不就此搁下武器、解除盔甲，向对方俯首称臣呢！”孙权说：“假如情况如你所说，刘豫州怎么不投降曹操?”诸葛亮说：“田横，不过是齐国一个壮士，尚且坚守节操而不投降受辱，何况刘豫州乃大汉皇室的后裔，英才盖世，群士仰慕，犹如众水归海。如果功业不能成就，此乃天意，怎么能做曹操的下属！”诸葛亮在使用“激将法”之后，又帮孙权分析说，曹操的兵马远道而来，疲惫不堪，是“强弩之末”，且北方人不适应水战，荆州百姓并不心服，我们两家联合一定能将曹军击败。曹操一败，荆州、东吴就会强大起来。孙权听后大喜，即派周瑜、程普、鲁肃等率水军三万，随诸葛亮赶赴刘备那里，协力抗击曹操。这就是“联吴抗曹”。（《三国志·蜀书·诸葛亮传》）

第二阶段，从“留守荆州”至“刘备托孤”。赤壁之战后，曹操率军退归邺城。刘备于是收江南之地，任命诸葛亮为军师中郎将，派他督守零陵、桂阳、长沙三郡，征调三郡的税赋，补充军需。建安十六年（公元211年），益州牧刘璋派遣法正迎请刘备，让刘备去攻打张鲁。刘备留诸葛亮与关羽镇守荆州，自己带庞统入川，并从葭萌返回攻打刘璋，后来在围攻雒县时，庞统“为流矢所中”，不幸去世。这时候，刘备命诸葛亮与张飞、赵云等率军沿江而上，分头平定沿江各郡、县，然后与刘备共同围攻成都。平定成都后，刘备任命诸葛亮为军师将军，并代理左将军府的事权。刘备领兵外出期间，诸葛亮常留守成都，“足食足兵”。建安二十六年（公元221年），群臣都劝刘备称帝，刘备不答应，诸葛亮劝说，现在曹丕篡汉，天下无主，您是刘氏皇族后裔，承汉室世系即位登基，也是合理的。士大夫们长期追随您，历经艰苦，也是希望像耿纯所说的那样能建尺寸之功啊！（耿纯劝刘秀即位时说“天下英雄对您十分景仰，希望追随您能得到各人想得到的东西。如果您不采纳众人的建议，大家就会各择新主，无人再跟随您了”。）刘备于是即位称帝，册命诸葛亮为丞相。章武三年（公元223年），刘备讨伐东吴失败后，在永安病危，将诸葛亮从成都召来，托付后事。他对诸葛亮说：“你的才干胜过曹丕十倍，如果刘禅可以辅佐，你就辅佐他；如果他无能，您就取而代之吧。”诸葛亮流泪回答说：“臣敢竭股肱之力，效忠贞之节，继之以死！”刘备又诏告后主刘禅：“你要像对待父亲那样对待他。”（《三国志·蜀书·诸葛亮传》）

第三阶段，从“平定南中”到“病逝五丈原”。建兴元年（公元223年），刘禅封诸葛亮为武乡侯，设立丞相府署，让诸葛亮自选僚属，全权处理国事。不久，又让诸葛亮兼任益州牧。朝中政事无巨细，都由诸葛亮一人裁决。这个时候，南方几郡同时起兵叛乱，诸葛亮考虑到新遭国丧，故此不便派兵镇压，且派遣使者访问吴国，与吴国结盟。建兴三年春，诸葛亮率军南征，到秋天彻底平定南方叛乱。（《三国志·蜀书·诸葛亮传》）在这个过程中，诸葛亮到达南中，征讨叛乱，所到必胜。听说孟获深得当地汉人和夷族的信赖，诸葛亮要生擒孟获，后来将孟获俘获，让他参观了蜀军的军营战阵，问他说：“这样的军队如何？”孟获说：“以前不知道你们的虚实，所以遭到失败。如今蒙您允许我参观你们的军营战阵，如果贵军只是这样的军队，我一定能轻易取胜。”诸葛亮笑了笑，将孟获释放，要他再战。前后把孟获放回七次，又生擒七次，最后诸葛亮仍将孟获释放，孟获却不再走了，对诸葛亮说：“您有天威，南方人不会再反叛了！”（《三国志·蜀书·诸葛亮传》裴松之注引《汉晋春秋》）

在“平定南中”之后，诸葛亮开始“北伐中原”。在此期间，他写了两个《出师表》。北宋大文豪苏轼曾有一句评价：**“读诸葛《出师表》而不流泪者，其人必不忠；读李密《陈情表》而不流泪者，其人必不孝。”**之所以流泪，就是因为《出师表》感人至深，诸葛亮忠于蜀汉之情溢于言表。据《三国志·蜀书·诸葛亮传》载，诸葛亮是五出祁山，而不是《三国演义》中的“六出祁山”。这五出祁山分别是：第一次出祁山，即建兴六年（公元228年），诸葛亮扬言要由斜谷道取郿县，使赵云、邓芝为疑军，据箕口。魏国派大将军曹真迎战。诸葛亮率大军西攻祁山，南安、天水、安定三郡叛魏，归附诸葛亮，一时关中地区震动。魏明帝曹叡命张郃迎战，诸葛亮派马谡督军，马谡违背诸葛亮的作战部署，失去街亭，影响整个战局。诸葛亮退回汉中。第二次出祁山，即建兴六年冬天，诸葛亮又出散关围陈仓，魏国再次派曹真迎战。诸葛亮因为军粮用完而退兵。魏将王双率领骑兵追击诸葛亮，诸葛亮击败追兵，斩杀王双。第三次出祁山，即建兴七年，诸葛亮派遣陈式攻武都、阴平，魏国雍州刺史郭淮迎击。诸葛亮自出至建威，郭淮退走。于是平定武都、阴平二郡。第四次出祁山，即建兴九年，诸葛亮复出祁山，以木牛运输军粮，粮尽退兵。与魏将张郃交战，射死张郃。第五次出祁山，即建兴十二年，诸葛亮率领十万大军由斜谷出，以流马运输粮食。进军占据武功县五丈原，魏国司马懿与之对垒相持于渭南。诸葛亮常常担心粮草接济不上，于是将部队分作两部分，一部分就地开荒耕种，杂居在渭河附近的百姓中间，作为长期驻扎的基础。蜀、魏两军相持一百多天。当年八月，诸葛亮病逝于军中，年仅五十四岁。实际上，“五出祁山”的说法并不完全准确，真正兵出祁山的是第一次和第四次，第二次是出散关，第三次是出建威，第五次是出斜谷。诸葛亮遗言命令部下将自己葬在汉中定军山，依山势修建坟墓，墓穴仅能容纳下棺材，穿平时的衣服入殓，不必用其他器物殉葬。后主刘禅下诏追谥其为忠武侯。景耀六年（公元263年），后主刘禅诏令在沔阳为诸葛亮建立祠庙。当年秋天，魏国镇西将军钟会征伐蜀汉，到汉川时，前去祭拜诸葛亮祠庙，下令军中士卒不得在诸葛亮墓附近放牧砍柴。这说明**诸葛亮不但得到了蜀国军民的爱戴，也同样受到了敌国将士的尊敬**。

诸葛亮从二十七岁（虚岁）时被刘备从隆中请出，到五十四岁（虚岁）时去世。他的后半生一直兢兢业业地辅佐刘备和他的儿子刘禅，苦心经营蜀汉政权。他平生的志向，是由蜀汉最后统一全国，但由于种种原因，没有实现便病逝了。虽然诸葛亮寿命不长，但是他“死而不亡”，历代历朝都对他崇敬有加，上自帝王将相，下至黎民百姓，无一不佩服他。据《诸葛亮集》（中华书局，2012年3月）中的“故事·诸葛篇”载，晋朝桓温伐蜀时，召见诸葛亮时的小史，这个小史年纪已一百多岁了，桓温问：“诸葛丞相在当今谁可以与之相比?”这位小史回答：“**诸葛丞相在时，也没有觉得有什么异常之处，但是自他去世后，还没有见到有人能与他相比的**。”《三国志·蜀书·诸葛亮传》裴松之注引《汉晋春秋》载，蜀国后期的尚书令樊建在蜀降后任晋武帝司马炎时的给事中，晋武帝问诸葛亮治国如何，樊建回答：“**闻恶必改，而不矜过，赏罚之信，足感神明**。”晋武帝说：“善哉！如果我得到此人辅助，怎么会有今天之劳苦!”清朝学者章梫《康熙政要·论君道第一》载，康熙五十六年（公元1717年），康熙皇帝驾临乾清宫东暖阁，召见各皇子以及满汉大学士、学士、九卿、詹事、科道等官，说道：“前代帝王有的享年不久，史家评论都认为是骄纵放任、耽于酒色所导致的结果。这都是因为书生喜欢讥讽批评，即使是尽善尽美的君王，也必定要寻找指摘其瑕疵。我替前代帝王剖白解释，这都是天下事情繁杂，不胜劳苦疲惫所导致的结果。诸葛亮说：鞠躬尽瘁，死而后已。作为人臣，能够做到的也就他一人罢了。（**原文是‘诸葛亮云：鞠躬尽瘁，死而后已。为人臣者，仅诸葛亮一人耳’**）”康熙帝分析，古代帝王寿命不长，不全是耽于酒色所致，有些是因为肩负的责任重大又无可推诿，且天下事情太多，劳苦疲惫所致，作臣子的可以出仕，可以引退，年老可以致仕，而作为君主的勤劳一生，则没有休息之日。并夸赞像诸葛亮这样“鞠躬尽瘁，死而后已”的人臣只一人而已。这个评价可真高！

为什么我们中国人非常推崇诸葛亮“鞠躬尽瘁”的精神呢？

第一，“鞠躬尽瘁”体现的是忠勤为国的精神。诸葛亮处理国事十分勤勉。《资治通鉴·魏纪二》载，诸葛亮担任蜀汉丞相，事事操心，亲自校阅簿书。主簿杨颙看不下去，径直进入室内，劝道：“治理国家是有体例的，上级与下级的职责不能互相侵犯。……如今明公您治政，竟然到了亲自校对公文的地步，从早到晚没有片刻清闲，不是太劳累了吗？”诸葛亮向他道谢。杨颙说得非常有道理，但是诸葛亮也确实忠勤。正因为如此，他被后世视作为政忠勤的榜样。如《晋书·陶侃传》评价大将军陶侃就说他“忠勤似孔明”。另外，在唐朝还有一个人如诸葛亮般忠勤，这就是刘晏。《资治通鉴·唐纪四十二》载：“晏为人勤力，事无闲剧，必于一日中决之，不使留宿，后来言财利者皆莫能及之。”也就是说，刘晏是个勤勉力行的人，无论事务清闲或者繁杂，都一定要在当天决断完毕，不让事情过夜，后来谈财利的没有能够赶得上他的。刘晏做事，就符合管理学上的“**落日法则**”，即今天的工作必须在今天日落之前完成。这种做事的态度和方法，就体现了忠勤。

第二，“鞠躬尽瘁”体现的是“知其不可而为之”的精神。诸葛亮明知由蜀汉统一全国在自己有生之年不可能取得成功，但他为了报答刘备的知遇之恩和托孤之义，还是一丝不苟地坚持做下去，直至生命最后一刻，这种“知其不可而为之”的精神十分可贵。清朝金缨《格言联璧·持躬类》载：“**知其不可为而遂委心任之者，达人智士之见也；知其不可为而犹竭力图之者，忠臣孝子之心也。**”“鞠躬尽瘁”就是这里面讲的忠臣孝子之心，明知其不可为但还是尽力做下去。比如父母生病，即使明知难以得救，但作为孝子，还是会尽力救治。也只有这样，孝子才真正问心无愧。

第三，“鞠躬尽瘁”体现的是尽心尽力的精神。尽心尽力是做人最高境界的品质之一。唐朝诗人李商隐《无题》中讲：“春蚕到死丝方尽，蜡炬成灰泪始干。”诸葛亮也正是像春蚕和蜡烛一样，不断地吐丝，不断地燃烧，尽心尽力地为蜀汉事业贡献自己毕生的力量。《三国志·蜀书·诸葛亮传》裴松之注引《魏氏春秋》载：诸葛亮与司马懿相持五丈原时，诸葛亮派遣使臣到司马懿那里挑战，司马懿问使臣诸葛亮睡觉和吃饭以及做事繁简的情况，不谈战争之事。使臣说：“诸葛公夙兴夜寐，杖罚二十以上的，都亲自办理，所吃的食物不到数升。”司马懿说：“诸葛亮将要死了。”这个夙兴夜寐，就体现了诸葛亮尽心为公的精神。

历史上，勉强可以与诸葛亮“鞠躬尽瘁”相比的，是唐朝的名相房玄龄。《新唐书·房玄龄列传》载，房玄龄居宰相职位长达十五年，多次上表请求辞职，太宗下诏不准。房玄龄晚年多病，当时唐太宗仍然下诏房玄龄留守，听凭他卧床办理公事，直到最后病逝。《新唐书·房玄龄列传》评价说：“**房玄龄任宰相，日夜勤恳操劳，尽心竭力做事，不想让一件事情有失误。没有嫉妒之心，听到他人的优点，就好像是自己也有这个优点一样高兴。明晰通达政务，整治诉讼文书，审议法令务求宽平。不用自己的长处来衡量别人，选取人才不求完备，即使是卑贱的人也能尽其所用。**”《资治通鉴·唐纪十五》也载，柳芳说：“房玄龄辅佐太宗平定天下，直到死于宰相位上，共三十二年，天下人称为贤相；然而没有多少事迹可寻，道德也达到至高境界。……**房玄龄被称为大唐一代宗臣，是很适宜的。**”

近代以来，有“鞠躬尽瘁”精神的，是孙中山先生。孙中山的一生为追求民族独立、民主自由和民生幸福即“三民主义”贡献了毕生精力。他历经险阻，发动了十多次武装起义，均告以失败，但他百折不挠，屡仆屡起，屡败屡战。在他的努力下，终于使民主共和的观念深入人心。**毛泽东在《纪念孙中山》一文中评价他“全心全意地为了改造中国而耗费了毕生的精力，真是鞠躬尽瘁，死而后已”**。

《格言联璧·惠吉类》载：“**天下第一种可敬人，忠臣孝子；天下第一种可怜人，寡妇孤儿。**”诸葛亮可敬之处并不仅仅在于他的智慧有多高，更在于他的“鞠躬尽瘁”所体现的忠臣孝子之心。时至今日，我们仍要倡导“鞠躬尽瘁”的精神，因为它是中华民族的宝贵财富。也只有具备“鞠躬尽瘁”精神的人，才会勤勉敬业、尽职尽责、无私奉献。

第二十八讲　关公忠义冠华夏

关公，即关羽，字云长，是三国时期著名的英雄，也是中华民族非常崇拜的人物之一。如果说，文圣人孔子是以“言”来影响中华民族精神的，那么武圣人关公就是以“行”来影响中华民族精神的。他是儒、道、佛三家均认可的人物。儒家尊其为“武圣人”，与孔子“文圣人”并称；道家尊其为“关圣帝君”、“三界伏魔大帝”；佛家中，相传关公被天台宗智者大师授五戒，愿作伽蓝护法（与其他关公神像区别在于，寺院中的关公无青龙刀）。所以关公庙有一副对联：“儒称圣，释称佛，道称天尊，三教尽皈依，式詹庙貌长新，无人不肃然起敬；汉封侯，宋封王，明封大帝，历朝加尊号，矧是神功卓著，真所谓荡乎难名。”在京剧中，我们常常看到红脸的关公、白脸的曹操，这个红脸就代表着“忠义”，而白脸则代表着“奸邪”。关公的忠义被中华民族普遍认可，并成为一种精神信仰。无论是帝王将相，还是平民百姓，无论是正道，还是黑道，都非常景仰关公。无论是在喧闹的都市，还是在清静的山野，无论是在中国本土，还是在海外，要么建有关帝庙，要么家庭供祀关公。这其中最重要的原因正是关公的忠义。

我们先简要介绍一下关羽。清代才子毛宗岗的《读三国志法》中讲：**“吾以为三国有三奇，可称三绝：诸葛孔明一绝也，关云长一绝也，曹操亦一绝也”，“历稽载籍，名将如云，而绝伦超群者莫如云长**。青史对青灯，则极其儒雅；赤心如赤面，则极其英灵。秉烛达旦，人传其大节；单刀赴会，世服其神威。独行千里，报主之志坚；义释华容，酬恩之谊重。作事如青天白日，待人如霁月光风。心则赵抃焚香告帝之心而磊落过之，意则阮籍白眼傲物之意而严正过之，**是古今来名将中第一奇人**。”据《三国志·蜀书·关张马黄赵传》载，关羽是河东郡解县（今山西解州）人，逃亡到河北涿郡。刘备在家乡招集兵马，关羽和张飞担任他的护卫。刘备任平原国国相后，任关羽、张飞为别部司马，分别统领所辖部属。刘备与关羽、张飞“寝则同床，恩若兄弟”。关羽、张飞二人在大庭广众之下，整日侍立在刘备身旁，“随先主周旋，不避艰险”。刘备取得荆州之后，关羽一直驻守荆州，直到遇害去世，后来被后主刘禅追谥为“壮缪侯”，所以后世也称“关壮缪”。对于关羽，大家最熟悉的有以下几方面：

一是神勇盖世：“万人之敌，熊虎之将”。关羽非常英勇神武，曾在万军中刺杀名将颜良，无人敢挡。（《三国演义》中，曹操感叹“将军真神人也！”）当时魏国、吴国皆慑于其威名。《三国志·魏书·程昱传》载，程昱说：“刘备有英名，关羽、张飞皆万人敌也。”《三国志·魏书·郭嘉传》载，郭嘉说：“备有雄才而甚得众心，张飞、关羽者，皆万人之敌也。”《三国志·吴书·周瑜传》载，周瑜密疏孙权：“刘备以枭雄之姿，而有关羽、张飞熊虎之将，必非久屈为人用者。”史学家陈寿在《三国志·蜀书·关张马黄赵传》中评价说：“关羽、张飞皆称万人之敌，为世虎臣。”清朝史学家、文学家赵翼《二十二史札记·卷七·三国志晋书》“关张之勇”中讲：“汉以后称勇者必推关张。”并称关羽、张飞“二公之名，不惟同时之人望而畏之，身后数百年，亦无人不震而惊之。威声所垂，至今不朽，天生神勇，固不虚也！”

二是武功显赫：“水淹七军，威震华夏”。关羽是刘备下属中少有的几个智勇双全，可以大规模集团军作战的大将。刘备攻打益州，在庞统不幸被流矢射死后，命诸葛亮、张飞、赵云入川，仅留关羽一员大将镇守荆州，应对曹操、孙权两国之兵。这不是一般将领所能承担的重任。《三国志·蜀书·关张马黄赵传》载，建安二十四年（公元219年），刘备自立为汉中王，封关羽为前将军，并授予符节和斧钺。同年，关羽率军在樊城攻打曹仁。曹操派于禁领兵救援曹仁。当年秋天，大雨连绵，汉水泛滥，于禁督率的七军全被淹没。于禁投降关羽，关羽又斩杀魏国将军庞德。梁、郏、陆浑一带的豪强武装，有的遥受关羽的印信号令，成为关羽指挥的地方武装，于是关羽“威震华夏”。在这种形势下，曹操都一度想迁都，以避开关羽的锋芒。

三是意志坚强：“刮骨疗毒，谈笑自如”。《三国志·蜀书·关张马黄赵传》载，关羽曾被流矢射中，箭头穿透左臂，后来伤口虽然愈合，但一遇阴雨天气，臂骨便常疼痛。医生（正史所载并非《三国演义》中的华佗）说：“箭头有毒，其毒已渗入骨中，需要在臂上重新开刀，刮去臂骨上的毒素，才能彻底除掉这一病患。”关羽当即伸出手臂让医生为他开刀治病。当时关羽正请众将饮酒进餐，臂上刀口鲜血淋漓，流满了摆在下面的盘子，而关羽却割肉把酒，与属下谈笑自若。大家要知道，当时是没有用麻药的，所以关羽很有英雄气概。

当然，关羽也有缺点，就是“**刚而自矜**”。史学家陈寿在《三国志·蜀书·关张马黄赵传》中评价说：“（关）羽刚而自矜，（张）飞暴而无恩，以短取败，理数之常也。”所以，当关羽面临对魏、吴的两面作战时，最终“败走麦城，大意失荆州”，与其子关平在临沮被孙权所斩杀。虽然说孙权、吕蒙违背蜀吴盟约，看不得关羽威震华夏和蜀国强大，从而背后下毒手，这是小人行径，但关羽自身存在的“刚而自矜”的缺点，是他失败的主要原因。然而，瑕不掩瑜，这个缺点并不能掩盖英雄的光芒，而**中国也不是单纯以成败论英雄，虽然关羽最后失败了，但他在人格上是成功的，所以他还是大英雄**。他的人格上成功，就是体现在他的忠义上，这是千百年来中国人一直景仰他的重要原因。

在三国之中，厉害的武将很多，如吕布虽然很勇武，可是缺乏忠义的精神，完全为利益左右，所以被称为“三姓家奴”，其他如典韦、许褚等，只是一介武夫而已。还有一些武将如张辽、徐晃、张郃、马超、黄忠、吕蒙、甘宁等也皆为一时名将，独有关羽以忠义彪炳史册，成为中国历史上第一名将。

那么，我们中国人讲的忠义是怎么回事呢？忠，是中华传统道德之一。南宋理学家朱熹在《论语集注》中解释曾子“吾日三省吾身”之“为人谋而不忠乎”时讲：“尽己之谓忠”，也就是说，忠是尽自己的心力、尽自己的责任。《国语·晋语一》载，晋武公攻打翼国，杀死哀侯，劝栾共子不要抵抗，说道：“如果你不死战，我把你封为上卿，执掌晋国政务。”栾共子辞谢说：“我听说，‘**人为三个人而活着，侍奉他们始终如一**’。**父母生育他，老师教诲他，君王给他爵禄。只要是这几件事，就应以死相报，这是做人的原则**。我岂敢为了私利而抛弃做人的原则呢?”于是战斗至死。像栾共子这样的行为，就是古人所崇尚的忠。忠的更广义的意思是孔子所说的“己欲立而立人，己欲达而达人”（孔子的忠恕之道中，恕是“己所不欲，勿施于人”）。“忠”往往与“诚”字在一起，组成“忠诚”，“诚”是真诚，不欺骗。所以，“忠诚”是尽心尽力，不自欺欺人。义，在中华传统文化中也是一个很重要的概念。义是什么意思呢？合乎正道，合乎法则。孔子作《春秋》就是为了申明春秋大义，让乱臣贼子有所畏惧；《左传》开篇就讲“**多行不义必自毙**”（《左传·鲁隐公元年》）；孟子也特别强调义，比如他说“舍生取义”（《孟子·告子上》）；《礼记·礼运》中则讲：“父慈、子孝，兄良、弟悌，夫义、妇听，长惠、幼顺，君仁、臣忠：十者谓之人义。”可见，“义”也是做人的伦理道德准则。关于义的成语也很多，比如褒义的有“急公好义”、“义薄云天”、“大义凛然”，贬义的有“忘恩负义”、“见义忘义”、“背信弃义”，等等。“义”也往往与“忠”字合在一起，这就是“忠义”。“忠义”也就是尽心尽力，合乎正道。

总的来说，忠的意思越到后世就越用得比较窄，到后来几乎就限定在忠君、忠于国家、忠于某个人上，而且意思也往往含有“人身依附”关系。**义比忠适用更广泛，不仅朝廷讲义，而且江湖也讲义；不仅文人雅士讲义，而且乡野父老也讲义。**

义有仁义。所谓仁，就是爱人。仁义就是爱人之义，体恤他人之义。比如战国时的冯谖为孟尝君买义的故事，体现的就是仁义。《战国策·齐策四》载，战国时齐国的孟尝君养了很多食客，其中有一个叫冯谖的。有一次，孟尝君出一告示，问门下食客：“请问哪一位通晓账务会计，能替我到薛地收债呢？”冯谖说：“我能。”于是孟尝君让他载着债券契约出发。辞别时，冯谖问：“收完债后，买些什么回来？”孟尝君回答：“先生看着办，买点我家缺少的东西吧。”冯谖赶着马车到薛地，派官吏把该还债的百姓都叫来核对债券，全部核对之后，冯谖站了起来，并以孟尝君的名义将债款赏给这些百姓，并烧掉了那些债券文书，百姓十分感激。冯谖返回交差，孟尝君问他：“收完债了吗？”冯谖答道：“都收完了。”孟尝君问：“先生替我买了些什么回来？”冯谖说：“您曾说，买些家中缺乏的东西，我暗想，您家中什么都不缺，所缺少的，唯有仁义了，因此我自作主张为您买了仁义回来。”孟尝君说：“你怎么买仁义的？”冯谖答道：“您的封地只有小小薛地，不但不好好体恤薛地子民，反而像商人一样在他们身上榨取利益。因此我替您考虑，私自以您的命令，将所有的债款都赐给他们，并焚毁债券，百姓莫不欢呼，这就是我替您买的仁义呀！”孟尝君很不高兴，说：“我知道了，先生休息吧。”又过了一年，有人在齐湣王面前诋毁孟尝君，齐湣王便以“寡人不敢把先王的臣当作自己的臣”为借口罢掉了孟尝君的相位。孟尝君罢相后，落魄回到自己的封地薛地，距离薛邑尚有百里，但百姓们早已扶老携幼，在路旁迎接孟尝君。孟尝君见此场面，深受感动，才领悟到冯谖所买的“义”，对冯谖说：“先生为我所买的义，今日见到了！”冯谖所说的这个义就是仁义，即爱护百姓的大义。

义有忠义。忠义之人也是极为难得的，大则体现在为国尽忠，小则体现在为他人做事尽力。像西汉时的苏武就是典型的忠义之人。《汉书·李广苏建传》载，天汉元年（公元前100年），匈奴的新单于即位，与汉朝修好，将扣留的汉朝使者路充国等全部放还。汉武帝派苏武以中郎将的身份带着汉朝符节护送被扣留在汉朝的匈奴使者，并赠送给单于许多财物。苏武与副使张胜以及临时兼任使者属吏的常惠等人同去匈奴。到达匈奴后不久，正赶上缑王和虞常等在匈奴谋反，而虞常在汉朝时和副使张胜关系不错，还暗中拜访张胜。因虞常手下有人向单于告密，虞常被活捉，并供出张胜。单于大怒，召集匈奴贵族商议，要杀死汉朝使者。后来派卫律召来苏武审问。苏武认为这是使自己的节操和国家的使命受到屈辱，便拔出佩刀自杀。卫律大吃一惊，并派人救治。单于非常佩服他的气节，派人早晚探问他的病情。苏武的伤势逐渐好转，单于想迫使苏武投降。但是无论如何威逼利诱，最终都不能使苏武投降。单于便将苏武囚禁于一个大地窖中，断绝苏武的饮食。当时正下大雪，苏武躺在地上，靠吞食雪片和衣服上的毡毛得以不死。匈奴人以为有神灵庇护，就把他迁徙到北海没有人烟的地方，让他放牧公羊，直到公羊产乳生仔，才允许他回来。苏武被流放到北海以后，匈奴不供给他粮食，他只好挖掘野鼠所贮藏的草籽充饥。牧羊时，时刻把汉朝使节带在身边，以致使节上的旄都脱落了。汉昭帝始元六年（公元前81年），苏武终于回到都城长安，汉朝以最高规格的礼仪来迎接他，汉昭帝授予他典属国之职。苏武在匈奴被扣留十九年，出使时年富力强，等到返回时，已须发全白。汉宣帝时，苏武作为中兴的辅佐之臣被画在麒麟阁上。史学家班固评价苏武时讲：“**孔子说‘志士仁人，有杀身以成仁，无求生以害仁’，‘使于四方，不辱君命’，这些做人的道德标准，在苏武身上都体现出来了**。”另外，在南宋也有一位像苏武这样的忠义之人，这人就是洪皓（其子便是著名的学者洪迈，著有《容斋随笔》）。建炎三年（公元1129年），宋高宗派他出使金国，金国将他扣留，逼迫他到金国操纵的伪齐刘豫政权去当官，遭到洪皓严词拒绝，粘罕大怒，下令将他推出斩首。洪皓面不改色，从容而行。一位酋长见状，深受感动，不觉失声说道：“真忠臣也。”遂用目光命剑士暂缓行刑，并亲自跪下请求免除洪皓一死，后来将他流放到遥远的冷山（今黑龙江境内）。洪皓被扣留在金国十五年，威武不屈，直至绍兴十三年（1143年）遇金熙宗大赦天下才回国。宋高宗称他“**忠贯日月，志不忘君，虽苏武不能过**”。（《宋

史·洪皓传》）

义有信义。讲信义的人，才值得信任，值得托付，值得敬重。《后汉书·独行列传》载，东汉时有位很讲信义的人叫范式。范式，字巨卿，曾在太学里游学，与张劭（字元伯）结为好朋友。张劭要回家的时候，范式对他说："两年后的某一天，我要到府上来拜见你的尊亲。"于是约定日子。后来离约定的日子将近时，张劭告诉他的母亲，准备丰盛的饭菜等候范式到来，他的母亲说："你们相别已两年，相距又千里，你为什么这样相信呢?"张劭说："范巨卿是一个讲信义的人，必定不会失去期约的。"他母亲说："如果这样，当为你准备酒食。"到了这一天，范式果然来了，两人"升堂拜饮，尽欢而别"。后来张劭得了重病，同郡人郅君章、殷子征昼夜看护他，张劭临死时感叹："我遗憾的是不能见到我的死友。"殷子征说："我与君章全心全意对你，我们不是死友，您到哪里去找死友呢?"张劭说："像你们两位，是我的生友啊，范巨卿才是我的死友。"不久就去世了。范式梦见张劭说："巨卿，我在某日死，在某时葬，永归黄泉。你没有忘记我的话，能不能在下葬时赶到?"范式醒来后，悲叹哭泣，向太守告假奔丧，还没赶到时，已发丧。张劭的灵柩到了埋葬之地，却抬不动且不肯进。张劭的母亲说："元伯，难道还在等谁过来?"于是停下灵柩，这时见到有素车白马，号哭而来，张劭的母亲说："这一定是范巨卿。"范式赶到，叩丧说："元伯，你前行吧！死生不同路，从此辞别！"陪同送葬的有千人，都为之流泪。范式于是执绋往前引路，灵柩才移动前行。范式停留在坟冢前，为之修坟立树，然后才离去。后来范式到京师，受业太学，有个同学叫陈平子，与范式并未相见，得病将死时，对他的妻子说："我听说范巨卿是烈义之人，是一个可以托付生死的人。"陈平子死后，范式替他办了丧事，并一直护送他的妻子家眷到了临湘这个地方。正是因为范式的信义，所以陈平子认为他值得托付。

上述讲的仁义、忠义、信义等，都是中国古代极为重视的美德。仁义主要适用于处在上位的对于下位，忠义主要适用于处在下位的对于上位，信义主要适用于平等关系的主体之间。关公的忠义包含很广，有上面所说的仁义、忠义和信义，对上对下，对与自己平等的人，都做到了义，因而不同的社会阶层都尊崇他。

那么，关羽的忠义体现在哪里呢?《三国志·蜀书·关张马黄赵传》载，建安五年（公元200年），曹操东征徐州，刘备投奔袁绍。曹操擒获关羽后返回，任关羽为偏将军，对他以礼相待，赏赐优厚。袁绍派大将颜良在白马进攻东郡太守刘延，曹操派遣张辽和关羽为先锋进击颜良。关羽远远望见颜良的帅旗车盖，策马上前刺杀颜良于千军万马中，将其首级割下返回，袁绍军中的将领无人敢挡，于是白马之围解除。曹操当即上奏朝廷封关羽为汉寿亭侯。起初，曹操钦佩关羽的勇猛气概，后来发现关羽并无久留曹营之意，于是叫张辽去试探。不久，张辽借机向关羽问起此事，关羽感慨地说：“**我深知曹公对我情深意厚，但我深受刘将军的厚恩，发誓与他同生共死，我决不会背叛他。我最终不会留在此地，我一定要立下大功报答曹公的恩情后再离去。**”张辽把关羽这番话回报给曹操，曹操为他的义气深受感动。待关羽斩杀颜良后，曹操知道关羽一定要离开自己，对其赏赐更为厚重。关羽将曹操赏赐的钱物全部封好，留下书信告辞而去，径直赶往袁绍军营投奔刘备。曹操手下人想将他追回来，曹操说：“大家各为其主，不必追了。”

这段故事有三个方面要留意：**第一个方面**，就是关羽对刘备是坚决地跟随，这是他的“忠”。《三国志·蜀书·关张马黄赵传》裴松之注引“傅子曰”讲，曹操称赞关羽：“事君不忘其本，天下义士也。”因为，关羽答应过刘备，要帮助他复兴汉室，“上报国家，下安黎庶”。同时，他们“恩若兄弟”，发誓要“同生共死”，所以也有信义在里面。**第二个方面**，就是报答曹操的厚恩才离去，这也是他的“义”。因为曹操确实对关羽很好，所以关羽并不是简单地选择离去，而是想报答恩遇后才离去，所以在帮曹操刺杀颜良，解了白马之围后才离去。**第三个方面**，就是关羽没有要曹操任何赏赐，将这些赏赐的钱物全部封好，留下书信告辞而去。这真是“义士”所为，来去分明，非常干净，不带一抹尘泥。这有孟子所说的“富贵不能淫，贫贱不能移，威武不能屈”的大丈夫气节。能不受富贵的引诱和权势的威胁，这也是最受百姓推崇的一点。清代才子毛宗岗《三国志演义汇评》第二十六回“袁本初败兵折将，关云长挂印封金”中讲：“**人情未有不爱财与色者也；不爱财与色，未有不重爵与禄者也；不重爵与禄，未有不重人之推心置腹敬礼者也**。曹操所以驾驭人才和笼络英俊者，恃此数者已耳。是以张辽旧事吕布，徐晃旧事杨奉，贾诩旧事张绣，文聘旧事刘表，张郃乃袁绍之旧臣，庞德乃马超之旧将，无不弃故从新，乐为之死。独至关公，而心恋故主，坚如铁石。金银美女之赐，不足以夺之；夫而后奸雄之术穷矣。奸雄之术既穷，始骇天壤间不受驾驭，不受笼络者，乃有如此之一人。”也就是说，人情都是爱财色，重爵禄，重人推心置腹礼敬的，曹操就是靠这些来笼络人才的，独有关公不吃这一套，不受曹操的笼络。所以，**连曹操如此奸雄都为之倾倒！这正是关羽忠义绝伦之处**。史学家陈寿在《三国志·蜀书·关张马黄赵传》中评价说：“**（关）羽报效曹公，（张）飞义释严颜，并有国士之风**。”另外，《三国志·蜀书·关张马黄赵传》载：“（关）羽善待卒伍而骄于士大夫，（张）飞爱敬君子而不恤小人。”即关羽善待下级士卒，对上层士大夫很傲慢；而张飞刚好相反。这个“善待卒伍”充分表明了关羽还是个仁义之人。可见，关公的忠义，的确涉及面很广。

正因为关羽对刘备如此之忠，所以，刘备也不亏待这位兄弟，屡屡授予重任，比如赤壁之战后，刘备任命关羽为襄阳太守、荡寇将军，派他驻军江北。后来刘备西进平定益州，授权关羽督掌荆州大政。刘备自立为汉中王后，封关羽为前将军，并授予符节和斧钺。**特别是关羽被孙权害死之后，刘备即起倾国之兵为之报仇，甚至连江山都不要了，可见关羽在刘备心目中的地位**。也正是因为关羽对曹操如此之义，所以，曹操在孙权送来关羽首级后，以诸侯之礼将关羽首级葬在洛阳。**关羽做人就是这样，非常尽心尽力，无论是友还是敌，对他都追思难忘，可见与他打交道的人都极其敬重他。其实，他心里追求的就是“问心无愧”，对得起任何人，这是做人的极高境界**。

后世对关羽忠义的褒奖加封，更是不断。清代学者赵翼的笔记《陔余丛考》卷三十五“关壮缪”中讲，鬼神之享受血食供奉，其盛衰及长久还是短暂，也如运数一样有不可意料的。大凡人死后为神，大概初逝后数百年就威灵显赫，久了就会被代替。独有关羽在三国、六朝、唐、宋都没有被祭祀。考察历史记载，宋徽宗时开始封关公为“忠惠公”，大观二年（公元 1108 年）加封关公为“武安王”；南宋高宗建炎二年（公元 1128 年）封关公为“壮缪武安王”；南宋孝宗淳熙十四年（公元 1187 年）封关公为“壮缪武安英济王”，并在当阳县立庙祭祀；元文宗天历元年（公元 1328 年）封关公为“显灵威勇武安英济王”；明太祖朱元璋洪武年间封原来的号；明神宗万历二十二年（公元 1594 年）因道士张通玄之请，封关公为帝，庙号叫英烈；明神宗万历四十二年（公元 1614 年）加封关公为“三界伏魔大帝”、“神威远镇天尊”、“关圣帝君”，同时还加封其夫人、长子、次子及周仓；清世祖顺治九年（公元 1652 年）封关公为“忠义神武关圣大帝”。**历代帝王之所以抬高关羽，并不完全是为了加强统治的需要，有的也是因为自己景仰关羽。人是需要精神信仰的，这一点帝王也是一样的。帝王也是人，他也会敬畏神灵**。赵翼还说，到如今，从南边的岭表到北边的塞外，大凡妇女儿童，没有不被关公威灵震动的，香火之盛，与天地同在。

历代以来，关公不但封号增加，而且庙宇也不断增加，远远超过文圣人孔子。明朝文学家徐渭的《蜀汉关侯祠记》写道：“**蜀汉前将军关侯之神，与吾孔子之道，并行于天下。然祠孔子者止郡县而已，而侯则居九州之广，上自都城，下至墟落，虽烟火数家，亦靡不醵金构祠，肖像以临，球马弓刀，穷其力之所办。而其醵也，虽妇女儿童，犹欢忻踊跃，惟恐或后。以比于事孔子者，殆若过之。噫，亦盛矣**。”也就是说，关公之神，与孔子之道，并行于天下。然而，祠祀孔子的庙宇只设到郡县一级，而关公的庙宇则在九州大地都有，上自都城，下到村落，即使只有数家人，也都重金建关公的庙宇。而且妇女儿童们，对供奉关公都满怀欢乐，唯恐落后，以此与侍奉孔子相比，大概都超过了。他还说：“孔明，大贤也。翼德至亲且贵，且犹见短，自翼德以下，皆无当其意者，而独许侯为逸伦绝群。先主，英君也。为侯报吴，宁失其国而不悔。彼二人者，皆亲见侯于平日而深得其全。”意即，诸葛亮是大贤，张飞与蜀主刘备既亲近，地位也高贵，尚且有让诸葛亮批评的缺点，自张飞以下都没有合乎诸葛亮之意的，而独称许关公为“逸伦绝群”（《三国志·蜀书·关张马黄赵传》载，诸葛亮写信给关公说：“马孟起文武兼备，勇猛超群，不愧一代人杰，是英布、彭越一类的人物，可与张飞并驾齐驱，但不及你绝伦逸群。”）先主刘备，是英明的君主，为了关公向吴国报仇，宁愿失去国家而不后悔。这两个人都是平日亲见关公，因而评论深刻全面。从《蜀汉关侯祠记》可以看出两个方面，一方面是武圣人关公比文圣人孔子在民间更有影响力，庙宇更多。另一方面，刘备和诸葛亮最为看重的人是关羽。

实际上，关公在民间有如此大的影响力，还有一个重要原因，就是他被演变成财神。这也是来源于他讲信义。因为，只有讲信义，才能有生意做。在中华传统文化中，有一个很著名的“义利之辩”。孔子说过：“君子喻于义，小人喻于利。”（《论语·里仁》）他还在与子路的对话中强调：“见利思义，见危授命，久不忘平生之言，亦可以为成人矣。”（《论语·宪问》）意思是，见到财利想到义的要求，遇到危险能献出生命，长久处于穷困还不忘平日的诺言，这样也可以成为一位人格完整的人。他还强调，“不义而富且贵，于我如浮云。”他的学生子张说：“见得思义。”（《论语·子张》）另外，《礼记·曲礼上》也说“临财勿苟得”。总之，君子爱财，取之有道，不能见利忘义。所以，对于商人，也必须有如此要求。否则存在尔虞我诈、坑蒙拐骗、假冒伪劣，生意就做不成或做不长久。因此，信义二字值千金，这也是经商的根本法宝！**如果说，产品是商家的有形资产，则信义是商家的无形资产**。明清时候，山西商人财力雄厚，水陆码头、交通要道，到处都建有“关帝庙”作为会馆。这固然是祈请关公保佑他们生命财产安全和发财致富，同时也是借助神明的威慑，让所有的商人都遵守信义，而不能见利忘义。所以，自古商人都敬拜关公，是因为关公的千秋忠义。“义”永远高于“利”，不该自己得的分文不取。

关羽平生如此忠义，得益于哪里？得益孔子所作的《春秋》。《三国志·蜀书·关张马黄赵传》裴松之注引《江表传》载：“**（关）羽好左氏传，讽诵略皆上口**。”也就是说，关羽喜欢读《春秋左传》。（关帝庙有副对联：“**孔夫子、关夫子，万世两夫子；修春秋、读春秋，千古一春秋**”，讲的就是这件事。）这个《春秋左传》就是左丘明解释孔子所作《春秋》的传。从这一点来说，关羽也是受孔子影响的，他从《春秋》一书中汲取“忠”和“义”这两个做人之德，其行为也完全遵照“春秋大义”。清代才子毛宗岗在《三国志演义回评》第二十五回“屯土山关公约三事，救白马曹操解重围”中讲道：“云长本来事汉，何云降汉？降汉云者，特为‘不降曹’三字下一注脚耳。曹操借一‘汉’字，笼络天下；云长即提一‘汉’字，压倒曹操。如张绣、张鲁、韩遂等辈，名为降汉，而实则降曹者也；吕布、袁术等辈，不降曹而亦不降汉者也；华歆、王朗、郭嘉、程昱、张辽、许褚等辈，不知有汉而但知有曹者也；荀彧、荀攸误以为汉即是曹，曹即是汉，而不知汉必非曹，曹必非汉者也。**汉是汉，曹是曹，将两下划然分开，较然明白，是云长十分学问、十分见识，非熟读《春秋》，不能到此**。”他还提到“关公三事：首言归汉，次言保嫂，末言寻兄。第一辨君臣之分，第二严男女之别，第三明兄弟之义”。可见，关羽做事很有分寸，这主要得力于《春秋》。民国的于右任先生题关帝庙时有副对联叫“**忠义二字团结了中华儿女，《春秋》一书代表着民族精神**”，最为恰当地概括了关公的精神及其得力处。

忠义是中华传统伦理道德中最普遍的准则之一，是“八德”（孝悌忠信，礼义廉耻）的重要内容。它不仅是维护社会运行不可缺少的纽带，也是成为英雄伟人不可缺少的品质。如果说孔子是读书人心目中的偶像，那么关公则是广大百姓心目中的偶像。如今，关公的忠义精神，已成为中华优秀传统文化的一部分，并继续潜移默化地影响着中华民族。我们相信，当大家都纷纷景仰关公的忠义并落实到自己行动上的时候，我们的世界一定会变得更加美好。另外，我们还要记住关公说过的十二字：“**做好人，行好事，读好书，说好话**。”（清朝学者石成金《传家宝·卷之五·真益笺·关夫子十二字》）这也是让我们真正成为一个有道德的人的必备条件。

第二十九讲　北魏孝文帝改革

在中国历史上，汉民族有一个著名的孝文帝（即汉文帝），而鲜卑族也有一个著名的孝文帝，这就是北魏孝文帝拓跋宏。北魏孝文帝拓跋宏人品极佳，是历史上有口皆碑的好皇帝。他为后人津津乐道的就是他的改革。

我们先介绍一下北魏孝文帝。据北齐史学家魏收《魏书·高祖纪》、唐朝史学家李延寿《北史·魏本纪第三》载，孝文帝自襁褓中就聪明灵慧，长大后气度宽宏且十分仁孝，高瞻远瞩而有人君之表。史家评论他“纂承洪绪，早着睿圣之风”，“雄才大略，爱奇好士，视下如伤，役己利物，亦无得而称之”，并说“其经纬天地，岂虚谥也!”（孝文帝谥号为文，根据《逸周书·谥法解》，“经天纬地曰文”）他在位二十八年，为政有如下特点：

一是尊崇圣贤。《北史·魏本纪第三》载，延兴元年（公元471年）十二月初八，孝文帝下诏寻找舜帝的后代，找到了东莱人妫苟之，免其全家终生赋税，以表彰舜帝之大德不朽。延兴三年四月初六，下诏任命孔子第二十八代孙孔乘为崇圣大夫，赐给十户人家以供洒扫。太和十三年（公元489年）七月，在京城修建孔子庙。太和十六年，下诏祭祀尧、舜、禹和周文王。太和十八年、十九年派人以太牢之礼祭祀比干、汉高祖；太和十九年，亲自祭祀孔子庙，封孔姓家族中四人、颜姓家族中二人为官，并传令从孔家嫡传宗子中挑选一人封为崇圣侯，食邑一百户，以供奉孔子祭祀。太和二十年，派人以太牢之礼祭祀汉光武帝、汉明帝、汉章帝。太和二十一年，派人以太牢之礼祭祀尧、舜、禹和周文王、周武王，并修建尧、舜、禹的庙宇。除此之外，他还祭祀上帝、日神、月神及各种天神、山川之神，并且对待天地、五郊、宗庙和春秋二季的祭礼，经常是事必躬亲，不因寒冬和酷暑而有所懈怠。这是极为难得的。

二是孝亲敬老。《北史·魏本纪第三》载，孝文帝对其父献文帝和祖母冯太后非常孝敬。他年仅四岁时，其父献文帝身上长了痈，孝文帝用嘴为他吸去脓血。五岁时，接受禅位，“悲泣不自胜”。献文帝问他为什么，他回答说：“代替父亲的这种感觉，痛切于心。”献文帝十分感叹并觉得他很不寻常。冯太后觉得孝文帝过于聪明，担心以后会对冯氏家族不利，准备废黜他，便在寒冬腊月，让他身穿单衣，将他关在屋里，并断绝粮食，召来咸阳王拓跋禧准备立为皇帝，但大臣元丕（即拓跋丕）、穆泰、李冲坚决反对，这才没有进行。孝文帝并不生气，只是十分感激元丕等人。太监也曾在冯太后面前说孝文帝的坏话，为此冯太后打了他几十杖，他默默忍受，并不申辩。冯太后去世以后，他并不记仇。（《资治通鉴·齐纪三》还载，太和十四年九月，冯太后死后，孝文帝为其守孝，“勺饮不入口者五日，哀毁过礼”。）在冯太后去世两周年的忌日，他还断绝饮食三天，哭声不断。在敬老方面，他多次下诏厚待老人。如太和元年（公元 477 年），下诏“凡年纪七十以上的老人，一个儿子不必服役”。太和十七年、十八年、十九年，他多次在视察州府时，赐给老年人爵位，亲自会见老年人，赏赐贫困孤独的老年人粟米和布帛。

三是宽厚仁慈。《北史·魏本纪第三》载，孝文帝性情宽厚仁慈，送饭的人曾经把很烫的热汤翻倒在他手上，食物中又曾经发现有虫子和脏东西，他都是一笑置之，宽恕了他们的过失。他十分哀怜百姓疾苦，时常想方设法赈济。比如，因延兴二年（公元 472 年）、太和元年（公元 477 年）、太和二年等年份发生冰雹之灾、水旱之灾、蝗虫之灾，民众饥荒，他都及时下令开仓赈济，有的还免除田租。延兴三年三月，下诏各粮仓中所积存的谷麦已满仓的，放粮送给贫困人家。太和四年，专门下令赐给天下每户没有余财和谷物布帛的穷人一年粮食。太和十七年，下诏对鳏寡孤独不能维持生计的，每人赐粟米五斛。他还经常访贫问苦。如太和二年、三年，将宫女赐给贫困无力娶妻的人；太和十七年，在巡察的路上遇见盲人和跛足的人，都要停车慰问，赐给衣服和食物，免除终身赋税，当年的十二月十八日，下诏体恤战士疾苦，凡是死亡和身患疾病的，给予优待，他还下令，因军事行动而砍伐民众树木的，必定留下绢帛用来赔偿树木的价值，对老百姓的庄稼禾苗绝不伤害践踏。诸如此类的事，确实很多。

四是喜爱读书。《北史·魏本纪第三》载，孝文帝十分喜爱读书，手不释卷。“五经”的经义，他读过以后就能讲解。读书不仅听老师讲授的东西，而且能深究其中精华和奥秘，对于史传和诸子百家之学，无不广泛涉猎。他善于谈论《庄子》和《老子》，尤其精于佛学。他的文学才华也很高，文辞富美，喜欢写文章，诗赋铭颂，兴至而作。有关朝廷大政的文字，在马上口授，写完以后，不用改一个字。从太和十年（公元486年）之后，诏令册文，都是他自己写的。其余文章，有一百多篇。清代史学家赵翼《二十二史札记·卷十四·魏齐周隋书并北史》“魏孝文帝文学”中讲，**古今帝王以才学著称的，以曹操、曹丕、曹植父子，萧衍（“竟陵八友”之一）、萧统（即昭明太子，编有《昭明文选》）、萧纲（即简文帝，在推动南北朝诗歌迈向大唐诗歌过程中，起了承前启后的作用）父子为最**。他们都生于中原，而且从少年时就学起。只有魏孝文帝出生在北边蛮夷之地，五岁即皇帝位，没有师儒之训，这是因为他的聪明睿智是天生而成的，不能以常理来论。

五是思贤若渴。《北史·魏本纪第三》载，孝文帝十分喜爱奇才异士，达到如饥似渴的地步。厚待和接纳朝中贤能之士，根据其才能而委以轻重职责。如延兴二年（公元472年），下诏说：“从今以后，凡举荐到朝廷的人士，必须门第为州郡中的极高品，而才能也是乡闾中最拔尖的人。”太和十五年（公元491年）八月，他下令各州举荐秀才，优先举荐那些才学为州中之首的人。太和十九年，又下令各州郡举荐士人。而且，他对有才能的汉人也十分器重，如李冲、李彪、高闾、王肃、宋弁、崔光、邢峦等都一一予以重用。特别是他对王肃（东晋名臣王导之后，三国时也有个人叫王肃，是有名的经学家，曾编著《孔子家语》）的重用更是如此，据《资治通鉴·齐纪四》载，太和十七年十月癸卯日，孝文帝前往邺城。王肃在邺城晋见孝文帝，向他陈述讨伐南齐的策略。孝文帝和他谈着谈着，不知不觉地把自己的座位往前移，时间过去了很久也没有察觉。从那以后，孝文帝对王肃的器重和待遇一天比一天隆厚，无论是亲信故旧、还是重臣，都无法离间他们之间的关系。孝文帝有时还单独和王肃谈话，谈到半夜，仍不停止，他自认为和王肃相见太晚了。不久，任命王肃为辅国将军、大将军长史。后来王肃还被孝文帝任命为尚书令，作为托孤辅政的六位大臣之一。

此外，孝文帝还非常注重公正、注重历史。《北史·魏本纪第三》载，孝文帝常说，大凡当帝王的，最怕的是不公正，不能以诚心对待别人，如果能够公平又诚恳，胡越两地人也可以亲如兄弟。他经常对史官说：“你们要照实记载当时的事情，不要隐讳丑恶的东西。君主作威作福，史书如不记载，还有什么能够让他害怕的呢！”

北魏孝文帝实在是中国少数民族中的贤明帝王，即使与汉、唐、宋、明的贤君相比都毫不逊色。我们现在重点讲述他的改革。一般认为，孝文帝改革的前一阶段（即公元 471 年至公元 490 年）主要由冯太后主持，后一阶段（即公元 490 年至公元 499 年）由孝文帝本人主持。但实际上，孝文帝在前一阶段也发挥了重大作用，因为孝文帝聪明早慧，虽然年龄不大，但确实卓异非凡。我们来看孝文帝的改革内容：

第一项，整顿吏治。《北史·魏本纪第三》载，延兴二年（公元 472 年）十二月，孝文帝下诏说："近时以来，官吏因劳积而晋升，在位不久就有人替代，使州牧郡守没有体恤百姓之心，竞相聚敛财物，送旧任、迎新官，沿路络绎不绝，这不是安人心、兴政道的办法。从今以后，凡郡守州牧中善良仁爱、俭朴克己的人，可以久留在任职的地方，政绩突出的，晋升一级；凡贪婪霸道，祸害剥削百姓的，虽在职时间不长，也必须加以罢黜和惩治。将此写成条令，作为准则。"延兴三年二月，下诏说："县令能够使一县没有抢劫偷盗案件的，可以同时管理两个县，并得到两份俸禄。能够让三个县没有上述罪行的，三年以后晋升为郡守。食禄二千石的官员能够治理好两郡直到三郡的，也照上述方法晋升，三年后升任为刺史。"延兴五年二月，诏令制定考察官吏的标准，公开进行升降和赏罚。太和八年（公元 484 年）六月，下诏说："设置官吏，颁发俸禄，行自上古。自从中原丧乱之后，此制中断。先朝因于旧习，未及更改。我阅读宪章典籍，开始颁发俸禄，以简省人事。每户增收调赋三匹布，谷物两斛九斗，作为官吏的俸禄。户丁平均交调赋二匹布，兼作商用。虽然一时烦扰，终收永逸之效。**颁发俸禄之后，受贿满一匹的处死**。"这就是著名的"官员俸禄诏"。太和十九年十月，他又下诏，让各州的刺史对属官进行考绩，分为三等，报送朝廷，由皇帝亲自过目，以确定升职或降职。

第二项，实行均田制。《资治通鉴·齐纪二》载，北魏建国初年，很多人自动依附于豪强贵族，寻求庇护的人都不用为政府服役，可是豪强贵族的横征暴敛，比政府征收的捐税高出一倍。于是，给事中李安世上书说："每次遇到灾荒，老百姓就四处逃散，他们的田地大多都被豪强贵族们所霸占、掠夺。古代的井田制度难以恢复，朝廷应该使土地平均些，使农夫耕种土地的面积和人口数量相当。"孝文帝赞赏李安世的建议，由此讨论均田方案。太和九年（公元 485 年）十月，孝文帝颁布均田令，下诏派遣使者分别去各州郡，与各州郡牧守一同推行均田制。均田制规定：十五岁以上的男子，每人可以得到四十亩没有种树的农田，女子每人二十亩，奴仆婢女按照一般成年人所配给田地的待遇分配土地。一头牛，可得三十亩农田，但以四头牛为限。所配给的农田，如果是隔一年才能耕种一次的贫瘠田地，增加一倍；如果是隔两年才能耕种一次的田地，增加两倍。百姓到了应该纳赋的年龄，就配给土地，年纪已老及去世之后，土地归还政府。对于奴婢和耕牛，则根据数量多少，决定还田还是受田。初次受田的人，男子给田二十亩，规定种五十棵桑树，种了桑树的土地，都是世世代代经营，死了以后也不用缴回政府。政府应经常统计人口情况，对土地有盈余的农家，不受田也不令他还田。对土地不够的农家，则依照法令增加配给。世代经营的田地，有盈余的人家，可以自由出售。各地地方官就在办公场所的附近，按照等级，配给一份公田，地方官更换时，要把这份公田移交给接任的官员。如果私自卖掉公田，按照法律追究定罪。《魏书·食货志》对此也有详细记载。应当说，**均田制是北魏孝文帝改革的一项开创性措施，这一制度极大地提高了农民生产积极性，后来的隋朝和唐朝初期仍行此制。唐代的兴盛与这项制度的推行有极大关系。而且均田制也是一项很好的制度，是土地公有和私有的折中，有助于制止土地兼并，并鼓励民众垦荒**。均田制的颁布对恢复生产，促进经济社会发展起了极大的作用。

第三项，推行三长制和户调制。《资治通鉴·齐纪二》载，北魏当初没有地方基层行政制度，靠大家族的宗主来监督地方行政事务。老百姓大多隐瞒或假冒别人的户籍，有时三五十家才有一个户口。为此，内秘书令李冲上疏说："应该依据古代的方法，五户设立一名**邻长**，五邻设立一名**里长**，五里设立一名**党长**，选派乡人中能干而谨慎的人担任。邻长家免除一个人的差役，里长家免除两个人的差役，党长家则免除三个人的差役。三年之内，没有过失，加升一级。对老百姓征收的**户调**，一对夫妇征收一匹布帛、二石粟米。大体上十匹交给国库，二匹作为额外追加，三匹作为支付朝廷文武百官俸禄之用。除此还有杂税。百姓八十岁以上的，可以免除一个儿子的差役。孤儿、孤寡老人、残疾人及久病不愈者、贫穷无法养活自己的人，要由邻长、里长和党长轮流供养。"李冲的奏章呈上之后，孝文帝下令文武百官讨论。中书令郑羲等人认为行不通。太尉拓跋丕认为实行起来对朝廷和个人都有好处，但需要过了秋季才进行。李冲则说："如果不趁现在征收赋税的时节去办理，老百姓只看到校正户籍的麻烦辛苦，却没有看到减免徭役赋税所带来的好处，一定会心生怨恨。我们应该利用征收赋税的月份，使老百姓知道赋税公平。他们了解了这一点，又从中得到了好处，推行起来就容易了。”文武百官们反对说：“按照九个等级进行征税，已经实行了很长时间，一旦要改变，恐怕会引起骚乱。”冯太后则非常支持，最终三长制确定下来。从太和十年（公元486年）起，北魏开始建立党长、里长、邻长制度，重新核定百姓的户籍。开始百姓都愁苦不安，豪强士族也强烈反对。不久，赋税的征收额减少到过去的十几分之一，“于是海内安之”。《魏书·食货志》对此也有详细记载。户调制，也称为租调制，起源于曹魏时的户调制，后来唐朝的租庸调制也大体差不多，只是有些内容的变化。“租”即田赋，按亩征收产物；“调”即户调，按户征收绢帛，合称租调制。北魏的租调制，是一对夫妇征收一匹布帛、二石粟米。其中粟米是“租”，布帛是“调”。唐朝时租庸调制中的“庸”是指在规定的服徭役期限内，不去服役的可以纳绢或布代役，叫作“庸”。北魏的户调制（租调制）使百姓的负担较轻，实现了轻徭薄赋，这项制度被隋唐沿用，一直到唐德宗建中元年（公元780年）宰相杨炎实行“两税法”改革时才被废止。

第四项，迁都洛阳。《资治通鉴·齐纪四》载，太和十七年（公元493年），孝文帝因为平城气候寒冷，而且经常风沙大作，准备把京都迁到洛阳。但他又担心文武官员不同意，于是，提议大规模进攻南齐，打算以这种名义胁迫大家。他在明堂南厢东边的偏殿斋戒之后，让太常卿王谌占卜，得到“革卦”（《易经》六十四卦之一），孝文帝说：“‘汤武革命，顺天应人’，没有比这更吉祥的了。”尚书、任城王拓跋澄说：“陛下继承几代累积下来的大业，并使之发扬光大，拥有了中原土地，而如今却要讨伐还没有臣服的对象，在这时得到了商汤王和周武王变革的象辞，恐怕这并不全是吉利。”孝文帝与拓跋澄争论几句后回到皇宫，又立刻召见拓跋澄，对他说：“刚才关于‘革卦’的事，现在要进一步和你讨论。在明堂上，我大发脾气，是因为担心大家争先恐后发言，破坏我的决策。”于是命令左右侍从退下，对拓跋澄说：“今天我所要做的这件事，确实是很不容易的。我们国家是在北方疆土上建立起来的，后来又迁都到平城。但是，平城只是用武力开疆拓土的地方，而不宜进行治理教化。现在，我打算进行改变风俗的重大变革，这条路走起来确实困难，我只是想利用大军南下征伐的声势，将京都迁到中原，你认为怎么样？”拓跋澄说：“陛下打算把京都迁到中原，用以扩大疆土，征服四海，这一想法也正是以前周王朝和汉王朝兴盛不衰的原因。”他反对用兵，但明确支持孝文帝迁都的想法。孝文帝于是决定迁都。他率领大臣和军队从平城出发，直抵洛阳，天一直下雨，没有停过，他仍然下令各路大军继续向南进发，文武百官便一齐好言劝谏。孝文帝告诉大家说：“这次，我们出动军队的规模不小，出动后没有什么成就，我们拿什么让后人看？我们世世代代居住在幽朔，一直想要南迁到中原。如果我们不再向南征伐，那么我们就应该把京都迁到这里，你们认为怎么样？同意迁都的人站在左边，不同意迁都的人站在右边。”南安王拓跋桢靠近孝文帝说：“如今，陛下如果放弃向南征伐的计划，将京都迁到洛邑，这正是我们所希望的，是老百姓的幸运。”文武百官都高呼万岁。当时，鲜卑人虽不愿向南迁移，但又担心再向南征伐，所以，也就没有人敢说些什么。北魏的迁都大计，便确定下来。

第五项，革除旧俗。这主要是实行汉化政策。由于北魏实行子贵母死的制度（主要是担心外戚干政），孝文帝被立为太子时，其母李氏便被赐死，他是由祖母冯太后抚养大的，冯太后是汉人，孝文帝在她的熏陶下，十分推崇汉文化。因此在迁都洛阳后，他就开始革除旧俗，推行汉化（在中国历史上，战国时的赵武灵王恰恰与孝文帝相反，他是推行“胡服骑射”，汉人实行胡化，但只限于军事）。《资治通鉴·齐纪六》载，太和十九年（公元495年），孝文帝想要改变北方风俗，为此召见文武群臣，问他们：“各位希望朕远追商、周呢，还是想让朕连汉、晋都比不上呢？”咸阳王拓跋禧回答说：“群臣都盼望陛下能超过前王。”孝文帝接着又问道：“那么是应当改变风俗呢，还是因循守旧呢？”拔跋禧回答：“愿意移风易俗，圣政日新。”孝文帝又说：“现今朕想禁止使用鲜卑语，全部改用汉语。年龄在三十岁以上的人，由于习性已久，可以宽容他们不能一下子就改过来。但是，年龄在三十岁以下的人，凡在朝廷中任职者，不能允许他们讲过去的语言，如果有谁故意不改，就降免其官职。对此，各位王公卿士同意不同意呢？”拓跋禧回答：“遵从圣旨。”六月，孝文帝下令：“在朝廷中不得讲鲜卑语，违者免去所任官职。”这段历史记载了孝文帝坚决革除旧俗的决心，并下令以汉语为正音，不得讲鲜卑语。《资治通鉴·齐纪》载，孝文帝还实行了以下五项汉化政策：**一是穿汉服**。太和十八年（公元494年），孝文帝下诏禁止鲜卑贵族穿着鲜卑服，一律改穿汉服。**二是改汉姓**。太和二十年，孝文帝下诏，将鲜卑人原有的姓氏改为汉姓，比如拓跋姓改为元姓，所以孝文帝又称为元宏。另外，他还下令改拔拔氏为长孙氏，达奚氏为奚氏，乙旃氏为叔孙氏，丘穆陵氏为穆氏，步六孤氏为陆氏，贺赖氏为贺氏，独孤氏为刘氏，贺楼氏为楼氏，勿忸于氏为于氏，尉迟氏为尉氏，其余所改姓氏，不可胜数。**三是通婚姻**。即同汉族通婚。北魏孝文帝一向看重名门望族，由于范阳人卢敏、清河人崔宗伯、荥阳人郑义、太原人王琼四姓门族，在士大夫中最受推重，所以特意选他们的女儿进入后宫。陇西人李冲以才识受到任用，成为朝中显贵，孝文帝也以他的女儿为夫人。太和二十年，他下诏为六个弟弟重新聘娶妻室，全部是汉人的女儿。**四是改籍贯**。即凡迁到洛阳的鲜卑人，一律以洛阳为原籍。**五是用汉官制**。孝文帝让王肃仿照南朝齐，重新制定官制礼仪。

此外，孝文帝还推行了货币改革、教育改革等改革。如在货币改革方面，《魏书·食货志》载，从北魏初年到太和年间，北魏实行的是粟米和布帛的实物交易，钱币没有在全国流通。太和十九年（公元 495 年），孝文帝下诏全国使用钱币，新铸的钱币称为“太和五铢”。在教育改革方面，《魏书·儒林传》载，孝文帝在太和年间，“改中书学为国子学，建明堂辟雍，尊三老五更，又开皇子之学”，迁都洛阳后，下诏设立国子太学、四门小学。而且孝文帝“钦明稽古，笃好坟典，坐舆据鞍，不忘讲道”，因此，刘芳、李彪等人因经书得以仕进，崔光、邢峦等人因文史而显达，“其余涉猎典章，关历词翰，莫不縻以好爵，动贻赏眷。于是斯文郁然，比隆周汉”。

孝文帝的改革涉及政治、经济、文化和社会风俗等多个方面。就其作用来看，也是十分显著。第一项改革是政治方面的，实行官吏俸禄制和考绩制，有利于防止贪污，澄清吏治；第二项改革是经济方面的，推行均田制，抑制了土地兼并，有利于提高农民生产的积极性；第三项改革涉及基层社会治理，实行三长制，取代了原来的宗主督护制，巩固了基层政权；第四项改革也是政治方面的，迁都洛阳，有利于接受汉族先进文化，同时保持对中原地区的攻势。**首都对一国的影响非常巨大。比如在战争时代，秦献公迁都栎阳，明成祖迁都北平，都是首都在前线，保持对敌的攻势；在和平时代，首都也影响巨大，一般来说首都要建立在腹地，而不宜建在沿海，也不宜建在商业中心或安逸之地，否则很容易骄奢腐化，丧失进取之势**。第五项改革是文化和社会风俗方面的。在中国历史上，有一个著名的“**华夷之辨**”。《春秋左传正义·定公十年》载：“中国有礼仪之大，故称夏；有服章之美，谓之华。”这是“华夏”一词的出处。当时的中国仅指中原，当时的华夏也是中国的代名词，华夏属中央之国，而蛮夷则在周边四方，如东夷、南蛮、西戎、北狄。《春秋左传正义》所说的这个定义表明了，华夷之区分，不在于种族地域，而在于礼仪文明。如春秋战国时期，楚国是蛮夷之地，其后文明日进，中原诸侯就不以“夷”视之。到如今，华夏和四夷早就不存在区分，合起来称为中华。实际上，**任何民族都不该存有“非我族类，其心必异”（《左传·成公四年》）的想法，而应当像孔子所说的“以天下为一家，以中国为一人”（《礼记·礼运篇》）那样，做到子夏所说的“四海之内皆兄弟”（《论语·颜渊》）**。所以，孝文帝实行汉化政策，有利于民族的融合，成为胡越一家、天下一家。大家要知道，**秦汉以后，能够在思想上和行动上做到胡越一家、天下一家的帝王，就只有北魏孝文帝和唐太宗等少数几人**。（《资治通鉴·唐纪十》载，贞观七年（公元633年）十二月，太上皇李渊命突厥颉利可汗起舞，又命南蛮酋长冯智戴咏诗，并称赞李世民：“胡、越一家，自古未有也！”）

历史对孝文帝的改革，总体上评价很高，但也有评价说“北魏衰亡于孝文帝改革”，比如清代史学家赵翼《二十二史札记·卷十四·魏齐周隋书并北史》“魏孝文迁洛”中讲：“盖帝优于文学，恶本俗之陋，欲以华风变之。故不惮为此举也。然国势之衰，实始于此。一传而宣武，再传而孝明，而鼎祚移矣。盖徒欲兴文治以比于古帝王，不知武事也渐弛也。”他认为，孝文帝迁都洛阳，是国势衰败之开始，主要因为武事渐渐废弛。实际上这个评论未必公允，因为在中国古代是人治社会，遇贤君则国兴，遇昏君则国衰。北魏之衰主要因为孝文帝以后的帝王不够贤明。应当说，在孝文帝时，北魏是最强盛的，包括武力上，在他去世的前一年，还打败南朝齐大将崔慧景、萧衍（即后来的梁武帝）的军队，去世前的十几天还在马圈之战中大胜南朝名将陈显达，齐军损失十之八九。

改革是一个国家长治久安的重要保证。随着时代的变化和社会的发展，必然要求对以往的制度风俗进行调整。但是，对任何一个社会而言，改革都是一个痛苦的过程。因为，破坏惯例，重新进行改造，就容易遭到不理解甚至反对，尤其是触犯一些集团的既得利益时，更是如此。如果没有坚定不移的勇气和不计生死的决心，改革就会起不到效果甚至失败。因而，肩负振衰起弊重任的执政者，必须有至死不渝的改革信念，一切行事进退，均以国家和百姓的利益为重。孝文帝的改革之所以取得成功，就在于这一点。在改革中，孝文帝也遭到鲜卑贵族的反对，特别是迁都洛阳和实行汉化政策，连自己的儿子、身为太子的元恂也不愿意遵循，私下穿着胡服并杀死劝谏的中庶子高道悦，最后被孝文帝所废。由于孝文帝坚定改革信念，不徇私情，所以改革得以很好地贯彻。

在中国历史上，有很多著名的改革，**成功的**如春秋时的子产改革（子产治郑，一共实施了三项改革：第一项改革是整理田制，第二项改革是“作丘赋”，第三项改革是铸刑书）和管仲改革（管仲相齐，在经济上实行“相地而衰征”，即按田地的土质来征收税赋，发展盐铁业，铸造货币；在军事上实行兵民合一；此外，还实行士、农、工、商四民分居）、战国的李悝变法（李悝在魏国实行变法，经济上“尽地力”、“善平籴”，政治上废除世卿世禄制，军事上建立“武卒”，另外还制定《法经》，实行法治）和商鞅变法。**失败的**如战国时的吴起变法（吴起在楚国变法，主要内容有废除贵族特权，减免无能之官，禁止官员私下请托，提高士兵待遇等，遭到贵族的反对，被射死）、新朝的王莽改制（西汉末年，王莽篡位，建立新朝，进行了改制，如将全国的田地改称王田，私家奴婢改称私属，均不得买卖；多次改革币制，变五铢钱为大钱等，结果加剧矛盾，引发农民起义）、北宋的庆历新政（宋仁宗任命范仲淹、富弼推行改革，史称“庆历新政”，他们提出“条陈十事”：一是明黜陟，即严明官吏升降制度；二是抑侥幸，即限制侥幸做官和升官的途径；三是精贡举，即改革科举制度，为国家选拔具有真才实学的人；四是择官长，即严格考核州、县两级地方官员；五是均公田，即平均分配地方官员的公田；六是厚农桑，即重视农桑等生产；七是修武备，即整治军备；八是减徭役，即减轻百姓的徭役；九是覃恩信，即落实朝廷各项恩惠政策；十是重命令，即严肃对待和慎重发布朝廷号令）、清朝的戊戌变法。

从中国的改革来看，**改革有渐进式即“和风细雨型”，也有突破式即“疾风骤雨型”。两者各有利弊：单纯的渐进式，虽有利于社会稳定，但易积压问题和引发新矛盾，加大改革成本；单纯的突破式，虽然效果来得快，但会带来剧烈的变动，不利于稳定，特别是在政府已千疮百孔、丧失民心时，尤其要慎重**。法国政治思想家托克维尔《旧制度与大革命》第三篇第四章中讲：“对一个坏政府来说，最危险的时刻通常就是它开始改革的时刻。”如**清朝“戊戌变法”时，光绪皇帝急于求成，在百日内一共发了一百一十道谕旨和诏令，招致了更大的反对，所以很快就失败了。因此，要将两者长处结合起来，渐进式体现在改革要分步实施、分步推进，**

如商鞅变法之所以成功，就在于是分步进行的，实行了两次变法，一次是在公元前359年，一次是在公元前350年；突破式体现在每一步要集中力量打闪电战，雷厉风行，如北魏孝文帝迁都洛阳，就是突破式的。

在中国的一些改革中，最为有名的改革，除了北魏孝文帝改革外，还有战国时的商鞅变法、北宋时的王安石变法、明朝时的张居正变法。商鞅在秦国一共实行了两次变法，主要是废井田、开阡陌，奖励耕战，推行郡县制，统一度量衡。商鞅变法是一次彻底的、全面的改革，在当时就取得了成效，使秦国的国力迅速强盛，并连破魏军，收复了河西失地，威震中原。十年后，更是"秦民大悦，道不拾遗，山无盗贼，家给人足。民勇于公战，怯于私斗，乡邑大治"（《史记·商君列传》）。历史评价也很高，**有的学者便认为秦汉以后的中国的政治舞台是由商鞅开的幕**。王安石变法，正值北宋王朝积贫积弱时期，社会危机已相当严重。所谓积贫，即是由冗官、冗兵、冗费造成的弊政难以解决，以致国家财政困难；所谓积弱，即是无力抵御辽、西夏的入侵。而且，当时土地兼并严重，国家沉重的负担实际上转嫁到农民身上，导致农民的反抗不断，在这种形势下，宋神宗任用王安石变法。王安石变法主要内容是：农业方面有"青苗法"、"募役法"、"方田均税法"、"农田水利法"；经济方面有"均输法"、"市易法"等；军事方面有"将兵法"、"保甲法"、"保马法"等；文化教育方面有"三舍法"和整顿太学、县学以及创设武学、律学、医学等。王安石变法主要以"理财整军"为重点，目的是"富国强兵"。王安石变法最后失败，但列宁赞誉王安石是"**中国十一世纪时的改革家**"。张居正变法正值明朝后期，吏治十分腐败，财政危机严重，社会矛盾激化，改革异常艰辛，阻力非常之大。张居正的一系列改革措施，如严明法纪、整顿驿递；淘汰冗官、实施考成法；推行"一条鞭法"赋役改革、清丈土地等，使社会经济有了较快发展，国家财政状况有了极大好转，史载，太仓储备粮食达到一千三百余万石，可用十年；国库积银也有六七百万两，也足够用几年。张居正虽死后遭到了清算，但他还是得到了很高的评价，被誉为明朝的"**救时宰相**"。

在西方国家，也有一些著名的改革，比如古希腊的**梭伦改革**，主要内容是：设立公民大会，作为最高权力机关，决定城邦大事，选举行政官，特别是一切公民，无论贫富，都有权参加公民大会；设立四百人会议作为公民大会的常设机构，作为最高行政机关，除了第四等级外，其他公民皆可当选；设立陪审法庭，作为最高司法机关，每个公民都可被选为陪审员，陪审员由所有等级的公民经抽签方式选出，参与案件的审理。他还颁布了“解负令”，废除农民将土地收成的六分之五作为地租交给债主的制度，废除雅典公民以人身作抵押的一切债务，禁止以人身作抵押借债，禁止把欠债的平民变为奴隶，由国家出钱把因无力还债而被卖到异邦为奴的人赎回（这体现了政府对本国公民的人道主义关怀）。梭伦改革最重大的意义在于，开了民主政治的先河，为普通公民参与国家政治活动提供了制度保证。

又如俄国的**彼得一世改革**和日本的**明治维新**，这两项改革都是“脱亚入欧”，向先进文化学习，与北魏孝文帝改革有相似的地方。

彼得一世改革的内容主要有：建立参政院，取代原来的贵族杜马，参政院管辖财政预算、贡赋征收以及陆海军的编制等；改革军事，实行义务兵役制，规定各阶层不分贵贱，一律平等服兵役，并开办了各种军事学校；改革和发展文化教育事业，建立各种类型的学校，普遍建立小学，对贵族子弟实行强化教育，并派遣留学生到西欧各国学习；引进西欧先进技术，兴办近代工业，推行重商主义政策，发展贸易，提高商人政治地位；等等。彼得一世改革对俄国产生了深远影响，俄国诗人普希金评价说“**让俄罗斯腾空而起**”。

明治维新主要是推行富国强兵、殖产兴业和文明开化三大政策。自公元1869年开始，明治天皇颁布了一系列改革措施：在政治上，“废藩置县”，将日本划分为三府七十二县，建立中央集权式的政治体制，并实行征兵制，建立新式军队和警察制度；在经济上，废除原有土地政策，允许土地买卖，引进西方先进技术、设备和管理方法，大力殖产兴业；在社会方面，提倡学习西方社会文化及习惯，翻译西方著作，发展现代教育，提高国民知识水平；在司法方面，也是仿效西方制度，刑法参照法国的，民法参照法国、德国的。明治维新是日本历史的重大转折点，使得日本迅速崛起。

再如美国的**罗斯福新政**也是非常著名的改革，其核心是三个R：救济（Relief）、复兴（Recovery）和改革（Reform），缓解了大萧条所带来的经济危机。罗斯福新政主要措施有：整顿银行与金融系，下令银行休业整顿，逐步恢复银行的信用，并放弃金本位制，让美元贬值以刺激出口；制定联邦紧急救济法，成立联邦紧急救济署，将各种救济款物迅速拨往各州，后来将单纯救济改为“以工代赈”，给失业者提供就业的机会；制定《农业调整法》，给减耕减产的农户发放经济补贴，提高并稳定农产品价格；制定《国家工业复兴法》，要求各工业企业制定本行业的公平经营规章，确定各企业的生产规模、价格水平、市场分配、工资标准等，以防止出现盲目竞争引起的生产过剩。最重要的是，制定了《社会保障法》，使退休工人可以得到养老金和保险，失业者可以得到保险金，子女年幼的母亲、残疾人可以得到补助。罗斯福新政使美国一跃而成为世界上最强大的国家。

从中国和西方的历史来看，虽然人民群众创造了历史，但不能否认少数具有创见的人物在文明进展时期的突破性作用。英国历史学家汤因比说：“**文明的成长，是由创造性人物的行动来进行的，它经常是个人的创造，或是具有创造性的少数人成就**。”尤其在和平时代，能创造时势的人才比较少，理性、稳健保守、面面俱到是主流特性，一般的人安于传统、安于现状，稍有学问的人则溺于所识、溺于所闻。在这种情况下，不容易有敏锐眼光和洞察力，更不可能有前瞻性、创造性的思考。当社会运行久了出现僵化时，就必须有创造性人物来推动改革。北魏孝文帝等人的改革无疑给了我们很多启示，其中很重要的一条就是：改革必须符合时代潮流和历史规律，向先进文化学习，才能保证国家崛起、民族振兴和百姓幸福。所以，如果改革得以成功，于国于民都是大好事！从这个意义上来说，**改革也是造福于民的一大善政**。

第三十讲　唐太宗大兴科举

在中国历史上，有著名的四大发明（造纸术、印刷术、火药、指南针），对世界文明的发展做出了突出贡献。另外，还有一个科举制度，被称为“**中国第五大发明**”，它的公平竞争的程序和选贤选才的内容，成为世界上文官制度、公务员制度的源头，得到了世界上大多数国家的认可和效仿，是全世界普及率最高的制度之一。这个科举制度开创于隋唐，是中国政治史上最重要的制度，影响中华文明一千三百多年。在推行科举制度的过程中，起关键性作用的人物是唐太宗李世民。大兴科举是他推行文治的重要内容，对选拔优秀人才、弘扬中华文化做出了不可磨灭的贡献。

我们先介绍一下唐太宗。唐太宗是秦汉以后最负盛名的帝王，也是中国历史上少有的杰出帝王。历来史家评价很高，如北宋史学家、文学家欧阳修在《新唐书·太宗本纪》中评价：“政治最完美的盛世君主，已经很久不出现了！夏禹据有天下，传了十六代君王，仅少康有复兴王朝的功业。商汤拥有天下，下传二十八个君王，其中最兴盛的，仅号称‘三宗’（即太宗、高宗、中宗）的三人。周武王拥有天下，传位三十六任君王，除成王、康王的文治与宣王的武功，其他的君主均无可称道。尽管《诗经》、《尚书》的记载，不时有缺略之处，但夏、商、周三代占有天下一千七百余年，传承七十多位君主，其中卓绝显见于后世的，也就这六七位君王罢了。啊，盛世君主可谓难得呀！唐朝拥有天下，传位二十人，其中值得称许的三个君主，玄宗、宪宗都不能善始善终，太宗的功业，显赫啊！他消除隋朝的乱世，业绩可与商汤王、周武王并列；达到太平盛世的伟业，与西周的成王、康王相近。自古以来功高德厚的君主，从汉朝以后未曾有过像唐太宗这样的。”北宋史学家司马光评价：“**太宗文武之才，高出前古**。驱策英雄，网罗俊义；好用善谋，乐闻直谏；拯民于汤火之中，而措之衽席之上；使盗贼化为君子，呻呻转为讴歌；衣食有余，刑措不用；突厥之渠，系颈阙庭；北海之滨，悉为州县。**盖三代以还，中国之盛未之有也**。”（《稽古录·卷十五》）历史学家钱穆先生《政学私言》中的《政治家与政治风度》一文称赞“**唐太宗允文允武，英才盖世**。**其所成功业，亦震古烁今，不愧为中国史上第一大皇帝**”。

根据《旧唐书》、《新唐书》、《资治通鉴》、《贞观政要》等史书记载，唐太宗与前代帝王不同的施政风格有如下几个方面：

一是胸怀大度。比如对待儒、道、佛三家上，他本人敬奉佛教，对一代高僧玄奘非常尊重，也大力支持玄奘西行取经，玄奘取经回来后，他还亲自撰写《大唐三藏圣教序》。在对待道家上，由于他本人姓李，与道家始祖老子同姓，所以对道家也是非常尊重，并奉行道家的清静无为之策，注重让百姓休养生息。（《贞观政要·政体第二》）在对待儒家上，他也是大力弘扬，《贞观政要·崇儒学第二十七》载，唐太宗继位之初便设置弘文馆，精选天下文儒。贞观二年（公元628年）立孔子庙堂于国学，并"大收天下儒士"，赐帛奖赏，"通晓一大经以上者"还可以入仕为署吏，四方儒者来京师的数以千计，不久吐蕃、高昌、高丽、新罗等亦派人来求学，于是"儒学之兴，古昔未有也"。此外，唐太宗还下诏颜师古与国子祭酒孔颖达撰定五经疏义，定名为《五经正义》。再如对待民族问题上，他也非常大度。《资治通鉴·唐纪八》载，武德九年（公元626年）九月，继位不久的唐太宗说：**"王者视四海如一家，封域之内，皆朕赤子。"**《资治通鉴·唐纪九》载，贞观四年（公元630年），四方夷族首领到朝廷请求唐太宗做**"天可汗"**，"天可汗"便成为他的另一个称号。《资治通鉴·唐纪十四》载，贞观二十一年，唐太宗总结自己成功的五大原因，提到其中一个原因是："自古以来都以中原为贵，以夷狄为贱，朕独爱护他们，一视同仁，所以他们各个部落依赖朕就依赖父母。"由于唐太宗对少数民族视为一家，所以也得到了他们的真心拥护。在唐太宗时代，实现了多民族共同发展，后来"唐人"还成为中华民族的一个代称。需要特别指出的是，**他还明确规定自己的诏书没有宰相的副署不能生效，这在中国历史上诸多帝王中也是独一无二的**，也充分体现了他过人的胸襟。

二是从善如流。有唐一代，名臣如魏徵、王珪、马周等均上疏进谏唐太宗，特别是魏徵在贞观年间共进谏二百多件事，其内容涉及政治、经济、文化、外交甚至唐太宗的私生活，都切中时弊。而唐太宗也能虚心接受谏言，从善如流，采纳了不少魏徵的谏言，使贞观时的大政方针少有错失，对促进"贞观之治"局面的形成起了很大作用。贞观中期，魏徵上了著名的《十渐疏》，历数唐太宗十个方面的过失，提醒他要居安思危，善始善终，这给渐渐自满起来的唐太宗以极大的震动，唐太宗郑重地将它贴在屏风上，时时阅读以提醒自己，还命人将它抄送给史官，以留传于后世。魏徵在遗表中还劝导唐太宗："天下的人有善有恶，任用善人，国家就安定；任用恶人，国家就要衰亡。对自己喜欢的人，要了解他的缺点；对自己讨厌的人，也要了解他的优点。如果毫不迟疑地去掉恶人，毫不猜忌地任用善人，国家就可以兴盛。"唐太宗很受感动。魏徵的直谏得到了唐太宗的高度评价："贞观以来，尽心于我，进献忠言，安国利民，犯颜直谏，纠正我过失的，唯魏徵而已。"这充分体现了唐太宗从善如流的一面。《旧唐书》还评价他"**从善如流，千载可称，一人而已**"。

三是善于用人。唐太宗用人，不问亲疏，不论贵贱，如出身寒门的马周、戴胄，出身士族的李靖、长孙无忌，投诚过来的李勣、秦叔宝，来自敌方的尉迟恭，拔于怨仇的魏徵、王珪，等等。元代戈直注引《贞观政要·政体第二》讲，唐太宗"命房（玄龄）、杜（如晦）以为相，英（李勣）、卫（李靖）以为将，王（珪）、魏（徵）之谏争，褒（段志玄）、鄂（尉迟恭）之骁勇，虞（世南）、褚（遂良）之词翰，下至孙思邈之医药（其《千金方》第一卷'大医精诚'影响深远，成为学医者必学的篇章）、李淳风之历数、袁天纲之相法（李、袁两人合著的《推背图》更是令后人望尘莫及），莫不至精至妙，度越千古，后世人才之盛莫能及也"。历史学家钱穆先生在《政学私言》中《政治家与政治风度》一文说："**尤其使唐太宗高出千古，则在其当时一个花团锦簇的政府**。贤相如房玄龄、杜如晦，诤臣如魏徵、王珪、戴胄、马周，兼资文武如李靖、李勣，其他名将能臣，举朝不可胜数。登瀛洲十八学士，辉映史册，前后无比。**最伟大的政治家，便在其有风云际会；最可宝贵的政治风度，便在其能团聚风云，使天地为之变色。房、杜、魏、王之成功，即唐太宗之成功。房、杜、魏、王之风度，即唐太宗之风度。**"

此外，唐太宗还有很多特点，比如他**用兵英明神武**，唐王朝的天下基本上是他打下来的，毛泽东曾称赞说"自古能军无出李世民之右者"，也就是说自古以来在用兵打仗方面没有能比得过李世民的，像《秦王破阵乐》就是歌颂他武功的著名乐曲，远播西域，当时高僧玄奘西行至迦摩缕波国时，国王拘摩罗说"印度不少国家歌唱大中国的《秦王破阵乐》"（《大唐西域记·卷十·迦摩缕波国》）；他**非常敬畏百姓**，他说"天子者，有道则人推而为主，无道则人弃而不用，诚可畏也"（《贞观政要·政体第二》），历史上很多帝王可能会出于巩固政权的需要而善待百姓，但并没有敬畏百姓之心，久而久之会把百姓当奴仆，给百姓一点好处就认为是恩赐，而唐太宗则是敬畏百姓，他即位之初，即下令轻徭薄赋，并精简中央和地方机构人员，减轻百姓供养负担，唐太宗时中央机构人员仅六百多人，地方也只设州县两级；他**制定很多良制**，元代戈直注引《贞观政要·政体第二》时讲，唐太宗“定租庸调以为取民之制，定府兵十六卫以为养兵之制，任官则有职爵勋阶之制，用刑则有笞杖徒流之制，后世制度之美，莫能加也”，实际上，还有影响后世的“死刑五覆奏”，这是珍重生命的体现，还有“三省六部制”，这是真正的大部门制和决策权、执行权、监督权互相分离互相协调的机制。我们说，**汉朝的地方行政制度是值得借鉴的，而唐朝的中央行政制度也是典范，倘若将两者结合起来，将是比较完美的行政制度**。

唐太宗一共在位二十三年，开创了中国有名的治世——贞观之治。《贞观政要·政体第二》载，贞观年间，政治清明，“官吏多自清谨”，王公贵族“无敢侵欺细人”，“商旅野次，无复盗贼，囹圄常空，马牛布野，外户不闭”，而且国家富裕，百姓也丰衣足食，“自京师至于岭表，自山东至于沧海，皆不赍粮，取给于路。入山东村落，行客经过者，必厚加供待，或发时有赠遗。此皆古昔未有也”。甚至出现了基本不用刑法的局面，像贞观四年（公元630年），全国判处死刑的囚犯只有二十九人。贞观六年，全国有二百九十人被判处死刑，唐太宗准许他们回家办理后事，第二年秋天再回来行刑。贞观七年九月，二百九十名囚犯全部回来，无一人逃跑。这在中国历史上也是独一无二的事情。

唐太宗之所以英明伟大，创造了“贞观之治”的局面，归根结底在于他善于聚人、用人、育人，正如他自己在贞观二年（公元628年）对侍臣所说：“为政之要，惟在得人。”（《贞观政要·崇儒学第二十七》）特别是他推行科举考试，广泛收揽天下人才，造就了贞观一代人才辈出的盛况。

五代王定保《唐摭言·卷一》中的“述进士上篇”载：“进士，隋大业中所置也，如侯君素、孙伏伽，皆隋之进士也明矣。然彰于武德而甲于贞观。盖文皇帝修文偃武，天赞神授，尝私幸端门，见新进士缀行而出，喜曰：**‘天下英雄入吾彀中矣！’**”《唐摭言·卷一》中的“散序进士”还讲到“进士科始于隋大业中，盛于贞观、永徽（唐高宗年号）之际”。《唐摭言》这本书，记载了有唐一代科举之事，而正史中却并没有详述，是非常珍贵的史料。《四库全书总目提要》称：“是书述有唐一代贡举之制特详，多史志所未及。其一切杂事，亦足以觇名场之风气，验士习之淳浇。法戒兼陈，可为永鉴。”上面所引“述进士上篇”这段话告诉我们，进士科是隋炀帝大业年间所开设，如侯君素、孙伏伽都是隋朝的进士，这是很明显的。然而进士科虽在隋炀帝时开设，但是彰显于唐高祖武德年间，而盛行于唐太宗贞观年间。大概因为唐太宗（唐太宗去世后谥为“文皇帝”）偃武修文，是上天赞助、神人所授。他曾登临端门，见新进士鱼贯而出，络绎不绝，不禁得意地说：“天下英雄入吾彀中矣！”所谓“彀”，本指射箭所能射到的范围。唐太宗的这番话，是说天下的读书人都在自己的网罗之中，他们的才学将为自己所用。《唐摭言·卷二》有专论说：“**科第之设，沿革多矣。文皇帝拨乱反正，特盛科名，志在牢笼英彦。**”也表明唐太宗大兴科举，志在网罗天下英才。

据统计，唐朝二百九十余年间，共举行约二百六十余次科举考试，仅进士一科，大约就有一万多人被录取。这与唐太宗特别注意扩大进士科有很大关系。《唐摭言·卷一》中的“散序进士”还讲：“修身慎行，虽处子之不若；其有老死于文场者，亦所无恨。故有诗云：‘**太宗皇帝真长策，赚得英雄尽白头！**’”就是说，实行科举考试后，一些读书人注重修身，行为谨慎，即使是处女都不如他们。还有老死于文场的，也没有遗憾。因此有人（据考证是唐武宗时的进士赵嘏）作诗说，太宗皇帝的策略（指大兴科举）真长远厉害啊，使得英雄们都无不为此而努力直至头发都白了。

唐太宗除了大力推行科举考试外，他还积极建立“**学校育才、科举选才，铨叙用才**”这一套机制。《新唐书·选举志上》载，唐太宗即位后，更加尊崇儒术，设立了弘文馆，“又增置书、律学，进士加读经、史一部”，贞观十三年（公元639年）又设立了崇文馆。自天下初定，增加学舍一千二百多间，即使像七营飞骑这种讲武的地方，亦置学生，派遣博士讲授经义。四方国家相继派遣子弟入学，达到八千多人。这是学校育才。科举选才我们已经详细介绍了，大家要留意的是，在唐朝科举中，考生获得进士及第或明经及第后，只是取得做官的资格（在宋朝以后则经过皇帝殿试后，可直接授予官职），还不能正式做官，还有个铨叙用才的过程。所谓铨叙用才，就是取得做官的资格后，还要通过吏部的关试才能做官。吏部的关试主要是“身、言、书、判”四个方面，据《新唐书·选举志下》载：“**凡择人之法有四：一曰身，体貌丰伟；二曰言，言辞辩正；三曰书，楷法遒美；四曰判，文理优长。**”这也可以看出，在唐代通过科举考试并且做官，是不容易的。

总之，在唐太宗的大力推行下，科举制度得以盛行，这一制度经过宋明，直到清光绪三十一年（公元1905年）才废除，在中国存在一千三百多年，这是相当了不起的。**科举制度能够保持如此悠久的历史，自然有它的生命力价值，最主要的在于它公正、公平、公开，消除一切贫富差别，任何人均可参加，而且凭真才得以选拔**。

首先，科举制度是一种社会稳定机制。由于科举制度使无数出身贫寒的平民有了一个进入政府的机会，所以他们能安心读书，甚至为之付出毕生精力，这也十分有利于社会安定，这不能不说是历史的一大进步。但也有因为考试不中而产生怨恨反叛之心的，如唐朝末年黄巢屡试不第，最后起义，这主要因为当时政府太腐败。又如洪秀全也是如此，因为科考屡试受挫，加上清廷已腐朽，而终酿成太平天国起义。但是这毕竟是少数，更何况，如果当时政府不腐败，百姓生活幸福，他们也不会选择造反。总体来说，科举制度是一种非常好的社会稳定机制。像清朝于公元1905年废除科举制度后，又没有找到比科举制度更好的机制，结果很多有理想的读书人没有出路，就成了“流民”，不断地煽动革命，清王朝没几年就灭亡了。其实，科举制度有它好的一面，就是不管你年龄多大，都可以考，可以一直考到你考中了或你不想考为止，历史上最老的进士有八十多岁。所以，现代的考试制度也应当不限年龄，不限身份，不限资历，这样可以有效地整合各阶层，使之保持稳定。但科举也有一个弊端，就是使人才集中到政治上来了，造成政治上的臃肿，而经济、社会、科技等方面的人才不免会薄弱。任何制度都很难完美，只能取其大利，而弥合其小弊。

其次，科举制度是一种开放流动机制。一个单位、一个社会、一个国家最怕的就是僵化，倘若社会阶层固化，没有开放流动的机制，那么必然会造成等级分明、贫富世袭的局面，这样的国家就存在阶层矛盾激化的危险。科举制度使社会形成了这样一个局面，就是政府非常开放而且由平民中的贤能之人组成，实际上这就是“政民合一”，这也体现了孔子弟子子夏所说的“学而优则仕”（《论语·子张》）。通过科举考试制度，政府一方面吸收了大批有用人才，有利于采纳各阶层的意见和建议，而且也促进了社会阶层的自由流动，使大批下层民众有机会参与政治。北宋《神童诗》中就讲“**朝为田舍郎，暮登天子堂。将相本无种，男儿当自强**”，生动描述了这种开放流动的变化。在中国历史上，通过科举产生了许多一流人物，如唐宋时期有陆贽、裴度、刘宴、韩愈、白居易、范仲淹、欧阳修、苏轼、朱熹、文天祥等人物，这里面有思想家、政治家、文学家，基本上是平民出身。应当说，在科举制度这个最重要的平台上，中国的平民进入上层社会不靠家世背景，只靠知识、学问、能力。而且唐朝科举还对外开放，连外国人也可参加，如大家所熟知的晁衡，实际上是日本人，原名叫阿倍仲麻吕，就中过进士。

再次，科举制度是一种公平选拔机制。科举制度，采取“公开、平等、择优”原则，基本上排除靠祖宗余荫来做官的弊病，彻底打破了按“门第”选拔人才的制度，使得无论是门阀世族，还是贫寒子弟，只要有真才实学都可以通过科举考试进入政府，这无疑是一种非常公平的机制。孙中山先生于公元1921年4月4日“在广东省教育会的演说”中讲：“没有考试，就是有本领的人，我们也没有方法可以知道，暗中便埋没了许多人材。并且因为没有考试制度，一班不懂政治的人都想法做官，弄得弊端百出。在政府一方面是乌烟瘴气，在人民一方面更是非常怨恨。”所以，科举考试制度无疑是解决上述问题的重要途径。科举制度的公平，就体现在权利公平、机会公平、规则公平上。《新唐书·选举志》载：“每岁仲冬，州、县、馆、监举其成者送之尚书省；而举选不繇馆、学者，谓之乡贡，皆怀牒自列于州、县。”也就是说，参加科举的考生有两种来源：一种是地方州县学校的学生及中央学校崇文馆、弘文馆、国子监的学生，经学校考试合格后送到尚书省应试；另一种是不在上述学校学习，或在私塾读书，或自学成才者，都可向州县怀牒自列，也就是自行书面申请参加考试，这类考生就叫“乡贡”，也可经州县送到尚书省应试。按照现在的话来说，不管你是公办学校、民办学校，是在学校还是不在学校，都可自由报考参加考试。当时的限制很少，只有从事工商的不得参加考试。而参加考试，无论是谁都遵循同样的规则。而且只要考中了进士，无论是谁，都有做官的资格。可见，科举制度是一种非常公平的选拔机制。

科举制度之所以盛行，还有一个重要的原因，就是人的道德品质很难客观考评，而且以德取人也很难保证公平，同时如果只有德而无才，难以把事办好。所以我们也常讲“德才兼备是正品，有德无才是次品，有才无德是危险品，无德无才是废品”，“重德轻才，往往是理想主义；重才轻德，往往是实用主义”。而科举制度之所以最后被废除，主要原因并不在于科举这一制度本身，而在于科举考试的内容脱离实际，考试的形式束缚了人的思想。我们可以看到，为了追求公平，科举在一千二百多年的运行中尤其是明清时期出现了一些流弊，比如为了体现客观，考试的内容由原来的考时务、经义和诗赋，变成了只考单一的经义，而且要求必须以“四书五经”为内容，以朱熹的《四书集注》为准则；考试的形式由原来多样的文体变成了“八股文”（每篇由破题、承题、起讲、入手、起股、中股、后股、束股八部分组成）。虽然保证了考试的标准，但非常僵化，而且束缚了人的创造性，严重脱离经济社会发展的实际。所以，到了明清时，科举制度在选拔了许多人才的同时，也埋没了许多人才，尤其是科技方面的人才，这也是造成我们中国在近代落后的一个重要原因。诚然，科举制度的考试内容和形式有许多不完善的地方，但它作为一种制度仍然是中国乃至世界上最公平的制度。

中国传统政治、经济、文化、社会的特点，可以概括为科举政治、农耕经济、圣贤文化、宗法社会。其他三个都好理解，为什么讲是科举政治呢？因为，政治制度中最核心的制度就是关于组成政府的官员制度或叫干部人事制度。在这方面，科举制度就是选拔政府官员的根本制度，而政府官员是制定国家政策的，他们制定的政策决定着一国的走向，因此科举制度是我国传统的核心政治制度，并对政治、文化、教育、社会生活等均起到整合作用，比如科举考试就对社会生活有重大影响，民间重视读书的风气非常浓厚，“万般皆下品，唯有读书高”就是其中生动的写照。可以说，科举制度确实起到了一个枢纽的作用。

科举制度不仅深刻地影响了中国，而且也深刻地影响了世界。像日本、朝鲜、越南等国都效法中国实行科举考试以选拔官吏。16 至 17 世纪，欧洲传教士将科举制度介绍到欧洲后，渐渐为欧美所借鉴，成为文官制度的组成部分。**西方国家的政治学教科书谈起文官制度，都认为它始创于中国。英国历史学家汤因比说：“实际上现代英国的官吏制度，是仿照帝制中国的官吏制度而建立的。**同罗马制相比较，中国的这种制度取得了很大成功。鸦片战争时，在侵略中国的英国人心里，当时的制度是极为优越的。英国人曾考虑以后英国是否也要采用。各种议论的结果，同样在英国也确立了通过考试选拔任用行政官员的制度，今天已经广泛普及。”（《展望二十一世纪——汤因比与池田大作对话录》第二篇第三章“政治体制的选择”中的“民主主义与能力主义”）欧美文官制度有几大内容，就是竞争考试、职业常任、功绩晋升和政治中立。其中竞争考试就是借鉴中国的科举制度。如英国在公元 1853 年时，议会提出《麦克莱报告》，主张政府职员任用必须经过公开竞争考试。1870 年，英国政府颁布枢密院令，明确规定，实行公开考试，凡年龄和资格符合规定的人都可以报名参加，择优录取。凡未经考试、未持有合格证书者一律不得担任任何行政职务。此后，常务次官以下官员都由考试录用。美国则在 1883 年颁布了《彭德尔顿法》，也就是关于文官制度的条例，这里面明确规定，对文官的录用实行公开竞争考试办法，择优录取，并设立总统直辖的三人文官委员会，负责管理文官考试，确保考试公平公正。所以，**孙中山先生在考察欧美各国后指出：“现在各国的考试制度差不多都是学英国的。穷流溯源，英国的考试制度原来还是从我们中国学过去的。所以中国的考试制度，就是世界上最好的制度。”**（见孙中山先生 1921 年 4 月 4 日“在广东省教育会的演说”）

《增广贤文》中讲“观今宜鉴古，无古不成今”，我们今天不能忘记唐太宗大兴科举对中国传统政治制度所做出的杰出贡献，同时还需要借鉴科举制度的公平选才精神。实际上，一国的政治制度，必须与本国传统文化所产生的制度相结合，才能有生命力。历史学家钱穆先生在《政学私言》中《中国传统政治与五权宪法》一文讲：“中山先生五权宪法中考试、监察两权，厥为中国传统政制精义所寄。**考试制度之用意，即在‘公开政权，选贤与能’**”。并提到：“西方政制为多数代表，而中国传统政制则为贤能代表。多数代表可称之为统计代表，贤能代表可称之为人才代表。”他还在《中国历代政治得失》中“第二讲唐代”里面说：“**中国政治上的传统观念，对一意见之从违抉择，往往并不取决于多数，如西方所谓之民主精神。而中国人传统，则常求取决于贤人。**春秋时，即有‘贤均从众’之说（《左传·成公六年》载，栾武子曰‘善钧从众’）。哪一人贤就采用哪一人的意见，假如双方均贤，则再来取决于多数。**贤属质，众属量，中国传统重质不重量。中国人认为只要其人是贤者，就能够代表多数。不贤而仅凭数量，是无足轻重的。**”毛泽东也曾说过：“**真理往往掌握在少数人手中。**”所以，中国传统政治制度是重贤能的、重考试的、重质量的。

现代社会，民主成为世界潮流，但是我们不能摒弃中国传统政治制度中的科举制度的公平选才精神，我们要把民主选举和科举考试的精神结合起来，充分发挥两者的优势。**当代学者贝淡宁提出，“贤能政治＋民主”是有效的治理模式。他还认为，中央级政府领导人应通过贤能制度选拔，**

而下级政府领导官员应通过民主选举产生。这个观点值得我们关注。应该说，**选举的好处是代表了民意，科举的好处是选拔了贤能，“选举＋科举”才能选拔出民意瞩望、品德和才能都出众的人，这就非常完美**。如在选拔执政者和领导干部时可以考虑，先实行考试，取得资格，然后在取得资格的人中投票选举，这样可确保选拔的人不仅才能卓越，而且代表民意。我们真诚希望，选举制度与科举制度早日结合起来兼而用之，以选拔集聚天下英才。

第三十一讲 范仲淹创办义庄

慈善是中华民族世代传承的美德，它体现了一种“为人”、“利他”、“无我”的奉献精神。在中国历史上，有很多志士仁人都热心于救人济世的慈善事业。像北宋名臣范仲淹创办义庄就是其中的典型，而且这一慈善事业延续到民国之后，长达八九百年，在社会慈善事业中历时最久，成为中国慈善史上极为璀璨的篇章。

我们先介绍一下范仲淹。据南宋理学家朱熹《宋名臣言行录》、元代脱脱《宋史·范仲淹列传》等史料记载，范仲淹，字希文，苏州吴县人，两岁时父亲就去世了，因家贫没有依靠，他的母亲再嫁给长山朱氏。范仲淹“少有志操”，长大后知道自己的家世，非常伤感，辞别母亲，前往应天府学习，他非常勤奋，刻苦读书，《宋名臣言行录》说他在南都学舍时，夜晚困倦，就用冷水洗脸，吃稀饭充饥，但往往不能吃饱。他每日过中午才开始吃饭，同学偶尔送给他好的东西吃，他都不接受。范仲淹饮食起居非常清苦，不是普通人所能忍受的，而他却刻苦自励，住了五年，对“六经”之旨非常精通。不久，范仲淹中了进士，被任命为广德军司理参军，他把母亲接来奉养。后来得到了名相晏殊的推荐，入朝担任秘阁校理。范仲淹性格刚直，经历了三次被贬。因西夏战事，范仲淹被任命为陕西经略安抚招讨副使，多次击退西夏的进攻，巩固了边境，当时西夏人称他“**腹中自有数万甲兵**”，边区上还流传着一首民谣说：“军中有一韩（即韩琦），西贼闻之心胆寒；军中有一范（即范仲淹），西贼闻之惊破胆。”庆历年间，他被宋仁宗任命为参知政事，主持“庆历新政”，由于守旧派的反对，改革失败，他也被贬到地方任职。后来在调任颍州的途中去世，终年六十四岁。朝廷赠他为兵部尚书，**谥号“文正”（这是大臣最美的谥号），宋仁宗亲书其碑“褒贤”**。范仲淹为政崇尚忠厚，所到之处都爱护百姓，邠州、庆州的老百姓和众多的羌部族，都画上他的像，在他生前就祭祀他。等到他去世时，天下之人听说后，无不叹息。羌部族的首领数百人，像失去父亲一样痛哭，并斋戒三日以后才离开。南宋学者罗大经《鹤林玉露·乙编·卷二》中称：**“国朝人物，当以范文正为第一，富（弼）、韩（琦）皆不及。”**金朝人才子元好问称范仲淹：**“在布衣为名士，在州**

县为能吏，在边境为名将。……求之千百年间盖不一二见。”（《范文正公全集·元遗山撰范文正公画像赞》）南宋理学家朱熹称他“**天地间气，第一流人物**”（《范文正公全集·朱文公论范公》）。

范仲淹有几句名言，影响很大：

一是“先天下之忧而忧，后天下之乐而乐”。这句传诵千古的名言出自他的《岳阳楼记》。《宋名臣言行录》也记载，范仲淹少有大节，他对于富贵贫贱、毁誉欢戚等都不去考虑，慨然有志于天下。他经常自己吟诵道：“士当先天下之忧而忧，后天下之乐而乐也！”意思是，要在天下人忧愁之前忧愁，在天下人的快乐之后快乐。在《岳阳楼记》一文中，他写道：“**不以物喜，不以己悲。居庙堂之高，则忧其民；处江湖之远，则忧其君。是进亦忧，退亦忧。然则何时而乐耶？其必曰‘先天下之忧而忧，后天下之乐而乐’欤！**噫！微斯人，吾谁与归？”这段话的意思是，古代仁人不为物欲称心而欢喜，也不为个人失意而悲伤。他们在朝廷之上，则为百姓担忧；在江湖远方，则为君主担忧。这是进也忧虑，退也忧虑，那么什么时候才快乐呢？他们一定会说“先天下之忧而忧，后天下之乐而乐”吧！唉！没有了这种人，我能和谁同道呢？范仲淹这段话，是借古代仁人的品德来说明自己的情操，表现了他为国家利益而不计较个人得失的精神。其中“先天下之忧而忧，后天下之乐而乐”，是他高尚品德的集中体现。**仁者与俗人的忧乐观大不相同。俗人忧，忧前途、忧荣辱、忧得失；仁者忧，忧国家、忧民族、忧百姓。俗人乐，乐权势、乐地位、乐名利；仁者乐，乐闻道、乐济世、乐惠民。俗人的忧乐多系于个人，仁者的忧乐多系于天下。**所以，范仲淹的“先忧后乐”思想，得到了后世的高度评价，南宋状元王十朋《读岳阳楼记》评价说“**先忧后乐范文正，此志此言高孟轲**”，将他的这种精神提升到比孟子还要高的高度。

二是“不为良相，则为良医”。南宋吴曾的笔记《能改斋漫录·卷十三》“文正公愿为良医”中讲，宋代名儒范仲淹，有一次到祠堂求签，问以后能否当宰相，签词表明不可以。他又求了一签，祈祷说“如果不能当宰相，愿意当良医”，结果还是不行。于是他长叹说：“不能为百姓谋利造福，不是大丈夫一生该做的事。”后来，有人问他：“大丈夫立志当宰相，是理所当然的，您为什么又祈愿当良医呢？这是否卑微了？”范仲淹回答说：“古人说，‘常善用人，故无弃人，常善用物，故无弃物’。要普济万民，造福天下，只有宰相能做到。现在签词说我当不了宰相，要实现利泽万民的心愿，莫过于当良医。如果真成为技艺高超的好医生，上可以疗君亲之疾，下可以救贫贱之厄，中可以保身。在民间而依旧能利泽苍生的，除了良医，再也没有别的了。”在范仲淹看来，**为良相、为良医是人生两大选择。因为，前者可用政治手段使百姓受惠，后者可用医疗手段悬壶济世，两者都需要仁心仁术，都是活人救人的事业，都一样为生民造福。**“不为良相，则为良医”，诚可见范仲淹的仁德之心。

三是“一家哭何如一路哭”。这句话是他在“庆历新政”改革的过程中说的。意思是，宁愿让一家人（被撤职官员的一家）哭，不能让一路（几个州县）的百姓哭！庆历三年（公元1043年），宋仁宗起用范仲淹为参知政事，让他主持改革，范仲淹针对弊政，提出了十条改革纲领：明黜陟、抑侥幸、精贡举、择长官、均公田、厚农桑、修武备、推恩信、重命令、减徭役。这十条纲领以整顿吏治为主。特别是他认为，州县两级官吏是最接近百姓的官员，最直接关系到百姓疾苦。他们无能、失职、腐化是致使百姓贫困不安的关键。因此，范仲淹决心狠狠地整顿吏治，罢免了不少为政恶劣的官员。他的同事富弼颇为担心，说：“你大笔一勾，就有一家人会哭。”他说：“一家哭何如一路哭？”于是将这些不称职的官员统统罢免。（《宋名臣言行录》）

此外，他还讲过“**常调官好做，家常饭好吃**”（南宋罗大经《鹤林玉露·甲编·卷一》），这句话很值得玩味。《宋名臣言行录》还记载，范仲淹说：“我在夜晚就寝时，就自己合计一天的饮食奉养之费与一天所做的事情是否相当。如果二者相当，就能够打着鼾声熟睡，如果不是这样，就不能安眠。第二天一定要多做事补回来，使所作所为对得起朝廷的俸禄。”这也是范仲淹所独有的“睡眠之法”，直接体现了他孜孜为公的精神。特别值得一提的是，**范仲淹还是一个教育家，乐于教人，奖掖后学，纯正风气。**《宋史·范仲淹列传》载，范仲淹通晓“六经”，精通易学，学习经学的人大多向他请教，他手捧经典为有疑问者答疑解惑，不知疲倦。他曾经用自己的俸禄供养四方游学之士。每当他激动地谈论天下大事时，往往奋不顾身，当时士大夫矫正世风，严于律己，崇尚品德节操，就是在范仲淹倡导下开始的。《宋史·范纯仁列传》还载，范仲淹门下多贤士，像胡瑗、孙复、石介、李觏等人即是，范纯仁（范仲淹次子）都与他们一起刻苦攻读。胡瑗（世称安定先生）、孙复（世称泰山先生）、石介（世称徂徕先生）这三个人是著名的“宋初三先生”，包括后来的张载（世称横渠先生），他们都得到范仲淹的指点和帮助。《宋史·儒林列传二》载，胡瑗非常善于教育，弟子非常多，跟着他的经常有数百人，而且礼部所主持的科举考试中，胡瑗弟子十之四五可考中，胡瑗在经义的研究方面不如孙复，但对学生的教育方面比孙复强。胡瑗有句名言叫“**致天下之治者在人才，成天下之才者在教化**”，执政者当留意这句话。孙复以《春秋》教授学生，范仲淹多次资助他，并向朝廷推荐他。石介也得到过范仲淹的帮助，后来“入为国子监直讲，学者从之甚众，太学由此益盛”。比“宋初三先生”稍后的张载，也是得到范仲淹的指点才成为一代大儒的，《宋史·道学列传一》载，张载年轻时喜欢谈论兵法，二十一岁时拜见范仲淹，范仲淹见到他，觉得他是远大之器，于是告诉他说：“儒者自有名教可乐，何必研究兵法。”因而劝他读《中庸》。张载后来成为“关中士人宗师”。此外，范仲淹在地方为官时，所到之处都是首先兴学校，聘良师，为当地教育做出了重要贡献。

我们这里重点讲范仲淹创办义庄之善行。《宋史·范仲淹列传》载，范仲淹乐善好施，在乡族中设置义庄，用以赡养族人。博施济人，士大夫大多出自其门下，即使是小巷之人，都能说出他的名字。《宋名臣言行录》载，范仲淹轻财好施，对他的族人尤其亲厚。他富贵后，在姑苏城附近买有几千亩良田作为义庄，用来济养亲族中的穷人。他选择族人中辈分高而贤能的人主持义庄的出纳。族人每人一天给米一升为食，一年给绢一匹为衣，如有嫁娶丧葬红白喜事，另外还给补贴赡养。他的族人在此聚居的约有百口。在此之前，范仲淹任杭州知府（时间是在皇祐元年，公元1049年），子弟们曾向他建议在洛阳修建住宅和园圃，作为将来退隐后的养老之地。范仲淹便说：“人若有道义之乐，连身体形骸都可以视为外物，更何况住宅居室呢。我今年已过六十岁，还能再活几年？现在打算盖宅第，治园圃，还能住几天？我愁的是职位高而退隐难，不愁退隐之后无处可居。而且西都士大夫的园林，比比皆是，但是园林的主人并没有机会常去游乐。而如果我想前去游园，还有什么人会阻挡我吗？为什么一定要自家造园林，而后才可以为乐呢？”由此可见，范仲淹是不为自己个人打算的，他考虑的是在自己人生的最后阶段给他的族人们做一件大善事，于是就在这一年，范仲淹用自己毕生之积蓄购买良田千亩，捐赠给范氏宗族。《宋名臣言行录》还记载了两件事：一件事是，范仲淹对他的子弟们说：“我们吴中的宗族人口很多。他们和我虽然有的亲近，有的疏远，但从我们祖宗的角度来看，他们都是范氏子孙，我怎么能对他们的饥寒不管不问呢？况且，我们的祖宗积德百余年，到了我才开始发家致富，如果我独享富贵而对宗族不闻不问，以后我有什么颜面去地下与祖宗见面？现在又有什么脸面入家庙祭祖呢？”另外一件事是，范仲淹从朝廷出归姑苏时，曾回家祭祖，将他库存的三千匹绢，都分赠给他的亲戚、邻居和老朋友。他说：“宗族乡亲看着我出生长大，从上学到做官，帮助鼓励我，我拿什么来报答他们呢？”这就是范仲淹创办义庄的一个重大背景。

那么，有人就会说了，范仲淹创办义庄，只为自己的族人考虑，这种济人的气度岂不是小了些？对范仲淹来说，这有点求全责备。实际上，范仲淹是非常忧虑天下百姓的：他任地方官时，无不为当地百姓考虑；他任陕西经略安抚招讨副使时，非常善待少数民族；他的“庆历新政”也是着眼天下百姓的。所以说，范仲淹并不只是为了自己的宗族。**我们中国人有个传统，就是在为天下人行善做事时，一般是从自己的亲人开始，从自己身边所熟悉的人开始，从家乡的族人和朋友开始，这就有个切入点，这也应了中国人常说的一句话“大处着眼，小处着手”，也可说是“远处着眼，近处着手”。同时，这更是我们中华民族重视血脉亲情的体现，自古以来“游子悲故乡”（汉高祖刘邦之语，见《史记·高祖本纪》），血缘（如同族）、地缘（如同乡）、业缘（如同学）这三缘在中国人身上根深蒂固，这也是我们中华民族的一大特性。**

范仲淹创办义庄之事，《宋史·范仲淹列传》、《宋名臣言行录》中只交待了几句。详细记载在《范文正公全集》中。《范文正公全集》是范仲淹的第十九世孙、清代的范能濬在康熙年间编集的。在这个全集中，“范文正公褒贤集卷第三”中的《义田记》、《义庄规矩》，“范文正公集续补卷第四”中的《义庄义田碑记》对范仲淹创办义庄的来龙去脉有详细讲述。

据《范文正公全集·范文正公褒贤集卷第三·义田记》载，范仲淹是苏州府人，平生乐于用钱财帮助别人，选择那些亲近而贫穷、疏远而贤能的人，给予周济。当他显达时，购置了靠近城墙的有好收成的良田一千亩，称作“义田”，“以养济群族之人”，使他们天天有饭吃，年年有衣穿，嫁女、娶妻、病灾、丧葬都予以钱财资助，并选择家族中年高而有德望的人主管账目，计算收入和支出。每天供给每人一升米；每年分给每人一匹细绢；嫁女的给五十贯钱，改嫁的给三十贯钱；娶媳妇的给三十贯钱，续弦的给十五贯钱；办丧事发给的费用和改嫁的数目一样，办小孩的丧事发给十贯钱。聚居的族人满九十口的，秋收时发给他们稻谷八百斛。用这笔收入，供给这群聚居的族人，让他们生活得宽裕而无困乏。那些退居在家的官员、等候任用的人也给予接济，而外出做官的就停止供给。这就是义田的大致规矩。当初，范公还未显达时，就曾有过兴办义田的愿望，然而无力实行，长达二十年之久。后来做了西部边境的统帅，又入朝做参知政事（副宰相），开始有赏赐、俸禄的收入，终于能实现自己的愿望。他去世之后，后代的子孙经管他的事业，继承他的志向，好像他在世的时候一样。他虽官位高，俸禄也多，却终生过着清贫的生活。到去世的时候，甚至没有钱买棺材装殓，子辈们也无钱财为他举办丧事。他只是把救济贫寒、养活亲族的道义，传给子辈而已。古时候晏平仲（即齐景公时的名相晏婴）乘破车、驾瘦马。陈桓子说："你这样做，是隐瞒君主的赏赐啊。"晏子回答说："自从我显贵以后，父亲一族，没有不坐车的；母亲一族，没有衣食不足的；妻子的亲族，没有挨饿受冻的；齐国的读书人，靠我吃饭的有三百多人。像这样，是隐瞒君主的赏赐呢，还是彰显君主的赏赐呢？"于是齐侯便把罚晏子喝的酒罚给陈桓子喝。我曾经仰慕晏子好仁，齐君知贤，而桓子能服义，又仰慕晏子的仁德有亲疏之分，而言辞有次序。先讲父族，后讲母族，再说妻族，最后才提到关系疏远的贤者。孟子说："亲亲而仁民，仁民而爱物。"晏子差不多就是这样的人。现在从范文正公兴办义田来看，比晏平仲还要贤明啊！他施行的规模之久远和全面，恐怕要胜过晏子。唉！当今世上那些身居三公高位，享受万钟俸禄的人，他们宅第雄伟，车驾华丽，歌妓舞女成群，妻儿豪侈，享乐只是满足个人的私欲而已。但是，亲族不能登门的，难道还少吗？别说还要去布施那些疏远的贤者了。在三公以下的那些做卿、做大夫、做士的人，禄粮充裕，也只是为满足个人的享用而已，而亲族拿着破碗讨饭，穷苦得饿死在沟壑之中的难道还少吗？别说对于其他的人了。这些人，比起范文正公，都是罪人啊！范文正公的忠义，满朝人都敬仰，他的事迹遍布于边陲地区，功名传遍天下，后代一定会有史官记载的，我可以不用记述了。只是敬仰推崇他的道义行为，唯独记下义田之事以警示后人。

这篇《义田记》的作者是北宋钱公辅，该文还被《古文观止》收录。《义田记》突出表现了范仲淹自奉俭约，乐善好施，购置义田，以养济群族（以亲而贫、疏而贤为主要对象）的义行。通过贤者晏婴的衬托和与一些达官贵人只图一己之享乐的对比，更加体现了范仲淹的高义。清高宗乾隆皇帝曾有一首诗《觅高义园》，称颂范仲淹之高义，诗中写道："登道下灵岩，名园寻高义。……载过文正祠，默读义田记。"（《范文正公全集·范文正公集续补卷第三·题跋》）

《范文正公全集·义庄规矩》则记载了范仲淹创办义庄时定的规矩。在"建立义庄规矩"中，其子范纯仁，时任开封府最高行政长官，上奏朝廷说，他的父亲范仲淹任资政殿学士之时于苏州的吴中、长山两县购置田十余顷，所得租米，自远祖而下诸房宗族计其口数，供给衣食及婚嫁丧葬之用，称为"义庄"。并订立规矩，令诸房宗族遵守。现在有一些不遵守规矩的，"州县既无敕条，本家难为申理"，因此五七年间就渐渐废坏，又使得一些人饥寒无依。请求朝廷特降指挥下苏州，对诸房子弟中违犯规矩的，进行官司受理。朝廷同意了他的请求。在"文正公初定规矩"中，详细记载了范仲淹在创办义庄的次年（即皇祐二年，公元1050年）对义庄所定的"十三条"规矩：

第一条　逐房计算人口给米，每口每天领白米一升，每月领一次，即每人每月领三斗。如果是糙米，则加领二成。

第二条　男女五岁以上，才计算入人口数。

第三条　出嫁女子如果有儿女而且在家居住十五年、年满五十岁以上的，也可给米。

第四条　冬衣每人给布一匹，十岁以下、五岁以上的给布半匹。

第五条　每房可给奴婢领米，但不领布。

第六条　有生孩子增加人口的，有去世减少人口的，及时登记。

第七条　每房各自设置领取米的记录，每逢月末到掌管人处申请领取米，不得预先隔月或跨月领取。掌管人也设置簿册管理，簿册开篇记录各房人口数额。掌管人自行挪用或透支给人的，允许各房监察，勒令赔偿填补。

第八条　嫁女领取钱三十贯，再嫁的领取二十贯。

第九条　娶媳妇的领取钱二十贯，再娶的不领取钱。

第十条　子弟做官的，如果在家等待任命、守选、丁忧的，或者任职四川、两广、福建而留在家乡的，或者任近地官职确有原因留家的，按照以上规定领取同样数额的米、绢、钱。

第十一条　各房丧葬按以下标准来领：尊长辈去世，先领钱十贯，葬时再领十五贯；次长辈去世，先领钱五贯，葬时领取十贯；卑幼者，十九岁以下丧葬共领取钱七贯，十五岁以下领取钱三贯，十岁以下领取钱二贯，七岁以下及奴婢都不领取钱。

第十二条　乡里、姻亲，如有贫困者或急难者，或者遇到灾荒饥馑之年不能度日者，经过诸房共同考察属实，即可量力而行进行济助。

第十三条　自皇祐二年（公元1050年）十月开始逐月领取粮米和冬衣绢布。皇祐三年以后，每一年收成要预留两年的粮食，作为储备。若遇到灾荒之年，只领取粮食，其他一切不领。如果两年储备粮有余的，先发丧葬费，然后发放嫁娶费用，还有剩余的才发放冬衣。如果储备粮所余不多，遇到吉凶事宜，众人商议均衡领取费用。如果储备粮不够，则先丧事后喜事；如果凶事同时，则按照先尊后卑来领取；如果尊卑相同，根据去世的时间先后领取。如果支取上述粮米吉凶事情外，还有多余时，不得卖出，需储备三年以上的粮食。如果考虑陈化粮折损，即到秋收之时方可卖出，换回新米储存。

从以上范仲淹所定的“十三条”规矩来看，义庄不仅周济宗族，也顾及乡亲和姻亲（第十二条）；义庄接济的范围很广，不仅包括粮食和冬天的绢布，还包括嫁娶丧葬等事宜；义庄接济的对象包括奴婢和再嫁的妇女（第五条、第八条）。这在当时是很了不起的。后来，范仲淹儿子范纯仁、范纯礼、范纯粹等人又增加了一些规矩，比如，关于支持科举和教育的，规定子弟成为乡贡去参加科举考试的，每人给钱十贯，再次赶考的减半，并且实赴考试的才给，已给而无故不参加考试的，予以追缴。子弟中有士行、充任教师的，每月给糙米五石；如果学生不满六人，只给糙米三石；学生满八人的，给糙米四石；学生满十人，给糙米五石。又比如关于禁止性的规定，族人不得租佃义田，义庄不得典买族人田地，族人不得占有义仓居住聚会，不得借用义庄人力船车器用等。

《范文正公全集·范文正公集续补卷第四·义庄义田碑记》中的《范氏义庄题名》、《重修文正书院与兴复义庄记》、《义田义宅考》三篇对范仲淹所兴办的义庄及其历史作了记载。南宋奉议郎孙应时所撰的《范氏义庄题名》**称赞范仲淹兴办义庄一事“足为百世师”，并说，近来的士大夫有的仰慕文正公而作义田，都没有像范家这样有一百五十年之久**。开始时文正公作义田时，每年得八百斛，范纯仁则扩大为两千斛，到现在仍然保持着（《宋史·范纯仁列传》载，范纯仁“自为布衣至宰相，廉俭如一，所得奉赐，皆以广义庄。前后任子恩，多先疏族”。意即范纯仁自从布衣到宰相，廉俭一生，所得俸禄和赏赐，都用以扩大义庄。前后荫及子族，都是以比较疏远的族子为先）。只是故宅毁于战争，但在其五世孙范良器、范伯琏努力下，又将故宅归还范氏。自范伯琏开始，凡是有功于义庄的人则书其名，以之奖劝。清朝乾隆时苏州太守觉罗雅尔哈善所撰的《重修文正书院与兴复义庄记》是应范仲淹的后代范瑶之请而写，**称赞范仲淹“以忠君报国之余，置义田于吴，以赡恤族人，子孙世守，垂七百余年而不替**”，并回顾了义庄的兴废。他提到，到了明朝中叶，义田逐渐被豪族狡猾者侵占吞隐，当时的苏州太守况钟努力堪复，后来第十七世孙范允临，增加千亩。自清朝建立以来的百年间，族姓繁衍扩大，义田之收入时常担心不够，雍正七年（公元1729年），范瑶增加田十顷，加上以前总计有三千多亩。他还说，“**文正公以有宋第一流人物，早具先忧后乐之志**”，**追溯其“平生言行，建立事事，可为百世师**”。范文正公临财好施，周济宗族之念尤其至诚。从历史记载来看，敦本睦族的不乏其人，然而多数只是到自己这一代就停止了，没有经历四个朝代、历数十世绵绵不绝，还像以前范文正公在时那样给予族人实惠的，如果不是上天明鉴范文正公之德，经常生贤子孙以维持，能有这样吗？清朝蒋赓埙所撰的《义田义宅考》还提到，义田义宅创始和守成虽是由范氏，但是贤大夫“为之兴废而举坠，补弊而救偏”也是不可忽视的，比如在宋代，得到提刑官何异、苏州郡守郑若容的维护；在明代，得到巡抚大理卿胡概、周忱及苏州郡守况钟的维护，复其田产，免其科税，宽其赋额。这也是义庄之所以能崇德报功而千秋享受垂祀而不替的重要原因。

范仲淹晚年倾毕生积蓄、家中不留余财而创办义庄，出于一片赤诚之心，是真正的“大布施”，开一代慈善事业之风。他的这个德积得非常厚，所以范氏子孙也非常旺，比如近的有其子范纯仁，后来当了宰相；远的有清代范文程，是皇太极的元辅。一直到近现代，范氏子孙中富贵名士都很多。我们这里讲一个范氏子孙因为范仲淹而免死的故事。据明朝文学家张岱《快园道古·卷一·盛德部》载，范仲淹第十一世孙范从文，洪武年间官至御史，因忤逆旨意而入狱，将被处以死刑。朱元璋在查看死刑犯的案卷时，看到范从文的姓名和籍贯，问道：“你是不是范仲淹的后人？”范从文答道：“罪臣乃范仲淹第十一世孙。”朱元璋询问案情后，书写范仲淹《岳阳楼记》中的“先天下之忧而忧，后天下之乐而乐”，赐给范从文，并下旨免除其五次死罪。可见，范仲淹去世后三百多年，其大德、大功、大名依然存在于世人心中，子孙还能享受其德，得以免除死罪。

除了范仲淹兴办的义庄之外，在中国古代还有民间施粥、恤幼养老、医疗救济等许多种类的慈善事业，如南朝的“六疾馆”，专门收养贫穷疾病而不能自立者；唐朝的“悲田院”是专门收治病人的场所；宋朝的“福田院”用来收养年老患病孤穷乞丐等人，还有“居养院”、“安济坊”、“漏泽园”；元朝有“惠民药局”，为平民百姓治病施药，还设有“养济院”。现代也还有各种各样的慈善基金会。热心于慈善事业最多的是信奉宗教的人，比如南朝“六疾馆”创办者竟陵王和文惠太子信奉佛教；唐朝的“悲田坊”，主事的是僧人，“悲田”一词源于佛教；宋朝的“福田院”中的“福田”一词也是源于佛教，而“安济坊”、“漏泽园”也都是僧人主持。**范仲淹之所以有这样的心愿，做出兴办义庄这样的大手笔，这也源于他早年在淄州长白山僧舍读书，深受佛教影响**。

在西方国家，慈善事业也非常发达，主要有两个原因：**一个是宗教的原因**。比如圣经中耶稣讲“**富人进天堂比骆驼进针眼还难**”，在信仰基督教的国家一般慈善事业都很发达。美国大慈善家安德鲁·卡内基还说过一句名言“在巨富中死去是一种耻辱。”**另一个是制度的原因，就是对富人征收高额的遗产税**，有的甚至高达60%，这样就不会使“富人永远富有，穷人永远贫穷”。西方慈善事业的代表人物有美国的大慈善家洛克菲勒，他的钱财主要捐助教育事业，他先后建立了芝加哥大学和洛克菲勒大学；还有比尔·盖茨，他立下遗嘱，死后将99%的财产捐献给慈善事业，主要用于艾滋病和疟疾疫苗的研究及为世界贫穷国家提供援助。而很会做慈善事业的当属于美国早期的大慈善家安德鲁·卡内基。卡内基是钢铁巨头，他不赞成可能滋长人们懒惰或依赖习惯的“慈善”，他选择的是捐建公共图书馆，这源于他认为公共图书馆是培养教育高素质公民的独特场所。他说：“**世上的民主摇篮，非免费公共图书馆莫属**。”因为民主是否成功，在于公民素质是否较高，在于公民是否有独立的判断能力。他在美国和一些国家捐建了总共2500多座公共图书馆，为公共文化事业做出了杰出贡献。

救人济世是中华民族的优秀传统，也是古今人类共通的理念。像儒家讲“博施济众”，基督教讲“平等博爱”，佛教讲“普度众生”，马克思讲“解放全人类”，以慈悲之心积极行善救世，在人类社会中最有生命力、影

响力和持久力。自古以来，中华民族就是一个乐善好施的民族，以范仲淹创办义庄为代表的救人济世之慈善事业永远值得我们每个人学习。也只有如此，人类才会不断增长善心的正能量，人与人才能在一个温暖的社会中和谐相处、互相关爱。

第三十二讲　耶律楚材以佛治心以儒治国

在中国历史上，儒、道、佛文化深深地影响了中华民族，它们有一个共同点就是**劝善止恶**。但它们各自也有独到的地方，如南宋时的孝宗皇帝写的《原道论》中提出：“**以佛修心，以道养生，以儒治世**。”《元史·仁宗本纪》载，元仁宗曾经说：“**明心见性，佛教为深；修身治国，儒道为切**。”当代国学大师南怀瑾先生曾有一个比喻说：“**儒家好比是粮店，道家好比是药店，佛家好比是百货店**。”我们这一讲所说的是元代时的第一名相、精通佛家儒家思想的耶律楚材“**以佛治心，以儒治国**”的实践。

我们先介绍一下“以佛治心，以儒治国”的由来。“以佛治心，以儒治国”，是万松老人（法名行秀，又称行秀禅师，曾在净土寺建“万松轩”接众自修，由此而有“万松”之号）教导弟子耶律楚材的一句警语，在当时广为传诵。金朝时期，佛教盛行。当时的燕京是北方的经济文化中心，同时也是一个佛教中心。禅宗的一支曹洞宗（禅宗分为沩仰、临济、曹洞、法眼、云门五宗，称之为“一花五叶”）在燕京便很有影响，万松老人就是当时曹洞宗的宗师，北方佛教的泰斗。他有一个很有名的评唱著作，即《从容庵录》，是他评唱天童正觉《颂古百则》的禅学名著。他学识广博，于诸子百家皆通，最精的是《华严经》，而对于禅宗也非常精通。他门下弟子众多，其中湛然居士（法号从源）耶律楚材为元朝开国元勋。这个耶律楚材深受其影响，对老师非常崇敬，称“**独万松老人得大自在三昧**”，“**真间世之宗师也**”（《湛然居士文集·卷十三·万松老人万寿语录序》）。那么，“以佛治心，以儒治国”出自哪里呢？《湛然居士文集·卷十三》载，耶律楚材在《寄万松老人书》中提到：“嗣法弟子从源，顿首再拜师父丈室：承手教，谕及弟子有‘以儒治国，以佛治心’之语。”这句话就出自这里。这句话对耶律楚材影响最大，贯穿其后半生。所以，**“以佛治心，以儒治国”由万松老人提出，而实践者则是他的弟子耶律楚材**。

我们再介绍一下耶律楚材。据元朝宋子贞撰写的《中书令耶律公神道碑》载，耶律楚材，字晋卿，是辽东丹王突欲的八世孙。耶律楚材的父亲耶律履是金朝著名学者，以“文章行义”深受金世宗赏识，金章宗时有定策功，进礼部尚书、参知政事，最后官至尚书右丞。耶律履通术数，尤精于太玄，耶律楚材出生时，耶律履用术数预测，说："我六十岁才得此子，他是我家的千里驹，他日必成伟器，且为异国重用。《左传》有言'楚虽有材，晋实用之'，就取名楚材。"《元史·耶律楚材列传》载，耶律楚材三岁丧父，由母亲杨氏教他读书。等到长大后，他博览群书，精通天文、地理、音律、历法、术数及佛道、医学、卜算等学说，下笔成文，好像预先就构思好了一样。后经考试，被举荐为吏员，后来做到开州同知。贞祐二年（公元 1214 年），金宣宗迁都汴京，完颜福兴负责掌管尚书省，留守燕京，推荐耶律楚材任左右司员外郎。元太祖成吉思汗攻克燕京后，听说了耶律楚材之名，召见了他，见耶律楚材身高八尺，胡须长得很美，说话声音洪亮，元太祖很敬重他，说："辽、金世代为敌，我今天为你报仇了。"他回答："我的父亲和祖父都曾在金朝为臣，既然为臣，怎么敢仇恨君主。"元太祖认为他回答得很对，将他留在身边任事，并称呼他"吾图撒合里"（蒙古语，长胡须人的意思），而不称他的名字。由于耶律楚材道德学问深厚，且精于占卜，很得元太祖的器重。有一次，元太祖指着耶律楚材对元太宗（即元太祖三子，窝阔台大汗）说："这个人，是上天赐给我们的，以后应当把军国大事都委托给他。"耶律楚材也尽心辅佐元太祖、元太宗两位开国帝王，并实践"以佛治心，以儒治国"，得到了帝王、士人、百姓的敬重，元朝宋子贞撰写的《中书令耶律公神道碑》**称耶律楚材"开济两朝，赞经纶于草昧之初，一制度于安宁之后，自任以天下之重，屹然如砥柱之在中流，用能道济生灵，视千古为无愧者也"**，其去世后**"蒙古诸人哭之如丧其亲戚，和林为之罢市，绝音乐者数日，天下士大夫莫不茹泣相吊"**。至顺元年（公元 1330 年），元文宗赠封耶律楚材为经国议制寅亮佐运功臣、太师、上柱国，追封为广宁王，谥文正。后世的学者提及耶律楚材也非常敬重，比如清末民初的大学者王国维专门编撰《耶律文正公年谱》及《耶律文正公年谱余记》，曾国藩的外孙聂云台居士所著的《保富法》也特别提到耶律楚材积德深厚。

耶律楚材是如何实践"以佛治心，以儒治国"的？我们主要依据《元史·耶律楚材列传》、《湛然居士文集》、《西游录》等史料来说。

在"以佛治心"方面。《湛然居士文集·卷十二·琴道喻五十韵以勉忘忧进道并序》中，耶律楚材写道，"余幼而喜佛，盖天性也。壮而涉猎佛书，稍有所得，颇自矜大"，后来又觉得自己"悟佛书之理未尽"，于是拜万松老人为师，叩参三年，才明白“圣谛为第一义谛，不在言传”。而他拜万松老人为师也有一个渊源。《湛然居士文集·卷八·万松老人评唱天童觉和尚颂古从容庵录序》载，耶律楚材在燕京时与圣安寺的澄公和尚来往甚密，他认为澄公和尚“神气严明，言词磊落”，非常敬重他，并经常以《古昔尊宿语录》中的一些体会向他请教。后来因遭遇忧患（指公元1214年，蒙古军攻打金朝的京城中都，城内绝粮六十日。在这种情况下，耶律楚材感到非常困惑迷茫），“功名之心束之高阁”，于是找到澄公和尚想学佛，澄公和尚看到他诚心向佛，说自己已经老了，且向来不通晓儒家，而有万松老人“儒、释兼备，宗说精通，辨才无碍”，可前去拜见。于是耶律楚材拜万松老人为师，潜心学习佛理，非常刻苦，“杜绝人迹，屏斥家务，虽祁寒大暑，无日不参。焚膏继晷，废寝忘餐者几三年”。万松老人对这个弟子的刻苦学习也十分称赞，《湛然居士文集·序一》载，万松老人为弟子耶律楚材的《湛然居士文集》作序说：“湛然居士年二十有七，受显诀于万松。其法忘死生，外身世，毁誉不能动，哀乐不能入。湛然大会其心，精究入神，尽弃宿学，冒寒暑、无昼夜者三年，尽得其道。”于是万松老人授予他法号“从源”，俗号“湛然居士”。这是耶律楚材前期“以佛治心”的经历。耶律楚材被成吉思汗及其子窝阔台大汗重用后，仍然不忘记“以佛治心”。在日常生活中，他坚持礼佛诵经，比如《湛然居士文集·卷十四·再和万寿润禅师书字韵》五首诗之“投老”中写道：“睡起焚香诵圆觉，兴来缓轸品幽居。”这个“圆觉”便是佛经之一的《圆觉经》。同时，他还常与僧人、佛教居士等交往，《湛然居士文集》提到的人物很多。他非常支持弘扬佛法，据《湛然居士文集·卷十三》载，他为当时的佛教居士李屏山的《楞严外解》、《金刚经别解》写序。他还写了《心经宗说后序》、《释氏新闻序》。特别是《湛然居士文集·卷十三·书金刚经别解后》载，**耶律楚材对早年排佛、晚年归佛的白居易、苏轼、韩愈、欧阳修等人表示肯定**，他说：“昔乐天（**白居易**）答制策，稍涉佛教之讥；中年鄙海山而修兜率；垂老为赞佛发愿文，乃云起因张本，其事见于本集。**子瞻**（**苏轼**）上万言，颇称释氏之弊，晚节专翰墨为佛事，临终作神咒浪出之偈，且曰着力即差，其事见于年谱。**退之**（**韩愈**）屈论于大巅，而稍信佛书，韩文公别传在焉。**永叔**（**欧阳修**）服膺于圆通，而自称居士，欧阳公别传在焉。是知君子始惑而终悟，初过而后悛，又何害也!”他还在参悟的过程中提出“穷理尽性莫尚佛法，济世安民无如孔教”（《湛然居士文集·卷六·寄用之侍郎》）的观点。而且，从他本人的认识来看，是佛家高于儒家、道家。他在《楞严外解序》中说**“吾佛之所以为人天师、无上大法王者，非诸圣之所以能侔也。学至于佛则无可学者，乃知佛即圣人，圣人非佛”**（《湛然居士文集·卷十三》），也就是说，佛是人天之师、无上大法王，儒道的圣人不能与之相比。学到了佛就没有可学的了，因此知道佛就是圣人，而圣人未必是佛。他还在《寄万松老人书》中写道：“五常之道，已为佛教之浅者，兼而有之。”（《湛然居士文集·卷十三》）他认为，儒家的五常“仁、义、礼、智、信”，是佛家的浅的那部分。在《寄万松老人书》中，他还引用“戴经”（即西汉戴德、戴圣编的《礼记》）中所说的“欲治其国，先正其心，未有心正而天下不治者也”，强调“治天下之道为治心所兼耳”，也即治天下之道，不过是治心之道中所包含的。这说明他认为治心的境界更高，范围更广。这与他的老师万松老人的认识是一致的。万松老人曾为弟子耶律楚材的《湛然居士文集》作序说：**“世谓佛法可以治心不可以治国，证之于湛然正心修身家肥国治之明效。吾门显诀，何愧于《大学》之篇哉！”**（《湛然居士文集·序一》）也就是说佛法既可以治心也可以治国，湛然居士耶律楚材治国所取得的功效可以证明。所以，佛教之显诀无愧于孔门《大学》中所讲的“正心修身治国平天下”。

在“以儒治国”方面。自从耶律楚材被元太祖成吉思汗、元太宗窝阔台大汗重用后，他便推行“以儒治国”。据史料记载，耶律楚材以儒治国的主要措施包括“**定制度、议礼乐、立宗庙、建宫室、创学校、设科举、拔隐逸、访遗老、举贤良、求方正、劝农桑、抑游惰、省刑罚、薄赋敛、尚名节、斥纵横、去冗员、黜酷吏、崇孝悌、赈困穷**”（《西游录·卷下》）等二十个方面，具体体现在：

一是仁爱百姓。《元史·耶律楚材列传》载，丙戌年（公元1226年）冬天，蒙古军攻下灵武，众将都抢夺美女、金银、绸缎，只有耶律楚材收集书籍和大黄等药材。不久士卒得传染病，耶律楚材以大黄治愈。元太祖忙于西征，规定没有时间制定各种军政制度，以致州郡官吏任意杀戮百姓，乃至把百姓妻女变为奴隶，烧杀抢掠。燕蓟留后长官石抹咸得卜尤其贪暴，杀人无数。耶律楚材知道后流下眼泪，立即奏报皇帝，请求下令约束各州郡官吏，规定没有接到皇帝诏书，不得擅自征发百姓当差，凡罪囚判处死刑的必须上报批准，违反规定的治以死罪。于是贪婪暴虐之风稍稍收敛。特别值得一提的是，在灭金战争中，耶律楚材保全了许多百姓的生命。壬辰年（公元1232年）春天，元太宗率军南征，将要渡过黄河，诏令难民来降者免死。有人说："这些人危急的时候就投降，局势缓和下来就逃走，这样做只能是白白地资助敌人，不可宽恕他们。"耶律楚材请求制造旗帜数百面，用来分发给投降的难民，让他们回到故乡，这一措施使很多人保全性命。按蒙古军原来的规定，凡是攻城时，对方抵抗的，破城之后一定要杀死城中军民。蒙古军攻打汴梁将要攻下时，大将速不台遣使奏报元太宗说："金人抵抗我们很长时间，我军多有死伤，攻克后应当屠城。"耶律楚材急忙上奏劝阻说："将士们在外征战数十年，希望得到被征服的土地和人民。如果只是得到土地而没有百姓，又有什么用呢?"元太宗犹豫不决，耶律楚材又说："汴京是能工巧匠和财富集中的地方，如果把城中百姓杀尽，将会一无所获。"元太宗最终采纳耶律楚材的意见，只下诏问罪金朝皇室完颜氏，对其他人不予追究。耶律楚材的劝阻，使汴梁城中一百四十七万余人保全了生命。

二是定策立仪。《元史·耶律楚材列传》载，己丑年（公元1229年），元太宗将要即位，宗亲诸王集会，商议皇位继承之事，议而未决。当时睿宗为太宗的亲弟弟，耶律楚材对睿宗说："这是国家大事，早定为好。"睿宗说："这件事还没有商议好，可否另外挑选日子?"耶律楚材说："过了今天再无吉日了。"于是决定拥立太宗继承皇位，并制定礼仪制度。在当时，蒙古族并没有君臣上下之礼，大汗与其他部落首领都是兄弟相称，威严不够。耶律楚材对亲王察合台说："亲王您虽然是兄长，论名位却是臣子，按照礼仪制度应当跪拜。如果您拜了，其他人不敢不拜。"察合台非常赞同他的说法。等到太宗正式即位时，亲王察合台率领皇族及臣僚拜于帐下，退下来后，察合台对耶律楚材说："你真是社稷之臣。"元朝对皇帝行跪拜礼是由此开始的。

三是经世济民。《元史·耶律楚材列传》载，由于元太祖在世时忙于用兵征讨西域，无暇经营治理中原，以致官吏多损公肥私，而国家府库却没有积蓄。近臣别迭等进言说："汉人留着对国家无用，不如把他们统统赶走，把他们的土地用来放牧。"耶律楚材说："陛下将南征，需大量军费，如果让中原百姓安定，则田赋、商税以及盐、酒、铁、山泽等税，每年可得五十万两银、八万匹帛、四十余万石粮食，足供所需费用，怎能说对国家无用?"皇帝采纳了耶律楚材的意见。于是耶律楚材奏请设立燕京等十路征收课税使。辛卯年（公元1231年）秋，元太宗到达云中，十路都呈送仓库籍册与金银布帛，皇帝非常高兴地对耶律楚材说："你在我身边，就能使国用充足，南国的臣子有像你这样的吗？"耶律楚材回答说："那里的人都比我贤能，我没有什么才能，所以留在燕京。"元太宗很赞赏他的谦虚，当天任命耶律楚材为中书令，明确规定朝中大小事务都先报告他。耶律楚材还限制了高利贷盘剥。在此之前，州郡长官大多借用商人的银子偿还官钱，利息累积起来超过本钱好几倍，称为"羊羔儿利"，以至于妻子儿女沦为奴隶，仍不能全部偿还。耶律楚材奏请下令本钱、利息相当即可，并永远成为定制，民间百姓所欠钱债，由官府代为偿还。又下令统一衡器、量器，颁发符节、印信，确立钱钞制度，规定统一征收赋税制度，铺设书信传递通道，明确使用驿券，各种制度大体齐备，百姓才稍稍得到休养生息。

四是推行文治。《元史·耶律楚材列传》载，早在设立燕京等十路征收课税使时，耶律楚材就奏准，课税使正副官员全部任用读书人，像陈时可、赵昉等人都是宽厚长者，这是开蒙古国以文臣治天下风气之先。当元军攻克汴梁城后，耶律楚材又请求派人进入城中，寻找孔子后人，找到了孔子五十一代孙孙元措，奏请他袭封衍圣公，交给他孔林、孔庙的土地。耶律楚材又下令收容太常礼乐生，并且召请名儒梁陟、王万庆、赵著等，让他们阐释九经，为皇太子讲经。他又引导大臣子孙从师受业，讲解经义，让这些人了解圣人之道。在燕京设立编修所，在平阳设立经籍所，于是文治大兴起来。丁酉年（公元1237年），耶律楚材上奏说："制造器物一定要用能工巧匠，守住前人的基业一定要用儒臣。儒臣的事业，不积累几十年，恐怕难以成功。"皇帝说："果真如此，可封这样的人为官。"耶律楚材说："请考试选拔他们。"于是命令宣德州宣课使刘中到各郡主持考试，分为经、赋、论三个科目，儒人被俘获为奴隶的，也让他们参加考试，他们的主人如果隐匿他们不让参加考试，便将主人处死。这次考试录取儒士共四千零三十人，其中解除奴隶身份的占四分之一。

五是减省刑罚。《元史·耶律楚材列传》载，在元太宗刚刚平定中原时，百姓多有误犯禁令的，而国家却无宽赦的法令。耶律楚材奏请讨论颁布赦免法令。元太宗于是采纳他的意见，诏令庚寅年（公元1230年）正月初一以前发生的事不予治罪。还有，在蒙古军平定河南时，被俘人口中十之七八逃走了，元太宗于是下令："凡是收留和资助逃民的，杀其全家，同乡邻里亦治罪。”于是逃难的人不敢避居他人家中，大多饿死于路旁。耶律楚材进谏说：“河南既已平定，那里的百姓就是陛下的子民，逃走后又能逃到哪里？何必因为一个俘虏而使数十人乃至上百人遭到株连。”元太宗醒悟过来，下令废除原来的旨令。金朝灭亡时，唯独秦、巩二十多个州久攻不下，耶律楚材上奏说：“往前我们百姓逃避罪责，有一些就聚集到那里，所以他们才拼死抵抗，如果承诺不杀死他们，那些城池将不攻自破。”诏书下达后，这些地方都投降了。

耶律楚材“以儒治国”的举措，使蒙古国的政治、经济、文化等各方面都得到了发展。《元史·粘合重山传》载：“时耶律楚材为右丞相，凡建官立法、任贤使能，与夫分郡邑，定课赋，通漕运，足国用，多出楚材，而重山佐成之。”耶律楚材由于品德和才能卓越，还被称为“神人”。《元史·耶律楚材列传》载，丙申年（公元 1236 年）春天，诸王大聚会，元太宗亲自拿着酒杯赐饮，并对耶律楚材说：“我之所以诚心相待来任用你，是因为有先帝的遗命。没有你，中原难以安定。我之所以能高枕无忧，都是你的功劳。”西域各国以及南宋、高丽使者来朝见，说话多不诚实，元太宗指着耶律楚材说：“你们国家有这样的人吗?”这些使者都拜谢说：“没有。他差不多就是个神人啊!”元太宗说：“你们只有这句话不假，我也猜想你们那儿肯定没有这样的人。”《元史·耶律楚材列传》还载，耶律楚材长期主持国事，所得俸禄都分给了他的亲族，但从不屈从私情，授予他们官职。他一生清廉，去世时有人进谗言，说他在做宰相时，天下贡赋有一半到他家里。皇后乃马真命近臣麻里扎去调查，发现他家中十分清贫，只有十几张阮琴，以及古今书画、金石和生前所作诗文几千卷。

上面我们讲了耶律楚材“以佛治心，以儒治国”的实践。现在我们来对这句话进行阐释。

为什么说“以佛治心”呢？这是因为佛家在治心上有非常独到的见解，这是儒家、道家及其他诸子所不能及的。佛学实际上就是心学，佛法实际上就是心法。《大乘本生心地观经》中，佛言：“心清净故世界清净，心杂秽故世界杂秽。我佛法中以心为主，一切诸法无不由心。”实际上，无论是世间法，还是出世间法，都是“唯心所现，唯识所变”。《华严经·夜摩天宫偈赞品·觉林菩萨偈》中讲：**“心如工画师，能画诸世间。**五蕴悉从生，无法而不造。……若人欲了知，三世一切佛。应观法界性，一切唯心造。”我们看，心好像技能高超的画师，能画出一切世间的境界，“五蕴”（即色、受、想、行、识）也都从心所生。《楞严经·卷一》也讲：“诸法所生，唯心所现，一切因果、世界、微尘，因心成体。”这也表明，一切的境界，都是心所造出来的。所以，心这个概念在佛家居于至高无上的地位。

大家都知道，**我们每个人在人生中都有很多烦恼、痛苦，乃至空虚，即使是哲学家、思想家也免不了。对人之所以有烦恼痛苦这一问题，佛陀找到了症结所在，这就是因为人有心垢、心结、心秽。**

什么是心垢？汉译《南传大藏经·中部经典一·布喻经》指出，众生有十六心垢，即十六种能污染心灵的烦恼。它们是：不法欲（即不合理的贪欲）、忿（暴怒）、恨（愤恨、仇恨）、覆（掩盖错误）、恼（恼怒）、嫉（嫉妒）、悭（吝啬）、诳（虚伪、欺骗）、谄（谄媚）、刚愎（顽固，听不进别人意见）、急躁、报复心、慢、过慢（自认为比实际上强或比与自己同等者强）、憍慢（骄傲）、放逸。

什么是心结？《增一阿含经·卷六·利养品第十三》载，世尊指出众生有二十一心结。他说：“云何为二十一结？嗔心结，恚害心结，睡眠心结，调戏心结，疑是心结，怒为心结，忌为心结，恼为心结，疾为心结，憎为心结，无惭心结，无愧心结，幻为心结，奸为心结，伪为心结，诤为心结，憍为心结，慢为心结，妒为心结，增上慢为心结，贪为心结。”他还指出，如果有人有此二十一心结，其人必堕恶趣，不生善趣。世尊开示的对治心结的方法是“慈心、悲心、喜心、护心（即舍心）”，即“四无量心”。

什么是心秽？《中阿含经·卷二十三·水净梵志经》载，世尊遥见水净梵志来，因水净梵志故，告诸比丘：“若有二十一秽污于心者，必至恶处，生地狱中。云何二十一秽？邪见心秽、非法欲心秽、恶贪心秽、邪法心秽、贪心秽、恚心秽、睡眠心秽、掉悔心秽、疑惑心秽、嗔缠心秽、不语结心秽、悭心秽、嫉心秽、欺诳心秽、谀谄心秽、无惭心秽、无愧心秽、慢心秽、大慢心秽、憍傲心秽、放逸心秽。”

上述心垢、心结、心秽也可大致概括为六种心，即贪悭心、作恶心（如奸、伪、妒、嫉、欺诳等）、嗔恚心、放逸心、散乱心、愚痴心（如邪见、疑惑、慢、憍傲等）。从这里我们可以看到，世界上没有哪一家哲学像佛家这样对人心观察分析得如此精微细致，所以就此而言，论心法以佛为第一。**而人因为有心垢、心结、心秽，所以举凡人生皆有烦恼痛苦，上自王侯将相、达官贵人，下至平民百姓、士农工商，如果不通过修行，谁都不能从根子上去除。但佛之所以被称为天人之师、大医王，不仅因为佛是大慈悲，能度一切苦厄，而且还因为佛是智慧大师，有很多方法可以除心之垢、解心之结、洗心之秽。**这里我们简要介绍一下可以对治上述心垢、心结、心秽的“六波罗蜜”。所谓“波罗蜜”，就是到彼岸，到什么彼岸呢？到断除烦恼、出离轮回的彼岸。这个“六波罗蜜”，是菩萨道的纲领，无论是显宗，还是密宗，都极为重视。在密宗中，宗喀巴大师《菩提道次第广论》讲，修密乘必须修到“上士道”才能进行，而修得“六波罗蜜”才是“上士道”。这个“六波罗蜜”，又称为“六度”，即布施、持戒、安忍、精进、禅定、智慧。

所谓布施，梵语叫檀波罗蜜，对治的是贪悭心。据世亲菩萨《发菩提心经论·卷下·檀波罗蜜品》载，**布施有三种，第一是财布施，就是施舍财物。第二是无畏布施，就是当人起恐惧心，能使其不畏。第三是法布施，就是传道使之觉悟。三种布施中，法布施功德最大，因为这是续人之慧命。**《大乘起信论·修行信心分》中也讲：“云何修行施门？若见一切来求索者，所有财物随力施与，以自舍悭贪，令彼欢喜。若见厄难恐怖危逼，随己堪任施与无畏。若有众生来求法者，随己能解，方便为说。不应贪求名利恭敬，唯念自利利他，回向菩提故。”大家要注意的是，在布施中，又有一个“三轮体空”，也就是在三个方面不着相，在施者、受施者、所施之物都要空，而只有一颗悲悯心。

所谓持戒，梵语叫尸罗波罗蜜，对治的是作恶心。《地藏菩萨本愿经·如来赞叹品》载，佛说：“南阎浮提众生，举止动念，无不是业，无不是罪，何况恣情杀害、盗窃、邪淫、妄语，百千罪状。”这说明，人的作恶心太平常了。如何防止作恶？就是要持戒。《大乘起信论·修行信心分》中讲：“云何修行戒门？所谓**不杀、不盗、不淫、不两舌（不搬弄是非）、不恶口（不辱骂、不诅咒）、不妄言（不说虚妄不实之言）、不绮语（不花言巧语），远离贪（贪婪）、嫉（妒忌）、欺诈、谄曲（矫揉造作、掩饰自己的过错）、嗔恚、邪见**。若出家者，为折伏烦恼故，亦应远离愦闹，常处寂静，修习少欲知足。”戒有五戒，即不杀生、不偷盗、不邪淫、不妄语、不饮酒，还有八戒，即不杀生、不偷盗、不淫、不妄语、不饮酒、不香华鬘歌舞观听、不得坐卧高大华丽之床、不得非时食（即过午不食）。此外，《梵网经》还讲菩萨有十大重戒，即不得犯有杀戒、盗戒、淫戒、妄语戒、酤酒戒、说四众（即在家菩萨、出家菩萨、比丘、比丘尼）过戒、自赞毁他戒、悭戒、嗔戒、谤三宝戒。

所谓安忍，梵语叫羼提波罗蜜，对治的是嗔恚心。唐朝高僧寒山《寒山子诗》中讲："嗔是心中火，能烧功德林。欲行菩萨道，忍辱护真心。"《四十二章经》载："能行忍者，方可名为有力大人。"如何做到安忍？《大乘起信论·修行信心分》中讲："云何修行忍门？所谓应忍他人之恼，心不怀报，亦当忍于利、衰、毁、誉、称、讥、苦、乐等法故。"这里面讲了两层意思，**一层是对来自他人的怨害能忍辱，不生嗔恨之心、报复之心。另一层是对利、衰、毁、誉、称、讥、苦、乐等能安忍**，其中利（得财得利）、誉（名誉很好）、称（表扬赞美）、乐（适意快乐）为顺境，衰（损耗财产）、毁（毁谤中伤）、讥（冷嘲热讽）、苦（遭受侵逼）为逆境，**这八境如大风一样，能吹起众生心中的贪嗔烦恼波浪，因此称为"八风"。世间顺逆之境，不出此"八风"。而安忍就是要做到北宋文学家苏轼所说的"八风吹不动，端坐紫金莲"**。当然，安忍的最高境界就是"**无生法忍**"，也就是《金刚经》中佛所讲的"如我昔为歌利王割截身体，我于尔时，无我相、无人相、无众生相、无寿者相"，这说的是佛在前世修行时为忍辱仙人，被歌利王割截身体时，"四无相"，无一点嗔恨心。

所谓精进，梵语叫毗离耶波罗蜜，对治的是放逸心。《大般涅槃经·卷三十八·迦叶菩萨品》中讲："一切善法，不放逸为本。"《正法念处经·卷五十七》载："一切诸苦树，放逸为根本。是故欲离苦，应当舍放逸。"《佛遗教经》中讲："当勤精进。譬如小水常流，则能穿石。若行者之心数数懈废，譬如钻火，未热而息，虽欲得火，火难可得。"但是**人之所以不够精进，还因为是被外缘如富贵财色等给拖住了。《四十二章经》载，佛说人生有"二十难"，其中之一就是"豪贵学道难"。在这部经中，佛还说"财色于人，人之不舍，譬如刀刃有蜜"，简直太形象了。但是，人命无常，财色究竟过眼烟云**。《四十二章经》还载，佛问诸沙门："人命在几间？"有的回答说在"数日间"，有的说在"饭食间"，佛说未能得道。又问一个沙门，这个沙门回答"人命在呼吸间"，佛表示肯定。所以人之生命就在呼吸间，一口气没上来就没了。所以，要勤精进，心不懈退，立志坚强，要知道"此身不在今生度，更向何生度此身？"

所谓禅定，梵语叫禅那波罗蜜，对治的是散乱心。《华严经·卷三十七·十地品》载："一切智道常现于前，未尝散乱，是名禅那波罗蜜。"《大智度论·卷七十三·释转不退轮品第五十六之上》中讲："一心不散乱，尽摄诸善法。"心如果散乱，则万事难成，不仅出世间之事难成，而且世间之事也难成。诃梨跋摩《成实论·卷十二》中讲：**"散心者尚不能得世间经书工巧等利，何况能得出世间利；故知一切世间、出世间利，皆以定心故得。"**所以，禅定是非常重要的修行。关于禅定，六祖有一个著名的解释，他说：**"何名禅定？外离相为禅，内不乱为定。**外若著相，内心即乱。外若离相，心即不乱。本性自净自定，只为见境思境即乱。若见诸境心不乱者，是真定也。"（《六祖坛经·坐禅品》）也就是说，外不执著一切之相，这就是禅；内不乱起妄想杂念，这就是定。若外著相，那么内心会乱。若外不著相，心就不乱。本来自己的觉性是清净的，自己会生出定来，只因为见境思境，心就会乱。如果见到一切境界而心里不乱，才是真正的定。

所谓智慧，梵语叫般若波罗蜜，对治的是愚痴心（包括邪见心等）。《大般若经·卷一百七十二·赞般若品》中讲：**"五度如盲，般若如导。"**也就是说，如果没有般若引导，则前面布施、持戒、安忍、精进、禅定五度则是盲目的。《杂阿含经·卷十一》中讲："多闻圣弟子以智慧利刀，断截一切结、缚、使、烦恼、上烦恼、缠。"这里面，结，就是心结。使，"贪、嗔、痴、慢、疑"称为五钝使，"身见、边见、邪见、见取见、戒禁取见"称为五利使。缠，缠缚之义，因烦恼可缠缚修善之心，故称缠，无惭、无愧、嫉、悭、悔、睡眠、掉举（心念动摇）、昏沉、嗔忿、覆（掩盖错误），称为十缠。这句话告诉我们，**只有用智慧这个利刀，才能真正断绝心病和一切烦恼。要有智慧，必须博通三藏（即佛教的经、律、论）、经历世事，才能圆通无碍，方便度化众生。**《大乘起信论·修行信心分》还讲了修习观法，**即修习智慧的方法，要修习"无常观"、"苦观"、"无我观"、"不净观"、"大悲观"、"大愿观"、"精进观"及"止中修观"、"观中修止"。**

这六度，向内可对治上述六种心，称之为自利；向外又可利益众生，称之为利他。前五度修福德，第六度修智慧。所以，**这六度是自利利他，又是福德智慧双修（《优婆塞戒经·卷二·庄严品》中讲"菩萨具足二法，能自他庄严：一者福德，二者智慧"），更是戒定慧三无漏学具足。**

上面我们着重介绍了"以佛治心"，现在我们再来讲"以儒治国"。

在儒家经典“四书五经”中，比较系统地阐释治国大法的是“四书”中的《中庸》和“五经”中的《尚书》，分别讲述了九种治国的原则和大法。另外，在《论语》中也阐释了治政的“五美四恶”。我们在这里逐一讲述：

一是《中庸》中所讲的治国“九经”。《中庸》载，孔子说：“凡为天下国家有九经，曰：修身也，尊贤也，亲亲也，敬大臣也，体群臣也，子庶民也，来百工也，柔远人也，怀诸侯也。”也就是说，**治理天下和国家有九条大原则：第一是修正自身，第二是尊敬贤人，第三是亲近亲族，第四是敬重大臣，第五是体恤群臣，第六是爱护民众，第七是鼓励工匠，第八是安抚边远的人，第九是怀柔诸侯**。孔子还解释说：“修身，则道立。尊贤，则不惑。亲亲，则诸父昆弟不怨。敬大臣，则不眩。体群臣，则士之报礼重。子庶民，则百姓劝。来百工，则财用足。柔远人，则四方归之。怀诸侯，则天下畏之。”也就是说，修正自身则能确立正道；尊崇贤人则不会被迷惑；亲近亲族则不会让叔伯及兄弟怨恨；敬重大臣则不会遇事无措；体恤群臣，士人就会尽心报效；爱民如子，百姓就会劝服；招纳工匠，财用就会充足；优待远客，四方就会归顺；安抚诸侯，天下的人都会敬畏。那么如何做到这九条大原则所讲的呢？穿戴庄重整齐的盛装，不符合礼的事坚决不做，这样来修正自身；远离谗佞小人和女色，轻财物而重德行，这样来尊崇贤人；提高亲族的地位，使他们俸禄优厚，与亲人的爱憎好恶保持一致，这样来亲近亲族；为大臣设置众多的属官以供使用，这样来敬重大臣；真心诚意地任用百官，给予重禄，这样来体恤群臣；使用民力不违农时而又薄收赋税，这样来爱民如子；经常视察考核，按劳付酬，使授予的禄粮同工作绩效相匹配，这样来招纳工匠；来时欢迎，去时欢送，嘉奖有才能的人，救济有困难的人，这样来安抚边远的人；延续绝后的家族，恢复已废弃的国家，有混乱就帮助治理，有危险就加以扶持，按时接受朝聘，厚礼相送而薄收贡品，这样来抚慰诸侯。以上就是治理天下和国家的九条原则。

二是《尚书》中所讲的治国“九畴”。《尚书·洪范》记载了殷之大贤箕子所讲的九种治国的大方略。当时，周武王拜访殷之大贤箕子请教治国之道，箕子回答说：“我听说从前鲧用堵塞之法治理洪水，将水火木金土五行的次序扰乱了。上天大怒，没有把九种治国大法给鲧，治国安邦的常理遭到了破坏。鲧在流放中死去，禹起来继承父业，上天于是就把九种大法赐给了禹，治国安邦的常理因此确立起来。”箕子接着说出了这九种治国大法：“第一，五行，即水、火、木、金、土（大禹就是顺五行之性，取得治平水土的功绩的）；第二，恭敬地做好五件事，即仪容要恭敬，言论要合乎道理，观察要明白，听闻要聪敏，思考要通达；第三，努力做好八项政务，即农业、财货、祭祀、工程、教化、司法刑狱、诸侯朝觐、军事；第四，符合天时的五种记时方法，即年、月、日、星辰、历法；第五，建立至高无上的治理原则，这个原则要求用五福普遍赐予广大民众，不虐待无依无靠的人，也不惧怕显宠的贵族，选用‘有猷、有为、有守’即有方略、有作为、有操守的平民，遵循中道的准则，没有私心，公平公正，‘无偏无党，王道荡荡；无党无偏，王道平平；无反无侧，王道正直’；第六，推行三种治理臣民的方式，即‘一曰正直，二曰刚克，三曰柔克’；第七，运用卜筮考稽疑难进行决策（《元史·耶律楚材列传》载，耶律楚材就非常精通卜算之学，元太祖每次征讨都要命耶律楚材卜问凶吉）；第八，考虑各种征兆（《元史·耶律楚材列传》载，己卯年（公元1219年）六月，元太祖成吉思汗西征讨伐回回国。出兵那天，天降大雪，深达三尺，元太祖犹豫不决，耶律楚材说：‘冬天的云气在炎热的夏天出现，这是克敌的象征。’第二年冬天，天空响起惊雷，太祖又问耶律楚材是何征兆，他回答说：‘回回国的君主当死去。’这些预言都应验了；第九，用五福即‘寿、富、康宁、攸好德、考终命’来奖励，用六极即‘凶短折、疾、忧、贫、恶、弱’来惩罚。”这就是著名的“洪范九畴”（洪是大的意思，范是范式、法则的意思）。

《尚书·洪范》是中国历史上治国之策的第一名篇，是历代有为的执政者必看的篇目。这个名篇涉及阴阳五行、政事、天文历法、修身行为、治理法则、民之祸福等内容，直接来源于中国人的生活实践。九畴中，居于核心地位的是第五项“建用皇极”，首次提出了“公平正义”的政治哲学，阐述了“王道公平正直”的中华传统文化。

三是《论语》中所讲的“五美四恶”。《论语·尧曰》载，子张问孔子说：“怎样才可以治理政事呢?”孔子说：“尊重五种美德，排除四种恶政，这样就可以治理政事了。”子张问：“五种美德是什么?”孔子说：“君子要给百姓以恩惠而自己却无所耗费；使百姓劳作而不使他们怨恨；要追求仁德而不贪图财利；庄重而不傲慢；威严而不凶猛。”（原文是‘君子惠而不费，劳而不怨，欲而不贪，泰而不骄，威而不猛’。）子张说：“什么是给百姓以恩惠而自己却无所耗费呢？”孔子说：“顺着百姓所能得到利益之处而让百姓去获得利益，不就是使百姓得到好处而自己却无所耗费吗？选择可以让百姓劳作的时间和事情让百姓去做，百姓怎会怨恨呢？希望实行仁义而得到了仁义，还贪求什么财利呢？君子无论多少，势力大小，都不敢轻慢，这不就是庄重而不傲慢吗？君子衣冠端正整齐，目光神色都郑重严肃，目不斜视，使人望而敬畏，这不就是庄重威严而不凶猛吗？”子张又问：“什么叫四种恶政呢？”孔子说：“不经教化便加以杀戮叫作虐；不加告诫便要求成功叫作暴；很晚下令却要求限期完成叫作贼；同样是给人东西却出手吝啬，叫作有司。”（原文是‘不教而杀谓之虐；不戒视成谓之暴；慢令致期谓之贼；犹之与人也，出纳之吝谓之有司’。）这个“五美四恶”是孔子治国思想的部分要领，包含了中道思维和民本思想，有着非常重要的价值。

此外，《论语·学而》中还记载了孔子治理大国方略的要点。孔子说：**“道千乘之国，敬事而信，节用而爱人，使民以时。”**这里面，“千乘之国”就是诸侯大国。孔子这句话告诉我们，治理大国，要做到三点：第一点是“敬事而信”。因为，国之大事，在“祀”与“戎”，即战争和祭祀，大事必须以一种恭敬的态度去对待，要做到有公信力。第二点是“节用而爱人”。就是节约费用，不要铺张浪费，要珍惜民力而爱护百姓。第三点是“使民以时”。就是政府让百姓服劳役，如治水修渠等，要安排在农闲时，而不可以在农忙时。

从以上也可以看出，儒家治国的核心就是实行“**王道仁政**”。什么是“王道仁政”？根据孔子，孟子等儒家理论，我们将“王道仁政”的内容，归纳为**“一本六治”。所谓“一本”，就是以民为本。《尚书·五子之歌》中讲“民为邦本，本固邦宁”。这个以民为本便是儒家的特色。所谓“六治”，就是“德治”、“礼治”、“贤治”（即选用贤能之人治理）、“教治”（即推行教化治理）、“和治”（即实行和谐治理）、“中治”（即用中道的思维和方式治理）这六种治国之道**。这六治在很多典籍中我们都可以看到，这里就不再赘述。另外，**儒家治国并不完全排斥“刑治”**。如《尚书·舜典》上载：“象以典刑，流宥五刑，鞭作官刑，扑作教刑，金作赎刑。眚灾肆赦，怙终贼刑。”意思是，舜帝又在器物上刻画五种常用的刑罚，用流放的办法宽恕犯了五刑的罪人，用鞭打作为官的刑罚，用木条打作为学校的刑罚，用铜作为赎罪的刑罚。因过失犯罪，就赦免他；有所依仗不知悔改，就要施加刑罚。《尚书·吕刑》对刑治也有记载。

以上我们讲述了“以儒治国”的一些情况。**我们讲以儒治国，并不能否定儒家在治心方面的卓越建树**，比如《尚书》中所讲的“人心惟危，道心惟微，惟精惟一，允执厥中”十六字心法；《大学》中的“知止而后有定，定而后能静，静而后能安，安而后能虑，虑而后能得”及“诚意正心”；《中庸》中的“慎独”。还有曾子的“吾日三省吾身”、孟子的“四心、四端”，宋朝理学家的“存天理，灭人欲”，明朝王阳明的“致良知”，这些都是儒家在治心上独到的地方。

同样，**我们讲“以佛治心”，并不能认为佛家在治国上就没有可取之处**。北宋高僧契嵩说：“**儒、佛者，圣人之教也**。**其所出虽不同，而同归乎治**。**儒者，圣人之大有为也；佛者，圣人之大无为也**。**有为者以治世，无为者以治心**。”实际上，治心看似只是心性修养，实则关系到治国治天下之道。因为只有人心纯正，社会才太平。《西游录·卷下》载，耶律楚材说“三圣人教皆有益于世者”，三教处方不同，药效一样，“佛教以能仁、不杀、不欺、不盗、不淫、因果之诫化其心，以老氏自俭自然之道化其迹，以吾夫子君君、臣臣、父父、子子之名教化其身。使三圣人之道若权衡然行之于世，则民之归化，将若草之靡风，水之走下矣”。**佛教教人能仁、不杀、不欺、不盗、不淫，要人懂得善恶因果报应，从内心修正自己，这对治国治天下大有好处，所以，在治国方面，佛教看似无为，实则“无为而无不为”**。

时至今日，耶律楚材“以佛治心，以儒治国”仍然非常值得我们学习借鉴。现代社会，随着物质化、现实化、功利化的演进，人们逐渐失去安身立命之本，精神上的问题越来越多，很难有幸福感，因此，我们确实需要“以佛治心”，以让我们真正离苦得乐。同时，现代社会新事物、新问题层出不穷，而且每件事、每个环节都很重要，稍一忽视，便因环环相扣而影响整体，因此，时代也迫切需要“以儒治国”（当然还要兼用道家、法家等的治国方式），以便行王道仁政，以“安百姓”，使天下太平。

第三十三讲　朱柏庐治家传世

说起朱柏庐这个人，很多人未必知道，但是提到《朱子家训》，则众所周知。朱柏庐就是《朱子家训》的作者。朱柏庐就是因这部《朱子家训》而名传于世的。这部《朱子家训》充分体现了朱柏庐治家的思想，自清朝初年问世以来，为中华民族各阶层津津乐道，几百年间都是儿童启蒙教育必读科目之一，被后世誉为“治家之经”，堪称中华民族治家的典范。

我们先简要介绍朱柏庐。朱柏庐，名用纯，字致一，自号柏庐，出生于明朝末年，清朝入关后居乡间潜心理学，康熙皇帝曾多次征召，但他没有应召，而是隐居民间教授学生，同时著书立说，著有《四书讲义》、《朱子家训》等，其中以《朱子家训》最负盛名。

《朱子家训》又叫《朱子治家格言》，正文仅五百一十八字，以警句箴言的形式讲述了治家之道，不仅文字简练优美，而且全文押韵，读起来朗朗上口。这个《朱子家训》，历三百年而不衰，而且几乎到了家喻户晓的地步，流传之广超过历代家训中的任何一部。我们对《朱子家训》全文逐句进行阐释，以便了解朱柏庐先生治家的内涵：

“黎明即起，洒扫庭除，要内外整洁。既昏便息，关锁门户，必亲自检点。”意思是，每天黎明就要起床，洒扫庭院，使庭堂内外整洁；到了黄昏便要休息，并亲自检验查看一下要关锁的门户。这是每天早晚必修之课，这个意义在于让家人保持勤奋而不懒惰，保持劳动的好习惯，同时还要注重家中的安全。

“一粥一饭，当思来处不易。半丝半缕，恒念物力维艰。”就是说，对于一顿粥或一顿饭，都应当想着它们来之不易；对于穿着衣服的半根丝或半根麻，也都要常念着这些物力获得的艰难。这个意义在于珍惜劳动成果，如果浪费粮食，暴殄天物，那也是极大的罪过。拿“一粥一饭”来说，我们小时候都会背诵一首诗，就是唐朝李绅《悯农二首》（也作《古风二首》）之一的“锄禾日当午，汗滴禾下土。谁知盘中餐，粒粒皆辛苦”，反映了盘中餐的来之不易。像我们吃的稻米，在实行机械化生产之前，须经历这么一个过程：秋冬时贮藏谷种，春天耕田引水，开始撒播，待播的谷种长成秧苗后就需要插秧，插完后还要时常清除秧苗间的稗草，防治害虫，注意保持秧苗所需的肥料、水分。秧苗长成稻子后，要起早摸黑收割，割完了要把稻穗上的稻谷从田里挑回家，放在太阳下晒干，并去除谷中的杂物，然后碾出稻米去壳，用筛子筛除米糠，剩余的米才可以进锅变成盘中餐。在这个过程中，农民面朝黄土背朝天，日出而作，日落而息，不知要付出多少劳动。所以，一定要想着粮食的来之不易。

“**宜未雨而绸缪，毋临渴而掘井**。”意思是，凡事先要准备，像还未下雨之前，要修缮好房屋，不要等到口渴了才来挖井。《中庸》里面讲：“凡事豫则立，不豫则废。”即做事要有准备才能成功，如果临时抱佛脚，肯定是不行的。

“**自奉必须俭约，宴客切勿流连。器具质而洁，瓦缶胜金玉。饮食约而精，园蔬胜珍馐。勿营华屋，勿谋良田**。”就是说，自己生活上必须节约，聚会在一起吃饭切勿流连忘返。餐具质朴而干净，虽是用泥土做的瓦器，也比金玉制的好；饮食节约而精美，虽是园里种的蔬菜，也胜于山珍海味。不要建造华丽的房屋，不要谋求良好的田园。这个意思就是要克制自己，节俭持家，不要追求奢侈和虚荣。

“**三姑六婆，实淫盗之媒。婢美妾娇，非闺房之福。奴仆勿用俊美，妻妾切忌艳妆**。”意思是，三姑六婆这些不正派的女人，都是邪淫和盗窃的媒介；美丽的婢女和娇艳的姬妾，不是家庭的幸福。家僮、奴仆，不可选择相貌俊美的，妻、妾切不可有艳丽的妆饰。这个意思是要注意修身，不要与三姑六婆这些人来往，而且要注意选择奴仆，如果太俊美了，面临诱惑的风险也就更大。妻妾也是如此，如果有艳妆，也容易让人起不良之心。

“**祖宗虽远，祭祀不可不诚。子孙虽愚，经书不可不读**。”就是说，祖宗虽然离我们年代久远了，祭祀却要虔诚；子孙即使愚笨，经书却不能不读。为什么祭祀祖宗要虔诚呢？祭祀是古代最重要的大事之一，对一个国家来说是如此，对一个家庭来说也是如此。孔子曾说：“**祭神，如神在**。”（《论语·八佾》）祭祀祖宗也是这样。虔诚祭祀有助于培养品德，《论语·学而》载，曾子说“**慎终追远，民德归厚矣**”，就是这个意思。为什么子孙要读经书呢？经书是记载圣贤之道的，过去讲“**非读书不能入圣贤之域，非积德不能生聪慧之儿**”，所以多读经书，哪怕记住其中的几句，一生中坚持践行下去，那也是不得了的。所以，无论子孙多么愚笨，也要种下经书的种子。

“**居身务期质朴，教子要有义方**。”意思是，自身务必做到保持本质，朴实淳厚，以做人的正道来教育子孙。像《三字经》就讲：“**窦燕山，有义方。教五子，名俱扬**。”说的是五代时的窦燕山（即窦禹钧）曾经大建书房，聘请老师，来自四方的学生求学皆给予免费，这也是积大德、行大道。后来他的五个儿子都登科及第，“五子登科”说的就是他家。什么是义方？下文就是。

“**勿贪意外之财，勿饮过量之酒。与肩挑贸易，勿占便宜。见贫苦亲邻，须多温恤**。”就是说，不要贪意外之财，不要喝过量的酒。和那些肩挑小贩们做买卖，不要占他们的便宜。见到穷苦的亲戚邻居，要关心体恤帮助他们。像这样存心的人，就是一个保持本分的人，一个保持清醒的人，一个保持慈悲的人。所以，这是“义方”，也就是正道。

“**刻薄成家，理无久享。伦常乖舛，立见消亡**。”意思是，待人刻薄而发家的，绝不可能有长久享受的道理。行事违背伦理常情的人，很快就会消灭。刻薄的人比如战国时秦国的商鞅，虽享有富贵，后来被“五马分尸”，所以其家不可能长久。而违背伦常的，即不符合“父子有亲，君臣有义，夫妇有别，长幼有序，朋友有信”之五伦的，更是不能长久。

“**兄弟叔侄，须多分润寡。长幼内外，宜法属辞严。听妇言，乖骨肉，岂是丈夫。重资财，薄父母，不成人子。嫁女择佳婿，毋索重聘。娶媳求淑女，毋计厚奁**。”就是说，兄弟叔侄之间要互相帮助，富有的要资助贫穷的；一个家庭要有规矩，长辈对晚辈言辞应庄重。听信妇人挑拨，而违背骨肉之情，哪里配做一个大丈夫呢？看重钱财，而薄待父母，称不上为人子。嫁女儿，要为她选择人品好的夫婿，不要索取贵重的聘礼；娶媳妇，须求贤淑的女子，不要计较嫁妆的丰厚。上述就是在治家实践中的具体经验和做法，非常有道理。

“**见富贵而生谗容者，最可耻。遇贫穷而作骄态者，贱莫甚**。”意思是，见到富贵的人，便露出谄媚巴结讨好之相的人，是最可耻的；遇着贫穷的人，便作出骄傲了不起的态度，是最鄙贱的。实际上，不少人都是这样，太过势利，所以应当遭到鄙薄。

“**居家戒争讼，讼则终凶。处世戒多言，言多必失**。”就是说，居家过日子，切忌与人产生争斗诉讼，诉讼无论胜败，结果都不吉祥。处世不可多说话，说多了必然会有失误。对于前一句，《易经·讼卦》的卦辞讲

“终凶”，而孔子最赞成的是“无讼”（《论语·颜渊》）。对于后一句，《金人铭》曾告诫我们要“**三缄其口**”，因为“**长傲、多言**”**是聪明人、有知识的人常犯的毛病**，这个行为本身就惹人不高兴，何况言多不免会有失误之处，所以北宋文学家黄庭坚《赠送张叔和》一诗中说：“**百战百胜不如一忍，万言万当不如一默**。”

“**毋恃势力而凌逼孤寡，勿贪口腹而恣杀生禽**。”前一句意思是，不可倚仗势力而欺凌压迫孤儿寡妇。我们常看见，有的人没有富贵时是一副嘴脸，有钱有势时又是另外一副嘴脸，清代文学家曹雪芹《红楼梦》第五回描述迎春丈夫孙绍祖用了一句话，“**子系中山狼，得志便猖狂**”，说的就是这种人。生活中这种人确实不少，他以前的那副嘴脸可能是装的，一旦地位变了就会欺侮别人。所以这里特别提出不要欺负孤儿寡妇，因为孤儿寡妇是第一等可怜人。后一句意思是，不可贪口腹之欲而任意地宰杀动物。《礼记·王制》中讲：“**诸侯无故不杀牛，大夫无故不杀羊，士无故不杀犬、豕，庶人无故不食珍**。”孟子也曾说过：“君子之于禽兽也，见其生，不忍见其死；闻其声，不忍食其肉。是以**君子远庖厨**。”（《孟子·梁惠王上》）从这里可以看出，古代对杀牛羊等是非常慎重的，一般是祭祀时才用，像鸡鸭等也不能为了想吃就杀，通常是来了贵客才这样做，为了自己贪食而杀生，万万要不得。而君子常常不忍心杀生，所以他们远离厨房。

“**乖僻自是，悔误必多。颓惰自甘，家道难成**。”前一句是说，性格乖僻、自以为是的人，做错事和懊悔的必定会很多。《论语·子罕》载：“**子绝四：毋意、毋必、毋固、毋我**。”就是说，孔子杜绝四种毛病：不主观猜测、不绝对肯定、不拘泥固执、不自以为是。这里面就有一个不自以为是，因为自以为是的人，听不进别人的意见，而自己往往只看到事物的一面，所以做起事来往往会失误。后一句是说，颓废懒惰，不思进取，是难以成家立业的。人最怕的是不上进，假如自己甘愿这样，那谁都难救得了他。实际上，**人在上进时，往往是孤独的；而颓废堕落，往往是因为喜欢喧闹。所以，很多人不愿上进就是这样，吃不了苦，耐不了寂寞**。这样的话，家道就难以兴旺起来。

“**狎昵恶少，久必受其累。屈志老成，急则可相依**。”前一句意思是亲近不良的少年，久了必然会受连累。为什么这样说呢？恶少常常做吃、喝、嫖、赌、毒的事，而人性是有弱点的，很容易学坏，所以亲近恶少难免会跟着干坏事，即使自己不干坏事，恶少出了事需要你帮助，你帮不帮？所以必然会受牵累。后一句意思是虚心地与那些阅历多而善于处事的老成人交往，遇到急难的时候，就可以依靠他们。过去我们常常说“**老成谋国**”，因为世界上很多事，理论的东西、道理上的东西大家都懂，但是如何运用得好却非要那些实践经验丰富的人不可，因为他们体会很深。明朝大思想家王阳明曾说：“**知就是行，行就是知，知而不行，是为不知。**”就是说知与行是一回事，很多人自以为知道，但由于没有行，他就体会不深，体会不深，那么这个知就是假的，还等于不知。所以，只有知行合一的这种老成人，熟悉具体的窍门在哪里，才能正确地给予帮助指点。

“**轻听发言，安知非人之谮诉，当忍耐三思。因事相争，安知非我之不是，须平心遭暗想。**”前一句是说，不要轻信别人的话，因为怎么知道是不是来说人坏话的呢？因此应当忍耐再三思考。俗话说：“哪个人前不说人，谁人背后无人说。”有没有人前不说人的？有，真正的修行人才能做到。但是生活中都是张三说李四，李四说张三，因为人非圣贤，又不能完全符合每个人的意，所以必然有人会说，这个时候一定要进行分析思考，到底事情的来由是什么，别人来说的目的是什么，只有保持审慎的态度，才能弄清真相。尤其处在家庭骨肉之间，更要注意。后一句是说，因事相争，怎么知道不是我的过错？因此要平心静气地反省自己。**这个平心静气相当重要，站在双方的角度来看问题，就不会产生太多的矛盾**。在家庭中，因为琐事而争吵是很平常的事，有些事是很难讲清谁对谁错的，只要不是大原则的问题，让一让、缓一缓、放一放也就过去了。

“**施惠勿念，受恩莫忘。**”意思是给了别人恩惠，不要心里念念不忘；受了他人的恩惠，一定要常记在心。早在战国时，就有人说过类似的话。《战国策·魏策四》载，唐雎对信陵君无忌说：“**人有德于我也，不可忘也；吾有德于人也，不可不忘也。**”信陵君认为这是一句非常值得谨记的教诲。这句话也符合佛道思想，因为佛家讲究“**不住相而布施**”，道家则讲“**不自伐，故有功；不自矜，故长**”（《道德经》第二十二章）。所以这句话也是我们做人的大道理。如果一个人施恩常记在心上，常挂在嘴上，这个恩也就淡化了；而知恩报恩则是中华民族的传统，受人滴水之恩，当以涌泉相报。

“**凡事当留余地，得意不宜再往。**”就是说，无论做什么事都要留有余地，得意以后就要知足，不宜再进一步。这句话也是人生的大道理。南宋的参知政事王伯大，自号“留耕道人”，曾有一个“四留铭”，即“**留有**

余不尽之巧以还造化，留有余不尽之禄以还朝廷，留有余不尽之财以还百姓，留有余不尽之福以还子孙”，这个“四留铭”所体现的就是“凡事当留余地”。而“得意不宜再往”，也有留余地之意，要留有余地，否则福享尽了、势倚尽了，那就会转得意为失意，转福为祸。所以得意之后再往前一步即是深渊。

“**人有喜庆，不可生妒忌心。人有祸患，不可生喜幸心**。”意思是，他人有了喜庆之事，不可有妒忌之心；他人有了祸患，不可有幸灾乐祸之心。有些人有一种不好的心理，就是看见别人好了，有喜事了，心里就不高兴，甚至认为凭什么好运会降到他身上，严重的还会干“损人不利己”的事，而别人有祸患了，就很高兴，没有一种慈悲心。所以，朱柏庐提出了这个底线要求。佛家讲，人有喜庆，我们要随喜，人有祸患，我们要同悲。这个境界层次更高。

“**善欲人见，不是真善。恶恐人知，便是大恶**。”就是说做了好事，而想他人看见，就不是真正的善。做了坏事，而怕他人知道，就是真正的大恶。我们讲，在善与恶中，有真善、伪善，有阳善（也称阳德）、阴善（也称阴德）、阳恶、阴恶。真善，是出自真心而为的善，伪善是做给别人看的善。阳善、阳恶都积不住，来得快，报得也快，阳善可能会立刻就得到赞扬、荣誉等，而阳恶可能会立刻就得到贬斥、耻辱甚至受到惩罚。而阴善、阴恶都积得住，因为不为人所知，但天地鬼神知道，所以阴善，即积阴功、阴德，为天地鬼神所助，能得到后报，甚至能福及子孙；阴恶，为天地鬼神所忌，也会得到后报，甚至能祸及子孙。所以，阴善，是大善；阴恶，是大恶。像“善欲人见”，实际上是伪善；“恶恐人知”，实际上是阴恶。我们知道这些道理，就知道善恶之间如何分辨了。

“**见色而起淫心，报在妻女。匿怨而用暗箭，祸延子孙**。”前一句是说，看到美貌的女性而起邪心的，报应会在自己的妻子儿女身上。好色是人的本性，孔子曾说过：“饮食男女，人之大欲存焉。”（《礼记·礼运》）又说：“吾未见好德有如好色者也。”（《论语·子罕》）但是这个欲望必须节制，如果任由发展，社会就乱套了，所以后来就发明了婚姻制度。应当说，**婚姻制度是人类社会伟大的发明，不仅保证了后代子孙的素质，而且也规范了伦常，更是维护了社会秩序**。我们讲，有些人违反婚姻制度，特别是像男女关系较混乱时，很容易出现问题。什么问题呢？比如男人出轨，他的心思在外面，这种现象迟早会被他的妻子发现，妻子必定会伤心，由于女人本身就好奇，加上对丈夫出轨有怨恨心，有的会主动报复，有的则在别人的引诱下做出越轨的事。而女儿在这种环境下长大，也难免会学坏。所以，男人千万别出轨，否则报应就在妻女，整个家庭就毁了。而男人出轨的源头就是“见色而起淫心”，所以要从源头把它隔断。下一句是说，怀怨在心而暗中伤害人的，将会给自己的子孙留下祸根。明末清初理学家张履祥《训子语》中讲：**“做人最忌是阴恶，处心尚阴刻，作事多阴谋，未有不殃及子孙者。”**为什么呢？“匿怨而用暗箭”是阴恶，是大恶，我们在上面讲了阴恶为天地鬼神所忌，是得到后报，甚至能祸及子孙。

“家门和顺，虽饔飧不继，亦有余欢。国课早完，即囊橐无余，自得至乐。”这里面，饔是指早餐，飧是指晚餐，国课是指国家的赋税，囊橐是指口袋。前一句是讲，家里和气平安，虽缺衣少食，也觉得快乐。为什么呢？人生一世，家庭是重要的港湾，人的一生二分之一至三分之二的时间是在家里，如果家门和顺，将会少很多烦恼。人对衣食之用等基本物质的需求其实很容易满足，只是被贪婪的本性给弄得欲望太大，导致烦恼太多。如果在这方面有充分的认识，不太在意衣食之欲、功名之欲、攀比之欲，人将会活得更快乐些。后一句是讲，尽快缴完国家的赋税，即使口袋所剩无余也自得其乐。为什么呢？像明朝朱元璋时，有一位大臣说“**畏法度者快乐**”，确实如此啊，对一个普通百姓来说，早日缴完赋税是遵守了国家的法度，同时也是为国家做了贡献，心里很踏实，人心一安就会自得其乐。

“读书志在圣贤，为官心存君国。”这两句是名言。前一句是讲读书是为了成为圣贤。明代大儒王阳明就说过，**读书不只是为了科举及第，做圣贤才是读书第一等事**。这告诉我们读书是为了致知，是为了正心，是为了修身。如果读书志在做圣贤，这比读书为了获取功名富贵的境界高出何止百倍。可叹的是，不少人读书的目的很功利，离开了这个志向。如果人品坏了，而其才越高，则对社会危害越大。所以，**“读书志在圣贤”告诉我们，读书最重要的是为了提升人品**。后一句讲，作为一个官员，要有忠君爱国的思想。忠君，在古代也是一个基本要求，但前提是这个君不是暴君、昏君。按照孟子的说法，无道的暴君、昏君不是君，而是“独夫”，是可以讨伐的。但是只要这个君主还可以，就应当忠于他。**佛家讲的“四重恩”，其中有一个就是“国王恩”。爱国，自然更不必说，如果国家不**

安了，谁也别想过太平日子。可叹的是，有些人是“千里做官只为财”，“当官不发财，请我都不来”，所以一当官，就贪污受贿，就生活腐化，全为了一己或一家之私利，没有半点为国之心。**享有国家俸禄的官员，一定要心存君国，也一定要心存百姓，为国为民办实事，这才不辱没“为官”这两个字**。

“**守分安命，顺时听天**。”前一句意思是守住本分，安于命运。对“守分”，我们很赞成，因为不守本分，干出越轨的事，就会出问题。对“安命”，我们要分析，我们讲过，安命的都是凡夫俗子，圣贤英雄不会安命。像明朝袁了凡先生就通过积德改变了命运。后一句意思是顺应时势，听从天意。所谓英雄创造时势，这的确很艰难，我们绝大多数人还是当顺应时势。而听从天意也是必须的，但这也有个前提，就是“尽人事”，如果你连做都没有去做，在那里坐等天意也是不对的，所以诸葛亮说过：“**谋事在人，成事在天**”。

“**为人若此，庶乎近焉**。”意思是，如果能够按照上面所说的做人，那就接近圣贤做人的道理了。

我们对《朱子家训》就简单地介绍到这里。实际上，朱柏庐在另外一篇《劝言》中也提到四件大事：一是“孝悌”，二是“勤俭”，三是“读书”，四是“积德”。这四件事，最值得我们留意，这也说明朱柏庐深得治家之精义。此外，关于如何治家、兴家、传家，有两位学者总结得很好。一是明朝吕坤《孝睦房训辞》中讲的“**传家两字，曰读与耕；兴家两字，曰俭与勤；安家两字，曰让与忍；防家两字，曰盗与奸；亡家两字，曰淫与暴**”；一是清朝金缨《格言联璧·齐家类》中讲的“**勤俭，治家之本；忠孝，齐家之本；谨慎，保家之本；诗书，起家之本；积善，传家之本**。”

我们中华民族有一个很大的特色，就是家庭文化。家庭在中华民族的历史长河中所起的生养、教育、传承之功能，确实世所罕有。西方国家的公民多信仰基督教，个人可以直接和上帝对话，孩子长大成人后便独立生活，因此他们不是很注重治家。而中国因为受传统宗法社会的影响，加上儒家《大学》中所讲的“修身齐家治国平天下”的影响，所以非常重视治家。由此而形成的家训成为文化上独特而亮丽的风景线。下面我们分类介绍一下中国古代的家训：

第一，帝王家训。自从“公天下”被“家天下”代替后，帝王是

“化国为家”。为了保证其子孙享国长久，他们非常重视对子女特别是继承人的教育。因此帝王家训的特征是，不仅包含有修身治家的内容，更有治国理政的内容。历史上较为有名的帝王家训有不少，比如大禹家训，其中的两条即“民众只可以亲近，不可以疏远。民众是国家的根本，根本坚固国家才能安宁”和“在内迷惑于女色，在外迷恋于游猎，沉湎于美酒音乐，建设高大的宫殿、绘饰宫墙，这几种情况如果染上一种，没有不亡国的”（《尚书·五子之歌》），非常有教育意义。又如李世民家训，主要体现在**《帝范》中，这本书既是帝王治家之教，也是帝王治国之教，记载了他一生的执政经验，被称为“中国伟大帝王的沉思录”**。**在西方国家也有一部著名的帝王沉思录，这就是古罗马帝王马可·奥勒留所著的《沉思录》。这两本书都非常值得关注**。再如康熙家训，主要体现在《庭训格言》中。这个《庭训格言》是雍正皇帝于即位的第八年（公元1730年）追述其父康熙皇帝在日常生活中对诸皇子的训诫而编写的，共二百四十六则。

第二，名臣家训。在中国历史上，涌现了很多名臣的家训，这些家训有非常独到的地方，值得我们记取。这里也列举一些，比如周公家训。《史记·鲁周公世家》载，周公告诫儿子伯禽说：“我是文王之子，武王之弟，成王之叔父，在全天下人中我的地位不算低了。但我却洗一次头要三次握起头发，吃一顿饭要三次吐出正在咀嚼的食物，起来接待贤士，这样还怕失掉天下贤人。你到鲁国之后，千万不要因有国土而骄慢于人。”可以看出，周公的家训主要是礼贤下士和谦逊做人。又如诸葛亮家训。诸葛亮《诫子书》载：“夫君子之行，静以修身，俭以养德，非淡泊无以明志，非宁静无以致远。夫学须静也，才须学也，非学无以广才，非志无以成学。”这主要教育孩子要宁静俭朴，要淡泊名利、明确志向，努力学习、增长才智。再如包拯家训。包拯，即包公，在民间特别有名，是中国历史上最有名的清官。南宋吴曾的笔记《能改斋漫录·卷十四》载，《包孝肃公家训》云：“后世子孙仕宦，有犯赃滥者，不得放归本家；亡殁之后，不得葬于大茔之中。不从吾志，非吾子孙。仰珙刊石，竖于堂屋东壁，以昭后世。”珙，是包公之子包珙。包公告诫自己的子孙，如果有从政而贪赃枉法的，不得进入家门，死后不得葬入祖坟之中。不照我家训办事，便不是我的子孙。而且交代儿子包珙，要将此家训勒石碑，竖立于堂屋东壁，借以告诫后世。这主要告诫子孙要清廉为政。

第三，平民家训。在中国古代，不唯帝王、名臣等有家训，平民中也有很多好的家训。比如清代石成金（字天基，主要生活在康熙、雍正年间，一生未仕）所著的《传家宝》。《传家宝》是一部劝世之书，其特点是通俗易懂。在第一集的俚言中，他特别强调十件事，即事亲、敬上、和妻、教子、治家、待人、重儒、安分、行善、戒恶。他还说，这十件事，“若能依得的就是实在善事，若或不依的就是不行善事”。这也是他最重要的家训，另外，还有一部少数民族的平民家训也非常好，就是《礼仪问答写卷》。《礼仪问答写卷》是唐代吐蕃时期藏族平民中的一部家训之书，它是以兄弟二人的问答形式展开的。比如弟弟问：“**人生什么是最殊胜的平安**？”哥哥回答说：“**心安**。”再如，关于为官理政，哥哥说，为官不能有太多欲望，否则歪门邪道由此而产生，特别是哥哥说“**权大与魔近，富裕与敌近**”，极有哲理。对于传家之道，哥哥说：“**将正道（智慧、公正为第一等正道）作为财富留给子孙，便是最大的馈赠，生命和政事都在其中**。”这些问答非常有意义，因而《礼仪问答写卷》被称为是藏族中的《论语》。

上面，我们分类介绍了帝王家训、名臣家训和平民家训。下面我们要简要讲述中国最有名的几部通用家训。这几部通用家训影响极大，潜移默化地改变了很多人。

一是《颜氏家训》。《颜氏家训》上承汉魏六朝之“家诫”，下开唐宋元明清“家训”之先河。《颜氏家训》是颜之推所作。颜之推出生书香门第，经历了南朝梁、北齐、北周、隋朝四朝，三为亡国之人，经历坎坷，深受儒家佛家思想的影响。《颜氏家训》分为序致、教子、兄弟、后娶、治家、风操、慕贤、勉学、文章、名实、涉务、省事、止足、诫兵、养生、归心、书证、音辞、杂艺、终制等二十篇，其中最为人所称道的是“勉学篇”和“归心篇”。《颜氏家训》自问世以来，受到士大夫们的推崇，后世认为“古今家训以此为祖，家法最正，相传最远”。

二是《钱氏家训》。这部家训是五代时期吴越国的建立者钱镠的传世训言，分为个人篇、家庭篇、社会篇、国家篇四个部分，里面有许多箴言，蕴含深刻的哲理。如个人篇中的“**心术不可得罪于天地，言行皆当无愧于圣贤**”；家庭篇中的“**祖宗虽远，祭祀宜诚，子孙虽愚，诗书须读**”，“**忠厚传家，乃能长久**”；社会篇中的“**恤寡矜孤，敬老怀幼**”，“**修桥路以利人行，造河船以济众渡**”；国家篇中的“**爱民如子，去蠹如仇**”，“务本节用则国富，进贤使能则国强，兴学育才则国盛，交邻有道则国安”。这个《钱氏家训》可谓字字珠玑，非常值得我们研习。

三是《袁氏世范》。《袁氏世范》被后世认为是“《颜氏家训》之亚”。《袁氏世范》是南宋学者袁采所著。《袁氏世范》共三卷，分《睦亲》、《处己》、《治家》三篇，共一百八十七则。在《处己》中，他认为，“处己接物，常怀慢心、伪心、妒心、疑心者，皆自取轻辱于人，君子不为也”，他还强调“如果人做坏事而祈求神灵庇佑，照样会受到神灵的惩罚”。在《治家》中，他对防盗讲了很多，并讲了很多生活细节，比如小孩子不可以金银珠宝饰其身，不可独自游街巷，等等。总的来说，《袁氏世范》虽没有太多大道理，却非常实在，对生活有用，所论及的都是一些现实生活中常常遇到的问题。

四是《了凡四训》。也称为《训子言》，是极有名的家训、善书和智慧书，融通儒道佛三家思想，是袁黄（即袁了凡）六十九岁时为训导儿子袁俨而写的，共分“立命之学”、“改过之法”、“积善之方”、“谦德之效”四部分。**在中国古代家训著作中，恐怕没有哪一部像《了凡四训》这样能劝善的，这本书被后世誉为“中华第一励志之书”**。曾国藩对《了凡四训》很是推崇，读后自己改号涤生（曾国藩也被称为“涤帅”），他说：“涤者，取涤其旧染之污也；生者，取明袁了凡之言：‘从前种种，譬如昨日死；从后种种，譬如今日生也。’”并将这本书列为子侄必读之书。大家也一定要读这本书，它告诉了我们改变命运的秘法。

五是《曾国藩家书》。明末以来，中华大地上流行“一训一书”，指导着人们立身处世。这一训即是前面所讲的《了凡四训》，这一书便是《曾国藩家书》。清朝名臣曾国藩是后世许多领袖都很佩服的人物，比如毛泽东在1917年8月23日《致黎锦熙信》中说：“愚于近人，独服曾文正（曾国藩谥号文正）。”曾国藩最令人称道的是他独特的修身之道，他的家书至今仍受到推崇。在这些家书中，他特别注重教训子侄要防止“骄、奢、逸”，在咸丰十年（公元1860年）十月二十四日写信给四弟说：“余在外无他虑，总怕子侄习于‘骄、奢、逸’三字。**家败，离不得个‘奢’字；人败，离不得个‘逸’字；讨人嫌，离不得个‘骄’字**。”他还写信给其弟曾国荃说：“**傲为凶德，惰为衰气，二者皆败家之道**。”这些都富含至理。

家是个人的港湾，是个人心灵的重要依托，重视家庭是中华文化的传统。历史学家钱穆先生《中国文化精神》一书讲：“**中国文化传统主要在家庭，把个人生命变成为家庭生命，这是中国文化要义之一。**”

家是小社会，是民族的细胞，也是国家的根本。孟子便说过：“**天下之本在国，国之本在家。**”（《孟子·离娄上》）家庭的好坏关系民族和国家的兴衰。非洲箴言讲：“**任何民族的毁灭都从民众家庭开始。**”《大学》中讲：“**一家仁，一国兴仁；一家让，一国兴让。**”在我们中华传统的“修身、齐家、治国、平天下”文化体系中，起点是修身，终点是天下，而家庭和国家则是这中间两个最重要的环节。我们每个家庭其实都可学习朱柏庐那样的治家之法和古人优良的传家之风，使我们家庭兴旺、民族兴旺、国家兴旺。

图书在版编目（CIP）数据

中华文化大智慧．善行篇/罗英桓著．—广州：广东人民出版社，2015.9（2019.5重印）

ISBN 978 -7 -218 -10284 -9

Ⅰ．①中…　Ⅱ．①罗…　Ⅲ．①中国文化 - 研究　Ⅳ．①K203

中国版本图书馆 CIP 数据核字（2015）第 181317 号

ZHONGHUA WENHUA DA ZHIHUI（SHANXING PIAN）

中华文化大智慧（善行篇）

罗英桓　著

出 版 人：肖风华

责任编辑：李展鹏
装帧设计：友间文化
责任技编：周　杰

出版发行：广东人民出版社
地　　址：广州市海珠区新港西路 204 号 2 号楼（邮政编码：510300）
电　　话：（020）85716809（总编室）
传　　真：（020）85716872
网　　址：http://www. gdpph. com
印　　刷：天津画中画印刷有限公司
开　　本：787mm × 1092mm　1/16
印　　张：22. 25　**字　数**：380 千
版　　次：2015 年 9 月第 1 版　2019 年 5 月第 2 次印刷
定　　价：48. 00 元